国家社会科学基金重大项目资助

2019 中国进口发展报告

REPORT ON CHINESE IMPORT 2019

魏　浩◇等著

中国经济出版社
CHINA ECONOMIC PUBLISHING HOUSE
北京

图书在版编目（CIP）数据

2019中国进口发展报告／魏浩等著．--北京：中国经济出版社，2020.9

ISBN 978-7-5136-6246-8

Ⅰ.①2… Ⅱ.①魏… Ⅲ.①进口贸易-贸易发展-研究报告-中国-2019 Ⅳ.①F752.61

中国版本图书馆CIP数据核字（2020）第124777号

责任编辑　耿　园
责任印制　巢新强
封面设计　华子图文

出版发行　中国经济出版社
印 刷 者　北京九州迅驰传媒文化有限公司
经 销 者　各地新华书店
开　　本　787mm×1092mm　1/16
印　　张　21.5
字　　数　430千字
版　　次　2020年9月第1版
印　　次　2020年9月第1次
定　　价　88.00元
广告经营许可证　京西工商广字第8179号

中国经济出版社　**网址** www.economyph.com　**社址** 北京市东城区安定门外大街58号　**邮编** 100011
本版图书如存在印装质量问题，请与本社销售中心联系调换（联系电话：010-57512564）

前　言

中国国际进口博览会是国家主席习近平“亲自谋划、亲自提出、亲自部署、亲自推动”的，是世界上第一个以进口为主题的大型国家级展会，是国际贸易发展史上的一大创举。举办中国国际进口博览会，是中国着眼于推进新一轮高水平对外开放作出的重大决策，是中国主动向世界开放市场的重大举措，根本目的是要通过进口博览会这个平台的经济效应，促进中国经济高质量发展，更好地满足人民美好生活需要。

习近平主席在2018年首届中国国际进口博览会开幕式主旨演讲中明确指出，中国国际进口博览会不仅要年年办下去，而且要办出水平、办出成效、越办越好。第二届中国国际进口博览会于2019年11月5日至10日在上海举行。国家主席习近平于11月5日出席第二届中国国际进口博览会暨虹桥国际经济论坛开幕式及相关活动，并发表主旨演讲。习近平主席连续两年出席中国国际进口博览会开幕式并发表主旨演讲，充分体现了中国政府对进口博览会的高度重视。

改革开放以来，我国的对外开放主要是以积极吸引外资、大力发展出口贸易的形式参与国际分工、融入全球价值链的，这一时期的开放侧重于国内要素市场的开放，以国内要素特别是劳动力要素的比较优势吸引国外资本，承接国际产业转移，从而融入全球产业价值链，生产的产品以出口为主。以劳动力要素市场为代表的要素市场的开放，吸引了大量劳动密集型或从事劳动密集型工序生产的外资企业。其他发展中国家特别是中国周边国家和地区也都竞相吸引外资，各国外资优惠政策盛行，导致中国在利用外资方面相对“被动”。

而进口博览会的举办，标志着中国的对外开放进入了新的阶段。中国这次开放的重点是国内产品市场，汽车、高端装备、科技生活品、品质生活品、医疗器械及医药保健品、食品及农产品是进口博览会的主要展区，也是中国这次开放的重点产品市场。中国市场规模巨大，对世界各国企业的吸引力巨大，但是，不是所有外国企业都可以参加进口博览会，参展企业的产品要属于专（业）精（品）尖（端）特（色）产品。也就是说，是中国在挑选展销商，不是展销商在挑选中国。可见，以进口博览会为平台的产品市场开放，既是中国的“主动”开放，也是中国掌握主动权的开放，更是高质量的开放，必将促进中国经济高质量发展、满足人民美好生活需要。

如果说，中国对外开放前40年主要以利用外资、大力发展出口的模式融入国际分工、参与全球化，那么，今后我国的对外开放将以扩大进口、统筹国内外发展的模式推进开放型世界经济建设。进口是一个广义的概念，包括人（国际人才）、财（外资）、物（货物）、服（服务）的进口。利用外资也属于进口的范畴，但扩大进口比利用外资的开放范围更大，扩大进口是党中央根据中国经济发展新阶段实际国情作出的重大战略抉择。从作用和地位来看，扩大进口，不仅仅是外贸政策，更是今后中国对外开放整体战略的重要抓手和引领性政策。从对世界各国的影响来看，“中国进口”将成为促进世界经济发展的新动力。中国扩大进口对中国自身的重要性、对世界经济发展的意义将大大超过一般的预期和认知。

毫无疑问，进口博览会将成为中国进口第一促进平台，将成为中国对外开放历程中具有里程碑意义的标志性事件，将为中国经济高质量发展作出历史性贡献。在世界经济增速放缓、保护主义和单边主义加剧、不稳定不确定因素明显增加的背景下，举办国际进口博览会、积极扩大进口是中国维护多边贸易体制、支持全球自由贸易发展的具体行动，必将对世界贸易的发展产生积极的影响。

2012年以来，习近平主席在不同时间、不同场合多次提到扩大进口、加强进口、主动扩大进口、积极扩大进口、激发进口潜力，国家政府围绕积极扩大进口颁布了一系列的政策和指导意见。因此，各级政府要积极宣传、系统学习和精准认知习近平主席主动扩大进口思想的重大战略意义。

当前，世界面临百年未有之大变局，中国经济运行稳中有变、变中有忧，外部环境复杂严峻，经济面临下行压力，我们编写《2019中国进口发展报告》，旨在让世界各国、国内各级政府和企业更好地了解中国进口的基本情况，以便世界各国积极参与中国进口、国内各级政府和企业主动扩大进口。世界各国可以通过参与中国进口更好地分享中国经济发展的成果，国内各级政府和企业可以通过主动扩大进口更好地服务当地经济发展，进而加快构建开放型世界经济，推动建设人类命运共同体。

总的来看，我们编写《2019中国进口发展报告》就是要弄清中国进口现实、讲好中国进口故事、总结中国进口经验、纠正中国进口认知、发挥中国进口作用，从而服务中国消费者、服务中国企业、服务中国、服务世界。

目　录

理论篇

专题篇

政策篇

内容提要

《2019中国进口发展报告》在查找、整理大量原始数据的基础上，对原始数据进行计算、整理，对进口博览会不同展区产品、重点进口产品、重点进口国家和贸易新业态进行了基础性、系统性、全面性的统计分析。① 本报告主要包括理论篇、专题篇和政策篇3个部分。理论篇包括中国积极扩大进口助力国内经济高质量发展和中国积极扩大进口推动全球贸易发展2个部分。专题篇包括11个专题，分别是中华人民共和国成立70年中国进口发展历程、中国汽车产品进口发展、中国高端装备产品进口发展、中国科技生活产品进口发展、中国高技术产品进口发展、中国品质生活消费品进口发展、中国农产品进口发展、中国从美国的进口发展、中国从欧盟的进口发展、中国从德国的进口发展和中国跨境电商进口发展。

一、中华人民共和国成立70年中国进口发展历程

中华人民共和国成立初期，国内经济百废待兴，西方资本主义国家对中华人民共和国采取敌视和封锁政策，我国进口贸易规模十分有限，1950年中国进口总额只有5.83亿美元。中华人民共和国成立之后，中国政府积极开展对外交流和贸易往来，大力拓展与广大亚非国家的经贸活动，在中国政府的积极努力下，到1978年，中国进口总额突破了100亿美元，达到了108.93亿美元，大约是1950年的18.68倍。随着中国进口总额的增长，中国进口总额占世界进口总额的比重及排名并没有明显的提升，反而出现了小幅下降。1950年，中国进口总额占世界进口总额的0.91%，居全球第27位；而到1978年改革开放之前，中国进口份额下降为0.82%，进口排名下降到第29位。1978年，美国、德国、英国三个发达国家进口总额占世界进口总额的比重分别是13.7%、8.96%和5.58%，分别约为中国当期水平的17倍、11倍和7倍；日本和苏联的进口份额已经达到了5.88%和3.72%，远高于中国的0.82%；中国甚至不及拉丁美

① 中国贸易统计数据为中国关境数据，不含港澳台地区数据，因此，本书数据中涉及中国的均不含港澳台地区。特此说明。

洲发展中国家巴西（1.11%）和委内瑞拉（0.86%）。钢材、谷物、原油、原木、棉花、天然橡胶、纸浆等商品始终是这一时期中国的核心进口商品。

1979—2018 年，中国进口规模明显增长，逐步跻身世界进口贸易大国之列。1979 年，中国进口总额占世界进口总额的比重不足 1%，中国进口份额排名仅位列全球第 24 位。中国进口贸易的跨越式增长始于中国加入世界贸易组织之后。在改革开放之后至中国加入世界贸易组织前这一时期内，中国进口总额虽然有所增长，但增长幅度相对较小，到 2001 年中国进口总额仅为 2435.53 亿美元，约为 1979 年的 15 倍，在 1979—2001 年中国进口贸易表现为平稳增长的态势。然而，自 2002 年开始，中国进口总额开始呈现出指数增长的态势，这一时期中国进口贸易开始跨越式增长。自 2012 年开始，中国进口总额占世界进口总额的比重均处于 10%以上，虽然不及美国（约为 13%），但远高于同时期其他国家。2018 年，中国进口总额大约是 2001 年的 9 倍，大约是 1979 年的 136 倍，大约是 1950 年的 3663 倍。

中国于 1983 年跻身世界前二十大进口国，并于 1999 年跻身世界前十大进口国，然后迅速由 2002 年的第六位提升至 2003 年的第四位，位居美国、德国和英国之后，也是第一大发展中国家进口国。2009 年，中国进口额超过德国，成为仅次于美国的世界第二大进口国。其后多年间，中国稳居世界第二大进口国的位置。

中国进口来源地分布由集中于发达国家逐步转变为向发展中国家扩展。从进口份额来看，1979 年中国约有七成的进口来自前十大发达国家，相比而言，中国从前十大发展中国家进口占比却不足 10%。然而，到 2018 年，中国从前十大发达国家进口份额由 1979 年的 69.72%下降到 49.71%；与此同时，中国从前十大发展中国家进口占比却由 1979 年的 9.26%提升至 26.37%。

中国进口来源地的数量持续增加，几乎涵盖全球所有国家和地区。1979 年中国进口贸易伙伴主要涉及全球 42 个国家和地区，约有一半进口源于当时的前三大进口来源地，即日本、美国和德国。随着改革开放步伐加快，中国进口来源地的范围不断拓展，到 2018 年，中国进口来源地已涵盖全球 230 多个国家和地区。与此同时，中国从韩国、日本和美国三大进口来源地的进口份额下降为 29.8%。

中国进口贸易主体分布已经发生了根本性的转变。1981 年，我国国有企业、外资企业和其他企业进口比重分别为 99.19%、0.46%和 0.35%，进口贸易主体分布极为不平衡，国有企业几乎垄断了中国进口贸易。到 2018 年，中国进口贸易主体分布已经发生了根本性改变，外资企业成为第一大进口主体，进口比重为 43.72%；私营企业等其他类型企业进口占比次之，为 30.63%；而国有企业进口占比最低，约为 25.65%。

二、中国汽车产品进口发展

2001—2017 年，中国汽车产品（包括整车和零部件）进口规模总体上呈现快速增长的发展态势。2001 年中国汽车产品进口规模为 42.06 亿美元，到 2017 年增长至 755.31 亿美元，2017 年进口规模大约是 2001 年的 18 倍，年均增长率为 19.78%。其中，从七国集团（以下简称“G7”）进口的汽车产品的增幅相对较快，由 2001 年的 29.48 亿美元增长至 2017 年的 617.7 亿美元，增长了近 20 倍。中国从 G7 进口的汽车产品占中国汽车产品进口总额的比例由 2001 年的 70.08%增长至 2017 年的 81.78%。

从 G7 内部结构来看，2001 年，中国主要从日本、德国进口汽车产品，进口规模分别占中国汽车产品进口总额的 31.78%和 24.98%，中国从美国进口汽车产品的份额仅占 5.7%。2017 年，中国主要从德国、日本、美国进口汽车产品，进口规模分别占中国汽车产品进口总额的 31.18%、18.56%、18.54%。可见，中国从美国进口汽车产品的份额在大幅度提高。

从中国自 G7 进口汽车产品占 G7 汽车产品出口总额的比例来看，2017 年比 2001 年也有较大幅度提高，占比从 0.8%增长至 8.63%，说明 G7 对中国市场出口汽车产品的依赖程度正在不断提升。

2017—2018 年，中国从德国进口宝马、保时捷和奥迪的数量增幅显著，从德国进口其他两大品牌奔驰和大众的数量略有下降；日本品牌汽车整体进口量有所增加，雷克萨斯进口量的增长幅度大于丰田进口量的下降幅度；2018 年美国林肯进口数量下降幅度明显，同比下降超过 30%。

三、中国高端装备产品进口发展

从高端装备产品进口规模来看，历年来中国高端装备产品进口规模总体呈上升的发展趋势。在包括集成电路的口径下，中国高端装备产品进口规模从 2007 年的 1550.59 亿美元增长至 2017 年的 3251.87 亿美元，2017 年大约是 2007 年的 2.1 倍；在不包括集成电路的口径下，中国高端装备产品进口规模从 2001 年的 82.42 亿美元增长到 2017 年的 445.08 亿美元，2017 年大约是 2001 年的 5.4 倍。

从中国高端装备产品的进口来源地结构来看，首先，美国一直是中国高端装备产品的第一大进口来源地，历年中国从美国进口的高端装备产品占中国高端装备产品进口总额的比重均介于 30%~40%；其次，法国、德国、日本属于中国高端装备产品进口来源地中的第二梯队，2017 年，从三国进口的高端装备产品合计占到中国高端装备产品进口总额的 43.31%；最后，中国台湾、韩国、意大利、瑞士、英国、巴西属于中国高端装备产品进口来源地的第三梯队，2017 年，从这几个地区的进口合计占中国高端装备产品进口总额的 9. 67%。

从中国高端装备产品进口的地区结构来看，2018 年，中国高端装备产品进口规模最大的前五大地区分别为天津市、上海市、广东省、北京市、江苏省，进口规模分别为 159 亿美元、78 亿美元、66 亿美元、41 亿美元、38 亿美元，占中国高端装备产品进口的份额分别为 31. 52%、15. 39%、13. 06%、8. 16%、7. 60%。这五个地区的进口规模占中国高端装备产品进口总额的比重为 75. 73%，显现出较大的区域集中性特征。

四、中国科技生活产品进口发展

从进口总额来看，中国科技生活产品进口总额由 2001 年的 41. 57 亿美元增长至 2017 年的 278. 04 亿美元，2017 年约为 2001 年的 6. 69 倍。从科技生活产品进口在中国进口总额中的地位来看，中国科技生活产品进口份额不足 2%，始终处于低位。从中国在世界科技生活产品进口总额中的地位来看，2017 年中国科技生活产品进口总额占比大约为世界科技产品进口总额的 7. 61%。

就中国科技生活产品进口总额增长的来源而言，科技生活产品包括消费电子产品和家用电器产品两类，中国科技生活产品进口的增长主要由消费电子产品的增长推动，而不是家用电器产品。2001—2017 年，中国消费电子产品进口增长迅速，由 2001 年的 37. 02 亿美元增长至 2017 年的 255. 43 亿美元。中国科技生活产品进口总额中有 90%以上为消费电子产品。

2001 年，中国科技生活产品前十大进口来源地均为发达国家，中国自美国进口的科技生活产品占比高达 24. 55%，中国自日本、德国和英国进口的科技生活产品占比均处于 10%左右。到 2017 年，以越南、泰国和墨西哥为代表的 6 个发展中国家居于中国科技生活产品前十大进口来源地行列，其中，中国自越南进口的科技生活产品进口占比高达 36. 56%。

2001—2017 年，中国自 G7 进口的科技生活产品占比由 65. 26%下降为 17. 4%，大约下降了 48 个百分点。到 2017 年，中国科技生活产品进口来源地主要集中在中等收入国家、发展中国家以及“一带一路”沿线国家，其中，“一带一路”沿线国家占中国科技生活产品进口总额的比例高达 50. 68%。

五、中国高技术产品进口发展

自2001年以来，中国高技术产品进口规模总体呈快速增长的发展态势。中国高技术产品整体进口规模从2001年的736亿美元增长至2017年的6219亿美元，较2001年增长了7.5倍，年均增长率为13.38%。

从中国高技术产品进口占中国总进口份额来看，2001—2017年中国高技术产品进口份额基本维持在28.20%~38.57%。其中，2006年，中国高技术产品进口占中国进口总额的比重达到历史最高，为38.57%，2017年，中国高技术产品进口占中国进口总额的比重为33.73%。

从中国高技术产品进口占世界高技术产品进口份额来看，2001—2017年，中国高技术产品进口占世界高技术产品进口的份额总体呈大幅度上升的趋势。2001年，中国高技术产品进口仅占世界高技术产品进口总额的5%，到2017年，中国高技术产品进口占世界高技术产品进口的份额已提升至16.15%。

从高技术进口产品的最终用途来看，2001—2017年，中国高技术产品进口一直以中间品和资本品为主，两者之和占中国高技术产品进口规模的95%以上，高技术消费品进口占高技术产品进口的份额不足5%。具体来看，2001—2017年，中国高技术消费品进口规模从16亿美元增长到266亿美元，年均增长率为17.98%，但是其占中国高技术产品进口的份额一直低于5%；中国高技术中间品进口规模从464亿美元增长至4216亿美元，年均增长率为13.86%，其占中国高技术产品进口的份额一直维持在65%左右；中国高技术资本品进口规模从257亿美元增长至1734亿美元，年均增长率为11.88%，其占中国高技术产品进口的份额一直维持在30%左右。

从中国高技术产品的进口来源地结构来看，中国台湾和韩国是中国高技术产品的主要进口来源地。中国从中国台湾进口的高技术产品的规模得到大幅度提升，中国台湾从2001年中国第四大高技术产品进口来源地，到2017年上升为第一大进口来源地，2017年的进口规模是2001年的20.22倍，年均增长率为19.35%。与此同时，中国从韩国进口的高技术产品的规模也得到了大幅度增长，2001—2017年，韩国从中国的第五大高技术产品进口来源地上升为第二大高技术产品进口来源地，高技术产品进口规模从43亿美元增长至805亿美元，2017年大约是2001年的18.72倍，年均增长率为17.10%；韩国的高技术产品进口占中国高技术产品进口的份额从7.84%增长至17.65%，占中国总进口的份额从2.14%增长至5.23%。以美国、日本为首的发达国家长期对华高技术产品进行出口管制，使得中国2001—2017年从美国、日本进口的高技术产品规模增长幅度较小，占中国高技术产品进口份额和占中国总进口的份额出现明显下跌的趋势。

从具体行业来看，2017年，中国高技术产品进口规模最大的大类行业是电子及通信设备制造业，进口总额为3932亿美元，占中国高技术产品进口总额的63.23%，占中国进口总额的21.32%，进口规模大约是2001年的10.32倍，2001—2017年，年均增长率为14.72%；除此之外，进口规模较大的高技术行业是医疗仪器设备及仪器仪表制造业，进口总额为1155亿美元，占中国高技术产品进口总额的18.57%，占中国进口总额的6.27%，进口规模是2001年的9.96倍，2001—2017年年均增长率为14.48%。

六、中国品质生活消费品进口发展

从进口规模来看，中国品质生活消费品进口总额由2001年的26.5亿美元增长至2017年的300.83亿美元，2017年大约为2001年的11.35倍。从变化趋势来看，中国品质生活消费品进口总额总体表现为稳步上升的态势，特别是加入世界贸易组织后，中国品质生活消费品进口总额持续高速增长。虽然受金融危机影响，2009年中国品质生活消费品进口总额小幅下降，但2009年之后仍然稳步持续增长。

与国际相比，中国品质生活消费品进口处于较低水平。虽然中国品质生活消费品进口总额有所增长，但是品质生活消费品在中国进口贸易中的地位以及中国在世界品质生活消费品进口贸易中的地位均处于较低水平。具体而言，从品质生活消费品在中国进口贸易中的地位来看，中国品质生活消费品占中国进口总额的比例总体保持不变，2001—2017年始终维持在2%以下的较低水平，与世界总体水平（6%以上）相比存在较大差距。从中国在世界品质生活消费品进口贸易中的地位来看，中国占世界品质生活消费品进口总额的比例由2001年的0.53%增长至2017年的2.45%。从国际比较来看，中国品质生活消费品进口占比明显低于G7；与金砖国家相比，虽然中国品质生活消费品进口占比略高于印度，但与其他金砖国家相比仍然存在一定差距。

中国品质生活消费品进口主要源于发达国家。2001—2017年，中国品质生活消费品自发达国家进口占比由50.42%增长至68.32%，增长了近18个百分点。2017年，中国品质生活消费品进口来源地主要集中在发达国家、高收入国家、OECD（经济合作与发展组织）国家，其中，中国从G7进口的品质生活消费品占比高达36.1%。此外，中国从“一带一路”沿线国家进口的品质生活消费品占比增幅显著，由2001年的10.82%增长至2017年的25.81%，增长了近15个百分点。

中国品质生活消费品的主要进口商品为服装服饰及配件类和美妆日化类消费品。2017年，服装服饰及配件类消费品进口总额占中国品质生活消费品进口总额的比例高达 20.76%，是品质生活消费品中第一大进口商品；美妆日化类消费品次之，占比为 20.15%。从变化趋势来看，我国服装服饰及配件类的进口占比有所下降，由 2001 年的 41.84%下降为 2017 年的 20.76%，而美妆日化类消费品的占比则呈现上升态势。此外，2017 年，我国母婴用品、家具及家居用品的占比均在 10%以上。

中国各类品质生活消费品在世界进口贸易中的地位日益提升。2001—2017 年，除玩具类商品外，中国各类品质生活消费品进口总额占世界此类商品进口总额的比例均有所增加。其中，中国母婴用品和美妆日化用品进口总额占世界此类商品进口总额的比例分别由 2001 年的 0.69%和 0.56%增长至 2017 年的 17.45%和 5.39%。总体而言，中国品质生活消费品进口在世界进口贸易中的地位日益提升。

"一带一路"沿线国家在中国品质生活消费品进口贸易中的地位日益提升。除文创用品、美妆日化、宠物食品和钟表之外，"一带一路"沿线国家在中国各类品质生活消费品进口总额中所占比重均有所增加。其中，鞋、饰品和服装服饰及配件的进口占比增长迅速，分别由 2001 年的 26.55%、8.69%和 5.49%增长至 2017 年的 75.51%、62.6%和 51%，增长幅度十分明显。

越南跃升为中国服装服饰及配件类消费品第一大进口来源地。中国美妆日化类消费品主要进口来源地是韩国、日本和法国。从进口总额来看，2017 年韩国、日本和法国是中国美妆日化类消费品的主要进口来源地，中国从上述三个国家进口的美妆日化类消费品占中国同类商品进口总额的比例分别为 28.14%、19.89%和 15.27%。

七、中国农产品进口发展

中国农产品进口额与进口数量总体上呈逐年上升的变化趋势。从进口规模来看，中国农产品进口额由 2001 年的 136.85 亿美元上升至 2018 年的 1529.45 亿美元，2018 年约为 2001 年的 11.18 倍。从进口数量来看，2001 年农产品进口量为 3700 万吨，2018 年的进口量是 2001 年的 5.24 倍，达 1.94 亿吨。

从贸易差额来看，中国农产品贸易自 2004 年开始出现逆差，且贸易逆差在逐年拉大。贸易逆差由 2004 年的 48.38 亿美元扩大至 2018 年的 736.25 亿美元，2018 年的贸易逆差是 2004 年的 15.22 倍。

从中国在世界农产品进口贸易中的地位来看，中国在世界农产品进口贸易中处于重要地位。2001—2018 年，中国占世界农产品进口总额的比重由 2.57%上升到 8.41%，2018 年约为 2001 的 3.27 倍。从农产品在中国进口总额中的份额来看，农产品进口在中国进口贸易中的地位相对较为稳定。2001—2018 年，农产品在中国进口总额中的占比基本维持在 6%~9%。

从中国在世界农产品进口总额中的排名来看，中国自加入世界贸易组织以来农产品进口贸易地位不断提升。整体来看，中国农产品进口的排名大致经历了两个阶段：第一阶段是 2001—2011 年，进口排名基本持续提升，到 2011 年进口排名第二；第二阶段是 2012—2017 年，这期间我国一直稳定保持第二大农产品进口国的地位。可见，作为农产品进口大国，我国为世界农产品贸易作出了重要贡献。

美国、澳大利亚、巴西、加拿大、泰国和越南在 2001 年和 2018 年都位列我国农产品前十大进口来源地，说明上述六个国家是我国主要的农产品贸易伙伴国。2018 年中国从 OECD 国家进口农产品总额是 2001 年的 9. 56 倍。2001 年，美国是我国第一大农产品进口来源地，我国从美国的农产品进口额占到我国从全部国家和地区进口农产品总额的 18. 35%，这一比例在 2018 年下降到 10. 79%。2018 年，我国第一大农产品进口来源地变为巴西，从巴西的进口份额由 2001 年的 4. 79%扩大至 21. 63%。我国自“一带一路”沿线国家进口农产品总额增势强劲，2018 年从“一带一路”沿线国家进口的农产品达 381. 45 亿美元，是 2001 年的 14 倍。我国从“一带一路”沿线国家进口的农产品总额占中国农产品进口总额的比重由 2001 年的 20. 27%增加至 2018 年的 24. 94%。

八、中国从美国的进口发展

1992—2018 年，中国从美国的进口规模逐渐扩大，按照增长速度可以分为三个阶段：①1992—2001 年：缓慢增长阶段。1992 年，中国从美国的进口规模仅为 89. 01 亿美元，2001 年增长至 262. 17 亿美元，大约是 1992 年的 3 倍，在此期间，中国从美国进口规模年均增长 12. 75%。②2002—2014 年：高速增长阶段。在此期间，中国从美国进口规模以年均 15. 89%的速度快速扩张，在 2010 年首次突破千亿美元，2014 年中国从美国进口规模高达 1600. 65 亿美元，是 1992 年的 18 倍、2002 年的 6 倍。③2015—2018 年：回调阶段。2015 年开始，中国从美国进口增速下滑，但 2017 年和 2018 年又恢复增长态势，进口增速分别为 14. 3%、0. 42%。总体而言，1992—2018 年，中国从美国进口规模以年均 11. 62%的速度快速增长，从 1992 年的 89. 01 亿美元上升至 2018 年的 1550. 96 亿美元，2018 年的进口规模是 1992 年的 18 倍左右。

美国产品在中国市场上具有比较优势的产品数量从 1992 年的 813 种增加至 2001 年的 1003 种，后又增加至 2017 年的 1040 种。与 1992 年相比，2017 年具有比较优势的产品增加了 227 种。与 2001 年相比，2017 年具有比较优势的产品增加了 37 种，其中具有一般比较优势的产品增加了 27 种，具有较强比较优势的产品减少了 5 种，具有显著比较优势的产品增加了 15 种。但是，从美国进口在中国进口总额的占比来看，中国从美国的进口占中国进口总额的比重由 1992 年的 11. 05%下降到 2018 年的 7. 26%。

九、中国从欧盟的进口发展

2001—2018 年，中国从欧盟货物进口总额大幅度提高。具体而言，中国从欧盟的进口贸易大致可以分为三个发展阶段：①2001—2011 年：高速增长阶段；②2012—2014 年：缓慢增长阶段；③2015—2018 年：回调阶段。总的来看，中国从欧盟进口额由 2001 年的 357.1 亿美元增加至 2018 年的 2735.3 亿美元，2018 年是 2001 年的近 8 倍，年均增长 12.72%。2018 年，中国从欧盟进口的前五大来源地分别是德国、法国、英国、意大利和荷兰，中国从这五个国家的进口占中国从欧盟全部进口的 75%左右。

欧盟产品在中国市场上具有比较优势的产品数量从 2001 年的 1447 种增加至 2017 年的 1726 种，占全部 3116 种进口商品的 55.39%，即中国从欧盟进口的一半以上的产品在中国市场上具有比较优势。具体来看，15 种非农业型初级产品、202 种农业型初级产品在中国市场上具有比较优势，97 种金属类制成品、68 种农业资源型制成品、162 种其他资源型制成品具有比较优势，36 种低技术产品、153 种中低技术产品、215 种中等技术产品、303 种中高技术产品、342 种高技术产品、133 种特高技术产品具有比较优势。

十、中国从德国的进口发展

2001—2018 年，中国从德国进口规模逐年增加。中国从德国进口规模由 2001 年的 137.72 亿美元增加至 2018 年的 1063.3 亿美元，2018 年是 2001 年的近 8 倍，年均增长 12.78%。2018 年，德国出口到中国的商品总额为 1105.02 亿美元，仅次于美国（1343.89 亿美元）和法国（1242.23 亿美元），比德国第四大出口目的地荷兰（995.74 亿美元）多 109.28 亿美元。

2017 年，在 3116 种进口商品中，德国在中国市场上具有比较优势的产品共计 1115 种，占中国从德国进口全部产品种类的 35.79%，这表明我国从德国进口的超过 1/3 的产品在中国市场上具有比较优势。具体而言，64 种农业型初级产品、7 种非农业型初级产品在中国市场上具有比较优势，81 种金属类制成品、38 种农业资源型制成品、107 种其他资源型制成品在中国市场上具有比较优势，6 种低技术产品、48 种中低技术产品、123 种中等技术产品、228 种中高技术产品、305 种高技术产品、108 种特高技术产品在中国市场上具有比较优势。

十一、中国跨境电商进口发展

虽然跨境出口电商一直处于主导地位，跨境进口电商的交易规模远远小于跨境出口电商，但国内消费的升级以及不断扩大进口的政策都推动着跨境进口电商的发展，跨境进口电商交易规模日益提升。我国跨境进口电商的发展可以划分为以下两个阶段：第一，缓慢增长阶段。2000—2011 年，我国跨境进口电商的交易额从 2 亿元增长为 1500 亿元，跨境进口电商交易额占进口总额的比重从 0.01%上升至 1.33%，增长较为缓慢。第二，迅速增长阶段。2012 年，跨境进口电商平台开始出现，极大地促进了跨境进口电商的发展。2012—2017 年，跨境进口电商交易额从 2400 亿元增长至 17600 亿元，跨境进口电商交易额占进口总额的比重由 2.09%上升至 14.1%，增长较为迅速。特别是 2018 年，首届中国国际进口博览会的召开为跨境进口电商释放出更多的政策红利，跨境进口电商的交易规模达到 19000 亿元，占进口总额的比重达到 13.49%。

跨境进口电商最初是从个人代购发展起来的，起初几乎所有跨境电商平台都是 C2C 模式。随着跨境进口电商方面的政策越来越规范，为满足国内消费者多样化的需求，一些规模较大的 B2C 平台逐渐合并了一些 C2C 平台，B2C 模式的平台开始居于主导地位。2017 年，B2C 模式所占比重为 64.4%，C2C 模式所占比重下降为 35.6%。少数几家主流的跨境进口电商平台占据了大部分跨境进口电商市场份额，2016—2017 年，前五大跨境进口电商平台（包括网易考拉海购、天猫国际、唯品国际、京东全球购、聚美极速免税店）的市场交易额占跨境进口电商平台交易总额的 84%，跨境进口电商发展的寡头效应开始显现。

发达国家和地区是跨境电商进口的主要来源地。2017 年，中国跨境进口电商主要贸易伙伴分别是日本、美国、韩国、澳大利亚、德国、新西兰、荷兰、英国和中国香港。2018 年，中国 39.9%的跨境电商用户会选择购买日本的产品，36.2%的用户会选择购买美国的产品，30.6%的用户会选择从韩国购买产品，28.9%的用户会选择从法国购买产品，25.9%的用户会选择购买澳大利亚的产品。综合来看，目前，日本、美国、韩国等发达国家和地区是我国跨境进口的主要来源地。截止到 2018 年，我国跨境进口电商的用户规模已经增加到 8850 万人。可以预期，我国跨境进口电商的用户人数将低速增长。

理　论　篇

第一章　中国积极扩大进口助力国内经济高质量发展

一、进口在特定经济发展阶段具有不可替代的作用

自改革开放以来，我国在经济发展中比较重视出口的作用，对进口作用的重视程度相对不够，但是，进口在经济发展中具有特殊的作用，例如，进口国内经济发展急需而国内又无法生产的产品、进口竞争对国内企业产生的倒逼效应、进口导致的外溢效应和学习效应、企业通过进口整合世界资源提升国际竞争力等。这些特殊的作用是出口以及其他因素所不能替代的，对于特定时期、特定经济发展阶段的发展中国家来说，尤其如此。从中国自身来看，在从贸易大国向贸易强国转变、从高速增长向高质量发展转变的新时期，出口仍然是贸易强国、经济高质量发展的重要指标之一，但是，出口内涵的重点已经从出口数量转变为出口质量，因此，提高出口质量就成为建设贸易强国、经济转向高质量发展的关键因素之一。如何提高出口质量成为国家政府面临的严峻挑战。如果已有的经济政策特别是外贸政策不发生变化，提高出口质量的速度可能会很慢、难度会很大、效果也会很差。单从外贸政策来说，积极扩大进口，发挥进口的特殊作用，通过进口的形式整合世界资源，以进口促进出口质量的提升就是一个有效的做法，这种做法也是日本、韩国等国家的成功经验。

二、积极扩大进口会促进国内各类政策联通和互动

有的观点认为，进口就是从国外买东西，从国外买东西就会减少居民对国内产品的消费，从而不利于国内企业的发展和国内就业。也正是基于此，部分地方政府和企业对进口很排斥，限制进口，阻碍了当地经济的发展。这种看法是静态的、片面的、狭隘的。其实，进口是一个广义的概念，国家政府提出来的积极扩大进口，不仅是货物特别是消费品进口，还包括高端机器设备进口、服务进口、各类生产要素进口，以及人、财、物等的进口。从国外引进高端人才就是高素质劳动力的进口，利用外资就

是资本要素的进口，从国外购买先进的机器设备就是物的进口，从国外购买专利就是技术进口。由于积极扩大进口的内涵是广义的，所以，积极扩大进口，实际上不仅是外贸政策，还是今后中国整体经济发展战略的重要抓手和引领性政策。积极扩大进口会促进国内各类政策的联通和互动，加速推动中国新一轮改革开放。

中国积极扩大进口，不仅仅是贸易政策表现形式的简单变化，更重要的是对外开放理念、路径、制度的变化。积极扩大进口与吸引国际人才、利用外资、创新发展等紧密相关。近年来，为了吸引国际人才来华工作和学习，国家政府颁布了相关政策、成立了国家移民管理局。扩大进口有利于通过物流、贸易流带动人流，吸引更多的研发人员、工程师、高级管理者等各类国际人才到中国工作。从利用外资来看，大力吸引外资仍然是我国发展经济的重要工作，在国内各种成本日益上升、部分出口目的国对中国出口产品加征关税、世界各国加大吸引外资的力度等背景下，我国吸引外资工作的难度越来越大。除提高开放水平、拓宽开放领域、优化营商环境等之外，创新吸引外资的方式，积极扩大进口，通过进口流带动外资流，也是可行的、有效的。在实施积极扩大进口的过程中，外资企业参加进口博览会，一旦与中国企业达成合作意向，初期有可能是以进口的形式进行交易，随着交易规模的扩大，后期外资企业可能会在华直接建厂生产。也就是说，以进口博览会为平台，以进口促投资将是扩大中国利用外资规模的一个新途径。此外，积极扩大高技术机器设备的进口会产生外溢效应、学习效应、竞争效应、生产率效应等，再加上国际人才的流入，对创新驱动发展战略的实施是十分有利的。

三、进口博览会在积极扩大进口方面具有特定的作用

为了积极扩大进口，国家已经在进口便利化、降低关税等方面做了大量的工作，但部分学者、地方政府、企业等对国家举办进口博览会的认识不全面、不准确、不到位，影响了积极扩大进口工作的进度和效率。要特别指出的是，与单纯地降低进口关税相比，举办进口博览会可以使进口目标更明确、进口效果更直接、进口的直接影响范围更广泛、进口的间接影响更深远。进口博览会展区的产品类型是中国政府根据国内企业自身发展的现实需要、国内消费升级的现实需求自主制定的，进口产品聚焦于汽车、高端装备、科技生活品、品质生活品、医疗器械及医药保健品、食品及农产品。在进口博览会上，让少数参展的外国企业与众多国内企业面对面地沟通，不仅会创造商机，还会大大减少企业之间的搜索成本、时间成本、洽谈成本，大大提高了签约的可能性。进口产品的确定、国际合作伙伴的物色、进口交易合同的洽谈和签约等都是

进口前期成本，对于中小微企业来说，这些进口前期成本是阻碍其进口的重要因素。中小微企业通过参加进口博览会就可以大大节省进口前期成本，从而创造和激发中小微企业的进口。另外，在进口博览会上，除既定的采购目标产品之外，国内企业也会看到更多的同类新产品以及采购目标产品之外的新产品，可能会引发国内企业当场采购新产品，后期可能会进行新产品的大规模进口和投资业务。总的来看，进口博览会在积极扩大进口方面具有特定的作用，不仅具有促进进口的作用，还具有创造进口的作用。

四、当今世界经济复苏乏力时期是最佳战略机遇期

中国积极扩大进口，不是盲目地扩大进口，而是有明确目的的进口，不仅仅是为了缩小贸易顺差，根本上是为了服务国内经济高质量发展、满足国内消费升级的内在需求。这就对积极扩大进口的内容有了一定的要求，进口产品必须是高技术的，引进的国外劳动力必须是高端人才，引进的外资必须是高质量的。对于中国来说，不管是高技术产品的进口、国际高端人才的引进，还是高质量外资的引进，在世界经济整体上行时期都是比较困难的，但是，世界经济复苏乏力的当下，是一个难得的战略机遇期。一般来说，高技术产品在国际市场上属于卖方市场，部分发达国家还制定了针对中国的出口限制政策，在世界经济复苏乏力的当下，很多国家的经济下行趋势明显，高技术企业也不能独善其身，部分高技术企业开始主动开拓国际市场或者进一步扩大国际市场，这就大大提高了外国企业扩大对中国出口、到中国投资的可能性和意愿，从而有利于中国提高进口产品、利用外资的质量。与此同时，部分外国企业业绩大幅下滑、大量裁员，甚至倒闭，这都给中国吸引国际高端人才创造了难得的机会。

第二章　中国积极扩大进口推动全球贸易发展

一、中国已经成为名副其实的进口大国

从进口规模来看，1979 年，中国进口总额为 156.75 亿美元，2001 年中国进口总额增加到 2435.53 亿美元，2001 年大约是 1979 年的 15 倍；2008 年中国进口总额突破 1 万亿美元，达到了 11325.62 亿美元，并于 2018 年突破了 2 万亿美元，达到了 21356.37 亿美元。2018 年的进口总额大约是 1979 年的 136 倍、2001 年的 9 倍。从占世界进口份额来看，1979 年，中国进口总额占世界进口总额的比重不足 1%，不仅远远低于美国（13.12%）、德国（9.43%）、日本（6.48%）、法国（6.32%）以及英国（5.88%）等国家，甚至低于韩国（1.20%）、巴西（1.17%）、新加坡（1.04%）等国家的同期水平，中国进口份额仅位列全球第 24。2009 年，中国进口总额超过德国，成为仅次于美国的世界第二大进口国，中国进口占世界进口总额的比例达到 8.12%，其后多年间，中国一直稳居世界第二大进口国的地位。2018 年，中国进口占世界进口总额的比例是 11.24%，这一比例大约是 1979 年的 12.22 倍、2001 年的 2.87 倍、2010 年的 1.22 倍。

二、中国进口的国际辐射地理范围日益扩大

中国进口来源地的数量持续增加，几乎涵盖了全球所有国家和地区。1979 年中国进口贸易伙伴主要涉及全球 42 个国家和地区，2018 年中国进口来源地涵盖了全球 230 多个国家和地区。与此同时，中国从发展中国家进口的规模日益增加，在中国进口中所占份额大幅提高。中国从前十大发达国家①进口的份额从 1979 年的 69.72%下降到

① 综合对比联合国、世界银行、中国海关总署等组织及部门使用的标准，本书选取的发达国家包括加拿大、美国、澳大利亚、日本、韩国、新加坡、新西兰、奥地利、比利时、丹麦、芬兰、法国、德国、希腊、爱尔兰、意大利、卢森堡、荷兰、葡萄牙、西班牙、瑞典、英国、保加利亚、克罗地亚、塞浦路斯、捷克、爱沙尼亚、匈牙利、拉脱维亚、立陶宛、马耳他、波兰、罗马尼亚、斯洛伐克、斯洛文尼亚、冰岛、挪威、瑞士。其余国家为发展中国家。

2018年的49.71%，中国从前十大发展中国家进口的份额却由1979年的9.26%提升至2018年的26.37%。2012—2017年，中国进口对世界进口增长的平均贡献率达22.5%。2001—2015年，从对中国出口占进口来源地出口总额的比例来看，在考察的128个国家中，仅有10个国家的比例下降，其余118个国家的比例均上升。2012年《国务院关于加强进口促进对外贸易平衡发展的指导意见》明确提出，进一步优化进口国别和地区结构，鼓励自最不发达国家进口，扩大自发展中国家进口，拓展自发达国家进口。可以预见，今后世界各国特别是发展中国家将是中国进口的潜在受益国。

三、中国为贸易伙伴扩大对中国出口提供新的机遇

《进一步优化供给推动消费平稳增长 促进形成强大国内市场的实施方案（2019年）》提出，以高质量的供给催生创造新的市场需求，更好满足人民群众对美好生活的向往，促进形成强大国内市场，推动消费平稳增长。2019年的政府工作报告再次强调："促进形成强大国内市场，持续释放内需潜力。"促进形成强大国内市场，是国家政府根据我国经济发展的现实和世界经济发展的趋势作出的一项重要决策，有利于充分发挥我国市场规模优势，推动我国经济持续稳定发展、高质量发展。促进形成强大国内市场，不仅需要国内企业的积极参与，还需要国外企业的积极配合。世界各国企业通过出口高质量产品参与中国形成强大国内市场的过程，就是世界各国企业进入中国市场、扩大对中国出口规模的过程，也是中国进口促进世界经济增长的过程，能够为经济复苏乏力、充满不确定性的世界经济注入增长之源、活力之源，充分展现出中国对全球自由贸易发展的推动作用。

四、进口博览会是中国积极扩大进口的公共平台

为了让境外企业更直接地了解中国市场需求、更快地分享中国市场、更便利地进入中国市场，中国政府不仅大幅度降低各类产品的进口关税、消除各种非关税壁垒、加快提升通关便利化水平、大力发展跨境电商业务，还构建了专门为境外企业出口产品到中国的以进口为主题的大型国家级展会。进口博览会为境外企业集中提供产品展销的地点，让境外企业与国内企业面对面接触和洽谈，有利于境外企业直接了解国内企业真实、多样化、巨大的需求，让境外企业切切实实感受到中国市场的活力及其对进口的强劲需求，进而改变中国市场在境外企业经营业务中的战略定位。只要境外企

业的产品供给与中国企业的需求、中国消费者的需求相一致，中国市场一定会成为境外企业经营业务扩张的新增长点。

五、贸易伙伴应该高度重视并积极参加进口博览会

毫无疑问，中国企业的转型升级、中国居民的消费升级对高技术机器设备、高质量消费品的需求将是巨大的。对于任何一家境外企业甚至是世界 500 强企业来说，这都是巨大的机遇。哪家境外企业先抓住了这个机遇，它就可能不仅在中国市场上，而且在世界市场上把竞争对手远远地甩到身后。对于中小型企业来说，参加进口博览会是了解中国市场整体需求、寻找潜在目标客户的最佳途径，这个途径的效果最大、成本最小、时间最短。2018 年首届中国国际进口博览会成果丰硕，参展企业 3617 家，220 多家世界 500 强和行业龙头企业参展，300 多项新产品、新技术首次发布，80 多万人进馆洽谈采购、参观体验，成交额达 578 亿美元。2019 年，进口博览会的参展企业更多、产品质量更高、交易规模更大，共计 181 个国家、地区和国际组织参会，3800 多家企业参展，391 项新产品、新技术或服务首发，累计进场人次超过 91 万，成交额高达 711.3 亿美元，比 2018 年增长 23%。

专　题　篇

第三章　中华人民共和国成立70年中国进口发展历程

中华人民共和国成立后的70年，是中国从封闭半封闭走向全方位对外开放的70年。自中华人民共和国成立特别是改革开放以来，中国对外贸易发生了翻天覆地的变化，取得了举世瞩目的成就。在进口贸易方面，中国进口贸易经历了由小到大的发展历程，进口规模实现了历史性跨越，中国已经成为名副其实的进口贸易大国。本章以“中华人民共和国成立”和“改革开放”两大历史事件为时间节点，全方位、多角度详细梳理了中华人民共和国成立至改革开放前夕（1950—1978年）和改革开放以来（1979年至今）两个时期中国进口贸易的发展情况，并深入探讨不同时期中国进口贸易发展特点的差异性，以期对中国进口发展历程有一个全面清晰的认识。

一、1950—1978年中国进口发展的历史变迁

（一）1950—1978年中国进口规模的历史变迁

1. 中国进口总额及其历史变迁

在中华人民共和国成立初期，国内经济百废待兴，西方资本主义国家对中华人民共和国采取敌视和封锁政策，我国进口贸易规模十分有限。中华人民共和国成立之后，中国政府积极开展对外交流和贸易往来，截止到1950年中国同17个国家正式建立外交关系①，中国进口总额由1950年的5.83亿美元迅速增长至1951年的11.98亿美元，翻了一番。其后，中国政府继续大力拓展与广大亚非国家的经贸活动，例如，1952年与斯里兰卡开展大米换橡胶的贸易、1956年与巴基斯坦签订煤炭换棉花的贸易合同、

① 这17个国家分别为：苏维埃社会主义共和国联盟（1949年10月3日）、保加利亚人民共和国（1949年10月4日）、罗马尼亚社会主义共和国（1949年10月5日）、匈牙利人民共和国（1949年10月6日）、朝鲜民主主义人民共和国（1949年10月6日）、捷克斯洛伐克社会主义共和国（1949年10月6日）、波兰人民共和国（1949年10月7日）、蒙古人民共和国（1949年10月16日）、德意志民主共和国（1949年10月27日）、阿尔巴尼亚社会主义人民共和国（1949年11月23日）、越南社会主义共和国（1950年1月18日）、印度共和国（1950年4月1日）、瑞典王国（1950年5月9日）、丹麦王国（1950年5月11日）、缅甸联邦社会主义共和国（1950年6月8日）、瑞士联盟（1950年9月14日）、芬兰共和国（1950年10月28日）。

1956 年与印度尼西亚签订 1200 万英镑的易货贸易协议等①。在中国政府的积极努力下，到 1978 年，中国进口总额突破了 100 亿美元，达到了 108.93 亿美元，大约是 1950 年的 18.68 倍。图 3-1 是 1950—1978 年中国进口总额的基本情况。总的来看，相比中华人民共和国成立之初，20 世纪 70 年代末，中国进口总额实现了较大幅度的提升。

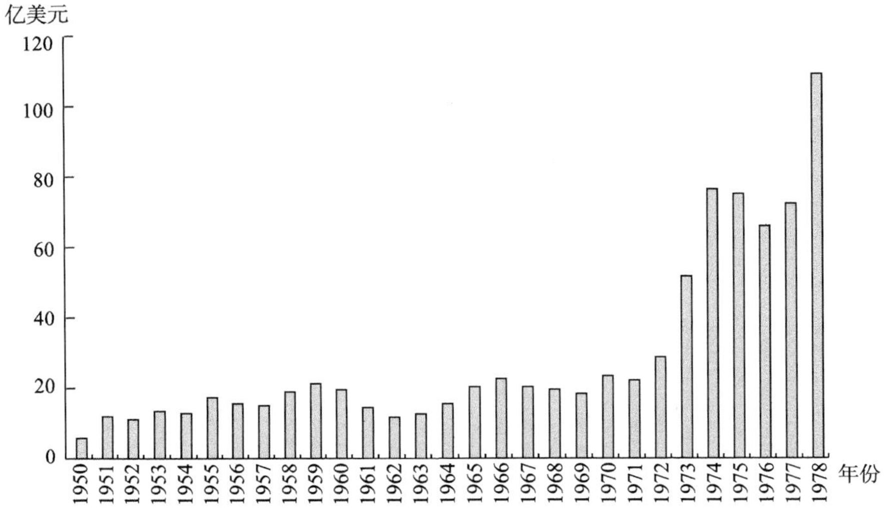

图 3-1　1950—1978 年中国进口总额的基本情况

数据来源：中国海关总署统计司．中国外贸进出口年度报告 2017［M］．北京：中国海关出版社，2017.

2. 中国在世界进口贸易中的地位

从进口总额的角度来看，中华人民共和国成立后的 30 年间，中国进口贸易有了一定程度的发展；但从占世界进口份额的角度来看，这一时期中国进口贸易的发展情况却不容乐观。表 3-1 是 1950—1978 年中国进口总额占世界进口总额的比重（以下简称“中国进口份额”）及其排名情况。具体来看，这一时期，中国在世界进口贸易中的地位发生了以下变化：

首先，相比中华人民共和国成立之初，中国进口份额及排名均小幅下降。虽然从总量上来看，中国进口总额已经实现了较大幅度的提升，即由 1950 年的 5.83 亿美元增长至 1978 年的 108.93 亿美元。但是，随着中国进口总额的增长，中国进口份额及排名并没有明显的提升，反而出现了小幅下降。从具体数字来看，如表 3-1 所示，1950 年，中国进口份额为 0.91%，位居全球第 27；而到 1978 年改革开放之前，中国进口份额下降为 0.82%，进口排名下降到第 29。由此可见，1950—1978 年，虽然中国进口总额增长了近 20 倍，但是，中国进口贸易增长水平却不及世界其他国家，这体现为中国进口

① 彭波．新中国 70 年对外贸易持续发展［N］．国际商报，2019-09-03（03）．

份额及排名出现了小幅下降。

其次，中国进口份额与发达国家甚至与拉丁美洲发展中国家相比存在一定的差距。1950—1978年，中国进口份额不仅远低于美国、德国、英国等发达国家，而且与许多周边国家以及拉丁美洲发展中国家相比均存在明显的差距。根据世界贸易组织（WTO）数据库的统计数字，1978年，美国、德国、英国3个发达国家进口总额占世界进口总额的比重分别达到了13.70%、8.96%、5.58%，大约分别为中国当年水平的17倍、11倍、7倍；日本和苏联的进口份额分别达到了5.88%和3.72%，远高于中国的0.82%；中国进口份额甚至不及拉丁美洲发展中国家巴西（1.11%）和委内瑞拉（0.86%）①。由此可见，在改革开放前夕，中国进口贸易发展水平与世界许多国家相比存在明显差距，具有很大的发展空间。

表3-1　1950—1978年中国进口总额占世界进口总额的比重及其排名

年份	中国进口占比/%	中国进口全球排名	年份	中国进口占比/%	中国进口全球排名
1950	0.91	27	1965	1.13	21
1951	1.36	19	1966	1.14	20
1952	1.27	19	1967	0.95	23
1953	1.59	13	1968	0.82	24
1954	1.45	15	1969	0.67	30
1955	1.75	13	1970	0.69	29
1956	1.43	15	1971	0.58	33
1957	1.68	12	1972	0.66	28
1958	2.18	11	1973	0.88	23
1959	2.35	11	1974	0.90	23
1960	1.93	13	1975	0.87	25
1961	1.23	18	1976	0.65	33
1962	0.91	24	1977	0.61	33
1963	0.89	24	1978	0.82	29
1964	0.93	23			

数据来源：WTO贸易数据库。

① 数据来源于WTO贸易数据库。

（二）1950—1978 年中国进口结构的历史变迁

1. 进口产品结构

在中华人民共和国成立初期，我国实行计划体制下的对外贸易。对外贸易产品局限于互通有无，调剂余缺，因而进口产品种类较少。表 3-2 列出了 1950 年和 1978 年中国前十大进口产品。可以看出，1950—1978 年，中国进口产品结构的基本情况如下：

首先，中华人民共和国成立之初，中国进口产品种类较少且多为生产资料和农副产品。《中国外贸进出口年度报告 2017》的统计显示，在中华人民共和国成立之初，我国进口产品主要集中于 13 类产品，而到 1978 年，进口产品种类增加至 25 类，新增加的进口产品主要是矿产资源和高端制造产品，具体包括铁矿砂、铜矿砂、飞机、医疗器械、显像管、合成橡胶、汽车零件等。从前十大进口产品可以看出，1950—1978 年，生产资料是主要的进口产品，钢材、原油、原木、天然橡胶始终是中国进口的前十大产品。由此可见，这一时期，我国通过进口贸易利用国外矿产资源、技术和先进设备，开展了大规模工业建设，从而服务于社会主义工业化建设的目标。与此同时，农副产品在进口中也占据了重要地位，例如谷物、棉花、成品油等。

其次，钢材一直是最主要的进口产品之一。由表 3-2 可知，1950 年，中国第一大进口产品为钢材，进口数量为 41 万吨，远远高于第二大进口产品成品油，这反映了中华人民共和国成立初期社会主义工业化建设对钢材的大量需求。然而，受“三年困难时期”等历史事件的影响，1959—1965 年，钢材进口量出现了一定下滑，由 1958 年的 164 万吨下降到 1965 年的 41 万吨，但是，钢材进口在同时期中国进口贸易中仍然处于主导地位；与此同时，谷物进口规模由 1958 年的 22 万吨迅速上升至 1965 年的 595 万吨。自 1965 年开始，钢材进口量开始逐年攀升，并于 1973 年再次成为中国第一大进口产品。到 1978 年，钢材作为第一大进口产品，其进口量已经达到 864 万吨，大约是 1950 年的 21 倍。

最后，1950—1978 年，前十大进口产品的进口总额实现了大幅度提升，但是，进口产品种类并未发生明显变化。从前十大进口产品种类的变化情况来看，由表 3-2 可知，与 1950 年相比，铁矿砂、化肥和显像管替代了成品油、食用植物油和金属加工机床，成为改革开放前夕中国前十大进口产品，这主要是中国工业化建设增加了机床的国内供给以及工业转型升级对高技术产品显像管进口需求攀升导致的。1950—1978 年，钢材、谷物、原油、原木、棉花、天然橡胶、纸浆等产品始终是中国最主要的进口产品。具体而言，对比 1950 年和 1978 年的进口数据，中国前十大进口产品规模以几十倍甚至几百倍的增长幅度实现了快速增长。此外，谷物、原油和原木的进口排名有所上升，而棉花、天然橡胶和纸浆的进口排名相对下降。

表 3-2　1950 年和 1978 年中国前十大进口产品

排名	1950 年前十大进口产品		1978 年前十大进口产品	
	产品名称	进口数量	产品名称	进口数量
1	钢材	41 万吨	钢材★	864 万吨
2	成品油	29 万吨	谷物★	863 万吨
3	棉花	13.4 万吨	铁矿砂	802 万吨
4	谷物	7 万吨	化肥	398 万吨
5	天然橡胶	6.4 万吨	原油★	69 万吨
6	原油	4 万吨	显像管	68 万只
7	纸浆	1.6 万吨	原木★	53.5 万立方米
8	原木	1 万立方米	棉花★	51 万吨
9	食用植物油	0.3 万吨	天然橡胶★	22.7 万吨
10	金属加工机床	0.3 万台	纸浆★	22.1 万吨

数据来源：《中国外贸进出口年度报告 2017》。
注：★所标注产品在 1950 年和 1978 年均为中国前十大进口产品。

2. 进口来源地结构

在中华人民共和国成立初期，中国进口来源地分布受到外交关系和国家关系的深刻影响。表 3-3 是 1950 年和 1978 年中国前十大进口来源地。具体来看，1950—1978 年，中国进口来源地结构的基本情况如下：

首先，与中华人民共和国成立初期相比，中国进口来源地在数量上有所拓展，但涉及的国家（或地区）仍然十分有限。中华人民共和国成立初期，西方资本主义国家对中华人民共和国采取“封锁”和“禁运”政策。在当时的国际背景下，我国进口贸易伙伴主要涉及全球 23 个国家（或地区），大多数进口贸易伙伴是马来西亚、印度、日本、巴基斯坦和泰国等亚洲周边国家（或地区），少数是苏联、英国、德国等欧洲国家。随着 20 世纪 70 年代外交关系的改善，我国进口贸易伙伴数量增加到全球 40 个国家（或地区），新增加的进口来源地主要包括新加坡、菲律宾、越南、伊朗、孟加拉国等 7 个亚洲国家，还有 5 个欧洲国家和 4 个拉丁美洲国家，如奥地利、西班牙、挪威、巴西、墨西哥等。

其次，中国进口主要集中于少数几个国家（或地区），进口额在国家（或地区）间的分布极为不平衡。在中华人民共和国成立之初，以苏联为代表的社会主义国家迅速承认中华人民共和国政权，并且给予中国大量经济和技术援助，因此，这一时期中国主要与苏联、东欧等社会主义国家进行经贸来往。在 20 世纪五六十年代，苏联一直是中国第一大进口来源地。从具体数字来看，如表 3-3 所示，1950 年，中国从苏联的进口占中国进口总额的份额为 31.73%，其后呈现出逐年上升的趋势。1955 年，中国从苏联的进口占中国进口总额的份额达到历史最高值 64.63%，此后虽然有所下降，但始终维持在 30%以上。到 20 世纪 70 年代，随着中国同西方国家国际关系的改善，德国、美国等发达国家逐渐成为中国主要的进口来源地。到 1978 年，日本替代苏联成为中国第一大进口来源地，中国从日本进口占中国进口总额的 1/4 以上，这一比重虽然较 1950 年有所下降，但中国进口总额在国家（或地区）之间分布的不平衡性仍然十分明显。

最后，中国进口来源地由周边发展中国家（或地区）逐步转向美日欧等发达国家。中华人民共和国成立之初，以美国为首的西方国家对中国采取敌视和封锁政策，中国曾在较长一段时间内采取“一边倒”的对外贸易政策，中国 20 世纪 50 年代的进口贸易严重依赖苏联。除“一边倒”开放以外，这一时期中国也大力开展与广大亚非国家的经贸活动。从表 3-3 中可以看出，1950 年马来西亚、印度、巴基斯坦等亚洲发展中国家（或地区）是中国前十大进口来源地。到 20 世纪 70 年代，中国同美国（1972 年 2 月签订《中美联合公报》）和日本（1972 年 9 月中日建交）等发达国家的国际关系得到改善。在有利的国际背景下，中国从日本、美国、德国的进口总额迅速上升，美欧日等发达国家成为中国主要的进口来源地。1978 年，除苏联以外，中国其他前十大进口来源地均为发达国家。

表 3-3　1950 年和 1978 年中国前十大进口来源地

排名	1950 年前十大进口产品		1978 年前十大进口产品	
	进口来源地	进口总额/亿美元	进口来源地	进口总额/亿美元
1	苏联	1.85	日本★	31.05
2	马来西亚	0.61	德国★	11.83
3	英国	0.41	美国	7.21
4	印度	0.29	澳大利亚	7.15
5	日本	0.26	加拿大	5.74
6	巴基斯坦	0.16	瑞士	2.99
7	德国	0.11	英国★	2.96
8	中国香港	0.08	法国	2.47
9	比利时	0.07	苏联★	2.07

续表

排名	1950 年前十大进口产品		1978 年前十大进口产品	
	进口来源地	进口总额/亿美元	进口来源地	进口总额/亿美元
10	泰国	0.05	意大利	1.91

数据来源：《中国外贸进出口年度报告 2017》。

注：★所标注国家在 1950 年和 1978 年均为中国前十大进口来源地。按照海关统计惯例，“德国”指当时的德意志联邦共和国。

二、1979—2018 年中国进口新发展

（一）改革开放 40 年中国进口规模的新发展

1. 中国进口总额及其新发展

自从改革开放以来，中国主动开放国门，对外贸易从“出口一枝独秀”，到“进口与出口并重”，再到“主动扩大进口”，表明随着我国融入全球化浪潮的步伐越来越快，我国从开拓国际市场转变为开放国内市场。图 3-2 反映了 1979—2018 年中国进口总额的基本情况。具体来看，改革开放以来，中国进口贸易呈现以下特点：

首先，相比改革开放之初，中国进口总额实现了迅猛增长。经过 1950—1978 年的恢复和发展，中国进口贸易规模虽然有了一定的增长，但与世界其他国家相比，中国进口规模仍然有限，中国进口在世界中的排名仍然较低。自 1978 年 12 月党的十一届三中全会以来，中国开始实行对内改革、对外开放的政策，中国进口发展进入了快车道。从图 3-2 可以看出，在改革开放之初的 1979 年，中国进口总额为 156.75 亿美元，改革开放政策促使中国逐步开放国门，拥抱世界，到 2008 年中国进口贸易总额首次突破 1 万亿美元，达到了 11325.62 亿美元，并于 2018 年首次突破 2 万亿美元，达到了 21356.37 亿美元，2018 年进口额大约是 1979 年的 136 倍。由此可见，中国进口贸易的快速发展是中国改革开放的重大成就之一。

其次，中国加入 WTO 是中国进口贸易跨越式增长的起点。正式成为 WTO 成员，这是中国改革开放历史上的里程碑，标志着中国对外贸易进入一个新的阶段，这也是中国进口贸易跨越式增长的真正起点。1978—2001 年，中国进口总额虽然有所增长，但增长幅度相对较小，如图 3-2 所示，2001 年中国进口总额仅为 2435.53 亿美元，大约是 1979 年的 15 倍，中国进口贸易表现为平稳增长的态势。然而，自 2002 年开始，中国进口总额开始呈现出指数增长的发展态势。到 2018 年，中国进口总额达到 21356.37 亿美元，大约是 2001 年的 9 倍。

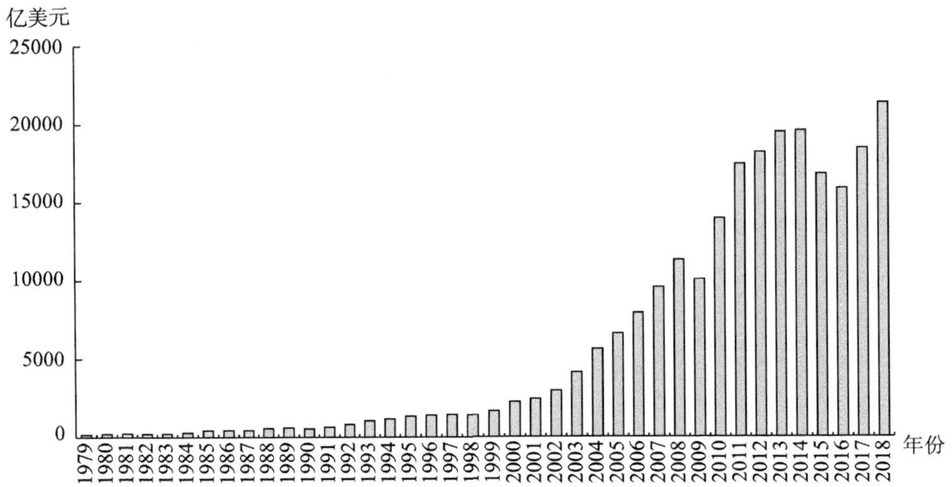

图 3-2　1979—2018 年中国进口总额的基本情况

数据来源：1979—2017 年数据来源于《中国外贸进出口年度报告 2017》，2018 年数据来源于中国海关统计数据在线查询平台（http：//43.248.49.97/）。

2. 中国在世界进口贸易中的地位

随着进口规模的高速增长，中国在世界进口贸易中的地位也迅速提升。表 3-4 列出了 1979—2018 年中国进口份额及排名。具体来看，改革开放 40 年间，中国在世界进口贸易中的地位发生了以下变化：

首先，较改革开放之初，中国进口份额明显增长，并逐步跻身世界进口贸易大国之列。根据 WTO 公布的统计数字，在改革开放之初的 1979 年，中国进口份额不足 1%，不仅远远低于美国（13.12%）、德国（9.43%）、日本（6.48%）、法国（6.32%）、英国（5.88%）等发达国家，甚至低于沙特阿拉伯（1.44%）、巴西（1.17%）、新加坡（1.04%）等国家的同期水平，中国进口份额仅位列全球第 24。经过改革开放近 40 年的长足发展，自 2012 年开始，中国进口份额大致维持在 10%左右，虽然低于美国（约为 13%），但远高于同时期其他国家。到 2018 年，中国进口份额达到了 1/10 以上，这一比重大约是 1978 年的 11.68 倍、1950 年的 3663 倍。由此可见，改革开放以来，中国既是“世界工厂”，也是“世界市场”。

其次，2009 年以来，中国一直是世界第二大进口国。如表 3-4 所示，改革开放之后，中国进口在世界总进口中的排名在波动中逐步提升。具体而言，中国于 1983 年跻身世界前二十大进口国，并于 1999 年开始持续位列世界前十大进口国，这是中国改革开放在对外贸易领域取得的成就的集中体现。特别是自 2001 年 12 月中国加入 WTO 之后，我国在世界进口中的排名迅速由 2002 年的第六提升至 2003 年的第四，位居美国、德国和英国之后，也是第一大发展中进口国。2009 年，中国进口额超过德国，成为仅次于美国的世界第二大进口国，其后多年间，中国稳居世界第二大进口国的地位，且中国进口份额依然逐年增加。

表 3-4　1979—2018 年中国进口总额在世界进口总额中的比重及排名

年份	中国进口占比/%	中国进口全球排名	年份	中国进口占比/%	中国进口全球排名
1979	0.92	24	1999	2.96	10
1980	0.96	22	2000	3.49	8
1981	1.06	22	2001	3.91	6
1982	0.99	23	2002	4.52	6
1983	1.13	20	2003	5.42	4
1984	1.36	17	2004	6.04	3
1985	2.10	18	2005	6.30	3
1986	1.94	11	2006	6.52	3
1987	1.67	14	2007	6.86	3
1988	1.86	14	2008	7.04	3
1989	1.85	14	2009	8.12	2
1990	1.48	18	2010	9.21	2
1991	1.76	15	2011	9.64	2
1992	3.26	8	2012	10.03	2
1993	3.63	8	2013	10.50	2
1994	3.03	10	2014	10.56	2
1995	2.79	12	2015	10.38	2
1996	2.73	12	2016	10.04	2
1997	2.64	12	2017	10.52	2
1998	2.62	11	2018	11.24	2

数据来源：1979—1991 年进口数据来源于 WTO 贸易数据库，1992—2018 年进口数据来源于联合国贸易商品统计数据库（UN Comtrade，https：//comtrade.un.org/data/）。

3. 中国消费品、资本品和中间品进口贸易

消费品、资本品和中间品进口会以不同方式影响我国经济发展和消费需求。其中，消费品进口能够丰富消费内容、消费选择，进而更好地满足消费者日趋个性化的消费需求；资本品是其他生产要素发挥作用的物质条件，全球化的加速发展使各国对资本

品进口的依赖程度普遍加大①；中间品是促进一国经济增长和提升企业生产率的重要途径之一，对于发展中国家更是如此②。因此，本书基于联合国 BEC 分类方法，详细分析改革开放以来我国消费品、资本品和中间品进口发展的基本事实特征。图 3-3 描绘了1995—2018 年中国消费品、资本品和中间品进口总额及其占比变化情况，表 3-5 列出了2018 年上述三类产品的前十大进口来源地。具体来看，改革开放以来，我国消费品、资本品和中间品进口的基本情况如下：

首先，在我国进口总额中，大约 70%是中间品，而且中间品进口来源地呈现出多元化特点。如图 3-3 所示，1995 年我国中间品进口额为 786. 25 亿美元，在当年中国进口总额中占比高达 67. 79%。其后 20 多年间，我国中间品进口占比一直在 70%上下波动。到 2018 年，我国中间品进口额增长到 10632. 33 亿美元，但在进口中的占比是69. 02%，基本与 1995 年持平。从进口来源地分布来看，如表 3-5 所示，前十大进口来源地既涵盖亚洲周边国家（或地区），如中国台湾、沙特阿拉伯、越南和新加坡，也涉及欧美等发达国家，如美国和德国。与此同时，中国中间品进口在各进口来源地之间分布较为均衡。2018 年，澳大利亚是我国第一大中间品进口国，中国从澳大利亚进口的中间品占当年中间品进口总额的 7. 61%，与日本（7. 20%）和韩国（6. 60%）的份额相比，自澳大利亚进口份额并没有表现出明显的差异性。

其次，消费品是我国第二大进口产品，亚洲周边国家（或地区）是我国消费品主要进口来源地。从进口总额来看，过去 20 多年间，中国消费品进口市场展现出巨大潜力，进口消费品规模不断扩大，消费品进口占中国进口总额的比重随之攀升。1995 年，中国消费品进口额为 101. 64 亿美元，仅占中国当年进口总额的 8. 76%，明显低于中间品和资本品占比；2011 年，消费品首次超过资本品，成为中国第二大进口产品，此后，消费品进口份额稳步上升。到 2018 年，中国消费品进口总额和进口份额分别升至 2815. 55亿美元和 18. 28%，明显高于资本品。从前十大进口来源地的分布来看，中国消费品进口来源地以亚洲周边国家（或地区）为主，如韩国、中国台湾、日本、越南和马来西亚等。此外，中国超过 1/5 的消费品进口来自韩国。

最后，我国资本品进口总额相对较少，美日欧等发达国家是我国资本品主要进口来源地。从进口总额来看，1995 年以来，我国资本品进口总额有了明显增长，从 1995年的 271. 99 亿美元上升至 2018 年的 1957. 80 亿美元，而资本品进口份额却大致呈现下降的趋势，从 1995 年的 23. 45%下降为 2017 年的 12. 71%，2018 年，资本品进口份额

---

① 裴长洪．进口贸易结构与经济增长：规律与启示［J］．经济研究，2013（7）．

② 魏浩，李翀，赵春明．中间品进口的来源地结构与中国企业生产率［J］．世界经济，2017（6）．

明显低于中间品和消费品。从来源地分布来看，我国资本品进口主要来自日本、美国、德国、韩国、法国、荷兰等发达国家，以及中国台湾、新加坡、越南等周边国家（或地区）。与消费品进口来源地分布不同，中国从发展中国家进口的资本品数量相对较少。

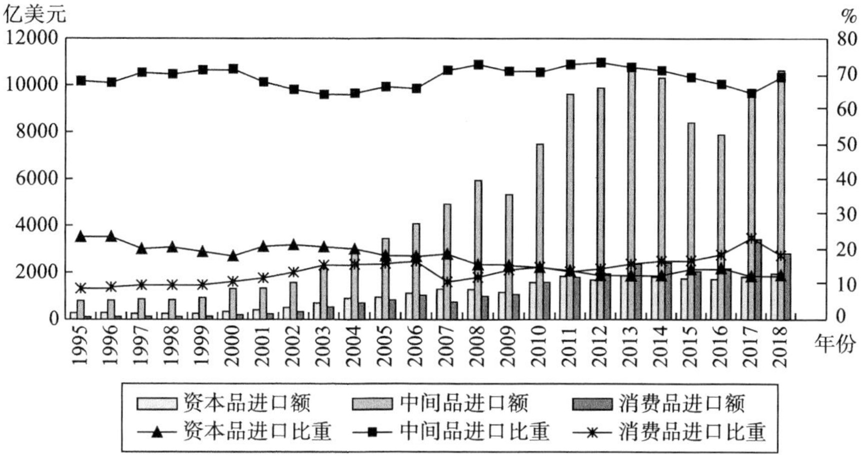

图3-3　1995—2018年中国消费品、资本品和中间品进口额及其比重

数据来源：CEPII BACI数据库。

表3-5　2018年中国消费品、资本品和中间品前十大进口来源地

排名	消费品		资本品		中间品	
	来源地	进口份额/%	来源地	进口份额/%	来源地	进口份额/%
1	韩国	20.81	日本	17.13	澳大利亚	7.61
2	中国台湾	13.40	美国	17.10	日本	7.20
3	日本	7.65	德国	15.05	韩国	6.60
4	美国	7.12	韩国	12.67	巴西	5.68
5	越南	5.64	中国台湾	7.60	美国	5.53
6	马来西亚	4.66	法国	5.21	德国	4.83
7	德国	4.16	新加坡	2.90	中国台湾	4.28
8	瑞士	2.72	越南	2.20	沙特阿拉伯	3.45
9	法国	2.37	荷兰	2.10	越南	3.18
10	泰国	2.22	意大利	1.91	新加坡	2.87

数据来源：2018年CEPII BACI数据库。

（二）改革开放 40 年中国进口结构的新发展

2017 年《对外贸易发展“十三五”规划》提出，推进外贸结构进一步优化是“十三五”时期我国对外贸易发展的主要目标之一。推进外贸结构进一步优化具体包括“五个优化”：一是优化国际市场布局；二是优化国内区域布局；三是优化商品结构；四是优化外贸经营主体；五是优化贸易方式。因此，从“五个优化”角度，本书详细分析改革开放以来中国进口结构的基本情况及其新特点。

1. 进口来源地结构

2012 年《国务院关于加强进口促进对外贸易平衡发展的指导意见》明确提出，进一步优化进口国别和地区结构，鼓励自最不发达国家进口，扩大自发展中国家进口，拓展自发达国家进口。可见，进口市场多元化战略将成为我国对外贸易整体战略关注的新重点①。表 3-6 和表 3-7 分别是 1979 年和 2018 年中国从前十大发达国家和发展中国家（或地区）进口的基本情况。具体来看，改革开放以来，中国进口来源地结构呈现出以下新特点：

首先，中国从发达国家进口的来源地结构具有一定稳定性，而从发展中国家（或地区）进口的来源地结构则发生了显著的变化。从发达国家进口来源地来看，1979 年，中国前三大发达国家进口来源地依次为日本、德国和美国，而到 2018 年，韩国替代德国位列中国前三大发达国家进口来源地，日本和美国始终位列中国前三大发达国家进口来源地，这表明中国从发达国家进口的来源地结构具有一定的稳定性。但是，从发展中国家（或地区）进口来源地来看，1979 年中国前三大发展中国家（或地区）进口来源地依次为阿根廷、苏联和中国香港，而到 2018 年，巴西替代阿根廷成为中国第一大发展中进口来源地，马来西亚替代俄罗斯成为中国第二大发展中进口来源地，而越南替代中国香港成为中国第三大发展中进口来源地。相比改革开放初期，我国前三大发展中国家（或地区）进口来源地已经发生明显改变，这表明中国从发展中国家（或地区）进口的来源地结构仍然处于持续调整中。

其次，中国进口来源地分布由集中于发达国家逐步向发展中国家（或地区）扩展。从进口份额来看，1979 年，中国大约 70%的进口来自前十大发达国家，中国从前十大发展中国家（或地区）进口占比不足 10%。由此可见，在改革开放初期，中国进口来源地分布集中于以德国、日本、美国为代表的主要发达国家，而

① 魏浩，叶子丹，赵春明．中国进口地区结构及其变化趋势的测算研究［J］．世界经济与政治论坛，2014（9）．

中国从发展中国家（或地区）的进口总额却十分有限。然而，到 2018 年，中国从前十大发达国家进口份额从 1979 年的 69.72%下降到 49.71%；与此同时，中国从前十大发展中国家（或地区）的进口占比却由 1979 年的 9.26%提升至 26.37%，这一比例的变化反映了中国进口来源地逐渐由核心发达国家转向发展中国家（或地区）。

最后，中国进口来源地的数量持续增加，几乎涵盖全球所有国家。1979 年，中国进口贸易伙伴主要涉及全球 42 个国家（或地区），中国大约一半的进口来源于前三大进口来源地，即日本、美国和德国。也就是说，在改革开放初期，中国进口来源地结构呈现出高度集中的特点。随着改革开放步伐的加快，中国进口来源地的范围不断拓展，到 2018 年，中国进口来源地已涵盖全球 230 多个国家（或地区），与此同时，中国从韩国、日本、美国前三大进口来源地的合计进口份额下降到 29.8%。可见，中国进口来源地在地理范围上的扩展有效地降低了进口来源地的集中度。

表 3-6　1979 年中国前十大发达国家和发展中国家（或地区）进口来源地情况

排名	前十大发达国家进口来源地			前十大发展中国家（或地区）进口来源地		
	来源地	进口额/亿美元	进口占比/%	来源地	进口额/亿美元	进口占比/%
1	日本	39.44	25.16	阿根廷	2.71	1.73
2	德国	19.37	12.36	苏联	2.5	1.59
3	美国	19.57	11.85	中国香港	2.14	1.37
4	澳大利亚	9.85	6.28	马来西亚	1.89	1.21
5	加拿大	6.22	3.97	巴西	1.22	0.78
6	英国	5.01	3.20	墨西哥	1.03	0.66
7	法国	4.06	2.59	泰国	0.83	0.53
8	意大利	3.09	1.97	印度	0.57	0.36
9	荷兰	2.0	1.28	埃及	0.57	0.36
10	波兰	1.67	1.06	菲律宾	0.47	0.30
	合计	110.28	69.72	合计	14.51	9.26

数据来源：《中国外贸进出口年度报告 2017》。

表 3-7　2018 年中国前十大发达国家和发展中国家进口来源地情况

排名	前十大发达国家进口来源地			前十大发展中国家进口来源地		
	来源地	进口额/亿美元	进口占比/%	来源地	进口额/亿美元	进口占比/%
1	韩国	1877.82	11.33	巴西★	728.31	4.39

续表

排名	前十大发达国家进口来源地			前十大发展中国家进口来源地		
	来源地	进口额/亿美元	进口占比/%	来源地	进口额/亿美元	进口占比/%
2	日本★	1667.36	10.06	马来西亚★	580.75	3.50
3	美国★	1394.10	8.41	越南	578.0	3.49
4	德国★	972.34	5.86	俄罗斯★	547.03	3.30
5	澳大利亚★	964.49	5.82	沙特阿拉伯	425.33	2.57
6	瑞士	352.52	2.13	泰国★	408.03	2.46
7	新加坡★	304.63	1.84	印度尼西亚	310.39	1.87
8	法国★	297.04	1.79	南非	248.08	1.50
9	加拿大★	260.27	1.57	伊拉克	204.99	1.24
10	智利	239.40	1.44	伊朗	189.99	1.15
	合计	8240.23	49.71	合计	4369.95	26.37

数据来源：中国海关统计数据在线查询平台。

注：★所标注国家在 1979 年和 2018 年均为中国前十大进口来源地。

2. 进口国内地区结构

根据《新中国六十年统计资料汇编》以及历年各省份统计年鉴公布的数据，本书搜集、整理了 1979 年以来中国 31 个省（区、市）的进口数据。表 3-8 列出了 1979—2018 年中国省际进口贸易总额及排名。具体来看，改革开放以来，中国进口贸易的国内区域分布具有以下新特征：

首先，改革开放以来，广东、北京和上海一直是中国国内前三大进口地区。从进口规模角度来看，1979 年我国进口第一大地区是北京，北京进口总额在中国进口总额中的比重高达 93%以上；广东次之，进口比重约为 2.43%；上海位列第三，进口占比约为 1.21%。也就是说，改革开放初期中国进口贸易省际分布十分不均衡。经过改革开放 40 年的发展，各省（区、市）进口贸易在不同程度上有所增长，广东、北京和上海三个省（市）稳居中国前三大进口地区之列。到 2018 年，广东超过北京成为进口额排名第一的进口大省，当年进口占比为 23.86%；北京次之，进口占比约为 18.47%；上海依然位居第三，进口占比为 16.72%；上述三大进口地区进口占比合计大约为 60%。可见，与改革开放初期相比，中国进口贸易的国内地区分布不均衡问题有所缓解。

其次，我国各省（区、市）进口总额排名分布特征明显。1979 年，我国前八大进口省（市）均位于东部沿海地区，依次为北京、广东、上海、天津、辽宁、江苏、山东、福建，这 8 个地区合计进口额占比高达 98.61%。相比而言，我国中西部各省（区、市）进口占比微乎其微。虽然近年来各省（区、市）的进口贸易总额都有了显著的提升，但是，中西部省（区、市）与东部省（市）相比仍有较大的差距。

从各省（区、市）进口总额排名情况来看，2018年除河北和海南进口排名相对靠后外，东部地区其余各省（市）均位列我国前十大进口省份，东部地区属于我国进口贸易发展第一梯队；中部8个省份进口排名处于12~25，中部地区属于我国进口贸易发展第二梯队；在西部12个省份中，除四川、广西和重庆3个省份位列前15外，其余各省（区、市）进口排名不容乐观，西部地区属于我国进口贸易发展第三梯队。

从具体省（区、市）来看，1979年，北京是我国国内第一大进口地区，当年进口额为156.7亿美元；而西部的青海是我国进口贸易额最小的省份，当年进口额仅为988万美元，与北京相比存在很大的差距。到2018年，我国第一进口大省广东的进口额高达4022.02亿美元，而进口额最小的地区仍然是青海，进口额仅为2.36亿美元。

表3-8 1979—2018年中国31个省（区、市）进口总额及排名

单位：亿美元

地区	2018年进口额排名	省份	1979年	1990年	2000年	2005年	2008年	2015年	2018年
东部地区	1	广东	2.43	196.77	781.87	1898.31	2793.04	3793.28	4022.02
	2	北京	156.7	192.31	374.31	946.41	2141.93	2647.5	3112.29
	3	上海	2.03	21.1	293.56	956.23	1527.88	2547.64	2817.22
	4	江苏	0.58	11.95	198.69	1049.59	1542.32	2069.45	2377.78
	5	山东	0.55	8.68	94.61	306.38	649.7	976.88	1207.5
	6	浙江	0.17	5.85	83.9	305.88	568.42	705.16	1021.38
	7	天津	1.62	4.24	85.28	259.72	383.1	631.64	677.85
	8	福建	0.28	18.9	83.15	195.69	278.29	561.66	651.32
	9	辽宁	0.7	7.1	81.7	175.7	303.8	452.5	603.82
	17	河北	0.19	3.67	15.28	51.44	143.89	185.43	180.12
	24	海南	—	4.66	4.85	15.69	86.61	636.67	77.97
中部地区	12	河南	0.2	1.37	7.81	26.35	67.6	307.19	255.66
	14	安徽	—	0.83	11.75	39.29	90.83	156.94	236.41
	15	黑龙江	—	4.1	15.4	35	63.2	129.6	202.6
	18	湖北	0.14	1.18	12.74	46.26	89.97	163.85	172.48
	20	湖南	0.11	1.36	8.6	22.58	41.56	101.94	146.95
	21	吉林	0.17	2.01	13.12	40.61	85.69	142.85	140.7
	22	江西	0.14	1.39	4.27	16.19	58.91	92.83	130.94
	25	山西	—	0.63	5.28	20.17	51.45	62.94	76.69

续表

地区	2018 年进口额排名	省份	1979 年	1990 年	2000 年	2005 年	2008 年	2015 年	2018 年
西部地区	10	四川	0.2	2.47	11.51	32.04	89.3	180.96	363.1
	11	广西	0.21	1.69	5.45	23.05	58.91	232.36	266.96
	13	重庆	—	3.54	7.9	17.72	37.99	192.87	252.83
	16	陕西	—	1.17	8.3	15.01	29.48	144.67	199.65
	19	云南	0.27	1.14	6.38	20.97	46.12	79.01	156.19
	23	内蒙古	—	1.6	10.14	30.97	53.54	71.1	91.27
	26	甘肃	—	0.16	1.55	15.4	44.91	21.41	34.72
	27	新疆	0.16	0.75	10.6	29.02	29.18	21.72	32.55
	28	贵州	0.14	0.64	19.82	5.45	14.7	22.73	22.73
	29	宁夏	0.11	0.08	1.16	2.8	6.23	8.14	9.12
	30	西藏	0.14	0.16	0.17	0.4	0.58	3.26	2.8
	31	青海	0.10	0.02	0.48	0.9	2.7	2.93	2.36

数据来源：《新中国六十年统计资料汇编》以及历年各省份统计年鉴。

3. 进口产品结构

改革开放以来，中国创造了世界贸易发展的奇迹。但是，中国要由“贸易大国”转变为“贸易强国”仍然任重道远。中国加快建设“贸易强国”的重要内容之一就是，在稳定传统优势产品出口的同时，提高出口品牌、高技术含量产品在全国对外贸易中的比重。基于此，本书借鉴魏浩等①提出的进口产品结构的测算方法，统计了1995 年以来中国进口产品结构基本情况。表 3-9 列出了 1995—2018 年中国进口产品结构测算结果。具体来看，1995 年以来，中国进口产品结构呈现出以下特点：

首先，从变化趋势来看，非农业型初级产品、低技术产品在中国进口总额中所占份额整体呈增加态势，而农业资源型制成品、中低技术产品、中等技术产品和中高技术产品在进口总额中所占份额总体呈下降趋势。其中，非农业型初级产品在中国进口总额中所占份额从 1995 年的 5.75%增加至 2018 年的 26.24%，大约增长了 20 个百分点；低技术产品在中国进口总额中所占份额从 1995 年的 4.26%增加至 2018 年的 9.38%；而中等技术产品在中国进口总额中所占份额则从 1995 年的 15.15%下降到 2018 年的 6.05%。

其次，从进口份额排名来看，2006 年中国第一大进口产品发生了明显转变。在 2006 年以前，中高技术产品为中国第一大进口产品；然而，自 2006 年以来，非农业型

① 魏浩，赵春明，李晓庆．中国进口商品结构变化的估算：2000—2014 年［J］. 世界经济，2016，39（4）：70-94.

初级产品在进口总额中所占份额超过中高技术产品，成为中国第一大进口产品。此外，1995—2018年，高技术产品稳居中国第二大进口产品。但是，高技术产品的进口份额远低于非农业型初级产品。

最后，在我国进口总额中，工业制成品所占比例一直高于60%，但初级产品所占份额大幅上升。具体而言，1995年初级产品进口份额为19.52%，到2018年，这一份额上升至37.34%。工业制成品在进口总额中所占份额下降幅度超过17个百分点，其中，六类技术型产品所占份额下降超过15个百分点，到2018年，技术型产品进口总额仍然占到中国进口总额的一半以上，约为51.33%。

表3-9 1995—2018年中国进口产品技术结构

(%)

产品类别		1995年	2000年	2005年	2010年	2014年	2015年	2017年	2018年
初级产品	非农业型初级产品	5.75	12.02	16.16	23.84	26.39	20.41	21.67	26.24
	农业型初级产品	13.77	8.95	7.43	9.41	10.25	11.61	11.27	11.10
	合计	19.52	20.97	23.59	33.25	36.63	32.02	32.95	37.34
工业制成品	金属类制成品	7.34	7.65	7.41	6.68	8.53	9.86	6.73	6.55
	农业资源型制成品	3.81	2.32	1.31	1.10	0.98	1.02	0.78	0.75
	其他资源型制成品	2.45	3.57	3.22	3.35	3.73	4.27	3.34	4.03
	低技术产品	4.26	6.85	11.87	10.03	10.14	8.97	14.79	9.38
	中低技术产品	7.74	4.89	5.16	3.80	3.03	4.07	3.37	3.90
	中等技术产品	15.15	15.84	12.96	8.31	5.91	7.11	6.78	6.05
	中高技术产品	18.63	18.44	16.59	14.39	13.10	13.64	12.97	11.85
	高技术产品	16.42	14.78	14.06	15.55	14.45	15.20	14.83	15.79
	特高技术产品	4.67	4.70	3.84	3.55	3.50	3.85	3.48	4.36
	合计	80.47	79.04	76.42	66.75	63.37	67.98	67.05	62.66

数据来源：CEPII BACI数据以及中国海关统计数据。

从前十大进口产品来看，较改革开放之初，我国主要进口产品发生了显著的变化。从表3-10可以看出：①改革开放初期，以谷物为代表的农产品为我国第一大进口产品，而到2018年，以集成电路为代表的工业制成品成为我国第一大进口产品，这在一定程度上反映出我国进口产品结构的优化。②资源能源型产品在我国进口贸易中始终占有重要地位。铁矿砂、原油、原木等资源能源型产品始终位于中国前十大进口产品之列，且从进口量的角度来看，上述三类产品进口排名较1979年均有所上升；与此同时，较1979年，液化天然气、锯材、成品油等产品成为我国前十大进口产品，这表明资源能源型产品在我国进口贸易中发挥着越来越重要的作用。③农产品在我国进口贸易中的地位有所下降。从进口量的角度来看，谷物进口排名由 1979 年的第 1 下降到 2018 年的第 10，而化肥、棉花、天然橡胶等农产品则退出了我国前十大进口产品之列，农业型初级产品进口量明显下降。

表 3-10　1979 年和 2018 年中国前十大进口产品

排名	1979 年前十大进口产品		2018 年前十大进口产品	
	产品名称	进口量	产品名称	进口量
1	谷物	1176 万吨	集成电路	4175.67 亿个
2	钢材	847 万吨	铁矿砂及其精矿★	106447 万吨
3	铁矿砂	716 万吨	原油★	46190 万吨
4	化肥	467 万吨	大豆★	8803 万吨
5	显像管	71 万只	原木★	5969 万立方米
6	黄大豆	58 万吨	液化天然气	5378 万吨
7	原木	57.4 万立方米	锯材	3674 万立方米
8	棉花	54.9 万吨	成品油	3348 万吨
9	原油	26 万吨	纸浆	2479 万吨
10	天然橡胶	24.6 万吨	谷物及谷物粉★	2047 万吨

数据来源：1979 年数据来源于《中国外贸进出口年度报告 2017》，2018 年数据来源于中国海关统计月报。

注：★所标注产品在 1979 年和 2018 年均为中国前十大进口产品。

4. 进口经营主体结构

1978 年以前，对外贸易一直沿袭中华人民共和国成立初期确立的由国家统一管理的经营管理体制，国家先后成立了一批国营专业外贸公司，统一经营全部对外贸易。然而，改革开放初期，国内生产能力和出口创汇能力严重不足的问题日益突出。在此背景下，中国开始招商引资，外商投资企业拥有进出口经营权。因此，中国进口贸易主体主要包括国有企业、外商投资企业和其他类型企业三类。图 3-4 描绘了 1981—2018 年上述三类企业进口份额及其变动情况。可以看出，改革开放以来，中国进口贸易的经营主体分布有了新发展：

首先，相比改革开放初期，中国进口贸易主体分布已经发生了根本性的转变。由图 3-4 可知，1981 年，我国国有企业、外资企业和其他类型企业进口比重分别为 99.19%、0.46%和 0.35%，中国进口贸易主体分布极为不平衡，国有企业几乎垄断了中国进口贸易。虽然外资企业进口份额略高于其他企业，但是两者进口累计占比不足 1%。然而，到 2018 年，中国进口贸易主体分布已经发生了根本性改变，外资企业成为第一大进口主体，进口比重为43.72%；私营企业等其他类型企业进口占比次之，为30.63%；而国有企业进口占比最低，约为25.65%。总的来看，到2018年，中国进口贸易主体分布的不平衡性问题在很大程度上得到缓解。

其次，外资企业进口规模不断扩大，成为推动中国进口贸易发展的主力。由图3-4可知，改革开放以来，我国外资企业进口总额急剧增长。1981—2018年，外资企业进口规模迅速由1.01亿美元提高到9329.5亿美元，与此同时，外资企业进口占中国进口总额的比重由0.459%提高到43.72%。到2018年，我国进口总额中将近一半是由外资企业完成的，这表明在积极吸引外资、承接产业转移、发展加工装配制造业的过程中，外商投资企业迅速发展为中国对外贸易的主力，对中国进口贸易的发展起着举足轻重的作用。

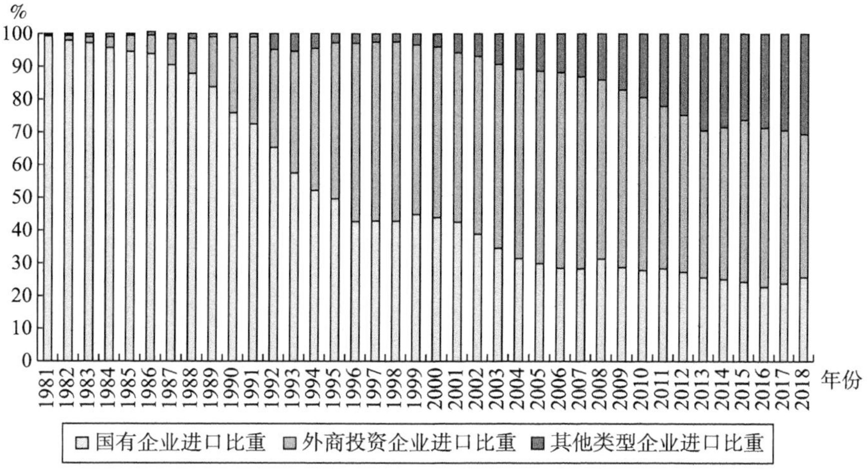

图3-4 1981—2018年中国各类企业的进口份额

数据来源：1981—2016年数据来源于《中国外贸进出口年度报告2017》，2017年和2018年数据来源于中国商务部。

最后，以民营企业为代表的其他类型企业迅速崛起，成为我国第二大进口主体。改革开放40年来，我国民营经济已经成为推动我国发展不可或缺的力量，成为创业就业的主要领域、技术创新的重要主体，为我国社会主义市场经济发展、国际市场开拓等发挥了重要作用①。从进口贸易领域来看，1990年之前，以民营企业为代表的其他类型企业进口份额在1%左右波动。20世纪90年代以来，以民营企业为代表的其他类型企业的进口贸易迅速崛起，总额由1991年的6.7亿美元迅速增长为2018年的

① 习近平．毫不动摇鼓励支持引导非公有制经济发展 支持民营企业发展并走向更加广阔舞台［N］．人民日报，2018-11-02（1）．

6537.3 亿美元，占比也随之由 1.05%增长为 30.63%，成为继外资企业之后我国第二大进口主体。

5. 进口贸易方式结构

1979 年，国务院批准在沿海地区开展加工贸易。加工贸易在吸引国外资金、技术、设备，拓展国际市场渠道，增加就业机会等方面均发挥着重要作用。图 3-5 反映了 1981—2018 年我国一般贸易和加工贸易进口份额及其变动情况。可以看出，在不同历史时期，一般贸易和加工贸易在中国进口贸易发展中的地位明显不同：

首先，改革开放之初，加工贸易进口总额高速增长，但一般贸易仍然是中国进口贸易的主要方式。1981 年，中国加工贸易进口额为 15.04 亿美元，占当年进口总额的比重仅为 6.83%。20 世纪 80 年代中期，国际产业结构开始新一轮调整和转移，国家进一步确立了以加工贸易为重点、扩大劳动密集型产品出口的沿海发展战略，加工贸易稳步增长。经过十多年发展，到 1992 年，中国加工贸易进口额增长了近 24 倍，加工贸易和一般贸易进口额基本持平，分别为 363.7 亿美元和 380.5 亿美元。这一时期虽然加工贸易发展迅速，但由于其处于起步阶段，一般贸易仍然是中国进口贸易的主要方式。

其次，1993—2000 年是中国加工贸易发展史上的重要转折点，这一时期加工贸易平稳增长，并超过一般贸易成为中国进口贸易的主导力量。1993 年，我国加工贸易进口额首次超过一般贸易，达到了 475.7 亿美元，占中国当年进口总额的 41.15%。1994 年 1 月，国务院发布了《关于进一步深化对外贸易体制改革的决定》，5 月颁布了第一部对外贸易法。这一时期，我国抓住第二次国际产业转移的机会，承接了大量制造业的国际转移，加工贸易进口额平稳增长。1997 年，我国加工贸易进口比重达到峰值（49.31%），加工贸易几乎占据我国进口贸易“半壁江山”。此后加工贸易占比小幅回落。1993—2000 年，加工贸易成为我国进口贸易的主导贸易方式。

最后，2000 年以后，加工贸易进口总额持续增长，但加工贸易进口份额明显回落。2000 年至今，国家实施加工贸易转型升级战略，加工贸易也进入调整升级阶段。在这一时期，虽然加工贸易进口额依然在稳步增长，但增长幅度不及一般贸易，从而表现为加工贸易进口占比有所回落，取而代之的是一般贸易进口占比增多。加之金融危机的影响，加工贸易进口显著下降，一般贸易在对外贸易中地位上升。2008 年，加工贸易在中国进口总额中所占比重降到 33.41%，而一般贸易进口占比升至 50.51%。2008 年以后，我国加工贸易进口份额持续下降，一般贸易进口份额持续上升，一般贸易在中国进口贸易中的主导地位不断稳固和增强。

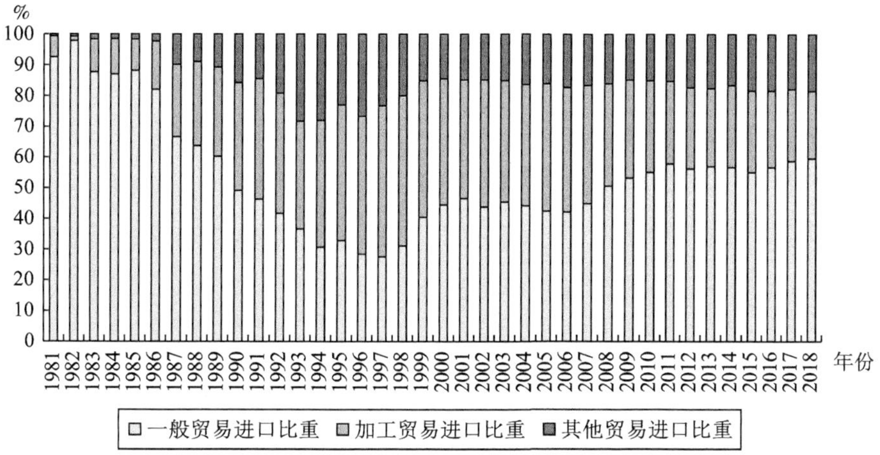

图 3-5　1981—2018 年中国各种贸易方式的进口份额

数据来源：1981—2016 年数据来源于《中国外贸进出口年度报告 2017》，2017 年和 2018 年数据来源于中国商务部。

（三）改革开放 40 年中国从不同类型国家进口的新发展

本书进一步考察中国与发展中国家、发达国家以及“一带一路”沿线国家进口贸易发展情况，并重点考察中国与重点国家进口贸易产品结构，以期为我国挖掘进口贸易增长点提供基础。

1. 中国从发达国家进口贸易的发展情况

（1）中国从发达国家进口总额的发展情况

本书统计了改革开放以来中国从发达国家进口总额及其占比情况，结果如图 3-6 所示。可以看出，改革开放以来，中国从发达国家进口贸易呈现出以下新特点：

首先，在改革开放之初，发达国家在中国进口贸易中占有十分重要的地位。如图 3-6 所示，1979 年，中国进口总额中约有 80.22%来自发达国家，这一比例虽然在改革开放之后有所回落，但是，1979—1987 年，中国从发达国家的进口始终占中国的当年进口的 60%以上。从来源地分布来看，如表 3-6 所示，1979 年日本、德国、美国、澳大利亚等国家是我国主要的发达国家进口来源地。1978 年之后，中国从发达国家的进口份额虽然波动下降，但基本维持在 40%左右水平。

其次，从进口总额来看，中国从发达国家进口的迅速增长始于 2000 年。如图 3-6 所示，2000 年中国从发达国家进口总额突破了 1000 亿美元，此后，进口规模大致以指数形式迅速增长。从具体数字来看，2005 年，中国从发达国家进口总额突破 2000 亿美元，2007 年，进口总额突破 3000 亿美元，直至 2013 年，中国从发达国家进口总额几乎每一或两年攀升至一个新台阶；2013 年之后，这种高速增长趋势逐渐减缓，进口总额在 6000 亿~7500 亿美元的区间内波动变化。

最后，从进口份额来看，从发达国家进口份额并没有随进口总额增长而上升，反而呈总体下降的趋势。如图 3-6 所示，1979 年，中国从发达国家进口份额高达 80%以上，此后开始波动下降。到 2018 年，中国从发达国家的进口份额下降到 39.39%，不足 1979 年进口份额的 50%。其中，中国从发达国家进口份额的迅速下降出现在 1992 年之前的十多年间，此后虽然有所上升，但自 1995 年开始又波动下降。

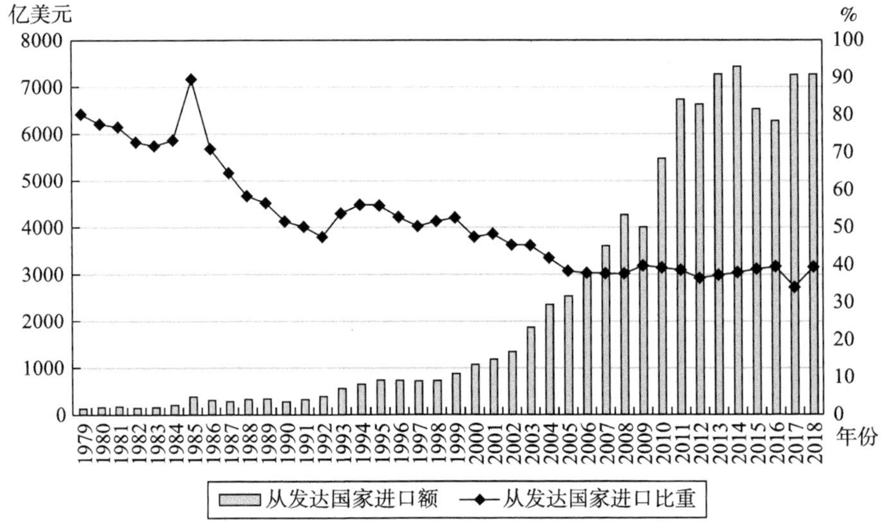

图 3-6　1979—2018 年中国从发达国家进口总额及占比

数据来源：1979—2016 年数据主要来源于《中国外贸进出口年度报告 2017》，但由于 1979—2016 年少数国家进口数据缺失，根据历年《中国统计年鉴》进行补充。此外，2017 年数据均来源于《中国统计年鉴》，2018 年数据来源于中国海关。

（2）中国从发达国家进口产品结构的发展情况

为了保证样本国家的代表性，本书主要选取 2018 年中国主要发达进口来源地作为研究样本，考察中国从发达国家进口的产品结构。根据国家统计局公布的数据，中国从主要发达国家进口的产品总额约占中国从发达国家进口总额的 90%，能够较好地反映中国从发达国家进口的基本情况。表 3-11 和表 3-12 分别是 1995 年和 2018 年中国从前十大发达国家进口来源地进口产品结构的测度结果。总的来看，根据进口产品结构，本书将前十大发达国家进口来源地分为以下三种类型：

第一类是主要向中国出口初级产品的国家，如澳大利亚和加拿大。如表 3-11 所示，1995 年，中国从澳大利亚进口总额的 37.38%为非农业型初级产品，中国从加拿大进口总额的 59.90%为农业型初级产品。如表 3-12 所示，2018 年，中国从澳大利亚进口总额中，非农业型初级产品的比重上升至75.14%，从加拿大进口总额中，农业型初级产品占比与1995年基本持平，约为58.32%。

第二类是主要向中国出口技术类产品的国家，如日本、德国、法国、英国、意大利和荷兰。技术类产品是中国从发达国家进口的主要产品类型。其中，中国从多数国家进口产品的技术类型没有发生明显变化。具体来看，1995年，中国从德国、法国和意大利进口总额的33.92%、38.09%和42.52%为高技术产品，到2018年，中国从上述三个国家进口的第一大产品仍然为高技术产品，进口份额分别变为44.67%、55.53%和29.56%。相比而言，中国从英国、荷兰和日本进口产品的技术类型分别由中等技术产品和中高技术产品转变为高技术产品。具体来看，1995年，中国从英国进口总额的26.54%为中高技术产品，从日本进口总额的23.24%为中高技术产品，到2018年，中国从英国和日本进口的第一大产品均转变为高技术产品，高技术产品进口份额分别为36.62%和31.67%。

第三类是向中国出口产品结构发生明显转变的国家，如韩国、美国和瑞士。其中，美国由主要向中国出口农业型初级产品转变为主要出口高技术产品。1995年，中国从美国进口总额的26.71%为农业型初级产品；到2018年，中国从美国进口的第一大产品变为高技术产品，进口占比为36.47%。相比而言，瑞士由主要向中国出口技术类产品转变为主要出口资源型工业制成品。1995年中国从瑞士进口总额的41.73%为高技术产品，而到2018年，中国从瑞士进口的第一大产品变为金属类制成品，进口占比为58.77%。韩国由主要向中国出口中高技术产品转变为主要出口低技术产品。1995年中国从韩国进口总额的23.58%为中高技术产品，到2018年，中国从韩国进口的第一大产品变为低技术产品，进口占比为30.86%。

表3-11 1995年中国前十大发达国家进口来源地进口产品技术结构

(%)

产品类型		韩国	日本	美国	德国	澳大利亚	瑞士	法国	加拿大	英国	意大利
初级产品	非农业型初级产品	5.04	1.20	1.12	0.21	37.38	0.01	0.20	2.23	2.79	0.27
	农业型初级产品	6.55	2.91	26.71	5.99	36.82	0.61	14.40	59.90	9.58	2.32
	合计	11.59	4.11	27.83	6.20	74.2	0.62	14.60	62.13	12.37	2.59

续表

产品类型		韩国	日本	美国	德国	澳大利亚	瑞士	法国	加拿大	英国	意大利
工业制成品	金属类制成品	8.39	12.47	2.81	4.66	6.49	0.54	2.42	2.33	7.91	2.18
	农业资源型制成品	6.44	0.67	1.85	0.67	1.43	0.35	0.84	1.29	1.05	1.83
	其他资源型制成品	6.32	3.04	2.03	2.13	0.41	2.13	2.81	0.80	2.96	2.38
	低技术产品	4.86	5.69	3.91	5.47	2.62	2.02	6.31	1.90	4.10	1.96
	中低技术产品	7.81	6.17	10.71	2.12	1.19	4.54	1.60	0.75	2.33	3.42
	中等技术产品	17.23	18.99	10.71	11.43	2.0	4.30	6.35	7.33	10.12	7.74
	中高技术产品	23.58	23.24	14.24	22.65	5.24	27.08	16.03	14.13	26.54	26.52
	高技术产品	12.07	20.02	20.52	33.92	4.72	41.73	38.09	4.91	22.08	42.52
	特高技术产品	1.72	5.59	5.40	10.74	1.69	16.7	10.96	4.43	10.53	8.85
	合计	88.42	95.88	72.18	93.79	25.79	99.39	85.41	37.87	87.62	97.40

数据来源：1995 年 CEPII BACI 数据库。

表 3-12　2018 年中国前十大发达国家进口来源地进口产品技术结构

（%）

产品类型		韩国	日本	美国	德国	澳大利亚	瑞士	法国	加拿大	英国	意大利
初级产品	非农业型初级产品	6.25	1.26	8.61	0.34	75.14	0.13	0.75	12.36	24.26	0.15
	农业型初级产品	1.34	2.07	12.86	2.06	12.85	0.64	12.37	58.32	5.93	5.49
	合计	7.60	3.33	21.47	2.40	87.99	0.77	13.13	70.68	30.20	5.64
工业制成品	金属类制成品	4.08	6.53	2.50	2.18	8.25	58.77	1.35	4.96	2.63	2.19
	农业资源型制成品	0.40	0.62	1.54	1.01	0.43	0.14	0.96	0.94	0.62	3.05
	其他资源型制成品	9.07	6.07	3.91	3.15	0.75	3.42	3.30	0.93	2.27	3.72
	低技术产品	30.86	7.53	7.20	3.08	0.18	1.01	1.05	0.32	1.16	4.21
	中低技术产品	5.54	3.71	0.95	1.37	0.07	0.68	1.84	0.63	0.74	10.40
	中等技术产品	12.18	8.10	4.27	5.76	0.22	1.58	4.39	0.86	2.12	10.53
	中高技术产品	15.60	24.47	13.46	27.25	1.34	4.19	11.55	8.78	17.71	21.21
	高技术产品	12.17	31.67	36.47	44.67	0.52	13.63	55.53	8.74	36.62	29.56
	特高技术产品	2.50	7.98	8.25	9.13	0.27	15.80	6.90	3.16	5.94	9.48
	合计	92.40	96.67	78.53	97.60	12.01	99.23	86.87	29.32	69.80	94.36

数据来源：2018 年 CEPII BACI 数据库。

2. 中国从发展中国家进口贸易的发展情况

（1）中国从发展中国家进口总额的发展情况

从进口总额来看，中国从发达国家和发展中国家的进口总额均呈大幅增长的趋势；

但是，从进口份额来看，发达国家和发展中国家的进口份额却呈“此消彼长”的发展态势。图3-7是1979—2018年中国从发展中国家进口总额及占比情况。可以看出，改革开放以来，中国从发展中国家进口贸易呈现出以下新特点：

首先，在改革开放之初，中国从发展中国家的进口十分有限。如图3-7所示，从进口总额来看，1985年之前，中国从发展中国家的进口总额不足100亿美元，与同时期发达国家相比存在很大差距。从进口份额来看，1979年发展中国家在中国进口中所占份额不足31%。由表3-6可知，1979年苏联、泰国、巴西等国家（或地区）是我国主要的发展中进口来源地。

其次，从进口总额来看，中国从发展中国家的进口在经历较长时间的缓慢增长后，于2003年开始直线式上升，增速明显高于同期从发达国家进口增速。如图3-7所示，1985年之前，中国从发展中国家进口总额不足100亿美元，到1993年，进口总额仍然低于500亿美元，增长十分缓慢。但是，从2003年开始，中国从发展中国家进口总额呈现出直线上涨的迅猛态势：2003年，中国从发达国家进口总额突破2000亿美元；2004年进口总额突破3000亿美元；2005年进口总额突破4000亿美元；2006年进口总额接近5000亿美元。直至2009年金融危机之前，中国从发展中国家的进口总额每年都创下历史新高。虽然受金融危机影响，2009年中国从发展中国家进口总额有所回落，但从2010年再次开始跨越式的增长。

最后，从进口份额来看，发展中国家在中国进口总额中所占份额整体呈上升趋势。如图3-7所示，1979年，中国从发展中国家进口份额约为19.77%，到2018年，这一份额增长至60.60%，大约是1979年的3倍。其中，中国从发展中国家进口份额的迅速增长出现在1985年之后的7年间，此后虽然有小幅下降，但1995年后又开始波动上升。

（2）中国从发展中国家进口产品结构的发展情况

本书选取2018年中国主要发展中国家进口来源地作为研究样本，考察中国从发展中国家的进口产品结构。根据国家统计局公布的数据，中国从主要发展中国家进口产品总额约占中国从发展中国家进口总额的60%，能基本反映中国从发展中国家进口的情况。表3-13和表3-14分别是1995年和2018年中国从前十大发展中国家进口来源地进口产品结构的测度结果。总的来看，根据进口产品结构，本书将前十大发展中国家进口来源地分为以下两种类型：

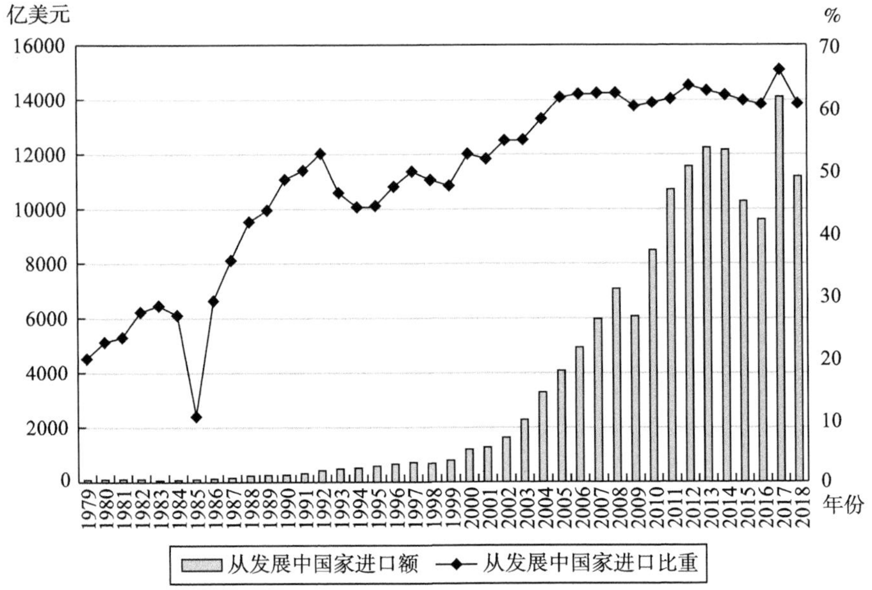

图 3-7　1979—2018 年中国从发展中国家进口总额及占比

数据来源：1979—2016 年数据主要来源于《中国外贸进出口年度报告 2017》，但由于 1979—2016 年少数国家进口数据缺失，本书根据历年《中国统计年鉴》进行补充。此外，2017 年数据均来源于《中国统计年鉴》，2018 年数据来源于中国海关。

第一类是主要向中国出口初级产品的国家，如巴西、沙特阿拉伯、泰国、印度尼西亚、南非和阿联酋。从表 3-13 来看，1995 年，中国从巴西和泰国进口总额的 56.87%和 68.43%为农业型初级产品，中国从沙特阿拉伯、印度尼西亚、南非和阿联酋进口总额的 44.94%、34.67%、41.66%和 46.27%为非农业型初级产品。从表 3-14 来看，自上述 5 个国家进口的第一大产品种类均没有发生变化，到 2018 年，中国从巴西和泰国进口的农业型初级产品的份额分别降至 54.53%和 30.26%，中国从沙特阿拉伯、印度尼西亚和南非进口的非农业型初级产品的份额变为 74.36%、40.87%和 34.19%。

第二类是向中国出口产品结构发生明显转变的国家，如马来西亚、越南、俄罗斯和菲律宾。其中，马来西亚、越南和菲律宾由主要向中国出口初级产品转变为主要出口工业制成品。1995 年，中国从马来西亚和越南进口总额的 44.09%和 62.91%为农业型初级产品，到 2018 年，中国从马来西亚和越南进口的第一大产品分别变为低技术产品和中等技术产品，进口占比分别为 32.53%和 44.54%；1995 年，中国从菲律宾进口的 51.96%为非农业型初级产品，到 2018 年，中国从菲律宾进口的第一大产品变为中高技术产品，进口占比高达 47.66%；此外，俄罗斯由主要向中国出口资源型工业制成品转变为主要出口初级产品。1995 年，中国从俄罗斯进口总额的 30.92%为金属类制成品，而到 2018 年，中国从俄罗斯进口的第一大产品变为非农业型初级产品，进口占比为77.14%。

表3-13 1995年中国前十大发展中国家进口来源地进口产品技术结构

（%）

产品类型		巴西	俄罗斯	越南	沙特阿拉伯	马来西亚	泰国	印度尼西亚	南非	阿联酋	菲律宾
初级产品	非农业型初级产品	12.44	7.27	32.94	44.94	4.12	1.09	34.67	41.66	46.27	51.96
	农业型初级产品	56.87	10.23	62.91	0.13	44.09	68.43	18.54	8.16	0.55	19.93
	合计	69.31	17.50	95.85	45.07	48.21	69.52	53.21	49.82	46.82	71.89
工业制成品	金属类制成品	12.17	30.92	0.18	1.71	1.49	1.85	1.90	7.80	13.47	9.44
	农业资源型制成品	1.45	0.30	1.50	0.02	30.77	1.34	28.33	0.29	0.28	2.75
	其他资源型制成品	0.98	2.42	0.34	1.76	0.41	1.91	0.40	0.43	0.03	0.73
	低技术产品	0.15	0.49	0.10	0.04	3.54	1.86	0.56	0.16	0.34	0.09
	中低技术产品	0.47	21.09	0.34	13.09	2.44	4.85	6.10	0.48	33.96	1.90
	中等技术产品	2.09	5.13	0.15	9.29	5.28	8.27	3.12	1.07	0.09	3.75
	中高技术产品	9.89	15.25	0.43	27.25	4.91	6.55	4.37	5.66	4.38	4.94
	高技术产品	3.10	6.53	1.11	1.18	2.19	3.36	1.94	31.39	0.29	3.35
	特高技术产品	0.39	0.36	0.004	0.58	0.75	0.49	0.07	2.89	0.34	1.17
	合计	30.69	82.49	4.154	54.92	51.78	30.48	46.79	50.17	53.18	28.11

数据来源：1995年CEPII BACI数据库。

表3-14 2018年中国前十大发展中国家进口来源地进口产品技术结构

（%）

产品类型		巴西	俄罗斯	越南	沙特阿拉伯	马来西亚	泰国	印度尼西亚	南非	阿联酋	菲律宾
初级产品	非农业型初级产品	40.69	77.14	1.72	74.36	18.80	4.37	40.87	34.19	61.46	10.85
	农业型初级产品	54.53	13.25	9.97	0.88	8.72	30.26	27.58	6.25	1.44	5.30
	合计	95.23	90.39	11.69	75.24	27.52	34.63	68.45	40.44	62.9	16.15
工业制成品	金属类制成品	1.98	2.53	0.30	0.29	4.36	0.68	11.10	51.03	1.08	2.83
	农业资源型制成品	0.70	0.55	0.69	0.03	0.67	3.23	2.51	0.23	0.08	0.06
	其他资源型制成品	0.44	0.60	1.93	8.77	3.67	11.55	1.75	4.69	1.07	1.49
	低技术产品	0.03	0.07	18.01	0.02	32.53	5.20	0.56	0.05	0.12	1.19
	中低技术产品	0.21	0.06	15.88	0.03	2.39	2.23	4.11	0.05	0.16	1.28
	中等技术产品	0.30	0.56	44.54	0.88	10.87	14.31	4.60	0.26	1.00	24.66
	中高技术产品	0.58	1.35	4.74	10.50	8.60	16.81	3.57	2.71	12.18	47.66
	高技术产品	0.39	3.51	1.57	3.23	7.56	8.55	1.51	0.22	19.87	4.40
	特高技术产品	0.15	0.37	0.66	1.02	1.83	2.82	1.84	0.32	1.53	0.28
	合计	4.77	9.61	88.31	24.76	72.48	65.37	31.55	59.56	37.09	83.85

数据来源：2018年CEPII BACI数据库。

3. 中国从“一带一路”沿线国家进口贸易的发展情况

（1）中国从“一带一路”沿线国家进口总额的发展情况

自从 2013 年习近平主席提出“一带一路”倡议以来，“一带一路”沿线国家遍布亚欧大陆、非洲、美洲和大洋洲，为世界经济增长开辟了新空间，为国际贸易和投资搭建了新平台，为完善全球经济治理拓展了新实践，为增进各国民生福祉作出了新贡献。事实证明，共建“一带一路”不仅为世界各国发展提供了新机遇，也为中国开放发展开辟了新天地①。基于此，本书对中国从 64 个“一带一路”沿线国家②进口贸易的基本情况进行分析。图 3-8 反映了 1995 年以来中国与“一带一路”沿线国家进口贸易总额及占比情况。可以看出：

首先，从进口总额来看，中国与“一带一路”沿线国家的进口贸易加快发展。总体来看，1998 年以来，中国从“一带一路”沿线国家进口实现较快增长，除 2009 年受金融危机影响略有下降外，进口总额连续多年持续攀升。到 2008 年，中国从“一带一路”沿线国家进口总额增长为 2155. 58 亿美元，大约是 1998 年进口总额（206. 84 亿美元）的 10 倍。2017 年，中国从“一带一路”沿线国家的进口总额扭转连续 2 年负增长局面。到 2018 年，中国从“一带一路”沿线国家的进口总额达到 4726. 27 亿美元，较 2017 年增长 11. 45%。

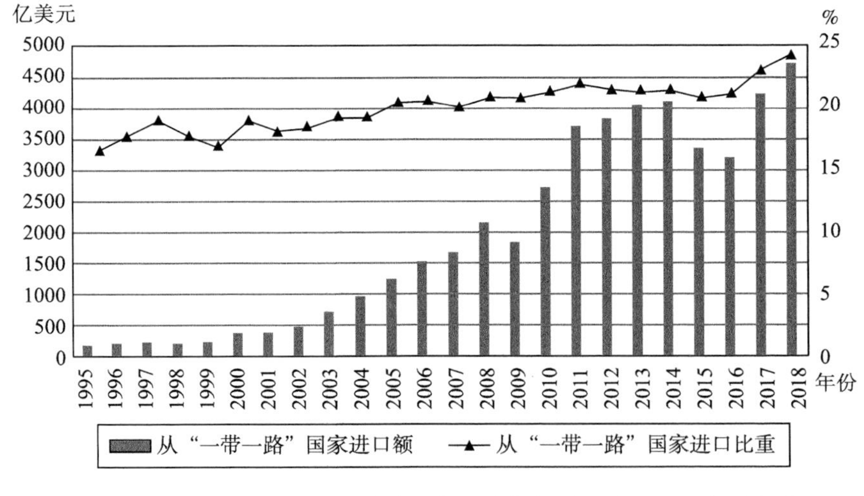

图 3-8　1995—2018 年中国从“一带一路”沿线国家进口总额及占比

数据来源：CEPII BACI 数据库。

① 习近平．齐心开创共建“一带一路”美好未来［N］. 新华每日电讯，2019-04-26（02）.

② 魏浩，巫俊．中国从“一带一路”沿线国家进口贸易发展的现状与对策［J］．人民论坛·学术前沿，2017（9）：67-73.

其次，从进口份额来看，“一带一路”沿线国家在中国进口贸易中的地位逐年上升。随着“一带一路”倡议的不断推进，中国从“一带一路”沿线国家进口份额总体呈上升趋势，特别是2013年习近平主席提出“一带一路”倡议以来，中国从“一带一路”沿线国家的进口份额始终维持在20%左右的较高水平，并于2018年达到历史最高值23.0%。由此可见，“一带一路”沿线国家在中国进口贸易发展中处于越来越重要的地位。

（2）中国从“一带一路”沿线国家进口产品结构的发展情况

鉴于“一带一路”倡议对中国经济发展的重要性，本书进一步测算了1995—2018年中国从“一带一路”沿线国家进口产品结构。从表3-15可以看出，中国从“一带一路”沿线国家进口产品结构呈现出以下特点：

首先，从变化趋势来看，非农业型初级产品、低技术产品在中国从“一带一路”沿线国家进口总额中所占份额整体呈增加趋势，而农业型初级产品、农业资源型制成品、中高技术产品、高技术产品进口所占份额整体呈下降趋势。具体而言，非农业型初级产品在中国从“一带一路”沿线国家进口中所占份额由1995年的23.06%上升至2018年的42.58%，增长超过19个百分点；低技术产品在中国从“一带一路”沿线国家进口中所占份额从1995年的1.57%上升至2018年的8.34%，增长了大约7个百分点。相比而言，农业型初级产品在中国从“一带一路”沿线国家进口中所占份额由1995年的22.62%下降至2018年的9.90%，降幅接近13个百分点；农业资源型制成品、金属类制成品、中低技术产品在中国从“一带一路”沿线国家进口中的份额有6%~8%的小幅下降。

其次，从进口份额排名情况来看，非农业型初级产品始终是我国从“一带一路”沿线国家进口的第一大产品。2008年，中国从“一带一路”沿线国家进口非农业型初级产品所占份额达到最大值51.24%。2008年之后，非农业型初级产品在中国从“一带一路”沿线国家进口中所占份额虽然有所下降，但是，仍然明显高于其他类型产品进口份额。

最后，中国从“一带一路”沿线国家进口初级产品和工业制成品的份额分布较为均衡，其中，初级产品份额大致呈现出先上升而后下降的趋势。1995—2018年，初级产品和工业制成品占中国从“一带一路”沿线国家进口总额的比重基本维持在50%左右。从变化趋势来看，1995年，中国从“一带一路”沿线国家进口初级产品份额约为45.67%，到2014年这一份额增长至60.48%。2015年开始，中国从“一带一路”沿线国家初级产品的进口份额开始缓慢回落，到2017年初级产品进口份额下降为46.67%，但仍然高于1995年的水平。

表 3-15　1995—2018 年中国从“一带一路”沿线国家进口产品结构

（%）

产品类型		1995 年	2000 年	2005 年	2010 年	2014 年	2015 年	2017 年	2018 年
初级产品	非农业型初级产品	23.06	34.24	36.06	44.02	50.78	39.40	35.83	42.58
	农业型初级产品	22.62	11.88	8.44	10.92	9.70	10.97	10.84	9.90
	合计	45.67	46.12	44.51	54.93	60.48	50.37	46.67	52.48
工业制成品	金属类制成品	10.25	8.97	5.74	3.81	2.90	3.52	4.77	3.64
	农业资源型制成品	9.16	2.38	1.25	1.64	1.12	1.26	0.85	0.91
	其他资源型制成品	1.42	2.03	2.34	3.01	3.41	4.60	3.28	4.12
	低技术产品	1.57	4.88	10.67	9.16	7.71	12.41	14.74	8.34
	中低技术产品	9.69	3.26	1.56	1.97	2.71	3.59	3.68	3.75
	中等技术产品	6.51	13.49	12.60	9.76	6.22	7.25	9.98	8.45
	中高技术产品	9.37	11.63	15.54	9.71	9.45	10.00	9.37	8.19
	高技术产品	4.91	5.01	4.23	4.47	4.34	4.85	4.78	7.79
	特高技术产品	1.44	2.24	1.56	1.55	1.68	2.14	1.87	2.33
	合计	54.33	53.88	55.49	45.07	39.52	49.63	53.33	47.52

数据来源：1995—2018 年 CEPII BACI 数据库。

第四章　中国汽车产品进口发展

汽车产品包括汽车整车和汽车零部件。扩大汽车整车进口，可以直接满足国内消费者对国外汽车整车的消费需求，从而满足人民日益增长的美好生活需要；扩大汽车零部件进口，可以满足国内汽车企业对汽车零部件的生产需求，从而服务国内汽车企业发展特别是高质量发展。以汽车产品为研究对象，本章全面分析了世界汽车产品进口和中国汽车产品进口的发展情况。采用 CEPII BACI 数据库中 HS1992① 六位编码数据，本章对汽车整车和汽车零部件的界定具体如表 4-1 所示。

表 4-1　汽车产品分类及其对应的 HS1992 编码

汽车产品分类	代表性产品	HS1992 编码
汽车整车	火花点火发动机汽车、柴油机汽车、柴油动力卡车、燃气轮机汽车、火花点火发动机卡车	870210、870290、870310、870321、870322、870323、870324、870331、870332、870333、870390、870410、870421、870422、870423、870431、870510、870520、870530、870540、870590
汽车零部件	车身零部件、机动车辆变速箱、汽车用新橡胶充气轮胎、制动系统部件、汽车用差速器驱动轴、公共汽车或卡车用新橡胶充气轮胎、车轮、汽车减震器	401110、401120、401310、700711、700721、700910、840731、840732、840733、860800、870432、870490、870600、870710、870790、870810、870821、870829、870831、870839、870840、870850、870860、870870、870880、870891、870892、870893、870894、870899

一、世界汽车产品进口发展的基本情况

（一）世界汽车产品进口规模

2001—2017 年，世界汽车产品进口规模总体表现为稳步上升的发展态势（见表 4-2）。从进口总额来看，世界汽车产品进口总额由 2001 年的 5442.79 亿美元增长至

① 本书使用了 CEPII BACI 数据库、UN Comtrade 以及中国海关统计数据在线查询平台等多个数据来源提供的贸易数据，不同数据库采用的产品分类标准不同，因此在不同章节，本书采用了 HS1992、HS2012、HS2017 以及 SITC 第三版等多个产品分类。特此说明。

2017 年的 13641 亿美元，2017 年大约是 2001 年的 2. 51 倍，年均增长率为 5. 91%。从世界汽车产品进口总额的发展态势来看，进口总额在 2001—2008 年持续上升，2009 年受金融危机影响大幅下降，2010—2014 年继续稳步增长，2015 年有所下降，但在 2016 年和 2017 年恢复增长态势。从世界汽车产品进口占世界进口总额的比例来看，世界汽车产品进口占比由 2001 年的 9. 13%小幅下降至 2017 年的 8. 36%，2001—2017 年始终维持在 6%～10%。

表 4-2　2001—2017 年世界汽车产品进口规模

年份	进口总额/亿美元	进口总额增长率/%	占世界进口总额的比例/%
2001	5442. 79	—	9. 13
2002	5986. 68	9. 99	9. 57
2003	6871. 68	14. 78	9. 46
2004	8058. 42	17. 27	9. 04
2005	8729. 70	8. 33	8. 63
2006	9663. 02	10. 69	8. 32
2007	11272. 90	16. 66	8. 49
2008	11741. 19	4. 15	7. 58
2009	8220. 53	-29. 99	6. 94
2010	10408. 57	26. 62	7. 16
2011	12186. 48	17. 08	6. 98
2012	12432. 54	2. 02	7. 22
2013	12859. 41	3. 43	7. 20
2014	13201. 08	2. 66	7. 49
2015	12622. 13	-4. 39	8. 05
2016	13087. 65	3. 69	8. 57
2017	13641. 00	4. 23	8. 36

数据来源：CEPII BACI 数据库。

(二) 世界汽车整车进口情况

1. 世界汽车整车进口规模

表 4-3 反映了 2001—2017 年世界汽车整车进口的基本情况。相比 2001 年，2017 年世界汽车整车进口总额有了较大幅度的提升。世界汽车整车进口总额由 2001 年的 3793. 06 亿美元增长至 2017 年的 9086. 72 亿美元，2017 年大约是 2001 年的 2. 4 倍，年

均增长率为5.61%。具体来看，2001—2008年为持续增长阶段，2009年受金融危机影响，进口总额下降明显，2010—2014年继续稳定增长，2015年再次下降，2016年和2017年进口总额有所上升。总的来看，世界汽车整车进口的发展态势与世界汽车产品大致相同。

此外，从世界汽车整车进口占世界汽车产品进口总额的比例来看，世界汽车整车进口占比始终维持在64%以上，其中，2011年最小，为64.46%；2001年最大，为69.69%。从世界汽车整车进口占世界进口总额的比例来看，世界汽车整车进口占比由2001年的6.36%下降到2017年的5.57%，下降了大约1个百分点。

表4-3　2001—2017年世界汽车整车进口规模

年份	进口总额/亿美元	进口总额增长率/%	占世界汽车产品进口总额的比例/%	占世界进口总额的比例/%
2001	3793.06	—	69.69	6.36
2002	4161.48	9.71	69.51	6.65
2003	4726.70	13.58	68.79	6.50
2004	5508.07	16.53	68.35	6.18
2005	5937.60	7.80	68.02	5.87
2006	6597.32	11.11	68.27	5.68
2007	7761.54	17.65	68.85	5.85
2008	7992.25	2.97	68.07	5.16
2009	5419.87	-32.19	65.93	4.58
2010	6791.03	25.30	65.24	4.67
2011	7855.33	15.67	64.46	4.50
2012	8086.98	2.95	65.05	4.70
2013	8334.25	3.06	64.81	4.67
2014	8581.72	2.97	65.01	4.87
2015	8274.97	-3.57	65.56	5.28
2016	8626.43	4.25	65.91	5.65
2017	9086.72	5.34	66.61	5.57

数据来源：CEPII BACI数据库。

2. 世界汽车整车进口的国别结构

表4-4和表4-5分别为2001年和2017年世界前十大汽车整车进出口国。具体来看，2001—2017年，世界前十大汽车整车进出口国具有以下特征：

第一，世界汽车整车进出口贸易以发达国家为主，中国在 2017 年位居世界第四大汽车整车进口国。2001 年，除墨西哥外，世界前十大汽车整车进出口国均为发达国家；2017 年，除墨西哥、中国之外，世界前十大汽车整车进出口国均为发达国家。2001 年，墨西哥位列世界第十大汽车整车进口国，进口额为 63.07 亿美元，所占份额为 1.66%；同年，墨西哥位列世界第六大汽车整车出口国，出口额为 239.48 亿美元，所占份额为 6.31%。2017 年，墨西哥退出世界前十大汽车整车进口国行列；同时，墨西哥位列世界第四大汽车整车出口国，出口额高达 716.72 亿美元，出口份额增长至 7.89%。值得关注的是，2017 年，中国进入世界前十大汽车整车进口国行列，位居第四，进口额高达 475.95 亿美元，所占份额为 5.24%。

第二，世界汽车整车进出口贸易的集中度有所降低。从世界前十大汽车整车进口国来看，2001 年，世界第一大汽车整车进口国美国的汽车整车进口份额高达 32.98%；2017 年，这一比例下降为 22.81%。2001 年，世界前十大汽车整车进口国的汽车整车合计进口份额高达 74.77%；2017 年，这一比例下降为 64.66%。总的来看，2001—2017 年，世界前五大汽车整车进口国的汽车整车进口份额均有不同程度的下降，说明世界汽车整车进口国家集中度有所降低。另外，从世界前十大汽车整车出口国来看，2001 年，世界第一大汽车整车出口国德国的汽车整车出口份额高达 20.2%；2017 年，这一比例下降为 19.39%。2001 年，世界前十大汽车整车出口国的汽车整车合计出口份额高达 85.13%；2017 年，这一比例下降为 74.41%，说明世界汽车整车出口国家集中度也有所降低。

表 4-4　2001 年世界前十大汽车整车进出口国

排名	进口			出口		
	国家	进口额/亿美元	占世界汽车整车进口总额的比例/%	国家	出口额/亿美元	占世界汽车整车出口总额的比例/%
1	美国	1250.99	32.98	德国	766.31	20.20
2	英国	281.97	7.43	日本	629.79	16.60
3	德国	276.51	7.29	加拿大	415.75	10.96
4	意大利	211.75	5.58	法国	269.03	7.09
5	法国	196.34	5.18	美国	249.20	6.57
6	加拿大	187.66	4.95	墨西哥	239.48	6.31
7	比利时	146.30	3.86	比利时	194.39	5.12
8	西班牙	134.62	3.55	西班牙	184.47	4.86

续表

排名	进口			出口		
	国家	进口额/亿美元	占世界汽车整车进口总额的比例/%	国家	出口额/亿美元	占世界汽车整车出口总额的比例/%
9	荷兰	86.96	2.29	韩国	142.28	3.75
10	墨西哥	63.07	1.66	英国	139.12	3.67

数据来源：CEPII BACI 数据库。

表 4-5　2017 年世界前十大汽车整车进出口国

排名	进口			出口		
	国家	进口额/亿美元	占世界汽车整车进口总额的比例/%	国家	出口额/亿美元	占世界汽车整车出口总额的比例/%
1	美国	2072.25	22.81	德国	1761.72	19.39
2	德国	673.87	7.42	日本	1134.53	12.49
3	英国	533.14	5.87	美国	735.24	8.09
4	中国	475.95	5.24	墨西哥	716.72	7.89
5	加拿大	451.58	4.97	加拿大	493.70	5.43
6	法国	427.98	4.71	英国	470.89	5.18
7	比利时	401.48	4.42	西班牙	429.60	4.73
8	意大利	352.68	3.88	韩国	428.79	4.72
9	澳大利亚	254.28	2.80	法国	325.64	3.58
10	西班牙	231.11	2.54	比利时	264.70	2.91

数据来源：CEPII BACI 数据库。

3. 世界汽车整车进口的产品结构

表 4-6 和表 4-7 分别为 2001 年和 2017 年世界前十大汽车整车进口产品。可以看出，第一，世界前十大汽车整车进口产品的进口规模均有所提升。2001 年，世界第一大汽车整车进口产品为汽车（1500～3000 毫升火花点火发动机）（HS1992 编码为 870323），进口额为 1467.54 亿美元；世界第二大和第三大汽车整车进口产品的进口额分别为 738.81 亿美元和 475.43 亿美元。2017 年，世界第一大汽车整车进口产品的进口额达 2781.58 亿美元；世界第二大和第三大汽车整车进口产品的进口额分别为 1387.04 亿美元和 1008.36 亿美元。第二，世界汽车整车进口产品的集中度有所下降。2001 年，世界第一大汽车整车产品进口额占世界汽车整车进口总额的比例高达 38.69%；2017 年，这一份额下降至 30.61%。2001 年，世界前三大汽车整车进口产品

的合计进口份额高达 70.7%；2017 年，这一合计进口份额降至 56.97%。

表 4-6　2001 年世界前十大汽车整车进口产品

排名	HS1992 编码	产品名称	进口额/亿美元	占世界汽车整车进口总额的比例/%
1	870323	汽车（1500~3000 毫升火花点火发动机）	1467.54	38.69
2	870324	汽车（大于 3000 毫升火花点火发动机）	738.81	19.48
3	870332	汽车（1500~2500 毫升柴油发动机）	475.43	12.53
4	870322	汽车（1000~1500 毫升火花点火发动机）	284.37	7.50
5	870431	火花点火发动机卡车（重量小于 5 吨）	193.68	5.11
6	870421	柴油动力卡车（重量小于 5 吨）	189.94	5.01
7	870422	重 5~20 吨的柴油卡车	86.84	2.29
8	870333	汽车（大于 2500 毫升柴油发动机）	84.16	2.22
9	870321	汽车（小于 1000 毫升火花点火发动机）	62.73	1.65
10	870423	重达 20 吨的柴油卡车	52.35	1.38

数据来源：CEPII BACI 数据库。

表 4-7　2017 年世界前十大汽车整车进口产品

排名	HS1992 编码	产品名称	进口额/亿美元	占世界汽车整车进口总额的比例/%
1	870323	汽车（1500~3000 毫升火花点火发动机）	2781.58	30.61
2	870332	汽车（1500~2500 毫升柴油发动机）	1387.04	15.26
3	870322	汽车（1000~1500 毫升火花点火发动机）	1008.36	11.10
4	870324	汽车（大于 3000 毫升火花点火发动机）	988.25	10.88
5	870421	柴油动力卡车（重量小于 5 吨）	548.04	6.03
6	870390	汽车（包括燃气轮机）	401.53	4.42
7	870333	汽车（大于 500 毫升柴油发动机）	362.41	3.99
8	870431	火花点火发动机卡车（重量小于 5 吨）	334.95	3.69
9	870321	汽车（小于 1000 毫升火花点火发动机）	274.03	3.02
10	870331	汽车（小于 1500 毫升柴油发动机）	241.34	2.66

数据来源：CEPII BACI 数据库。

（三）世界汽车零部件进口情况

1. 世界汽车零部件进口规模

表 4-8 反映了 2001—2017 年世界汽车零部件进口的基本情况。世界汽车零部件进

口总额日益提升。世界汽车零部件进口总额由 2001 年的 1649.73 亿美元增长至 2017 年的 4554.28 亿美元，2017 年大约是 2001 年的 2.76 倍，年均增长率为 6.55%。具体来看，2001—2017 年，除 2009 年、2015 年有所下降外，世界汽车零部件进口总额均保持稳定增长态势。此外，从世界汽车零部件进口占世界汽车产品进口总额的比例来看，2001—2017 年，世界汽车零部件进口占比维持在 30%～36%，2017 年，世界汽车零部件进口占比为 33.39%。从世界汽车零部件进口占世界进口总额的比例来看，世界汽车零部件进口占比始终维持在 2%～3%。

表 4-8 2001—2017 年世界汽车零部件进口规模

年份	进口总额/亿美元	进口总额增长率/%	占世界汽车产品进口总额的比例/%	占世界进口总额的比例/%
2001	1649.73	—	30.31	2.77
2002	1825.20	10.64	30.49	2.92
2003	2144.98	17.52	31.21	2.95
2004	2550.34	18.90	31.65	2.86
2005	2792.10	9.48	31.98	2.76
2006	3065.69	9.80	31.73	2.64
2007	3511.35	14.54	31.15	2.64
2008	3748.93	6.77	31.93	2.42
2009	2800.65	-25.29	34.07	2.37
2010	3617.54	29.17	34.76	2.49
2011	4331.15	19.73	35.54	2.48
2012	4345.56	0.33	34.95	2.52
2013	4525.16	4.13	35.19	2.53
2014	4619.36	2.08	34.99	2.62
2015	4347.16	-5.89	34.44	2.77
2016	4461.22	2.62	34.09	2.92
2017	4554.28	2.09	33.39	2.79

数据来源：CEPII BACI 数据库。

2. 世界汽车零部件进口的国别结构

表 4-9 和表 4-10 分别为 2001 年和 2017 年世界前十大汽车零部件进出口国。具体来看，2001—2017 年，世界前十大汽车零部件进出口国具有以下特征：

第一，发展中国家尤其是中国逐渐在世界汽车零部件进口贸易中占据一席之地。从世界前十大汽车零部件进口国来看，2001 年，除墨西哥外，世界前十大汽车零部件进口国均为发达国家；墨西哥位列世界第四大汽车零部件进口国，进口额为 107.89 亿美元，所占份额为 6.54%。2017 年，墨西哥、中国均位列世界前十大汽车零部件进口国，其中，墨西哥居于第三位，进口额为 284.87 亿美元，进口份额为 6.26%，中国居于第四位，进口额为 279.36 亿美元，进口份额为 6.13%。另外，从世界前十大汽车零部件出口国来看，2001 年，除墨西哥外，世界前十大汽车零部件出口国均为发达国家；墨西哥汽车零部件出口额为 58.26 亿美元，所占份额为 3.53%。2017 年，中国、墨西哥均位列世界前十大汽车零部件出口国，其中，中国居于第二位，出口额为 452.73 亿美元，出口份额为 9.94%，墨西哥居于第五位，出口额为 297.87 亿美元，出口份额为 6.54%。

第二，世界汽车零部件进出口贸易的集中度稍有降低。从世界前十大汽车零部件进口国来看，2001 年，世界第一大汽车零部件进口国美国的汽车零部件进口份额为 19.76%；2017 年，这一比例小幅下降为 17.9%。2001 年，世界前十大汽车零部件进口国的汽车零部件合计进口份额高达 72.57%；2017 年，这一比例下降为 61.23%。另外，从世界前十大汽车零部件出口国来看，2001 年，世界第一大汽车零部件出口国美国的汽车零部件出口份额为 18.56%；2017 年，德国成为世界第一大汽车零部件出口国，但出口份额下降为 15.86%。2001 年，世界前十大汽车零部件出口国的合计出口份额高达 79.41%；2017 年，这一比例下降为 68.17%，说明世界汽车零部件出口国家集中度有所降低。

表 4-9　2001 年世界前十大汽车零部件进出口国

排名	进口			出口		
	国家	进口额/亿美元	占世界汽车零部件进口总额的比例/%	国家	出口额/亿美元	占世界汽车零部件出口总额的比例/%
1	美国	325.93	19.76	美国	306.21	18.56
2	加拿大	180.78	10.96	德国	240.96	14.61
3	德国	141.12	8.55	日本	199.89	12.12
4	墨西哥	107.89	6.54	法国	144.65	8.77
5	英国	100.27	6.08	加拿大	115.34	6.99
6	西班牙	96.96	5.88	意大利	80.49	4.88
7	法国	85.25	5.17	西班牙	64.39	3.90
8	比利时	77.65	4.71	英国	60.16	3.65
9	意大利	46.35	2.81	墨西哥	58.26	3.53

续表

排名	进口			出口		
	国家	进口额/亿美元	占世界汽车零部件进口总额的比例/%	国家	出口额/亿美元	占世界汽车零部件出口总额的比例/%
10	荷兰	34.85	2.11	比利时	39.53	2.40

数据来源：CEPII BACI 数据库。

表 4-10　2017 年世界前十大汽车零部件进出口国

排名	进口			出口		
	国家	进口额/亿美元	占世界汽车零部件进口总额的比例/%	国家	出口额/亿美元	占世界汽车零部件出口总额的比例/%
1	美国	815.02	17.90	德国	722.16	15.86
2	德国	513.81	11.28	中国	452.73	9.94
3	墨西哥	284.87	6.26	日本	396.56	8.71
4	中国	279.36	6.13	美国	301.62	6.62
5	英国	195.55	4.29	墨西哥	297.87	6.54
6	法国	191.06	4.20	韩国	236.47	5.19
7	西班牙	181.49	3.99	法国	212.24	4.66
8	捷克	112.28	2.47	波兰	165.03	3.62
9	意大利	108.73	2.39	捷克	162.79	3.57
10	荷兰	105.79	2.32	意大利	157.69	3.46

数据来源：CEPII BACI 数据库。

3. 世界汽车零部件进口的产品结构

表 4-11 和表 4-12 分别为 2001 年和 2017 年世界前十大汽车零部件进口产品。可以看出，第一，世界前十大汽车零部件进口产品没有发生明显变化。这主要体现在两个方面：一方面，与 2001 年相比，2017 年世界前五大汽车零部件进口产品的排名没有发生变化，依次为其他汽车零件、机动车辆其他车身零部件、机动车辆变速箱、汽车用新橡胶充气轮胎、除汽车衬料外的制动系统部件。另一方面，世界前十大汽车零部件进口产品的种类相对稳定。与 2001 年相比，2017 年，只有汽车减震器替代汽车消声器和排气管进入世界前十大汽车零部件进口产品行列。第二，世界前十大汽车零部件进口产品的集中度明显下降。2001 年，世界第一大汽车零部件进口产品的进口份额高达 30.88%；2017 年，这一份额下降至 19.80%，下降了近 10 个百分点。2001 年，世界前三大汽车零部件进口产品的合计进口份额高达 56.19%；2017 年，这一合计进口份

额降至 48.66%。

表 4-11　2001 年世界前十大汽车零部件进口产品

排名	HS1992 编码	产品名称	进口额/亿美元	占世界汽车零部件进口总额的比例/%
1	870899	其他汽车零件	509.36	30.88
2	870829	机动车辆其他车身零部件	263.04	15.94
3	870840	机动车辆变速箱	154.66	9.37
4	401110	汽车用新橡胶充气轮胎	120.39	7.30
5	870839	除汽车衬料外的制动系统部件	86.07	5.22
6	401120	公共汽车或卡车用新橡胶充气轮胎	75.49	4.58
7	870870	车轮包括机动车辆的零件或配件	62.27	3.77
8	870894	汽车方向盘、柱、箱	40.49	2.45
9	870850	汽车用差速器驱动轴	39.19	2.38
10	870892	汽车消声器和排气管	24.96	1.51

数据来源：CEPII BACI 数据库。

表 4-12　2017 年世界前十大汽车零部件进口产品

排名	HS1992 编码	产品名称	进口额/亿美元	占世界汽车零部件进口总额的比例/%
1	870899	其他汽车零件	901.86	19.80
2	870829	机动车辆其他车身零部件	657.50	14.44
3	870840	机动车辆变速箱	656.71	14.42
4	401110	汽车用新橡胶充气轮胎	402.40	8.84
5	870839	除汽车衬料外的制动系统部件	292.00	6.41
6	870850	汽车用差速器驱动轴	233.78	5.13
7	401120	公共汽车或卡车用新橡胶充气轮胎	222.26	4.88
8	870894	汽车方向盘、柱、箱	205.96	4.52
9	870870	车轮包括机动车辆的零件或配件	185.46	4.07
10	870880	汽车减震器	171.46	3.76

数据来源：CEPII BACI 数据库。

二、中国汽车产品进口发展的基本情况

（一）中国汽车产品进口规模

中国汽车产品进口规模日益增加。如表 4-13 所示，2001—2017 年，中国汽车产品进口总额总体表现为快速增长的发展态势。中国汽车产品进口总额由 2001 年的 42.06 亿美元增长至 2017 年的 755.31 亿美元，2017 年大约是 2001 年的 18 倍，年均增长率为 19.78%。具体来看，2001—2014 年为持续增长阶段，2014 年进口总额达到历史峰值，为 856.97 亿美元。2015 年，受到高库存和需求放缓的双重压力，汽车产品进口总额大幅度下降，比 2014 年进口总额减少了 215.02 亿美元。2016—2017 年进口总额实现恢复性增长，但没有超过 2014 年的历史峰值。

此外，中国汽车产品进口规模具有较大的增长空间。从中国汽车产品进口占中国进口总额的比例来看，2001—2017 年，中国汽车产品进口占比基本维持在 2.07%～5.68%。2017 年，除日本外，G7 汽车产品进口占其进口总额的比例均在 10%以上；除印度外，其他金砖国家汽车产品进口占其进口总额的比例均高于中国（见图 4-1 和图 4-2）。也就是说，与 G7 和金砖国家相比，中国汽车产品进口所占份额相对较小。从中国汽车产品进口占世界汽车产品进口总额的比例来看，2001—2017 年，中国汽车产品进口占比基本维持在 0.77%～6.49%，总体呈现上升的趋势，这在一定程度上说明中国进口汽车产品的国际地位有所提升。总的来看，目前中国汽车产品进口规模整体偏低，未来中国汽车产品进口仍有较大的发展潜力。

表 4-13 2001—2017 年中国汽车产品进口规模

年份	进口总额/亿美元	进口总额增长率/%	占中国进口总额的比例/%	占世界汽车产品进口总额的比例/%
2001	42.06	—	2.07	0.77
2002	70.56	67.77	2.86	1.18
2003	121.45	72.12	3.48	1.77
2004	130.29	7.28	2.83	1.62
2005	136.45	4.73	2.55	1.56
2006	176.13	29.08	2.75	1.82
2007	226.98	28.88	3.16	2.01
2008	270.06	18.98	3.14	2.30
2009	295.39	9.38	3.77	3.59
2010	505.52	71.14	4.54	4.86

续表

年份	进口总额/亿美元	进口总额增长率/%	占中国进口总额的比例/%	占世界汽车产品进口总额的比例/%
2011	656.44	29.86	4.70	5.39
2012	665.47	1.38	4.68	5.35
2013	728.97	9.54	4.63	5.67
2014	856.97	17.56	5.59	6.49
2015	641.95	-25.09	5.05	5.09
2016	701.17	9.22	5.68	5.36
2017	755.31	7.72	4.91	5.54

数据来源：CEPII BACI 数据库。

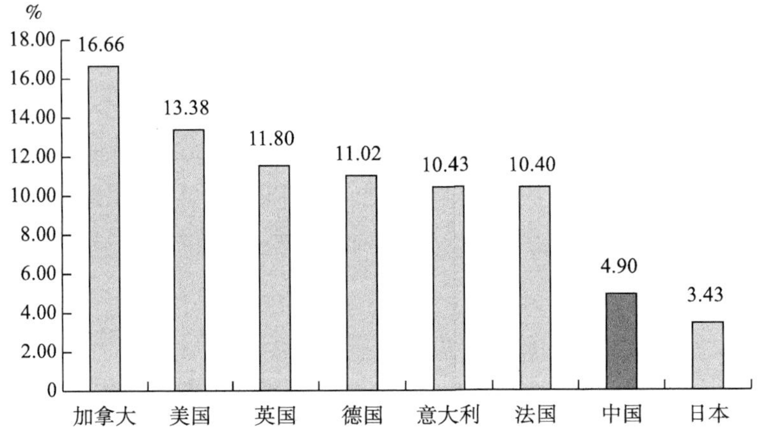

图 4-1　2017 年中国与 G7 汽车产品的进口份额比较

数据来源：CEPII BACI 数据库。

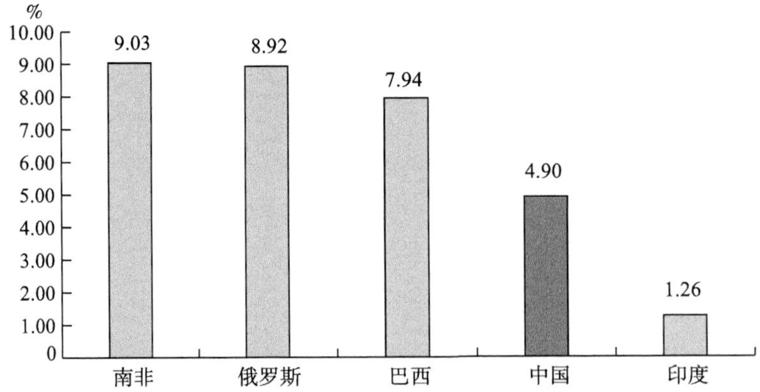

图 4-2　2017 年中国与其他金砖国家汽车产品的进口份额比较

数据来源：CEPII BACI 数据库。

（二）中国汽车产品进口的来源地结构

1. 中国从不同类型国家进口汽车产品的基本情况

G7是中国汽车产品的主要进口来源地。如表4-14所示，中国汽车产品的主要进口来源地集中在发达国家、高收入国家、OECD国家和G7。2017年，中国从发达国家、高收入国家、OECD国家和G7进口的汽车产品占中国汽车产品进口总额的比例分别为94.56%、92.83%、96%、81.78%。其中，中国从G7进口的汽车产品总额由2001年的29.48亿美元增长至2017年的617.7亿美元，2017年是2001年的20.95倍。中国从G7进口的汽车产品占中国汽车产品进口总额的比例由2001年的70.08%增长至2017年的81.78%，这说明中国汽车产品进口的来源地比较集中。

中国汽车产品进口对不同类型进口来源地汽车产品总出口的贡献在整体提升。如表4-14所示，2001年，中国从不同类型国家进口的汽车产品总额占其汽车出口总额的比例均处于3.5%以下。其中，中等收入国家的比例最低，为0.43%，低收入国家的比例最高，为3.07%。与2001年相比，除金砖国家和低收入国家外，2017年中国从不同类型国家进口的汽车产品总额占其出口总额的比例均有所提升。其中，中国从G7进口的汽车产品占其出口总额的比例由2001年的0.8%增长至2017年的8.63%，说明中国市场在G7汽车产品出口中的地位不断提升。

表4-14 中国从不同类型国家进口汽车产品的基本情况

进口来源地	2001年			2017年		
	进口额/亿美元	占中国汽车产品进口总额的比例/%	占进口来源地汽车产品出口总额的比例/%	进口额/亿美元	占中国汽车产品进口总额的比例/%	占进口来源地汽车产品出口总额的比例/%
G7	29.48	70.08	0.80	617.70	81.78	8.63
金砖国家	1.27	3.01	1.42	2.36	0.31	0.57
“一带一路”沿线国家	1.26	3.00	0.48	53.33	7.06	2.42
非“一带一路”沿线国家	35.39	84.13	0.69	699.19	92.57	6.46
OECD国家	33.71	80.15	0.66	725.10	96.00	6.31
非OECD国家	2.94	6.98	1.26	27.43	3.63	1.78
发达国家	33.65	80.00	0.69	714.18	94.56	6.81
发展中国家	3.00	7.14	0.57	38.35	5.08	1.51
高收入国家	33.39	79.38	0.69	701.15	92.83	6.94
中等收入国家	2.30	5.48	0.43	46.72	6.19	1.70

续表

进口来源地	2001 年			2017 年		
	进口额/亿美元	占中国汽车产品进口总额的比例/%	占进口来源地汽车产品出口总额的比例/%	进口额/亿美元	占中国汽车产品进口总额的比例/%	占进口来源地汽车产品出口总额的比例/%
低收入国家	0. 96	2. 28	3. 07	4. 66	0. 62	2. 64

数据来源：CEPII BACI 数据库。

注：本章所定义的“一带一路”沿线国家共计 64 个①。为了保证前后年份的可比性，本章将 2000 年之前加入 OECD 的国家定义为 OECD 国家，共计 28 个。“一带一路”沿线国家、非“一带一路”沿线国家占中国进口总额的比例之和小于 1，主要原因在于部分国家没有同时报告 2001 年、2017 年的中国进口额数据和出口总额数据，这些国家没有被统计在内。OECD 国家、非 OECD 国家，高收入国家、中等收入国家及低收入国家的情况类似。

2. 中国从 G7 进口汽车产品的情况

德国、日本和美国是中国汽车产品进口的主要来源地。如图 4-3 所示，从 G7 内部结构来看，2001 年，中国从前两大进口来源地日本、德国进口的汽车产品占中国汽车产品进口总额的比例分别为 31. 78%、24. 98%，中国从美国、加拿大、法国、英国和意大利进口的汽车产品占中国汽车产品进口总额的比例均小于 6%。2017 年，中国从前三大进口来源地德国、日本、美国进口的汽车产品占中国汽车产品进口总额的比例分别为 31. 18%、18. 56%、18. 54%，中国从英国、意大利、加拿大、法国进口的汽车产品占中国汽车产品进口总额的比例均小于 10%，分别为 8. 53%、2. 79%、1. 39%、0. 8%。值得说明的是，与 2001 年相比，2017 年中国从美国、英国和日本进口的汽车产品在中国汽车进口总额中的比例均呈现较大的变化，中国从美国、英国进口的汽车产品占比均有了较大提高，而中国从日本进口的汽车产品占比呈现出下降的趋势。

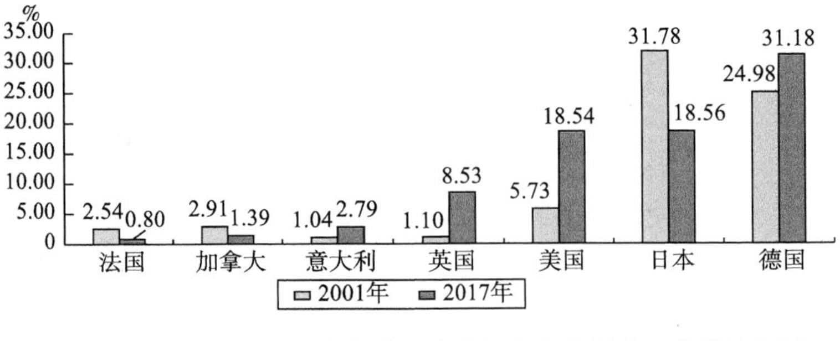

图 4-3 中国从 G7 进口汽车产品占中国汽车产品进口总额的比例

数据来源：CEPII BACI 数据库。

① 魏浩，巫俊. 中国从“一带一路”沿线国家进口贸易发展的现状与对策 [J]. 人民论坛 · 学术前沿，2017 (9)：67-73.

三、中国汽车整车进口的情况

（一）中国汽车整车进口规模

总体而言，2001—2017 年，中国汽车整车进口额总体表现为稳步上升的态势。具体来看，如表 4-15 所示，2001—2014 年，中国汽车整车进口处于快速增长阶段，中国汽车整车进口额由 2001 年的 20. 81 亿美元增长至 2014 年的 560. 61 亿美元，2014 年大约是 2001 年的 27 倍，年均增长率为 21. 38%。2015 年，中国汽车整车进口额大幅度下跌，比 2014 年减少 169. 77 亿美元。2016—2017 年，汽车整车进口额实现恢复性增长，2017 年进口额为 475. 94 亿美元，但未超过 2014 年的历史峰值。此外，中国汽车整车进口占中国进口总额的比例总体维持在稳定水平，由 2001 年的 1. 02%增长至 2011 年的 3. 06%，其后一直比较稳定。中国汽车整车进口占世界汽车整车进口总额的比例由 2001 年的 0. 55%增长至 2011 年的 5. 45%，其后也一直比较稳定，这说明中国汽车整车进口在世界进口中的地位有所提升，近年来在世界汽车整车进口中的比例比较稳定。

表 4-15　2001—2017 年中国汽车整车进口规模

年份	进口额/亿美元	进口额增长率/%	占中国进口总额的比例/%	占世界汽车整车进口总额的比例/%
2001	20. 81	—	1. 02	0. 55
2002	40. 07	92. 57	1. 62	0. 96
2003	58. 08	44. 96	1. 66	1. 23
2004	55. 04	-5. 23	1. 19	1. 00
2005	59. 71	8. 48	1. 12	1. 01
2006	74. 57	24. 89	1. 16	1. 13
2007	115. 72	55. 18	1. 61	1. 49
2008	157. 83	36. 39	1. 83	1. 98
2009	165. 50	4. 86	2. 11	3. 05
2010	311. 89	88. 45	2. 80	4. 59
2011	428. 22	37. 30	3. 06	5. 45
2012	431. 16	0. 69	3. 03	5. 33
2013	464. 57	7. 75	2. 95	5. 58
2014	560. 61	20. 67	3. 65	6. 53
2015	390. 84	-30. 28	3. 07	4. 73

续表

年份	进口额/亿美元	进口额增长率/%	占中国进口总额的比例/%	占世界汽车整车进口总额的比例/%
2016	432. 95	10. 77	3. 51	5. 02
2017	475. 94	9. 93	3. 09	5. 24

数据来源：CEPII BACI 数据库。

（二）中国汽车整车进口数量

中国汽车整车进口数量日益增加。如表 4-16 所示，2005—2018 年，中国汽车整车进口数量从 16. 1 万辆增长至 110. 84 万辆，2018 年大约是 2005 年的 6. 26 倍。具体来看，中国汽车整车进口数量在 2005—2014 年逐年递增，2015—2016 年明显下降，2017 年实现恢复性增长，2018 年再次呈现下降态势。与此同时，中国进口汽车销量与汽车整车进口量大致呈现相同的变化趋势。2012—2014 年，进口汽车销量从 89. 45 万辆增长至 115. 76 万辆，2014 年大约是 2012 年的 1. 29 倍。2014 年之后，进口汽车销量总体呈现下滑态势，并于 2018 年降至 85. 37 万辆。此外，近年来，平行进口汽车数量正以较快的速度增长。平行进口汽车数量占中国汽车整车进口数量的比例由 2012 年的 4. 98%提高至 2018 年的 13. 97%。新能源汽车进口数量有所增长，2015—2018 年，新能源汽车进口数量占中国汽车整车进口数量的比例由 0. 43%提高至 2. 07%。

表 4-16 2005—2018 年中国汽车整车进口数量

年份	进口量/万辆	平行进口汽车数量占比/%	新能源汽车进口数量占比/%	进口汽车销量/万辆
2005	16. 1	—	—	—
2006	22. 78	—	—	—
2007	31. 30	—	—	—
2008	40. 97	—	—	—
2009	42. 07	—	—	—
2010	77. 14	—	—	—
2011	100. 35	—	—	—
2012	109. 13	4. 98	—	89. 45
2013	117. 06	8. 39	—	102. 21
2014	142. 30	10. 96	—	115. 76
2015	107. 81	11. 43	0. 43	92. 0

续表

年份	进口量/万辆	平行进口汽车数量占比/%	新能源汽车进口数量占比/%	进口汽车销量/万辆
2016	104.13	13.28	1.61	89.85
2017	121.59	17.24	2.07	90.41
2018	110.84	13.97	2.07	85.37

数据来源：1. 汽车整车进口量数据和进口汽车销量数据来源于2018年中国进口汽车市场研究报告［R/OL］. 进口汽车专业委员会，［2019-02-01］. http：//www.cada.cn/Data/info_87_7029.html. 2. 平行进口汽车量数据来源于中国产业信息网，详情见 http：//www.chyxx.com/industry/201905/735146.html. 3. 新能源汽车进口数量数据来源于中国进口汽车市场数据库。

注：“—”表示统计数据缺失。

（三）中国汽车整车进口的来源地结构

德国和日本是中国汽车整车进口的主要来源地。2017年和2018年，中国主要从德国、日本、美国和英国进口汽车整车，中国从这四国进口的汽车整车总量占中国汽车整车进口总量的80%左右。如表4-17所示，2017年，中国从美国、日本、德国进口的汽车整车数量均在25万辆以上，占中国汽车整车进口数量的比例均在20%以上。其中，中国从美国进口的汽车整车数量高达29.26万辆，占比为24.06%；从日本、德国进口的汽车整车数量占比依次为23.69%、21.18%。2018年，中国从德国、日本进口的汽车整车数量明显增加，从美国、英国进口的汽车整车数量明显减少。具体来看，2018年，中国从德国、日本进口的汽车整车数量均高于29万辆，占比分别为26.83%、26.35%；中国从美国进口的汽车整车数量为19.01万辆，比2017年下降了10万辆左右；中国从英国进口的汽车整车数量为9.59万辆，比2017年下降了2.6万辆左右。

出现这种情况的主要原因是：一方面，受益于中国汽车整车进口关税下调，中国从德国、日本进口的汽车整车进口数量明显增长；另一方面，出于中美经贸摩擦、英国“脱欧”引发英国汽车制造厂商停产潮等原因，中国从美国、英国进口的汽车整车数量大幅度下跌，而更多地转向从德国和日本进口。从数据统计中可以发现，德国、日本的汽车企业在这几次事件中受益较大。

表 4-17 中国汽车整车进口的来源地结构

进口来源地	2017 年		2018 年	
	汽车整车进口数量/万辆	占中国汽车整车进口数量的比例/%	汽车整车进口数量/万辆	占中国汽车整车进口数量的比例/%
德国	25.75	21.18	29.74	26.83
日本	28.81	23.69	29.21	26.35
美国	29.26	24.06	19.01	17.15
英国	12.19	10.03	9.59	8.65

数据来源：2018 年中国进口汽车市场研究报告［R/OL］. 进口汽车专业委员会，［2019-02-01］. http://www.cada.cn/Data/info_87_7029.html.

（四）中国汽车整车进口的品牌结构

中国从德国、日本进口的品牌汽车数量有所上升。如表 4-18 所示，2018 年，中国前十大汽车整车进口品牌分别是奔驰、宝马、保时捷、奥迪、大众、雷克萨斯、丰田、路虎、林肯、沃尔沃。其中，5 个品牌属于德国企业，2 个品牌属于日本企业，英国、美国、瑞典的品牌各 1 个。具体来看，与 2017 年相比，2018 年中国从德国进口的宝马、保时捷和奥迪品牌汽车的数量增幅显著，从德国进口的奔驰和大众汽车的数量略有下降；中国进口的日本品牌汽车数量有所增加，从日本进口的雷克萨斯品牌汽车数量的增长幅度大于丰田的下降幅度；中国从美国进口的林肯汽车的数量下降幅度明显，同比下降超过 30%。总的来看，2018 年，在中国汽车整车进口市场总需求量下降的背景下，德国品牌和日本品牌的汽车受关税下降等因素的影响，进口数量上升明显，与此同时，美国只有林肯进入中国前十大汽车整车进口品牌，而且进口量明显下降。

表 4-18 中国前十大汽车整车进口品牌

国家	品牌	2017 年		2018 年	
		汽车整车进口数量/万辆	占中国汽车整车进口数量的比例/%	汽车整车进口数量/万辆	占中国汽车整车进口数量的比例/%
德国	奔驰	18.62	15.31	18.17	16.39
	宝马	14.00	11.51	16.03	14.46
	保时捷	7.10	5.84	8.70	7.85
	奥迪	4.94	4.06	6.70	6.04
	大众	5.91	4.86	5.30	4.78

续表

国家	品牌	2017 年		2018 年	
		汽车整车进口数量/万辆	占中国汽车整车进口数量的比例/%	汽车整车进口数量/万辆	占中国汽车整车进口数量的比例/%
日本	雷克萨斯	13.49	11.10	16.27	14.68
	丰田	8.55	7.03	6.94	6.26
英国	路虎	6.89	5.66	5.04	4.55
美国	林肯	6.46	5.32	4.44	4.01
瑞典	沃尔沃	2.65	2.18	3.31	2.99

数据来源：2018 年中国进口汽车市场研究报告［R/OL］. 进口汽车专业委员会，［2019-02-01］. http：//www. cada. cn/Data/info_87_7029. html.

（五）中国汽车整车进口的排量结构

较小排量的汽车进口量增幅明显。如表 4-19 所示，与 2010 年相比，2018 年 2.0 L 以下排量汽车进口占中国汽车整车进口的比例大幅度增加，其他排量汽车进口的占比均有所减少。具体来看，1.0~1.5 L 排量汽车、1.5~2.0 L 排量汽车进口占中国汽车整车进口数量的比例分别由 2010 年的 1.3%、24.6%提高至 2018 年的 5.4%、46.1%；2.0~2.5 L 排量汽车进口占比下降幅度明显，由 2010 年的 25.4%下降为 2018 年的 6.3%；2.5~3.0 L 排量汽车、3.0~4.0 L 排量汽车进口占比分别由 2010 年的 26.9%、16.7%下降为 2018 年的 26.8%、9.6%。

政策驱动性因素可能是小排量汽车进口数量大幅度增加的主要原因。一方面，“国六”排放标准已陆续实施，在“国五”排放标准的基础上提高了 40%~50%，比“欧六”的标准更高，和美国水平相当；另一方面，排量越小的汽车消费税税率越低，例如，1.0~1.5 L 排量汽车的消费税税率为 3%，而 1.5~2.0 L 排量汽车的消费税税率为 5%①。

表 4-19　中国汽车整车进口的排量结构

排量/L	2010 年占汽车整车总进口量的比例/%	2018 年占汽车整车总进口量的比例/%
1.0~1.5	1.3	5.4
1.5~2.0	24.6	46.1
2.0~2.5	25.4	6.3

① 国六标准下，1.5 L 排量成为新一代汽车的黄金排量［EB/OL］. 易车网，［2018-11-19］. http：//news. bitauto. com/hao/wenzhang/1026474.

续表

排量/L	2010 年占汽车整车总进口量的比例/%	2018 年占汽车整车总进口量的比例/%
2.5~3.0	26.9	26.8
3.0~4.0	16.7	9.6
其他	5.1	5.8

数据来源：2018 年中国进口汽车市场研究报告［R/OL］. 进口汽车专业委员会，［2019-02-01］. http://www.cada.cn/Data/info_87_7029.html.

四、中国汽车零部件进口的情况

（一）中国汽车零部件进口规模

中国汽车零部件进口规模有所增长。如表 4-20 所示，2001—2017 年，中国汽车零部件进口额总体呈现出稳步上升的变化趋势，进口额从 2001 年的 21.26 亿美元增长至 2017 年的 279.36 亿美元，2017 年大约是 2001 年的 13.14 倍，年均增长率为 16.35%。从汽车零部件进口占中国进口总额的比例来看，2001—2017 年，汽车零部件进口占比相对较低，基本维持在 1.05%~2.17%。此外，中国汽车零部件进口占世界汽车零部件进口总额的比例由 2001 年的 1.29%提高至 2017 年的 16.93%，中国在世界汽车零部件进口中的地位有所上升。

表 4-20　中国汽车零部件进口规模

年份	进口额/亿美元	进口额增长率/%	占中国进口总额的比例/%	占世界汽车零部件进口总额的比例/%
2001	21.26	—	1.05	1.29
2002	30.50	43.48	1.23	1.85
2003	63.37	107.79	1.81	3.84
2004	75.25	18.75	1.63	4.56
2005	76.74	1.98	1.43	4.65
2006	101.55	32.33	1.58	6.16
2007	111.26	9.56	1.55	6.74
2008	112.23	0.87	1.30	6.80
2009	129.89	15.74	1.66	7.87
2010	193.63	49.07	1.74	11.74
2011	228.22	17.87	1.63	13.83

续表

年份	进口额/亿美元	进口额增长率/%	占中国进口总额的比例/%	占世界汽车零部件进口总额的比例/%
2012	234.32	2.67	1.65	14.20
2013	264.40	12.84	1.68	16.03
2014	296.37	12.09	1.93	17.96
2015	251.11	-15.27	1.97	15.22
2016	268.22	6.81	2.17	16.26
2017	279.36	4.15	1.82	16.93

数据来源：CEPII BACI 数据库。

（二）中国汽车零部件进口的来源地结构

德国、日本、韩国、美国是中国汽车零部件的主要进口来源地。2017 年，中国从德国、日本、韩国、美国四国进口的汽车零部件总额为 220.54 亿美元，占中国汽车零部件进口总额的 78.95%（见表 4-21）。其中，2017 年，中国从第一大进口来源地德国进口的汽车零部件总额为 97.07 亿美元，占中国汽车零部件进口总额的比例高达 34.75%，日本、韩国、美国分别是中国汽车零部件的第二、第三、第四大进口来源地，进口规模分别为 72.96 亿美元、27.86 亿美元、22.65 亿美元，占比分别为 26.12%、9.97%、8.11%。与 2001 年相比，2017 年德国超越日本成为中国汽车零部件的第一大进口来源地，韩国从第六大上升为第三大进口来源地。

此外，中国从发展中国家进口的汽车零部件总额也在不断增长。2001 年，在中国前十大汽车零部件进口来源地中，除巴西外，其他均为发达国家。2001 年，中国从巴西进口的汽车零部件总额为 0.38 亿美元，占比仅为 1.8%。2017 年，泰国、墨西哥跃升为中国汽车零部件的第五、第六大进口来源地，中国从泰国、墨西哥进口的汽车零部件总额分别为 6.73 亿美元、4.73 亿美元，占比分别为 2.41%、1.69%。

表 4-21 中国前十大汽车零部件进口来源地

排名	2001 年			2017 年		
	国家	进口额/亿美元	占中国汽车零部件进口总额的比例/%	国家	进口额/亿美元	占中国汽车零部件进口总额的比例/%
1	日本	7.99	37.61	德国	97.07	34.75
2	德国	6.30	29.64	日本	72.96	26.12
3	美国	1.30	6.10	韩国	27.86	9.97

续表

排名	2001 年			2017 年		
	国家	进口额/亿美元	占中国汽车零部件进口总额的比例/%	国家	进口额/亿美元	占中国汽车零部件进口总额的比例/%
4	加拿大	1.10	5.19	美国	22.65	8.11
5	法国	0.70	3.31	泰国	6.73	2.41
6	韩国	0.67	3.15	墨西哥	4.73	1.69
7	巴西	0.38	1.80	比利时	4.72	1.69
8	英国	0.38	1.78	西班牙	4.31	1.54
9	意大利	0.35	1.63	法国	4.08	1.46
10	西班牙	0.28	1.30	英国	3.94	1.41

数据来源：CEPII BACI 数据库。

（三）中国汽车零部件进口的产品结构

2001 年和 2017 年，中国进口的前五大汽车零部件产品均为机动车辆变速箱（870840），机动车辆其他车身零部件（870829），其他汽车零件（870899），除汽车衬料外的制动系统部件（870839）以及汽车方向盘、柱、箱（870894）。2017 年，中国进口的前五大汽车零部件产品总额共计 228.35 亿美元，占中国汽车零部件进口额的 81.74%。具体来看，与 2001 年相比，2017 年机动车辆变速箱进口增幅最大、增速最快，进口额由 2001 年的 2.93 亿美元增长至 2017 年的 124.08 亿美元，2017 年大约是 2001 年的 42.35 倍，年均增长率为 24.73%。机动车辆其他车身零部件为中国的第二大汽车零部件进口产品，2017 年，机动车辆其他车身零部件进口额为 41.52 亿美元，大约是 2001 年的 9 倍。

表 4-22　2001 年中国前五大进口汽车零部件

排名	HS1992 编码	产品名称	进口额/亿美元	占中国汽车零部件进口总额的比例/%
1	870899	其他汽车零件	8.17	38.44
2	870829	机动车辆其他车身零部件	4.46	20.98
3	870840	机动车辆变速箱	2.93	13.77
4	870839	除汽车衬料外的制动系统部件	1.02	4.79
5	870894	汽车方向盘、柱、箱	0.59	2.78

数据来源：CEPII BACI 数据库。

表 4-23 2017 年中国前五大进口汽车零部件

排名	HS1992 编码	产品名称	进口额/亿美元	占中国汽车零部件进口总额的比例/%
1	870840	机动车辆变速箱	124.08	44.42
2	870829	机动车辆其他车身零部件	41.52	14.86
3	870899	其他汽车零件	37.33	13.36
4	870894	汽车方向盘、柱、箱	15.57	5.57
5	870839	除汽车衬料外的制动系统部件	9.85	3.53

数据来源：CEPII BACI 数据库。

第五章　中国高端装备产品进口发展

本章以高端装备行业为研究对象，全面分析了世界高端装备产品进口、中国高端装备产品进口的基本情况。本章界定的高端装备产品包括材料加工及成型装备、智能制造装备和自动化、集成电路、能源技术装备、航空航天装备以及医疗设备等6个子行业，各个子行业对应的HS2012编码如表5-1所示。需要注意的是，在这种界定口径下，集成电路行业的进口额远远高于其他行业，也就是说，包含集成电路的高端装备产品整体统计数据反映的基本是集成电路行业的特征，这就掩盖了其他子行业的特征。为了处理这个问题，本章还统计了不包含集成电路的高端装备产品数据。此外，由于从2007年开始才可以获得集成电路的进口数据，因此，为了保证前后年份数据的可比性，本章从2007年开始统计包含集成电路的高端装备产品整体进口额数据。

表5-1　高端装备制造业分类及其对应的HS2012编码

细分行业类别	产品范围	HS2012编码
材料加工及成型装备	主要包括数控机床、加工中心、用激光、超声波切割及焊接金属的设备等产品	845610、845620、845630、845690、845710、845720、845730、845811、845891、845921、845931、845951、845961、846011、846021、846031、846140、846210、846221、846231、846241
智能制造装备和自动化	主要包括工业机器人、自动半自动焊接设备等产品	847950、851521、851531
集成电路	主要包括半导体器件专用设备制造、集成电路制造	848610、848620、848630、848640、848690、854231、854232、854233、854239、854290
能源技术装备	主要包括内燃机发电机组、风力发电机组、核电装备、生物质能及其他新能源设备等产品	850211、850212、850213、850220、850231、850239、850240
航空航天装备	主要包括直升机、飞机、卫星及运载工具、亚轨道运载工具、卫星地面设备等产品	880211、880212、880220、880230、880240、880260、880310、880320、880330、880390、880510、880521、880529

续表

细分行业类别	产品范围	HS2012 编码
医疗设备	主要包括医疗诊断、监护及治疗设备、口腔科用设备及器具制造、机械治疗设备、医疗、外科及兽医用器械制造等产品	901811、901812、901813、901814、901819、901820、901841、901849、901850、901890、901910、902212、902213、902214、902219、902221、902229、902230、902290

一、世界高端装备产品进口发展的基本情况

（一）世界高端装备产品进口规模

近年来，世界高端装备产品进口规模日益增加。统计数据显示，无论在哪种统计口径下，世界高端装备产品进口规模总体上均呈现稳步上升的发展趋势（见表 5-2）。具体来看，在包括集成电路的口径下，世界高端装备产品进口规模从 2007 年的 6661.04 亿美元增长到 2017 年的 12112.98 亿美元，2017 年是 2007 年的 1.82 倍，年均增长率为 6.16%；在不包括集成电路的口径下，世界高端装备产品进口规模从 2001 年的 1493.33 亿美元增加到 2017 年的 3954.94 亿美元，2017 年是 2001 年的 2.65 倍，年均增长率为 6.28%。两种统计口径下，世界高端装备产品进口规模有较大差别，说明世界集成电路产品进口占高端装备产品进口的份额较高。2017 年，世界集成电路产品进口占世界高端装备产品进口的比重高达 67.35%。

表 5-2 世界高端装备产品整体进口贸易规模

单位：亿美元

年份	包括集成电路	不包括集成电路
2001	—	1493.33
2002	—	1454.48
2003	—	1577.90
2004	—	1890.04
2005	—	2088.63
2006	—	2448.19
2007	6661.04	2746.27
2008	7203.69	3212.92
2009	6689.75	2739.64
2010	8450.61	3014.92
2011	9253.49	3481.25

续表

年份	包括集成电路	不包括集成电路
2012	9552.61	3796.13
2013	10307.87	3910.52
2014	10896.87	4310.15
2015	10717.88	4133.69
2016	11082.52	4154.85
2017	12112.98	3954.94

数据来源：UN Comtrade。

（二）世界高端装备产品进口的行业结构

从世界高端装备各细分行业进口规模来看，如表 5-3 所示，2017 年，集成电路的进口规模高达 8158.04 亿美元，位列第一；航空航天装备的进口规模次之，达到 2284.63 亿美元；医疗设备的进口规模为 1069.45 亿美元，位列第三；材料加工及成型装备、能源技术装备以及智能制造装备和自动化的进口规模均不足 500 亿美元，分别为 328.34 亿美元、188.78 亿美元以及 83.74 亿美元。

从各细分行业进口规模的变化来看，六大细分行业的进口规模均呈上升趋势。其中，医疗设备产品的进口增长幅度最大，2017 年的进口规模大约是 2001 年的 3.16 倍；智能制造装备和自动化、航空航天装备和能源技术装备的增幅次之，2017 年的进口规模分别是 2001 年的 2.86 倍、2.59 倍和 2.41 倍；材料加工及成型装备的进口增幅最小，2017 年大约是 2001 年的 1.99 倍。此外，集成电路的统计时间段较短，但进口规模增幅很大，2017 年大约是 2007 年的 2.08 倍。

表 5-3　世界高端装备细分行业产品进口规模

单位：亿美元

年份	材料加工及成型装备	智能制造装备和自动化	集成电路	能源技术装备	航空航天装备	医疗设备
2001	165.25	29.32	—	78.27	881.78	338.70
2002	143.44	28.58	—	81.22	831.67	369.57
2003	165.91	34.97	—	79.50	871.35	426.17
2004	224.45	42.79	—	87.11	1035.55	500.14
2005	257.36	44.77	—	119.58	1097.49	569.43
2006	297.64	48.99	—	153.44	1309.06	639.06
2007	324.68	54.08	3914.77	203.38	1434.61	729.52

续表

年份	材料加工及成型装备	智能制造装备和自动化	集成电路	能源技术装备	航空航天装备	医疗设备
2008	353.88	59.73	3990.77	274.31	1703.86	821.14
2009	200.30	39.37	3950.11	251.72	1490.95	757.30
2010	250.20	48.08	5435.69	252.60	1619.30	844.74
2011	368.88	65.02	5772.24	289.76	1812.86	944.73
2012	434.17	66.51	5756.48	286.77	2035.82	972.86
2013	402.75	68.56	6397.35	279.49	2153.73	1005.99
2014	432.71	72.08	6586.72	272.36	2498.92	1034.08
2015	399.70	71.37	6584.19	219.09	2454.79	988.73
2016	388.12	68.05	6927.67	200.46	2478.21	1020.01
2017	328.34	83.74	8158.04	188.78	2284.63	1069.45

数据来源：UN Comtrade。

（三）世界高端装备产品进口占世界进口总额的比例

从世界高端装备整体以及各细分行业进口规模占世界进口总额的比例来看（见表5-4），2017年，世界高端装备产品整体进口占比为7.06%。其中，集成电路占世界进口总额的比例最高，为4.76%；航空航天装备的比例次之，为1.33%；其余子行业在世界进口总额中的占比均不足1%。从世界高端装备整体以及各细分行业进口规模占比的变化来看，2007—2017年，世界高端装备整体进口占比呈上升趋势，由2007年的4.78%提高至2017年的7.06%。其中，集成电路和航空航天装备的进口占世界进口总额的比例呈上升趋势，分别由2007年的2.81%、1.03%提高至2017年的4.76%、1.33%；能源技术装备行业的占比呈下降趋势，由2007年的0.15%下降到2017年的0.11%；材料加工及成型装备、智能制造装备和自动化、医疗设备的进口占比并没有表现出明显的变化趋势，整体比较平稳。

表5-4 世界高端装备产品进口占世界进口总额的比例

（%）

细分行业产品	2007年	2009年	2011年	2013年	2015年	2017年
材料加工及成型装备	0.23	0.16	0.20	0.22	0.25	0.19
智能制造装备和自动化	0.04	0.03	0.04	0.04	0.04	0.05
集成电路	2.81	3.19	3.19	3.45	4.07	4.76
能源技术装备	0.15	0.20	0.16	0.15	0.14	0.11

续表

细分行业产品	2007 年	2009 年	2011 年	2013 年	2015 年	2017 年
航空航天装备	1.03	1.20	1.00	1.16	1.52	1.33
医疗设备	0.52	0.61	0.52	0.54	0.61	0.62
高端装备合计	4.78	5.40	5.12	5.55	6.63	7.06

数据来源：UN Comtrade。

二、中国高端装备产品进口发展的基本情况

（一）中国高端装备产品进口规模

从高端装备产品的进口规模来看，2001—2017 年，中国高端装备产品进口规模总体呈现上升的发展趋势（见表 5-5）。具体来看，在包括集成电路的口径下，中国高端装备产品进口规模从 2007 年的 1550.59 亿美元增长至 2017 年的 3251.87 亿美元，2017 年大约是 2007 年的 2.1 倍；在不包括集成电路的口径下，中国高端装备产品进口规模从 2001 年的 82.42 亿美元增长到 2017 年的 445.08 亿美元，2017 年大约是 2001 年的 5.4 倍。两个统计口径下，中国高端装备产品进口规模有较大差别，说明中国集成电路产品进口规模占中国高端装备产品进口规模的比重较大，2017 年，中国集成电路产品进口占高端装备产品进口规模的比例高达 86.31%，远高于世界集成电路产品进口占世界高端装备产品进口的比例（67.35%）。

从中国高端装备产品进口占中国进口总额的份额来看，在包括集成电路的统计口径下，2007—2017 年，中国高端装备产品进口占中国进口总额的份额处于 12.73%～18.01%；在不包括集成电路的统计口径下，2001—2017 年，中国高端装备产品进口占中国进口总额的份额处于 1.92%～3.38%。这再次说明中国进口的高端装备产品以集成电路为主，材料加工及成型装备、智能制造装备和自动化、能源技术装备、航空航天装备、医疗设备行业进口产品份额偏低。

从中国高端装备产品进口占世界高端装备产品进口总额的比重来看，在两种统计口径下，中国高端装备产品进口占比均呈现上升趋势，说明中国高端装备产品进口在世界高端装备产品进口中的地位日益提升。具体来看，在包括集成电路的统计口径下，中国高端装备产品进口占比由 2007 年的 23.28%提高至 2017 年的 26.85%；在不包括集成电路的统计口径下，中国高端装备产品进口占世界高端装备产品进口总额的比例由 2001 年的 5.52%提高至 2017 年的 11.25%，提高了 5.73 个百分点。

表 5-5 中国高端装备产品进口规模

年份	包括集成电路			不包括集成电路		
	进口额/亿美元	占中国进口总额的比例/%	占世界高端装备产品进口总额的比例/%	进口额/亿美元	占中国进口总额的比例/%	占世界高端装备产品进口总额的比例/%
2001	—	—	—	82.42	3.38	5.52
2002	—	—	—	81.56	2.76	5.61
2003	—	—	—	101.33	2.46	6.42
2004	—	—	—	135.56	2.42	7.17
2005	—	—	—	160.89	2.44	7.70
2006	—	—	—	207.22	2.62	8.46
2007	1550.59	16.22	23.28	211.73	2.21	7.71
2008	1581.21	13.96	21.95	217.48	1.92	6.77
2009	1465.09	14.57	21.90	212.86	2.12	7.77
2010	1963.75	14.07	23.24	270.25	1.94	8.96
2011	2218.72	12.73	23.98	334.79	1.92	9.62
2012	2409.00	13.25	25.22	409.60	2.25	10.79
2013	2851.17	14.62	27.66	448.41	2.30	11.47
2014	2816.22	14.37	25.84	522.19	2.67	12.12
2015	2910.66	17.33	27.16	479.85	2.86	11.61
2016	2860.02	18.01	25.81	444.11	2.80	10.69
2017	3251.87	17.64	26.85	445.08	2.41	11.25

数据来源：UN Comtrade。

（二）中国高端装备产品进口的来源地结构

从中国高端装备产品的进口来源地结构来看（见表 5-6），美国一直是中国高端装备产品的第一大进口来源地，中国历年从美国进口的高端装备产品规模占中国高端装备产品进口总额的比重介于 30%~40%；法国、德国、日本是中国高端装备产品进口贸易的第二梯队，2017 年中国从法国、德国、日本进口的高端装备产品的规模占比介于 10%~20%；中国台湾、韩国、意大利、瑞士、英国、巴西等国家（或地区）是中国高端装备产品进口贸易的第三梯队，2017 年中国从这 6 个国家（或地区）进口的高端装备产品的规模占比均低于 5%。

总体来看，除中国台湾和巴西之外，中国高端装备产品的进口来源地主要为发达国家（或地区），这说明中国的高端装备产品进口对发达国家（或地区）的依赖程度较高。值得注意的是，2001 年，中国从俄罗斯进口高端装备产品的份额高达 17.98%，而 2009 年和 2017 年俄罗斯并未进入中国高端装备产品的前十大进口来源地。

表 5-6　中国高端装备产品的前十大进口来源地结构

（%）

排名	2001 年		2009 年		2017 年	
	进口来源地	份额	进口来源地	份额	进口来源地	份额
1	美国	33.55	美国	32.98	美国	38.36
2	俄罗斯	17.98	德国	22.70	德国	18.94
3	日本	11.16	日本	12.38	法国	13.52
4	德国	9.44	法国	10.60	日本	10.85
5	法国	5.48	韩国	3.58	中国台湾	2.33
6	中国台湾	5.27	中国台湾	2.57	韩国	2.16
7	加拿大	3.60	意大利	2.18	意大利	1.59
8	英国	1.86	巴西	2.03	瑞士	1.28
9	瑞士	1.53	英国	1.51	英国	1.26
10	意大利	1.35	瑞士	1.34	巴西	1.05

数据来源：中国海关总署以及 UN Comtrade。
注：此处高端装备产品的统计口径不包括集成电路。

（三）中国高端装备产品进口的国内地区结构

从中国高端装备产品进口的国内地区结构来看（见表 5-7），2018 年，天津是中国高端装备产品的第一大进口地区，高端装备产品进口总额高达 159.59 亿美元，占中国高端装备产品进口的比重高达 31.52%；上海和广东位列中国第二大、第三大进口地区，高端装备产品进口总额分别为 77.9 亿美元、66.1 亿美元，所占份额分别为 15.39%、13.06%；其他省份高端装备产品进口占中国高端装备产品进口总额的比重均不足 10%。前三大高端装备产品进口地区的进口总额占中国高端装备产品进口总额的比重高达 60%，可以看出中国高端装备产品进口的国内地区分布表现出高度集中的特征。

表 5-7　2018 年中国高端装备产品进口的国内地区分布

排名	省（区、市）	进口额/亿美元	占中国高端装备产品进口的比重/%
1	天津	159.59	31.52
2	上海	77.90	15.39
3	广东	66.11	13.06
4	北京	41.29	8.16
5	江苏	38.48	7.60

续表

排名	省（区、市）	进口额/亿美元	占中国高端装备产品进口的比重/%
6	海南	30.41	6.01
7	福建	21.76	4.30
8	浙江	12.52	2.47
9	山东	12.05	2.38
10	重庆	6.26	1.24
11	河南	5.77	1.14
12	四川	4.99	0.99
13	辽宁	4.32	0.85
14	湖北	4.18	0.83
15	安徽	3.82	0.75
16	云南	3.07	0.61
17	河北	2.78	0.55
18	西藏	1.83	0.36
19	湖南	1.61	0.32
20	陕西	1.36	0.27
21	吉林	1.30	0.26
22	江西	1.28	0.25
23	山西	0.95	0.19
24	广西	0.81	0.16
25	黑龙江	0.80	0.16
26	贵州	0.47	0.09
27	新疆	0.36	0.07
28	宁夏	0.08	0.02
29	青海	0.08	0.02
30	内蒙古	0.06	0.01
31	甘肃	0.04	0.01

数据来源：中国海关总署。

注：此处高端装备产品的统计口径不包括集成电路。

（四）中国高端装备产品进口的产品结构

从高端装备产品进口细分产品结构来看（见表5-8），2018年，中国进口规模最大的高端装备产品是处理器及控制器，进口规模为1274.48亿美元，占中国高端装备产品进口总额的比例为32.32%，占中国进口总额的比例为5.97%，其主要进口来源地为中国台湾、马来西亚、韩国。进口规模第二大的高端装备产品是存储器，进口规模为1230.87 亿美元，占中国高端装备产品进口规模的比例为 31.32%，占中国进口总额的比例为 5.76%，其主要进口来源地为韩国、中国台湾、日本。处理器及控制器和存储器两类产品进口总额占中国高端装备产品进口的份额高达 63.53%。值得关注的是，在前十大高端装备进口产品中有 8 个 HS2012 六位码产品属于集成电路行业，在前二十大高端装备进口产品中有 10 个 HS2012 六位码产品属于集成电路行业，说明集成电路行业在中国高端装备产品进口中占据重要位置。此外，在前二十大产品中，医疗设备行业有 5 个产品，航空航天装备和材料加工及成型装备各有 2 个产品，智能制造装备和自动化有 1 个产品，能源技术装备则没有产品进入前二十大产品之列。

表 5-8　2018 年中国前二十大进口高端装备产品

排名	HS2012编码	产品名称	所属行业	进口额/亿美元	占中国高端装备产品进口的比例/%	占中国进口总额的比例/%	第一大进口来源地	占比/%	第二大进口来源地	占比/%	第三大进口来源地	占比/%
1	854231	处理器及控制器	集成电路	1274.48	32.32	5.97	中国台湾	38.47	马来西亚	15.49	韩国	8.94
2	854232	存储器	集成电路	1230.87	31.21	5.76	韩国	51.77	中国台湾	22.02	日本	5.46
3	854239	其他集成电路	集成电路	517.77	13.13	2.42	中国台湾	38.42	韩国	9.83	马来西亚	7.25
4	880240	飞机等航空器，空载重量大于15000千克	航空航天装备	268.79	6.82	1.26	美国	57.33	法国	28.77	德国	12.55
5	848620	制造半导体器件或集成电路用的机器及装置	集成电路	112.51	2.85	0.53	美国	26.26	日本	26.13	荷兰	21.48
6	848630	制造平板显示器用的机器及装置和自动化	集成电路	103.23	2.62	0.48	日本	49.36	韩国	36.33	中国台湾	12.48

续表

排名	HS2012编码	产品名称	所属行业	进口额/亿美元	占中国高端装备产品进口的比例/%	占中国进口总额的比例/%	第一大进口来源地	占比/%	第二大进口来源地	占比/%	第三大进口来源地	占比/%
7	854233	用作放大器的集成电路	集成电路	97.74	2.48	0.46	韩国	20.54	墨西哥	19.82	中国台湾	13.54
8	848640	装配与封装半导体器件或集成电路的机器	集成电路	46.59	1.18	0.22	韩国	31.89	日本	18.27	新加坡	17.06
9	848690	制造半导体器件、集成电路或平板显示器机器的零件及附件	集成电路	37.15	0.94	0.17	日本	32.15	韩国	21.97	美国	21.87
10	845710	加工中心	材料加工及成型装备	34.67	0.88	0.16	日本	49.80	德国	22.59	中国台湾	10.42
11	901890	其他医疗、外科、牙科或兽医用仪器及器具	医疗设备	29.36	0.74	0.14	美国	26.94	德国	20.41	日本	15.97
12	880330	飞机及直升机的其他零件	航空航天装备	21.98	0.56	0.1	法国	32.72	美国	26.30	德国	18.15
13	901812	超声波扫描装置	医疗设备	12.05	0.31	0.06	美国	47.94	奥地利	16.23	日本	10.98
14	847950	未列名工业机器人	智能制造装备和自动化	11.45	0.29	0.05	日本	62.92	德国	10.45	韩国	4.30

续表

排名	HS2012编码	产品名称	所属行业	进口额/亿美元	占中国高端装备产品进口的比例/%	占中国进口总额的比例/%	第一大进口来源地	占比/%	第二大进口来源地	占比/%	第三大进口来源地	占比/%
15	902214	其他医疗、外科或兽医用X射线应用设备	医疗设备	9.85	0.25	0.05	美国	24.57	荷兰	21.74	德国	18.04
16	845611	用激光处理各种材料的加工机床	材料加工及成型装备	9.2	0.23	0.04	日本	33.83	德国	24.96	新加坡	10.49
17	854290	集成电路的零件	集成电路	8.67	0.22	0.04	中国台湾	24.51	日本	16.72	韩国	12.95
18	848610	制造单晶柱或晶圆用的机器及装置	集成电路	8.22	0.21	0.04	日本	56.23	新加坡	16.91	韩国	8.48
19	902212	X射线断层检查仪	医疗设备	7.86	0.2	0.04	德国	36.25	美国	31.89	以色列	15.57
20	901813	核磁共振成像装置	医疗设备	7.16	0.18	0.03	德国	35.60	美国	28.48	荷兰	18.57

数据来源：中国海关总署。

三、中国高端装备产品进口的国际比较

（一）中国高端装备产品进口规模及占比的国际比较

中国高端装备产品进口规模明显高于其他发展中国家。如表5-9所示，从包括集成电路的统计口径来看，2017年，马来西亚、越南、墨西哥、俄罗斯高端装备产品的进口总额分别为364.05亿美元、241.64亿美元、220.79亿美元、113.68亿美元，均超过100亿美元，但均远远低于中国高端装备产品的进口规模（3251.87亿美元）。从不包括集成电路的统计口径来看，2017年，俄罗斯高端装备产品的进口规模较大，进口总额为102.21亿美元，其余国家的进口规模均在70亿美元以下，也都远远低于中国高端装备产品的进口规模（445.08亿美元）。总之，在两种统计口径下，中国的高端装备产品进

口规模及其在世界高端装备产品进口中所占比例均高于其他发展中国家。此外，通过对比两个统计口径的数据发现，马来西亚、墨西哥、越南和巴西的高端装备产品进口规模在两个统计口径下相差较大，说明以上国家的集成电路进口在高端装备产品进口中占据了重要位置；俄罗斯、印度和南非的高端装备产品进口规模在两个统计口径下相差较小，说明集成电路并不是这些国家的主要进口产品。

中国高端装备产品进口规模高于多数发达国家。从包括集成电路的统计口径来看，2017 年，中国高端装备产品进口规模及在世界高端装备产品进口中所占比例均大于美国、日本、德国等 9 个发达国家。其中，美国高端装备产品的进口规模最大，超过 1000 亿美元，韩国和德国的进口规模处于 400 亿~600 亿美元，法国和日本的进口规模处于 300 亿~400亿美元，英国和加拿大的进口规模处于 100 亿~300 亿美元，澳大利亚和意大利的进口规模最小，位于 100 亿美元之下。从不包括集成电路的统计口径来看，2017 年，美国高端装备产品的进口规模最大，接近 600 亿美元，超过了中国的 445. 08 亿美元；法国和德国的进口规模次之，约为 290 亿美元；英国、日本和加拿大的进口规模再次之，处于 100 亿~200 亿美元；韩国、意大利和澳大利亚的进口规模最小，低于 70 亿美元。通过对比两个统计口径的数据发现，日本、韩国和美国高端装备产品的进口规模在两个统计口径下相差较大，说明集成电路在这三个国家的高端装备产品进口中占据重要位置。

表 5-9 2017 年高端装备产品进口规模及占比的国际比较

国家		包括集成电路			不包括集成电路		
		进口额/亿美元	在各国进口总额中所占比例/%	在世界高端装备产品进口总额中所占比例/%	进口额/亿美元	在各国进口总额中所占比例/%	在世界高端装备产品进口总额中所占比例/%
中国		3251. 87	17. 64	26. 85	445. 08	2. 41	11. 25
发展中国家	马来西亚	364. 05	18. 70	3. 01	40. 55	2. 08	1. 03
	越南	241. 64	11. 33	1. 99	27. 67	1. 30	0. 70
	墨西哥	220. 79	5. 25	1. 82	54. 82	1. 30	1. 39
	俄罗斯	113. 68	4. 98	0. 94	102. 21	4. 48	2. 58
	印度	90. 91	2. 05	0. 75	69. 26	1. 56	1. 75
	巴西	67. 95	4. 51	0. 56	26. 55	1. 76	0. 67
	南非	22. 84	2. 75	0. 19	21. 28	2. 56	0. 54

续表

国家		包括集成电路			不包括集成电路		
		进口额/亿美元	在各国进口总额中所占比例/%	在世界高端装备产品进口总额中所占比例/%	进口额/亿美元	在各国进口总额中所占比例/%	在世界高端装备产品进口总额中所占比例/%
发达国家	美国	1010.25	4.20	8.34	597.13	2.48	15.10
	韩国	595.93	12.45	4.92	58.74	1.23	1.49
	德国	476.86	4.08	3.94	289.20	2.47	7.31
	日本	356.11	5.30	2.94	115.66	1.72	2.92
	法国	338.49	5.52	2.79	293.59	4.79	7.42
	英国	219.63	3.42	1.81	198.26	3.09	5.01
	加拿大	138.38	3.20	1.14	118.18	2.73	2.99
	意大利	83.05	1.83	0.69	65.45	1.44	1.65
	澳大利亚	56.74	2.48	0.47	52.35	2.29	1.32

数据来源：UN Comtrade。

（二）中国高端装备产品进口行业结构的国际比较

根据各国高端装备产品的进口行业结构，本章选取部分发达国家和发展中国家进行比较分析。表5-10给出了2017年部分国家各细分行业在高端装备产品总进口中的比重。具体分析如下：

第一，和中国相似，部分国家的集成电路进口在高端装备产品总进口中占据主导地位。2017年，中国集成电路进口在高端装备整体进口中占据主导地位，占比高达86.36%。与中国相比，在7个发展中国家中，巴西、墨西哥、越南和马来西亚表现出类似的特征，集成电路占比分别为60.92%、75.17%、88.55%和88.86%；在9个发达国家中，日本和韩国表现出类似的特征，集成电路占高端装备整体进口的比重分别高达67.52%和90.14%，此外，德国和美国的集成电路占比也较高，分别为39.35%和40.89%。

第二，和中国不同，部分国家的航空航天装备进口在高端装备产品总进口中占据主导地位。2017年，在7个发展中国家中，俄罗斯、印度和南非的航空航天装备进口在高端装备产品总进口中占据主导地位，占比分别为56.74%、45.73%和42.49%；在9个发达国家中，法国、英国和加拿大表现出类似的特征，占比分别为70.59%、66.40%和55.56%。

第三，对于材料加工及成型装备而言，意大利的进口规模在高端装备产品进口中的占比最大，为15.58%，墨西哥、俄罗斯、印度等发展中国家的进口占比也较大，在

7%~8%，而中国材料加工及成型装备的进口占比仅为2.37%；对于智能制造装备和自动化而言，意大利和巴西的进口规模在高端装备产品进口中的占比最大，分别为2.89%和1.86%，而中国智能制造装备和自动化的进口占比仅为0.49%；对于能源技术装备而言，南非的进口规模在高端装备产品进口中的占比最大，高达19.05%，其余大部分国家能源技术装备的进口占比较小，中国的进口占比仅为0.21%；对于医疗设备而言，澳大利亚的进口规模在高端装备产品进口中的占比最大，高达40.27%，在7个发展中国家中，巴西、俄罗斯、印度、南非的医疗设备进口占比较大，位于15%~25%，在9个发达国家中，除了韩国和澳大利亚，其余国家的医疗设备进口占比也较大，位于15%~35%。

表5-10　2017年高端装备产品进口行业结构的国际比较

(%)

国家		材料加工及成型装备	智能制造装备和自动化	集成电路	能源技术装备	航空航天装备	医疗设备
中国		2.37	0.49	86.36	0.21	7.84	2.73
发展中国家	马来西亚	0.72	0.28	88.86	0.44	8.06	1.64
	越南	3.12	0.36	88.55	3.98	1.29	2.70
	墨西哥	7.96	2.42	75.17	3.14	0.73	10.59
	俄罗斯	7.33	0.99	10.09	7.97	56.74	16.87
	印度	7.45	1.69	23.82	0.88	45.73	20.43
	巴西	3.98	1.86	60.92	1.43	15.99	15.81
	南非	4.55	2.29	6.83	19.05	42.49	24.79
发达国家	美国	3.94	1.30	40.89	1.36	30.57	21.94
	韩国	1.70	0.48	90.14	0.46	3.51	3.71
	德国	5.27	1.36	39.35	1.27	36.83	15.91
	日本	1.78	0.26	67.52	0.72	14.34	15.38
	法国	2.48	0.49	13.27	1.14	70.59	12.04
	英国	2.65	0.61	9.73	4.81	66.40	15.79
	加拿大	4.50	1.53	14.59	5.12	55.56	18.70
	意大利	15.58	2.89	21.20	2.19	25.06	33.08
	澳大利亚	2.81	1.17	7.73	9.97	38.05	40.27

数据来源：UN Comtrade。

第六章　中国科技生活产品进口发展

2018 年中国国际进口博览会设立了消费电子及家电展区，2019 年中国国际进口博览会设立了科技生活展区，科技生活展区以“科技，改变生活”为主题，划分为家电、消费电子、支持技术与解决方案、综合电子等区域，这充分表明中国对科技生活产品具有潜在的巨大进口需求。以 CEPII BACI 数据库中 HS1992 六位码数据作为统计基础，本章详细分析了世界科技生活产品进口和中国科技生活产品进口的发展情况。鉴于数据的可得性和产品在贸易数据中的可识别性，在统计分析时，本章仅以消费电子和家用电器（均包含产品和零部件）作为科技生活产品的统计对象进行研究，具体界定如表 6-1 所示。

表 6-1　科技生活产品分类及其对应的编码

科技生活产品分类	代表性产品	HS1992 编码
消费电子	其他公司线路电话（包括电报设备部件）、录像（重放）设备和磁带、电信设备、录像和复制设备（非磁带）、电话机、带扬声器的电唱机、其他电信线路系统用仪器、其他摄影器材（电影摄影机除外）、即时打印相机、其他非录音重放设备	851710、851720、851730、851740、851781、851782、851790、851910、851921、851929、851931、851939、851940、851991、851999、852110、852190、900610、900620、900630、900640、900651、900652、900653、900659
家用电器	彩色电视接收机（包括监控和投影仪）、两门组合式冷冻机、全新的电煮和烧烤设备、国内真空吸尘器、自动洗衣机（干容量小于 10 千克）、家用电咖啡或茶壶、其他家用电热器具、其他有电动机的家用电器、洗碗机（家用）	841810、841821、841822、841829、841830、841840、841891、845011、845012、845019、845020、845090、845210、845221、845229、845230、845240、845290、852810、852820、842211、845110、845121、845129、845130、851640、851650、851660、851671、851672、851679、851631、851632、850910、850920、850930、850940、850980、850990、851010

一、世界科技生活产品进口发展的基本情况

（一）世界科技生活产品进口规模

世界科技生活产品进口规模有所增加。从进口总额来看，世界科技生活产品进口

总额由 2001 年的 1730.59 亿美元增长至 2017 年的 3655.18 亿美元，2017 年大约是 2001 年的 2.11 倍，年均增长率为 4.78%。从世界科技生活产品进口总额的发展态势来看，2001—2014 年，进口总额总体表现为稳步上升的态势，并于 2014 年达到历史峰值 4834.71 亿美元，大约是 2001 年的 2.79 倍；2015—2017 年，进口总额持续下降，与 2014 年的历史峰值相比，2017 年进口总额下降了 1179.53 亿美元。从世界科技生活产品进口占世界进口总额的比例来看，世界科技生活产品进口占比始终维持在 2%~3.5%，其中，2017 年最低，为 2.24%，2016 年最高，为 3.10%。

表 6-2　2001—2017 年世界科技生活产品进口规模

年份	进口总额/亿美元	进口总额增长率/%	占世界进口总额的比例/%
2001	1730.59	—	2.90
2002	1671.47	-3.42	2.67
2003	1879.74	12.46	2.59
2004	2309.59	22.87	2.59
2005	2570.52	11.30	2.54
2006	2934.86	14.17	2.53
2007	3547.48	20.87	2.67
2008	3955.47	11.50	2.55
2009	3410.56	-13.78	2.88
2010	4026.29	18.05	2.77
2011	4194.97	4.19	2.40
2012	4614.38	10.00	2.68
2013	4609.57	-0.10	2.58
2014	4834.71	4.88	2.74
2015	4787.78	-0.97	3.06
2016	4736.09	-1.08	3.10
2017	3655.18	-22.82	2.24

数据来源：CEPII BACI 数据库。

（二）世界消费电子产品进口发展情况

1. 世界消费电子产品进口规模

表 6-3 反映了 2001—2017 年世界消费电子产品进口的基本情况。总体而言，2001—2017 年，世界消费电子产品进口总额有所上升。世界消费电子产品进口总额由

2001 年的 1063.42 亿美元增长至 2017 年的 1807.56 亿美元，2017 年大约是 2001 年的 1.67 倍，年均增长率为 3.37%。具体来看，世界消费电子产品进口总额于 2002 年有所下降，2003—2008 年持续增长，2009 年受金融危机影响下降明显，2010—2015 年继续稳定增长，2016 年和 2017 年再次下降。此外，从世界消费电子产品进口占世界科技生活产品进口总额的比例来看，2001—2017 年，世界消费电子产品进口占比由 2001 年的 61.45%下降到 2017 年的 49.45%，下降了大约 12 个百分点。从世界消费电子产品进口占世界进口总额的比例来看，世界消费电子产品进口占比始终维持在 1%~2%。

表 6-3　2001—2017 年世界消费电子产品进口规模

年份	进口总额/亿美元	进口总额增长率/%	占世界科技生活产品进口总额的比例/%	占世界进口总额的比例/%
2001	1063.42	—	61.45	1.78
2002	925.74	-12.95	55.38	1.48
2003	1021.27	10.32	54.33	1.41
2004	1236.12	21.04	53.52	1.39
2005	1333.40	7.87	51.87	1.32
2006	1429.91	7.24	48.72	1.23
2007	1801.96	26.02	50.80	1.36
2008	2069.81	14.86	52.33	1.34
2009	1768.61	-14.55	51.86	1.49
2010	2135.19	20.73	53.03	1.47
2011	2299.87	7.71	54.82	1.32
2012	2789.18	21.28	60.45	1.62
2013	2795.62	0.23	60.65	1.57
2014	2960.20	5.89	61.23	1.68
2015	3005.62	1.53	62.78	1.92
2016	2992.28	-0.44	63.18	1.96
2017	1807.56	-39.59	49.45	1.11

数据来源：CEPII BACI 数据库。

2. 世界消费电子产品进口的国别结构

表 6-4 和表 6-5 分别为 2001 年和 2017 年世界前十大消费电子产品进出口国。具体来看，2001—2017 年，世界前十大消费电子产品进出口国具有以下特征：

第一，发展中国家在世界消费电子产品贸易中占据越来越重要的位置。2001 年，在世界前十大消费电子产品进出口国中，除中国、马来西亚和墨西哥外，其余均为发达国家。2017 年，中国、印度、越南和墨西哥等发展中国家居于世界前十大消费电子产品进口国之列，中国、墨西哥、越南、泰国和马来西亚等发展中国家居于世界前十大消费电子产品出口国之列。

第二，中国成为消费电子产品第一大进口国。2001 年，中国是世界第七大消费电子产品进口国，进口额为 37.02 亿美元，进口份额为 3.48%；中国同时是世界第二大消费电子产品出口国，出口额为 143.13 亿美元，出口份额为 13.46%。2017 年，中国发展成为消费电子产品第一大进口国、第一大出口国，其中，进口额为 255.43 亿美元，进口份额为 14.13%，出口额为 775.18 亿美元，出口份额为 42.89%。

第三，世界消费电子产品进口国家集中度有所降低，出口国家集中度大幅提升。从世界前十大消费电子产品进口国来看，2001 年，世界第一大消费电子产品进口国美国的消费电子产品进口份额为 22.38%，2017 年，世界第一大消费电子产品进口国中国的进口份额下降为 14.13%；2001 年，世界前十大消费电子产品进口国的消费电子产品合计进口份额为 62.16%，2017 年，这一比例下降为 57.16%。总的来看，世界消费电子产品的进口国家集中度有所降低。另外，从世界前十大消费电子产品出口国来看，2001 年，世界第一大消费电子产品出口国美国的消费电子产品出口份额为 14.62%，2017 年，世界第一大消费电子产品出口国中国的出口份额提高至 42.89%；2001 年，世界前十大消费电子产品出口国的消费电子产品合计出口份额为 68.71%，2017 年，这一比例提高至 84.12%。总的来看，世界消费电子产品的出口国家集中度大幅提升。

表 6-4 2001 年世界前十大消费电子产品进出口国

排名	进口			出口		
	国家	进口额/亿美元	占世界消费电子产品进口总额的比例/%	国家	出口额/亿美元	占世界消费电子产品出口总额的比例/%
1	美国	238.02	22.38	美国	155.51	14.62
2	英国	72.22	6.79	中国	143.13	13.46
3	德国	71.84	6.76	日本	134.57	12.65
4	日本	62.40	5.87	德国	54.28	5.10
5	荷兰	46.37	4.36	英国	49.35	4.64
6	法国	39.09	3.68	马来西亚	47.81	4.50
7	中国	37.02	3.48	加拿大	41.20	3.87
8	意大利	32.28	3.04	法国	36.26	3.41

续表

排名	进口			出口		
	国家	进口额/亿美元	占世界消费电子产品进口总额的比例/%	国家	出口额/亿美元	占世界消费电子产品出口总额的比例/%
9	比利时	31.64	2.98	瑞典	35.01	3.29
10	加拿大	29.99	2.82	墨西哥	34.69	3.26

数据来源：CEPII BACI 数据库。

表 6-5　2017 年世界前十大消费电子产品进出口国

排名	进口			出口		
	国家	进口额/亿美元	占世界消费电子产品进口总额的比例/%	国家	出口额/亿美元	占世界消费电子产品出口总额的比例/%
1	中国	255.43	14.13	中国	775.18	42.89
2	美国	213.37	11.80	墨西哥	169.75	9.39
3	印度	123.76	6.85	越南	165.51	9.16
4	越南	105.39	5.83	韩国	93.87	5.19
5	韩国	74.87	4.14	日本	92.26	5.10
6	墨西哥	69.72	3.86	泰国	60.02	3.32
7	日本	63.71	3.52	美国	57.90	3.20
8	荷兰	44.08	2.44	新加坡	43.87	2.43
9	德国	42.64	2.36	德国	32.05	1.77
10	新加坡	40.39	2.23	马来西亚	30.16	1.67

数据来源：CEPII BACI 数据库。

3. 世界消费电子产品进口的产品结构

表 6-6 和表 6-7 分别为 2001 年和 2017 年世界前十大进口消费电子产品。具体来看：

第一，世界前三大进口消费电子产品的进口规模有所提升。2001 年，世界第一大进口消费电子产品为其他公司线路电话（851790），进口额为 281.21 亿美元；世界第二大、第三大进口消费电子产品分别为其他电信线路系统用仪器（851740）、录像（重放）设备和磁带（852110），进口额分别为 237.75 亿美元、159.2 亿美元。2017 年，世界前三大进口消费电子产品分别为其他公司线路电话（851790）、录像（重放）设备和磁带（852110）、电信设备（851782），进口额分别为 1034.89 亿美元、346.74 亿美元和 320.99 亿美元。与 2001 年相比，世界前三大进口消费电子产品的进口规模分别提升了 753.68 亿美元、108.99 亿美元、161.79 亿美元。

第二，世界消费电子产品的进口集中度进一步提高。2001 年，世界第一大进口消费电子产品的进口份额为 26.44%；2017 年，这一份额提高至 57.25%。2001 年，世界前十大进口消费电子产品的合计进口份额为 97.46%；2017 年，这一合计进口份额提高至 99.68%。

表 6-6 2001 年世界前十大进口消费电子产品

排名	HS1992 编码	产品名称	进口额/亿美元	占世界消费电子产品进口总额的份额/%
1	851790	其他公司线路电话（包括电报设备部件）	281.21	26.44
2	851740	其他电信线路系统用仪器	237.75	22.36
3	852110	录像（重放）设备和磁带	159.20	14.97
4	851710	电话机	74.75	7.03
5	851730	电话或电报转换装置	70.91	6.67
6	851782	电信设备	66.68	6.27
7	852190	录像和复制设备（非磁带）	63.55	5.98
8	851999	其他非录音重放设备	46.65	4.39
9	900653	35 毫米胶卷的照相机（单反镜头除外）	26.99	2.54
10	900651	单镜头反射的照相机（胶卷小于等于 35 毫米）	8.64	0.81

数据来源：CEPII BACI 数据库。

表 6-7 2017 年世界前十大进口消费电子产品

排名	HS1992 编码	产品名称	进口额/亿美元	占世界消费电子产品进口总额的份额/%
1	851790	其他公司线路电话（包括电报设备部件）	1034.89	57.25
2	852110	录像（重放）设备和磁带	346.74	19.18
3	851782	电信设备	320.99	17.76
4	852190	录像和复制设备（非磁带）	51.42	2.84
5	851710	电话机	20.87	1.15
6	851929	带扬声器的电唱机	8.55	0.47
7	851740	其他电信线路系统用仪器	5.88	0.33
8	900659	其他摄影器材（电影摄影机除外）	5.87	0.32
9	900640	即时打印相机	4.57	0.25

续表

排名	HS1992 编码	产品名称	进口额/亿美元	占世界消费电子产品进口总额的份额/%
10	851999	其他非录音重放设备	2.41	0.13

数据来源：CEPII BACI 数据库。

（三）世界家用电器产品进口发展情况

1. 世界家用电器产品进口规模

表 6-8 反映了 2001—2017 年世界家用电器进口的基本情况。世界家用电器进口总体表现为稳步上升的发展态势，2001—2008 年，进口总额持续稳定增长，2009 年受金融危机影响明显下降后，进口总额在高频率波动中缓慢增长。总体而言，2001—2017 年，世界家用电器进口总额从 2001 年的 667.17 亿美元增长至 2017 年的 1847.63 亿美元，2017 年大约是 2001 年的 2.77 倍，年均增长率为 6.57%。此外，从世界家用电器进口占世界科技生活产品进口总额的比例来看，世界家用电器进口占比由 2001 年的 38.55%提高至 2017 年的 50.55%，提高了近 12 个百分点；从世界家用电器进口占世界进口总额的比例来看，世界家用电器进口占比始终维持在 1%~1.5%。

表 6-8　2001—2017 年世界家用电器进口规模

年份	进口额/亿美元	进口额增长率/%	占世界科技生活产品进口总额的比例/%	占世界进口总额的比例/%
2001	667.17	—	38.55	1.12
2002	745.73	11.78	44.62	1.19
2003	858.46	15.12	45.67	1.18
2004	1073.47	25.05	46.48	1.20
2005	1237.12	15.25	48.13	1.22
2006	1504.95	21.65	51.28	1.30
2007	1745.53	15.99	49.20	1.31
2008	1885.65	8.03	47.67	1.22
2009	1641.95	-12.92	48.14	1.39
2010	1891.10	15.17	46.97	1.30
2011	1895.10	0.21	45.18	1.09
2012	1825.20	-3.69	39.55	1.06
2013	1813.95	-0.62	39.35	1.02

续表

年份	进口额/亿美元	进口额增长率/%	占世界科技生活产品进口总额的比例/%	占世界进口总额的比例/%
2014	1874.51	3.34	38.77	1.06
2015	1782.16	-4.93	37.22	1.14
2016	1743.81	-2.15	36.82	1.14
2017	1847.63	5.95	50.55	1.13

数据来源：CEPII BACI 数据库。

2. 世界家用电器产品进口的国别结构

表 6-9 和表 6-10 分别为 2001 年和 2017 年世界前十大家用电器进出口国。具体来看，2001—2017 年，世界前十大家用电器进出口国别结构具有以下特征：

第一，发达国家是世界家用电器的主要进口国，发展中国家成为世界家用电器的主要出口国。从世界前十大家用电器进口国来看，2001 年，除墨西哥外，其余均为发达国家，其中，美国为世界第一大家用电器产品进口国，进口额大约是 154 亿美元。2017 年，世界前十大家用电器进口国均为发达国家，其中，世界前两大家用电器进口国美国和德国的进口额均超过 100 亿美元，分别为 434.7 亿美元和 138.93 亿美元。另外，从世界前十大家用电器出口国来看，2001 年，中国、墨西哥和马来西亚等发展中国家居于世界前十大家用电器出口国之列，分别居于第一位、第二位和第九位，出口额分别为 97.82 亿美元、71.39 亿美元和 24.04 亿美元。2017 年，有 5 个发展中国家居于世界前十大家用电器出口国之列，依次是中国、墨西哥、土耳其、马来西亚和泰国。其中，中国的家用电器出口额高达 669.55 亿美元，所占份额为 36.24%。

第二，世界家用电器的进口国家集中度没有发生明显变化，出口国家集中度大幅提升。从世界前十大家用电器进口国来看，2001 年，世界前三大家用电器进口国分别为美国、德国和英国，进口份额分别为 23.1%、7.63% 和 6.41%；2017 年，美国、德国和英国所占份额分别是 23.53%、7.52% 和 4.62%。总体而言，世界家用电器的进口国家集中度没有发生明显变化。另外，从世界前十大家用电器出口国来看，2001 年，世界第一大家用电器出口国中国的家用电器出口份额为 14.66%；2017 年，中国依然为世界第一大家用电器出口国，出口份额提高至 36.24%。也就是说，2001—2017 年，世界第一大家用电器出口国中国的出口份额提升了 21.58 个百分点，说明世界家用电器的出口国家集中度大幅提升。

表 6-9　2001 年世界前十大家用电器进出口国

排名	进口			出口		
	国家	进口额/亿美元	占世界家用电器进口总额的比例/%	国家	出口额/亿美元	占世界家用电器出口总额的比例/%
1	美国	154.09	23.10	中国	97.82	14.66
2	德国	50.93	7.63	墨西哥	71.39	10.70
3	英国	42.76	6.41	德国	54.64	8.19
4	法国	35.16	5.27	意大利	49.47	7.41
5	日本	35.06	5.25	日本	46.39	6.95
6	荷兰	27.06	4.06	美国	37.72	5.65
7	加拿大	22.30	3.34	韩国	35.97	5.39
8	意大利	20.58	3.08	法国	30.96	4.64
9	西班牙	17.35	2.60	马来西亚	24.04	3.60
10	墨西哥	14.00	2.10	西班牙	21.35	3.20

数据来源：CEPII BACI 数据库。

表 6-10　2017 年世界前十大家用电器进出口国

排名	进口			出口		
	国家	进口额/亿美元	占世界家用电器进口总额的比例/%	国家	出口额/亿美元	占世界家用电器出口总额的比例/%
1	美国	434.70	23.53	中国	669.55	36.24
2	德国	138.93	7.52	墨西哥	187.76	10.16
3	英国	85.29	4.62	德国	100.37	5.43
4	日本	79.15	4.28	波兰	88.48	4.79
5	法国	75.97	4.11	韩国	64.32	3.48
6	意大利	51.88	2.81	土耳其	59.51	3.22
7	荷兰	49.18	2.66	马来西亚	59.03	3.20
8	加拿大	47.77	2.59	斯洛伐克	55.95	3.03
9	西班牙	40.63	2.20	泰国	52.02	2.82
10	澳大利亚	39.88	2.16	意大利	44.31	2.40

数据来源：CEPII BACI 数据库。

3. 世界家用电器产品进口的产品结构

表 6-11 和表 6-12 分别为 2001 年和 2017 年世界前十大进口家用电器产品。具体

来看：

第一，世界前十大进口家用电器产品的进口规模整体提升。2001 年，世界第一大进口家用电器产品为彩色电视接收机（852810），进口额为 278.88 亿美元；世界第二大、第三大进口家用电器产品分别为自动洗衣机（845011）、全新的电煮和烧烤设备（851660），进口额分别为 37.64 亿美元、33.99 亿美元。2017 年，世界前三大进口家用电器产品分别为彩色电视接收机（852810）、两门组合式冷冻机（841810）、全新的电煮和烧烤设备（851660），进口额分别为 795.18 亿美元、137.08 亿美元、104.05 亿美元。与 2001 年相比，2017 年世界前三大进口家用电器产品的进口额分别提高了 516.3 亿美元、99.44 亿美元、70.06 亿美元。

第二，世界家用电器产品的进口集中度进一步提高。2001 年，世界第一大进口家用电器产品的进口份额为 41.80%，世界前两大家用电器进口产品的合计进口份额为 47.44%，世界前三大家用电器进口产品的合计进口份额为 52.53%；2017 年，以上数据变化为 43.04%、50.46%和 56.09%。可见，与 2001 年相比，2017 年世界家用电器产品的进口集中度稍有提高。

第三，家用电咖啡或茶壶（851671）和洗碗机（842211）等新型家用电器居于世界前十大进口家用电器产品之列。2017 年，家用电咖啡或茶壶成为世界第六大进口家用电器产品，进口额为 59.82 亿美元，进口份额为 3.24%；洗碗机成为世界第十大进口家用电器产品，进口额为 42.43 亿美元，进口份额为 2.30%。

表 6-11　2001 年世界前十大进口家用电器产品

排名	HS1992 编码	产品名称	进口额/亿美元	占世界家用电器进口总额的比例/%
1	852810	彩色电视接收机（包括监控和投影仪）	278.88	41.80
2	845011	自动洗衣机（干容量小于 10 千克）	37.64	5.64
3	851660	全新的电煮和烧烤设备	33.99	5.09
4	841810	两门组合式冷冻机	32.66	4.90
5	850910	国内真空吸尘器	26.50	3.97
6	851650	微波炉	23.90	3.58
7	841821	家用压缩型冰箱	22.87	3.43
8	851679	其他家用电热器具	15.98	2.40
9	850940	家用食品研磨机、搅拌机、榨汁机	15.97	2.39
10	845229	机缝机（书缝机除外）	15.78	2.37

数据来源：CEPII BACI 数据库。

表 6-12　2017 年世界前十大进口家用电器产品

排名	HS1992 编码	产品名称	进口额/亿美元	占世界家用电器进口总额的比例/%
1	852810	彩色电视接收机（包括监控和投影仪）	795.18	43.04
2	841810	两门组合式冷冻机	137.08	7.42
3	851660	全新的电煮和烧烤设备	104.05	5.63
4	850910	家用吸尘器	90.73	4.91
5	845011	自动洗衣机（干容量小于 10 千克）	78.50	4.25
6	851671	家用电咖啡或茶壶	59.82	3.24
7	851679	其他家用电热器具	59.59	3.22
8	850940	家用食品研磨机、搅拌机、榨汁机	56.64	3.07
9	850980	其他有电动机的家用电器	53.67	2.90
10	842211	洗碗机（家用）	42.43	2.30

数据来源：CEPII BACI 数据库。

二、中国科技生活产品进口发展的基本情况

（一）中国科技生活产品进口规模

中国科技生活产品进口规模整体表现为日益增加的态势。如图 6-1 所示，自中国加入 WTO 以来，中国科技生活产品进口总额总体表现为阶梯式上升的态势。从进口规模的变化来看，中国科技生活产品进口的发展可分为三个阶段。第一阶段是 2001—2006 年，中国科技生活产品进口总额处于 31.7 亿~45.7 亿美元。第二阶段是 2007—2011 年，2007 年，中国科技生活产品进口总额首次突破 120 亿美元，整个阶段进口总额处于 117.28 亿~129.61 亿美元。第三阶段是 2012—2017 年，2012 年，中国科技生活产品进口总额首次突破 190 亿美元，其后历年进口总额都超过 200 亿美元，2017 年中国科技生活产品进口总额高达 278.04 亿美元。总体而言，中国科技生活产品进口总额由 2001 年的 41.57 亿美元增长至 2017 年的 278.04 亿美元，2017 年约为 2001 年的 6.69 倍。

从科技生活产品进口在中国进口总额中的地位来看，中国科技生活产品进口份额在 2001—2017 年维持在稳定水平，始终处于 2.0%以下。从中国在世界科技生活产品进口总额中的地位来看，2001 年加入 WTO 以来，中国科技生活产品进口占比持续增长，分别于 2010 年和 2016 年经历小幅下降后继续强劲增长，到 2017 年中国科技生活产品进口占世界科技生活产品进口总额的比例大约是 7.61%。

从国际比较来看，如图 6-2 所示，与 G7 相比，中国科技生活产品进口占比低于美国、日本和加拿大等国家，但高于英国、法国、德国、意大利等国家；如图 6-3 所示，与金砖国家相比，中国科技生活产品进口占比仅略高于南非，但却明显低于其他金砖国家。此外，就中国科技生活产品进口总额增长的来源而言，如图 6-1 所示，中国科技生活产品进口增长主要由消费电子产品推动。2001—2017 年，中国消费电子产品进口增长迅速，由 2001 年的 37.02 亿美元增长至 2017 年的 255.43 亿美元，中国科技生活产品进口总额中约有 90%以上为消费电子产品。

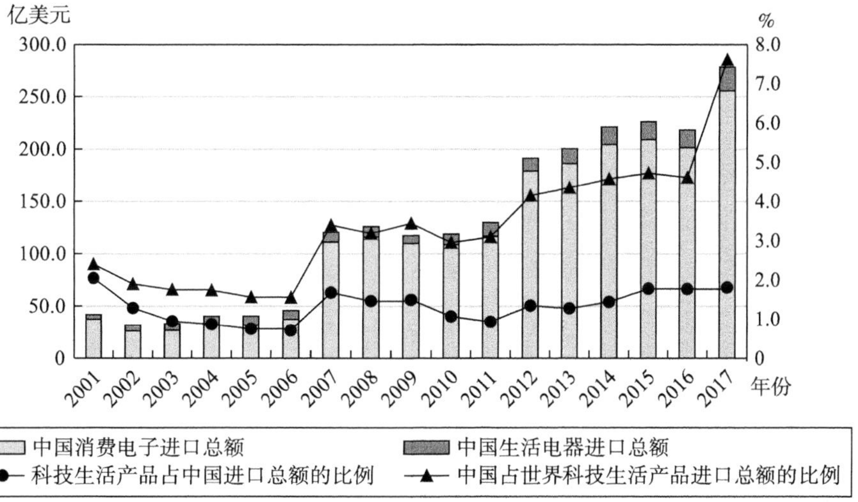

图 6-1　2001—2017 年中国科技生活产品进口的基本情况

数据来源：2001—2017 年 CEPII BACI 数据库。

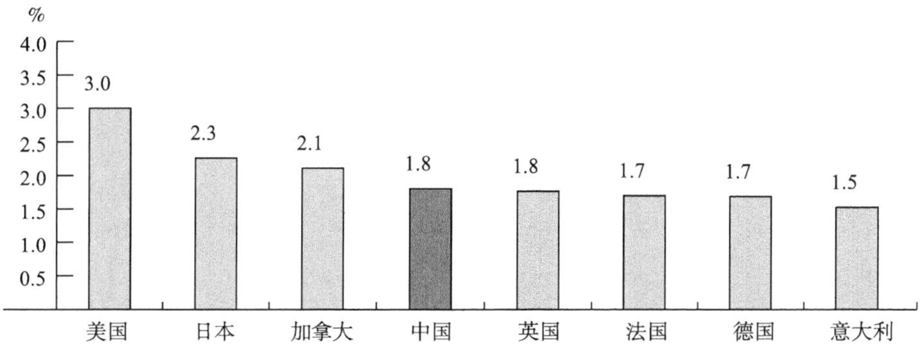

图 6-2　2017 年中国与 G7 科技生活产品的进口份额比较

数据来源：2017 年 CEPII BACI 数据库。

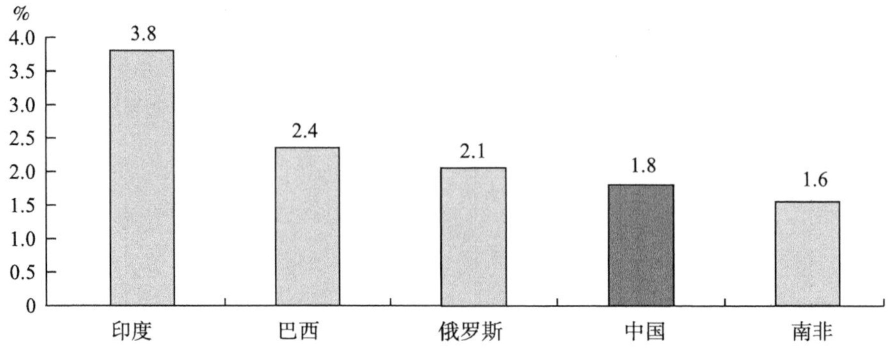

图 6-3　2017 年中国与其他金砖国家科技生活产品的进口份额比较

数据来源：2017 年 CEPII BACI 数据库。

（二）中国科技生活产品进口的来源地结构

1. 中国科技生活产品前十大进口来源地

中国科技生活产品主要进口来源地由发达国家转向发展中国家。如表 6-13 所示，从前十大进口来源地来看，2001 年，中国前十大科技生活产品进口来源地均为发达国家，中国自第一大进口来源地美国进口的科技生活产品占比高达 24.55%，中国自日本、德国和英国进口的科技生活产品占比均处于 10%左右。到 2017 年，中国自第一大进口来源地越南进口的科技生活产品占比高达 36.56%，中国自韩国和日本进口的科技生活产品占比分别为 17.14%和 12.59%。值得注意的是，2017 年，越南、泰国、墨西哥等 5 个发展中国家居于中国前十大科技生活产品进口来源地行列。与 2001 年相比，中国自前三大科技生活产品进口来源地的进口集中度有所增加。

此外，中国科技生活产品进口对进口来源地出口的贡献整体提升。从中国科技生活产品进口占来源地出口总额的比例来看，2001 年，在前十大科技生活产品进口来源地中，有 6 个国家的比例低于 5%，4 个国家的比例处于 5%～10%；而 2017 年，在前十大科技生活产品进口来源地中，越南的比例达到 50.13%，韩国和日本的比例超过 30%，有 2 个国家的比例处于 10%～20%。总的来看，中国科技生活产品主要进口来源地由发达国家转向发展中国家，进口来源地的集中度有所增加，而且主要进口来源地科技生活产品出口对我国的依赖程度显著增加。

表 6-13　2001 年和 2017 年中国前十大科技生活产品进口来源地

排名	2001 年				2017 年			
	国家	进口额/亿美元	占中国科技生活产品进口总额的比例/%	占进口来源地科技生活产品出口总额的比例/%	国家	进口额/亿美元	占中国科技生活产品进口总额的比例/%	占进口来源地科技生活产品出口总额的比例/%
1	美国	10. 21	24. 55	5. 28	越南	101. 64	36. 56	50. 13
2	日本	4. 45	10. 71	2. 46	韩国	47. 65	17. 14	30. 12
3	德国	4. 13	9. 93	3. 79	日本	35. 01	12. 59	30. 23
4	英国	3. 43	8. 26	5. 18	泰国	21. 86	7. 86	19. 51
5	加拿大	2. 09	5. 03	4. 52	德国	7. 58	2. 73	5. 72
6	意大利	1. 88	4. 53	2. 59	墨西哥	6. 96	2. 50	1. 95
7	瑞典	1. 65	3. 97	3. 77	马来西亚	5. 21	1. 87	5. 84
8	芬兰	1. 60	3. 84	6. 65	新加坡	3. 59	1. 29	6. 97
9	比利时	1. 38	3. 33	5. 03	美国	3. 33	1. 20	3. 27
10	韩国	1. 28	3. 09	2. 07	菲律宾	3. 17	1. 14	15. 12

数据来源：2001 年和 2017 年 CEPII BACI 数据库。

2. 中国从不同类型国家科技生活产品的进口情况分析

中国科技生活产品主要进口来源地由 G7 转向“一带一路”沿线国家。如表 6-14 所示，2001 年，中国科技生活产品的主要进口来源地集中在发达国家、高收入国家、OECD 国家和 G7。2001 年，中国从发达国家、高收入国家、OECD 国家和 G7 进口的科技生活产品占中国科技生活产品进口总额的比例分别为 86. 54%、86. 42%、83. 32%和 65. 26%。2017 年，中国科技生活产品的主要进口来源地集中在发展中国家、中等收入国家和“一带一路”沿线国家。2017 年，中国从发展中国家、中等收入国家和“一带一路”沿线国家进口的科技生活产品占中国科技生活产品进口总额的比例分别为 60. 71%、51. 41%和 50. 68%。值得注意的是，中国从“一带一路”沿线国家进口的科技生活产品占中国科技生活产品进口总额的比例由 2001 年的 6. 71%提高至 2017 年的 50. 68%，2017 年大约是 2001 年的 7. 6 倍，“一带一路”沿线国家已发展成为我国科技生活产品的主要进口来源地。

此外，中国科技生活产品进口对不同类型国家同种产品出口总额的贡献均有所提升。如表 6-14 所示，具体而言，与 2001 年相比，2017 年，“一带一路”沿线国家、非 OECD 国家、发展中国家、中等收入国家以及低收入国家的比例均提高了 10%以上；G7、非“一带一路”沿线国家、发达国家以及高收入国家的比例变动范围处于 5%～

10%；金砖国家、OECD 国家的比例变动小于 5%。进一步来看，在“一带一路”沿线国家中（见表 6-15），越南和泰国分别为中国科技生活产品第一大、第二大进口来源地，上述两个国家占中国科技生活产品进口的比例分别为 36.56%、7.86%，进口来源地的集中度较高，并且中国从越南和泰国进口的科技生活产品占两国出口总额的比例分别为 50.13%、19.51%。总之，中国进口的科技生活产品主要来源于“一带一路”沿线国家，而且，中国科技生活产品进口对各类进口来源地出口总额的贡献整体提升。

表 6-14　2001 年和 2017 年中国从不同类型国家科技生活产品的进口情况

进口来源地	2001 年			2017 年		
	进口额/亿美元	占中国科技生活产品进口总额的比例/%	占进口来源地科技生活产品出口总额的比例/%	进口额/亿美元	占中国科技生活产品进口总额的比例/%	占进口来源地科技生活产品出口总额的比例/%
G7	27.13	65.26	3.69	48.39	17.40	10.20
金砖国家	0.16	0.39	1.70	1.13	0.41	4.44
“一带一路”沿线国家	2.79	6.71	1.05	140.90	50.68	15.47
非“一带一路”沿线国家	37.15	89.38	3.11	132.79	47.76	10.71
OECD 国家	34.63	83.32	2.91	108.19	38.91	7.77
非 OECD 国家	5.31	12.78	1.96	165.50	59.52	21.85
发达国家	35.97	86.54	3.18	104.90	37.73	9.59
发展中国家	3.97	9.55	1.19	168.80	60.71	15.98
高收入国家	35.92	86.42	3.28	103.72	37.30	10.93
中等收入国家	1.41	3.40	0.46	142.93	51.41	13.12
低收入国家	2.61	6.27	4.48	27.05	9.73	24.32

数据来源：2001 年和 2017 年 CEPII BACI 数据库。

注：本章所定义的“一带一路”沿线国家共计 64 个①。为了保证前后年份的可比性，本章将 2000 年之前加入 OECD 的国家定义为 OECD 国家，共计 28 个。高收入国家、中等收入国家及低收入国家的划分标准来源于世界银行，具体可参见：https：//data.worldbank.org.cn/country。“一带一路”沿线国家、非“一带一路”沿线国家占中国进口总额的比例之和小于 1，主要原因在于部分国家没有同时报告 2001 年、2017 年的中国进口额数据和出口总额数据，这些国家没有被统计在内。OECD 国家、非 OECD 国家，高收入国家、中等收入国家及低收入国家的情况类似。

① 魏浩，巫俊．中国从“一带一路”沿线国家进口贸易发展的现状与对策［J］．人民论坛·学术前沿，2017（9）：67-73.

表 6-15 中国从“一带一路”沿线国家科技生活产品进口情况

排名	2001 年				2017 年			
	国家	进口额/亿美元	占中国科技生活产品进口总额的比例/%	占进口来源地科技生活产品出口总额的比例/%	国家	进口额/亿美元	占中国科技生活产品进口总额的比例/%	占进口来源地科技生活产品出口总额的比例/%
1	以色列	1.06	2.56	5.15	越南	101.64	36.56	50.13
2	新加坡	0.52	1.24	2.10	泰国	21.86	7.86	19.51
3	马来西亚	0.51	1.23	0.71	马来西亚	5.21	1.87	5.84
4	菲律宾	0.17	0.41	1.89	新加坡	3.59	1.29	6.97
5	泰国	0.14	0.34	0.39	菲律宾	3.17	1.14	15.12

数据来源：2001 年和 2017 年 CEPII BACI 数据库。

三、中国消费电子产品进口发展情况

（一）中国消费电子产品进口规模

近年来，中国消费电子产品进口规模整体表现为不断增加的态势。如表 6-16 所示，中国消费电子产品进口额增长率波动性较强，2007 年、2012 年、2017 年的增长率较高，分别为 198.92%、53.37%、26.99%。2001 年，中国消费电子产品进口总额为 37.02 亿美元；2007 年，中国消费电子产品进口总额增至 110.91 亿美元，大约是 2001 年的 3 倍；2012 年，中国消费电子产品进口总额增至 178.79 亿美元，大约是 2001 年的 5 倍；2017 年，中国消费电子产品进口总额增至 255.43 亿美元，大约是 2001 年的 7 倍。

此外，中国消费电子产品进口占世界消费电子产品进口总额的比例由 2001 年的 3.48%提高至 2017 年的 14.13%，提高了 10.65 个百分点，意味着中国消费电子产品进口在世界消费电子产品进口中的地位有所提升。中国消费电子产品进口占中国进口总额的比例在 2001—2017 年维持在稳定水平，2006 年的比例最低，为 0.58%，2001 年、2017 年的比例较高，分别为 1.82%、1.66%。

表 6-16 2001—2017 年中国消费电子产品进口规模

年份	进口额/亿美元	进口额增长率/%	占中国进口总额的比例/%	占世界消费电子产品进口总额的比例/%
2001	37.02	—	1.82	3.48
2002	26.03	-29.68	1.05	2.81
2003	26.78	2.90	0.77	2.62

续表

年份	进口额/亿美元	进口额增长率/%	占中国进口总额的比例/%	占世界消费电子产品进口总额的比例/%
2004	31.69	18.32	0.69	2.56
2005	31.82	0.40	0.59	2.39
2006	37.10	16.60	0.58	2.59
2007	110.91	198.92	1.55	6.15
2008	115.86	4.47	1.35	5.60
2009	109.77	-5.26	1.40	6.21
2010	108.38	-1.27	0.97	5.08
2011	116.57	7.56	0.83	5.07
2012	178.79	53.37	1.26	6.41
2013	185.86	3.95	1.18	6.65
2014	204.21	9.87	1.33	6.90
2015	208.91	2.30	1.64	6.95
2016	201.15	-3.71	1.63	6.72
2017	255.43	26.99	1.66	14.13

数据来源：2001—2017 年 CEPII BACI 数据库。

（二）中国消费电子产品进口的来源地结构

1. 中国前十大消费电子产品进口来源地

发展中国家成为中国消费电子产品进口的主要来源地，越南跃升为中国第一大消费电子产品进口来源地。如表 6-17 所示，从前十大进口来源地来看，2001 年，中国前十大消费电子产品进口来源地均为发达国家，中国自美国进口的消费电子产品占比高达 26.98%，中国自德国、英国和日本进口的消费电子产品占比分别为 9.83%、9.08% 和 8.53%。到 2017 年，中国前十大消费电子产品进口来源地中有 5 个为发展中国家，中国自越南进口的消费电子产品占比高达 39.57%。此外，2017 年，中国自韩国和日本进口的消费电子产品占比分别为 17.7%、12.54%。

中国消费电子产品的进口来源地集中度明显增加，同时，中国的主要进口来源地对中国的依赖程度也明显增加。如表 6-17 所示，从进口地区集中度来看，2001 年，中国从前三大消费电子产品进口来源地进口的消费电子产品合计占比为 45.89%，而 2017 年，这一占比上升至 69.81%，表明消费电子产品进口地区集中度明显增加。从中国消费电子产品进口对来源国出口总额的贡献来看，2001 年中国从前五大进口来源地进口的消费电子产品占中国进口总额的比例均大于其占来源国出口总额的比例。以美国为例，中国自美国进口的消费电子产品占中国消费电子产品进口总额的比例高达 26.98%，但仅占美国消费电子产品出口总额的 6.42%，表明 2001 年中国进口贸易对进口来源地的依赖程度更强。到 2017 年，中国与主要进口来源地之间的相互依赖程度发生了较大的变化。中国自第一大进口来源地越南进口的消费电子产品占越南消费电子产品出口总额的比例高达 61.07%，中国自韩国、日本进口的消费电子产品占两国消费电子产品出口总额的比例分别为 48.15%、34.72%，表明 2017 年进口来源地消费电子产品出口对中国的依赖性更高。

表 6-17　2001 年和 2017 年中国前十大消费电子产品进口来源地

排名	2001 年				2017 年			
	国家	进口额/亿美元	占中国消费电子产品进口总额的比例/%	占进口来源地消费电子产品出口总额的比例/%	国家	进口额/亿美元	占中国消费电子产品进口总额的比例/%	占进口来源地消费电子产品出口总额的比例/%
1	美国	9.99	26.98	6.42	越南	101.08	39.57	61.07
2	德国	3.64	9.83	6.70	韩国	45.20	17.70	48.15
3	英国	3.36	9.08	6.81	日本	32.03	12.54	34.72
4	日本	3.16	8.53	2.35	泰国	21.31	8.34	35.50
5	加拿大	2.08	5.61	5.04	墨西哥	6.89	2.70	4.06
6	瑞典	1.63	4.40	4.65	新加坡	3.45	1.35	7.85
7	意大利	1.63	4.39	6.99	菲律宾	2.91	1.14	19.32
8	芬兰	1.60	4.31	7.15	德国	2.80	1.10	8.75
9	比利时	1.37	3.69	7.60	马来西亚	2.25	0.88	7.46
10	以色列	1.06	2.87	5.22	美国	2.0	0.8	3.5

数据来源：2001 年和 2017 年 CEPII BACI 数据库。

2. 中国从前五大进口来源地进口消费电子产品情况

中国从前五大进口来源地进口的消费电子产品同质性较强。如表 6-18 所示，中国主要从前五大进口来源地进口开关和路由设备零部件（851770），电视摄像机、数码相机和录像机（852580）。其中，越南是中国开关和路由设备零部件，电视摄像机、数码相机和录像机的第一大进口来源地，2018 年，中国自越南进口的开关和路由设备零部件总额高达 166.56 亿美元，自越南进口的电视摄像机、数码相机和录像机总额高达 7.65 亿美元。泰国是开关和路由设备零部件，电视摄像机、数码相机和录像机的第二大进口来源地，2018 年，中国自泰国进口的以上两类产品总额分别为 11.78 亿美元、3.21 亿美元。

表 6-18　2018 年中国从前五大进口来源地进口消费电子产品情况

进口来源地	排名	HS2017 编码	产品名称	进口总额/万美元
越南	1	851770	开关和路由设备零部件	1665553.61
	2	852580	电视摄像机、数码相机和录像机	76513.43
	3	852190	其他录像或复制设备	1542.61
	4	851989	其他录音或重放设备	10.05
	5	851711	带有无绳电话听筒的线路电话机	0.12
泰国	1	851770	开关和路由设备零部件	117821.67
	2	852580	电视摄像机、数码相机和录像机	32085.67
	3	852190	其他录像或复制设备	5321.47
	4	900640	即时打印相机	0.85
	5	851989	其他录音或重放设备	0.25
马来西亚	1	851770	开关和路由设备零部件	35874.53
	2	851989	其他录音或重放设备	1658.42
	3	852580	电视摄像机、数码相机和录像机	1087.68
	4	852190	视频信号录制或重放设备	341.71
	5	851711	带有无绳电话听筒的线路电话机	8.93
韩国	1	851770	开关和路由设备零部件	406363.3
	2	852580	电视摄像机、数码相机和录像机	88854.34
	3	852190	其他录像或复制设备	87.61
	4	851989	其他录音或重放设备	7.82
	5	900652	适用于宽度小于 35 毫米的卷筒的摄像机	0.9
日本	1	851770	开关和路由设备零部件	210299.66
	2	852580	电视摄像机、数码相机和录像机	75834.66
	3	900640	即时打印相机	1474.8
	4	852190	其他录像或复制设备	600.73
	5	900652	适用于宽度小于 35 毫米的卷筒的摄像机	26.84

数据来源：中国海关总署数据库，详情见海关统计数据在线查询平台。

注：本书将中国海关总署提供的 HS2017 六位码数据和 CEPII BACI 数据库中 HS1992 六位码数据匹配，得到 HS2017 六位码的科技生活产品。

3. 中国从“一带一路”沿线国家进口消费电子产品的来源国结构

“一带一路”沿线国家消费电子产品出口对中国的依赖度较高。从进口总额来看，中国消费电子产品自前五大“一带一路”来源国的进口总额大幅度增加。从进口集中度来看，中国自前三大“一带一路”来源国进口的消费电子产品累计占比由 2001 年的 5.0%增长至 2017 年的 49.26%，中国消费电子产品进口来源地集中度大幅度上升。从中国消费电子产品进口对“一带一路”沿线国家出口总额的贡献来看，2017 年，中国进口占越南消费电子产品出口总额的比例高达 61.07%，中国进口占泰国和新加坡消费电子产品出口总额的比例分别为 35.5%和 7.85%。可见，相比而言，“一带一路”沿线国家对中国消费电子产品进口依赖程度更高。

表 6-19　中国在“一带一路”沿线国家中的前五大消费电子产品进口来源地

排名	2001 年				2017 年			
	国家	进口额/亿美元	占中国消费电子产品进口总额的比例/%	占进口来源地消费电子产品出口总额的比例/%	国家	进口额/亿美元	占中国消费电子产品进口总额的比例/%	占进口来源地消费电子产品出口总额的比例/%
1	以色列	1.06	2.87	5.22	越南	101.08	39.57	61.07
2	马来西亚	0.49	1.32	1.02	泰国	21.31	8.34	35.50
3	新加坡	0.30	0.81	1.77	新加坡	3.45	1.35	7.85
4	菲律宾	0.17	0.46	2.07	菲律宾	2.91	1.14	19.32
5	泰国	0.14	0.37	0.75	马来西亚	2.25	0.88	7.46

数据来源：2001 年和 2017 年 CEPII BACI 数据库。

（三）中国消费电子产品进口的产品结构

中国消费电子产品的进口集中度不断增强。如表 6-20 和表 6-21 所示，从进口总额来看，各类消费电子产品进口额均有所上升，电话电报零部件（851790）进口额由 2001 年的 15.01 亿美元迅速增长至 2017 年的 207.41 亿美元，成为中国第一大消费电子进口产品；录像设备（852110）进口额由 2001 年的 0.52 亿美元增长至 2017 年的 36.06 亿美元，成为中国第二大消费电子进口产品。从进口产品集中程度来看，2017 年，电话电报零部件和录像设备占中国消费电子产品进口总额的比例分别为 81.2%和 14.12%，进口产品集中度较 2001 年大幅度增加。此外，如表 6-22 所示，根据中国海关总署的统计数据，2018 年，中国开关和路由设备零部件（851770）的进口份额高达 90%，电视摄像机、数码相机和录像机（852580）的进口份额为 9.56%，消费电子产品进口集中度进一步增强。

表 6-20　2001 年中国消费电子产品进口结构

排名	HS1992 编码	产品名称	进口额/亿美元	占中国消费电子产品进口总额的比例/%
1	851740	载波电流线路系统用设备	17.32	46.80
2	851790	电话电报零部件	15.01	40.56
3	851730	电话或电报交换设备	2.35	6.34
4	851782	电报设备	0.67	1.80
5	852110	录像设备	0.52	1.40

数据来源：CEPII BACI 数据库。

表 6-21　2017 年中国消费电子产品进口结构

排名	HS1992 编码	产品名称	进口额/亿美元	占中国消费电子产品进口总额的比例/%
1	851790	电话电报零部件	207.41	81.20
2	852110	录像设备	36.06	14.12
3	851782	电报设备	9.77	3.83
4	900659	摄影机，电影摄影机除外	0.70	0.27
5	852190	其他录像或复制设备	0.70	0.27

数据来源：CEPII BACI 数据库。

表 6-22　2018 年中国消费电子产品进口结构

排名	HS2017 编码	产品名称	进口额/亿美元	占中国消费电子产品进口总额的比例/%
1	851770	开关和路由设备零部件	422.92	90.00
2	852580	电视摄像机、数码相机和录像机	44.92	9.56
3	852190	其他录像或复制设备	1.51	0.32
4	851989	其他录音或重放设备	0.26	0.06
5	900640	即时打印相机	0.18	0.04

数据来源：中国海关总署数据库，详情见海关统计数据在线查询平台。

注：本章将中国海关总署提供的 HS2017 六位码数据和 CEPII BACI 数据库中 HS1992 六位码数据匹配，得到 HS2017 六位码的科技生活产品。

四、中国家用电器产品进口发展情况

（一）中国家用电器产品进口规模

近年来，中国家用电器产品进口规模表现为逐渐增加的态势。2001 年加入 WTO 以来，中国家用电器进口总额总体表现为稳步上升的态势（见表 6-23）。2001—2004 年为家用电器进口总额高速增长阶段，2005 年小幅下降后，2006—2008 年继续增长，2009 年有所下降，2010—2011 年开始回升，2012 年再次下降后，2013—2017 年持续增长。总体而言，中国家用电器进口总额从 2001 年的 4.55 亿美元增长至 2017 年的 22.6 亿美元，2017 年约为 2001 年的 5 倍，年均增长率为 10.54%。

此外，中国家用电器进口占中国进口总额的比例维持在 0.05%~0.25%，这意味着中国家用电器进口在中国进口中的地位大体不变。中国家用电器进口占世界家用电器进口总额的比例在 2001—2017 年一直在 0.45%~1.5%波动，2009 年的比例最低，为 0.46%，2017 年的比例最高，为 1.22%。

表 6-23 2001—2017 年中国家用电器进口规模

年份	进口额/亿美元	进口额增长率/%	占中国进口总额的比例/%	占世界家用电器进口总额的比例/%
2001	4.55	—	0.22	0.68
2002	5.67	24.70	0.23	0.76
2003	6.21	9.47	0.18	0.72
2004	8.46	36.31	0.18	0.79
2005	8.44	-0.28	0.16	0.68
2006	8.59	1.78	0.13	0.57
2007	9.52	10.84	0.13	0.55
2008	9.90	3.99	0.12	0.53
2009	7.51	-24.16	0.10	0.46
2010	10.26	36.69	0.09	0.54
2011	13.04	26.99	0.09	0.69
2012	12.39	-4.99	0.09	0.68
2013	14.37	16.03	0.09	0.79
2014	16.74	16.48	0.11	0.89

续表

年份	进口额/亿美元	进口额增长率/%	占中国进口总额的比例/%	占世界家用电器进口总额的比例/%
2015	17.01	1.60	0.13	0.95
2016	17.02	0.07	0.14	0.98
2017	22.60	32.80	0.15	1.22

数据来源：CEPII BACI 数据库。

（二）中国家用电器产品进口的来源地结构

发达国家是中国家用电器进口的主要来源地。如表 6-24 所示，2001 年，除俄罗斯外，中国前十大家用电器进口来源地均为发达国家，日本、德国是中国前两大进口来源地，2001 年从日本、德国进口的家用电器总额分别为 1.29 亿美元、0.49 亿美元，占中国家用电器进口总额的比例分别为 28.45%、10.78%。2017 年，在中国前十大家用电器进口来源地中，有 6 个为发达国家，分别是德国、日本、韩国、美国、意大利和西班牙，中国从发达国家进口的家用电器所占份额高达 57%以上。其中，德国超越日本成为中国第一大家用电器进口来源地，占比高达 21.13%。此外，中国海关总署统计数据显示，2018 年，在中国前十大家用电器进口来源地中，有 7 个国家为发达国家，分别为德国、日本、韩国、美国、法国、西班牙、意大利。总之，中国主要从德国、日本等发达国家进口家用电器。

表 6-24　2001 年和 2017 年中国前十大家用电器产品进口来源地

排名	2001 年				2017 年			
	国家	进口额/亿美元	占中国家用电器进口总额的比例/%	占进口来源地家用电器出口总额的比例/%	国家	进口额/亿美元	占中国家用电器进口总额的比例/%	占进口来源地家用电器出口总额的比例/%
1	日本	1.29	28.45	2.79	德国	4.78	21.13	4.76
2	德国	0.49	10.78	0.90	日本	2.98	13.19	12.65
3	韩国	0.38	8.29	1.05	马来西亚	2.96	13.09	5.01
4	意大利	0.26	5.64	0.52	韩国	2.45	10.83	3.81
5	新加坡	0.22	4.78	2.80	美国	1.31	5.80	2.99
6	美国	0.22	4.75	0.57	意大利	0.69	3.06	1.56
7	俄罗斯	0.10	2.26	18.78	西班牙	0.67	2.97	3.65
8	英国	0.07	1.61	0.43	越南	0.57	2.50	1.52

续表

排名	2001 年				2017 年			
	国家	进口额/亿美元	占中国家用电器进口总额的比例/%	占进口来源地家用电器出口总额的比例/%	国家	进口额/亿美元	占中国家用电器进口总额的比例/%	占进口来源地家用电器出口总额的比例/%
9	法国	0. 06	1. 26	0. 19	泰国	0. 56	2. 47	1. 07
10	荷兰	0. 05	1. 19	0. 41	波兰	0. 47	2. 06	0. 53

数据来源：2001 年和 2017 年 CEPII BACI 数据库。

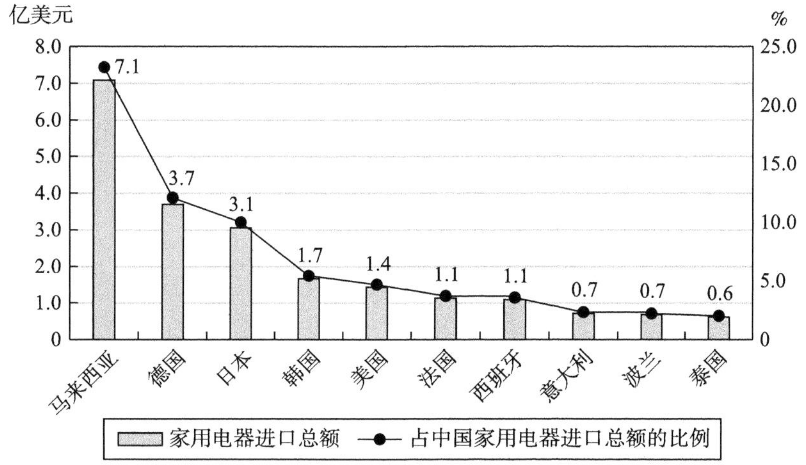

图 6-4　2018 年中国自前十大进口来源地进口家用电器产品情况

数据来源：中国海关总署数据库，详情见海关统计数据在线查询平台。

注：本章将中国海关总署提供的 HS2017 六位码数据和 CEPII BACI 数据库中 HS1992 六位码数据匹配，得到 HS2017 六位码的科技生活产品。

（三）中国家用电器产品进口的产品结构

1. 中国前十大家用电器进口产品

如表 6-25 和表 6-26 所示，从进口总额来看，2001—2017 年，中国前十大家用电器进口产品发生了较大的变化，但是，彩色电视接收器/监视器/投影仪（852810）、双门组合式冰箱（841810）、自动缝纫机（845221）、缝纫机零件（845290）4 种家用电器始终位列前十大家用电器进口产品。此外，我国前十大家用电器产品进口总额均有所上升，其中，彩色电视接收器/监视器/投影仪进口总额由 2001 年的 0. 51 亿美元增长至 2017 年的 4. 71 亿美元，2017 年彩色电视接收器/监视器/投影仪（852810）进口额占家用电器产品进口总额的 20. 85%，是第一大家用电器进口产品。家用吸尘器成为 2017 年第二大家用电器进口产品，进口占比为 9. 9%。

如表 6-27 所示，根据中国海关总署的统计数据，2018 年，中国进口的第一大家用电器产品为电动真空吸尘器（850811），占中国家用电器产品进口总额的 13.49%；其他彩色监视器（852859）、电炉（851660）分别为第二大、第三大家用电器进口产品，上述两类产品进口额的占比均在 8.5%以上。从进口产品集中度来看，2017 年，中国前三大家用电器产品进口额合计占比为 37.95%，2018 年，这一占比变为 35.74%，由此可见，中国家用电器进口的产品集中度有所下降。

表 6-25　2001 年中国前十大家用电器进口产品

排名	HS1992 编码	产品名称	进口额/亿美元	占中国家用电器进口总额的比例/%
1	845229	缝纫机	0.76	16.77
2	845290	缝纫机零件	0.68	15.00
3	852810	彩色电视接收器/监视器/投影仪	0.51	11.16
4	845221	自动缝纫机	0.50	11.00
5	845129	烘干机	0.31	6.78
6	845130	熨烫机	0.29	6.45
7	850990	家用电器的电动机零件	0.26	5.61
8	845090	洗衣机零件	0.22	4.83
9	841810	双门组合式冰箱	0.21	4.63
10	845210	家用缝纫机	0.17	3.73

数据来源：2001 年 CEPII BACI 数据库。

表 6-26　2017 年中国前十大家用电器进口产品

排名	HS1992 编码	产品名称	进口额/亿美元	占中国家用电器进口总额的比例/%
1	852810	彩色电视接收器/监视器/投影仪	4.71	20.85
2	850910	家用吸尘器	2.24	9.90
3	841810	双门组合式冰箱	1.63	7.20
4	851660	电烹调、烧烤和烘焙设备	1.60	7.06
5	842211	洗碗机	1.41	6.26
6	851679	家用电热器具	1.09	4.81
7	850940	家用食品研磨机、搅拌机、榨汁机	0.94	4.17
8	850980	带电动机的家用电器	0.82	3.65
9	845221	自动缝纫机	0.80	3.53

续表

排名	HS1992 编码	产品名称	进口额/亿美元	占中国家用电器进口总额的比例/%
10	845290	缝纫机零件	0.78	3.45

数据来源：2017 年 CEPII BACI 数据库。

表 6-27　2018 年中国前五大家用电器进口产品

（%）

排名	HS2017 编码	产品名称	占中国家用电器进口总额的比例
1	850811	电动真空吸尘器	13.49
2	852859	其他彩色监视器	13.35
3	851660	电炉	8.90
4	851631	电吹风机	7.61
5	850980	厨房废物处理器	5.51

数据来源：中国海关总署数据库，详情见海关统计数据在线查询平台。

注：本章将中国海关总署提供的 HS2017 六位码数据和 CEPII BACI 数据库中 HS1992 六位码数据匹配，得到 HS2017 六位码的科技生活产品。

2. 中国前三大家用电器产品进口来源地情况

电动真空吸尘器（850811）、其他彩色监视器（852859）和电炉（851660）是中国前三大家用电器进口产品。从表 6-28 可以看出，第一，中国主要从马来西亚进口电动真空吸尘器。2018 年，中国从马来西亚进口的电动真空吸尘器占比高达 94.00%，中国从美国进口的电动真空吸尘器占比为 1.55%，中国从其他国家进口的电动真空吸尘器所占份额均不足 1%。第二，中国主要从马来西亚和德国进口其他彩色监视器。2018 年，中国从马来西亚和德国进口的其他彩色监视器所占份额均超过 10%，分别为 14.57%和 10.07%。第三，中国主要从法国、德国和日本进口电炉。中国从法国、德国和日本进口的电炉所占份额依次为 36.07%、22.21%和 10.78%。总的来看，电动真空吸尘器的进口来源地集中度最高，电炉次之，其他彩色监视器最低。

表 6-28　2018 年中国前三大家用电器细分产品进口情况

（%）

排名	电动真空吸尘器（850811）		其他彩色监视器（852859）		电炉（851660）	
	进口来源地	占中国电动真空吸尘器进口总额的比例	进口来源地	占中国其他彩色监视器进口总额的比例	进口来源地	占中国电炉进口总额的比例
1	马来西亚	94.00	马来西亚	14.57	法国	36.07
2	美国	1.55	德国	10.07	德国	22.21

续表

排名	电动真空吸尘器（850811）		其他彩色监视器（852859）		电炉（851660）	
	进口来源地	占中国电动真空吸尘器进口总额的比例	进口来源地	占中国其他彩色监视器进口总额的比例	进口来源地	占中国电炉进口总额的比例
3	德国	0.76	泰国	9.23	日本	10.78
4	立陶宛	0.41	匈牙利	7.50	西班牙	7.55
5	英国	0.41	葡萄牙	6.32	韩国	6.78
6	日本	0.36	美国	6.28	希腊	3.21
7	意大利	0.23	日本	5.47	意大利	2.13
8	罗马尼亚	0.17	越南	5.01	荷兰	1.90
9	越南	0.15	韩国	2.34	土耳其	1.74
10	匈牙利	0.15	墨西哥	1.72	斯洛文尼亚	1.32

数据来源：中国海关总署数据库，详情见海关统计数据在线查询平台。

注：本章将中国海关总署提供的 HS2017 六位码数据和 CEPII BACI 数据库中 HS1992 六位码数据匹配，得到 HS2017 六位码的科技生活产品。

第七章 中国高技术产品进口发展

本章高技术产品的统计口径来自国家统计局颁布的《高技术产业（制造业）分类（2017）》①，该分类共包括 85 个研发投入强度相对较高的 4 位码国民经济行业，涉及 6 大类行业②。在进行数据统计时，本章首先将 2017 年版的国民经济行业分类标准（GB/T 4754—2017）与 2002 年版的国民经济行业分类标准（GB/T 4754—2002）进行对应；其次，将 HS2002 六位码产品数据与 GB/T 4754—2002 四位码行业进行对应③；最后，保留属于高技术产业的 85 个国民经济行业。通过匹配，本章最终识别出 420 种 HS2002 六位码高技术产品，具体如表 7-1 所示。

表 7-1 高技术产业分类及其对应的产品

6 大类行业	85 个国民经济行业	420 种产品（HS2002 编码）
医药制造业	化学药品原料药制造、化学药品制剂制造、化学药品制剂制造、中成药生产、兽用药品制造、生物药品制造等 9 个行业	294140、293331、293711、293790、293962、300510、300610、300660、340700 等 134 种产品
航空、航天器及设备制造业	飞机制造、航天器及运载火箭制造、航天相关设备制造、航空相关设备制造、其他航空航天器制造、航空航天器修理等 6 个行业	840120、880211、880310、880320、841112、841121、880390 等 21 种产品
电子及通信设备制造业	集成电路制造、半导体器件专用设备制造、电子元器件与机电组件设备制造、其他电子专用设备制造、光纤制造、光缆制造、锂离子电池制造、通信系统设备制造、通信终端设备制造、雷达及配套设备制造等 35 个行业	850640、850680、850730、852739、854012、854079、854081、854190、854319 等 97 种产品

① 高技术产业（制造业）分类（2017）[EB/OL]. 国家统计局，[2018-01-04]. http://www.stats.gov.cn/tjsj/tjbz/201812/t20181218_1640081.html.

② 依据国家统计局发布的《高技术产业（制造业）分类（2017）》标准，将高技术产业划分为医药制造业，航空、航天器及设备制造业，电子及通信设备制造业，计算机及办公设备制造业，医疗仪器设备及仪器仪表制造业，信息化学品制造业 6 大类行业。

③ Brandt L, Bieseboreck J V, Wang L, Zhang Y. WTO Accession and Performance of Chinese Manufacturing Firms [J]. American Economic Review, 2017 (107): 2784-2820.

续表

6 大类行业	85 个国民经济行业	420 种产品（HS2002 编码）
计算机及办公设备制造业	计算机整机制造、计算机零部件制造、计算机外围设备制造、工业控制计算机及系统制造、信息安全设备制造、其他计算机制造、复印和胶印设备制造、计算器及货币专用设备制造等 8 个行业	844312、847010、847021、847029、847050、847090、847130、847170、847190、847329、847330 等 22 种产品
医疗仪器设备及仪器仪表制造业	光学仪器制造、医疗诊断、监护及治疗设备制造、口腔科用设备及器具制造、医疗实验室及医用消毒设备和器具制造、机械治疗及病房护理设备制造、电工仪器仪表制造、试验机制造、教学专用仪器制造、核子及核辐射测量仪器制造、电子测量仪器制造等 25 个行业	901420、901520、901730、901849、901530、901850、901910、902290、902620、902910、903040、903141 等 116 种产品
信息化学品制造业	文化用信息化学品制造、医学生产用信息化学品制造 2 个行业	370210、370239、370252、370120、370191、370790 等 30 种产品

一、世界高技术产品进口发展的基本情况

（一）世界高技术产品进口规模

2001 年以来，世界高技术产品进口总额总体呈现上升的变化趋势（见表 7-2）。2001 年，世界高技术产品进口总额为 14719 亿美元，到 2017 年增长为 38513 亿美元，2017 年是 2001 年的 2.62 倍，年均增长率为 6.2%，相对而言低于世界进口总额的年均增长率（6.49%），这可能与世界主要国家对高技术产品实行出口管制有关。具体来看，2001—2017 年，世界高技术产品进口总额主要经历了两次增长。其中，第一阶段是 2001—2008 年。世界高技术产品进口额从 14719 亿美元增长至 28556 亿美元，增长了 1.94 倍，年均增长率为 9.93%。第二阶段是 2009—2017 年。受金融危机影响，2009 年世界高技术产品进口总额相比 2008 年出现明显下滑，降低了 3042 亿美元，但在 2010 年之后基本恢复了增长态势。2009 年世界高技术产品进口总额为 25514 亿美元，到 2017 年增长为 38513 亿美元，增长了 1.51 倍，年均增长率为 5.28%。相比金融危机前，金融危机发生后，世界高技术产品进口总额的增长速度出现明显下滑。

从世界高技术产品进口总额占世界进口总额的比例来看，2001—2017 年，其占比呈现先下降后上升的变化趋势。具体来看，2001—2008 年，世界高技术产品进口占比基本呈现下降的趋势，2001 年，这一比例为 24.68%，到 2008 年下降为 18.43%。2009—2017 年，世界高技术产品进口占比基本恢复上升的趋势，2009 年，世界高技术产品进口占比为 21.55%，到 2017 年增长为 23.61%，但该比例仍低于中国加入 WTO 初期的水平。

表 7-2 2001—2017 年世界高技术产品进口情况

年份	世界高技术产品进口总额/亿美元	世界进口总额/亿美元	占世界进口总额的比例/%
2001	14719	59632	24.68
2002	15206	62546	24.31
2003	17573	72673	24.18
2004	21329	89167	23.92
2005	23509	101182	23.23
2006	26643	116200	22.93
2007	26430	132766	19.91
2008	28556	154979	18.43
2009	25514	118420	21.55
2010	30242	145396	20.80
2011	32714	174516	18.75
2012	32730	172144	19.01
2013	35680	178541	19.98
2014	36336	176233	20.62
2015	35953	156700	22.94
2016	36037	152689	23.60
2017	38513	163123	23.61

数据来源：CEPII BACI 数据库。

（二）世界高技术产品进口的产品结构

从世界高技术产品进口的最终用途结构来看，2001—2017 年，高技术消费品进口占世界高技术产品进口总额的比例为 10.23%~15.95%，高技术中间品进口占世界高技术产品进口总额的比例为 37.48%~44.44%，高技术资本品进口占世界高技术产品进口总额的比例为 43.28%~49.82%（见表 7-3）。具体来看，2001—2017 年，世界高技术消费品、中间品、资本品的进口规模总体上均呈现上升的变化趋势。其中，高技术消费品进口额从 2001 年的 1505 亿美元增长至 2017 年的 4817 亿美元，2017 年是 2001 年的 3.20 倍，年均增长率为 7.54%；高技术中间品进口额从 2001 年的 5871 亿美元增长至 2017 年的 17115 亿美元，2017 年是 2001 年的 2.92 倍，年均增长率为 6.92%；高技术资本品进口额从 2001 年的 7334 亿美元增长至 2017 年的 16668 亿美元，2017 年是 2001 年的 2.27 倍，年均增长率为 5.27%。

总的来看，从进口年均增长率来看，世界高技术消费品进口的年均增长率最高，其次为高技术中间品，高技术资本品进口年均增长率最低。从各类最终用途高技术产品进口占世界高技术产品进口总额的比例来看，世界高技术产品进口中的资本品占比最高，其次为中间品，消费品占比最低。

表 7-3　2001—2017 年按最终用途分类的世界高技术产品进口情况

年份	消费品		中间品		资本品	
	进口额/亿美元	占世界高技术产品进口总额比例/%	进口额/亿美元	占世界高技术产品进口总额比例/%	进口额/亿美元	占世界高技术产品进口总额比例/%
2001	1505	10.23	5871	39.89	7334	49.82
2002	1837	12.08	5939	39.06	7420	48.79
2003	2183	12.42	7036	40.04	8347	47.50
2004	2585	12.12	8581	40.23	10155	47.61
2005	2923	12.43	9314	39.62	11263	47.91
2006	3244	12.18	10536	39.54	12851	48.23
2007	3739	14.14	9906	37.48	12774	48.33
2008	4133	14.47	11054	38.71	13355	46.76
2009	4069	15.95	9943	38.97	11493	45.04
2010	4350	14.38	12375	40.92	13506	44.66
2011	4696	14.35	13378	40.89	14623	44.70
2012	4612	14.09	12809	39.13	15293	46.72
2013	4718	13.22	14654	41.07	16294	45.67
2014	4846	13.33	15026	41.35	16452	45.28
2015	4751	13.21	14860	41.33	16322	45.40
2016	4811	13.35	15319	42.51	15890	44.09
2017	4718	12.25	17115	44.44	16668	43.28

数据来源：CEPII BACI 数据库。

（三）世界高技术产品进口的国别结构

表 7-4 是 2001 年和 2017 年世界前二十大高技术产品进口地情况。从表 7-4 可以看出，2001 年，世界高技术产品的主要进口地分别是美国、日本、德国、中国、英国和法国，这 6 个国家的高技术产品进口总额占世界高技术产品进口总额的比例超过了 50%。其中，美国是世界第一大高技术产品进口国，美国进口占世界高技术产品进口总额的 17.88%，远远高于其他国家；日本、德国分别是世界高技术产品的第二大、第三大进口

国，分别占世界高技术产品进口总额的 9. 37%、7. 51%。中国是世界第四大高技术产品进口国，占世界高技术产品进口总额的 6. 73%。

2017 年，世界高技术产品的主要进口地分别是美国、中国、中国香港、德国、日本、法国、英国。其中，美国依然是世界第一大高技术产品进口地，占世界高技术产品进口总额的 15. 07%；中国是世界第二大高技术产品进口地，占世界高技术产品进口总额的 11. 85%；中国香港是世界第三大高技术产品进口地，占世界高技术产品进口总额的 9. 42%；德国和日本分别为世界第四大和第五大高技术产品进口地。

通过对比可以发现，中国和中国香港在世界高技术产品进口中的地位得到了较大的提升，中国从 2001 年的第四大高技术产品进口国上升到 2017 年的第二大进口国，2017 年的进口额是 2001 年的 4. 60 倍，中国香港从 2001 年的第 18 位上升到 2017 年的第 3 位，2017 年的进口额是 2001 年的 15. 84 倍。

表 7-4　世界前二十大高技术产品进口地

排名	2001 年				2017 年			
	进口地	进口额/亿美元	占世界高技术产品进口总额比例/%	占世界进口总额比例/%	进口地	进口额/亿美元	占世界高技术产品进口总额比例/%	占世界进口总额比例/%
1	美国	2632	17. 88	4. 41	美国	5804	15. 07	3. 56
2	日本	1380	9. 37	2. 31	中国	4563	11. 85	2. 80
3	德国	1106	7. 51	1. 85	中国香港	3628	9. 42	2. 22
4	中国	991	6. 73	1. 66	德国	2558	6. 64	1. 57
5	英国	846	5. 74	1. 42	日本	1539	4. 00	0. 94
6	法国	760	5. 16	1. 27	法国	1281	3. 33	0. 79
7	新加坡	616	4. 18	1. 03	英国	1231	3. 19	0. 75
8	中国台湾	606	4. 11	1. 02	荷兰	1190	3. 09	0. 73
9	爱尔兰	577	3. 91	0. 97	韩国	1162	3. 02	0. 71
10	韩国	566	3. 85	0. 95	新加坡	1127	2. 92	0. 69
11	马来西亚	550	3. 73	0. 92	比利时—卢森堡	763	1. 98	0. 47
12	荷兰	457	3. 10	0. 76	意大利	725	1. 88	0. 44
13	墨西哥	423	2. 87	0. 71	马来西亚	693	1. 80	0. 42
14	加拿大	302	2. 05	0. 51	印度	669	1. 74	0. 41
15	意大利	281	1. 90	0. 47	中国台湾	631	1. 64	0. 39

续表

排名	2001 年				2017 年			
	进口地	进口额/亿美元	占世界高技术产品进口总额比例/%	占世界进口总额比例/%	进口地	进口额/亿美元	占世界高技术产品进口总额比例/%	占世界进口总额比例/%
16	菲律宾	257	1.74	0.43	墨西哥	624	1.62	0.38
17	瑞士	240	1.63	0.40	瑞士	602	1.56	0.37
18	中国香港	229	1.55	0.38	越南	584	1.51	0.36
19	比利时—卢森堡	219	1.48	0.37	加拿大	544	1.41	0.33
20	泰国	211	1.43	0.35	西班牙	529	1.37	0.32

数据来源：CEPII BACI 数据库。

另外，表 7-5 是 2001 年和 2017 年世界前二十大高技术产品出口地情况。从表 7-5 可以看出，2001 年，世界高技术产品的主要出口地分别是美国、德国、英国、日本、法国、中国香港、中国。具体来看，美国是世界第一大高技术产品出口地，美国出口占世界高技术产品出口总额的比例为 19.08%。德国、英国、日本、法国、中国香港、中国的出口占世界高技术产品出口总额的比例分别为 7.97%、6.00%、5.06%、4.68%、4.61%、3.77%。

2017 年，世界高技术产品的主要出口地分别是中国、美国、德国、中国台湾、韩国、新加坡、日本。可以看出，2017 年中国超越美国成为世界第一大高技术产品出口地，中国出口占世界高技术产品出口总额的比例超过了 23%，可见，中国在世界高技术产品出口中的地位得到了大幅度提升。值得关注的是，2017 年美国的高技术产品出口额仅是 2001 年的 1.19 倍，年均增长率仅为 1.07%，其中一个原因是美国对其高技术产品实行了严格的出口管制措施。

表 7-5　世界前二十大高技术产品出口地

排名	2001 年				2017 年			
	出口地	出口额/亿美元	占世界高技术产品出口总额比例/%	占世界出口总额比例/%	出口地	出口额/亿美元	占世界高技术产品出口总额比例/%	占世界出口总额比例/%
1	美国	2809	19.08	4.71	中国	9114	23.66	5.59
2	德国	1174	7.97	1.97	美国	3331	8.65	2.04
3	英国	883	6.00	1.48	德国	2836	7.36	1.74

续表

排名	2001 年				2017 年			
	出口地	出口额/亿美元	占世界高技术产品出口总额比例/%	占世界出口总额比例/%	出口地	出口额/亿美元	占世界高技术产品出口总额比例/%	占世界出口总额比例/%
4	日本	745	5.06	1.25	中国台湾	2471	6.41	1.51
5	法国	689	4.68	1.15	韩国	2131	5.53	1.31
6	中国香港	679	4.61	1.14	新加坡	1812	4.70	1.11
7	中国	555	3.77	0.93	日本	1464	3.80	0.90
8	荷兰	516	3.50	0.86	法国	1358	3.52	0.83
9	新加坡	515	3.50	0.86	马来西亚	1175	3.05	0.72
10	墨西哥	430	2.92	0.72	爱尔兰	1101	2.86	0.67
11	加拿大	411	2.79	0.69	荷兰	1037	2.69	0.64
12	意大利	408	2.77	0.68	墨西哥	1006	2.61	0.62
13	韩国	388	2.64	0.65	瑞士	961	2.49	0.59
14	中国台湾	350	2.38	0.59	英国	954	2.48	0.58
15	比利时—卢森堡	337	2.29	0.56	越南	917	2.38	0.56
16	马来西亚	304	2.06	0.51	泰国	632	1.64	0.39
17	西班牙	260	1.76	0.43	菲律宾	609	1.58	0.37
18	爱尔兰	245	1.66	0.41	意大利	604	1.57	0.37
19	瑞士	219	1.48	0.37	比利时—卢森堡	553	1.43	0.34
20	泰国	180	1.22	0.30	中国香港	450	1.17	0.28

数据来源：CEPII BACI 数据库。

（四）世界高技术产品进口的行业结构

从世界高技术产品进口的行业结构来看，2017 年，世界高技术产品进口规模最大的行业是电子及通信设备制造业，进口额为 17459 亿美元，占世界高技术产品进口总额的比例为 45.33%，占世界进口总额的比例为 10.70%，各类指标较 2001 年均有较大的提升（见表 7-6）。2017 年，世界高技术产品进口排名第二至第六的行业分别为医药制造业，计算机及办公设备制造业，医疗仪器设备及仪器仪表制造业，航空、航天器及设备制造业，信息化学品制造业，其进口占世界高技术产品进口总额的比例分别为 20.12%、13.77%、11.89%、8.00%、0.89%，占世界进口总额的比例分别为 4.75%、

3.25%、2.81%、1.89%、0.21%。

表 7-6 世界高技术产品进口的行业结构

行业名称	2001 年			2017 年		
	进口额/亿美元	占世界高技术产品进口总额比例/%	占世界进口总额比例/%	进口额/亿美元	占世界高技术产品进口总额比例/%	占世界进口总额比例/%
电子及通信设备制造业	5620	38.18	9.42	17459	45.33	10.70
医药制造业	2361	16.04	3.96	7748	20.12	4.75
计算机及办公设备制造业	3613	24.54	6.06	5304	13.77	3.25
医疗仪器设备及仪器仪表制造业	1479	10.04	2.48	4580	11.89	2.81
航空、航天器及设备制造业	1357	9.21	2.27	3081	8.00	1.89
信息化学品制造业	292	1.98	0.49	344	0.89	0.21

数据来源：CEPII BACI 数据库。

二、世界主要国家高技术产品进口发展情况

（一）世界主要国家高技术产品进口占其进口总额的比例

本章选取美国、德国、日本、英国和韩国等世界主要国家的高技术产品进口情况进行比较分析。表 7-7 是 2001—2017 年世界主要国家高技术产品进口占其进口总额的比例情况。从表 7-7 可以看出，2001—2017 年，美国的高技术产品进口规模占其进口总额的比例为 20.66%~36.51%，德国为 19.87%~24.93%，日本为 17.39%~32.81%，英国为 15.81%~33.24%，韩国为 17.59%~35.28%。具体分析如下：

对美国而言，2001—2008 年，美国的高技术产品进口占其进口总额的比例呈现下降的趋势，2001 年美国的高技术产品进口占比为 36.51%，到 2008 年下降为 20.66%。2009—2017 年，美国的高技术产品进口占比总体呈现先下降后上升的变化态势（见图 7-1）。

对德国而言，2001—2008 年，德国的高技术产品进口占其进口总额的比例呈现先上升后下降的波动变化态势。2001—2004 年，德国的高技术产品进口占比呈上升的变化态势，占比从 2001 年的 20.39%上升为 2004 年的 24.93%，2005—2008 年，德国的高技术产品进口占比呈下降的变化态势，占比从 2005 年的 24.10%下降为 2008 年的 19.87%。2009—2017 年，占比的变化趋势则相对平稳，介于 20.84%~23.86%。

对日本而言，2001—2008 年，日本的高技术产品进口占其进口总额的比例总体呈

现下降的变化态势，2001 年日本的高技术产品进口占比为 32. 81%，到 2008 年下降为 18. 57%。2009—2017 年，日本的高技术产品进口占比总体呈现先下降后上升的变化趋势。

对英国而言，2001—2008 年，英国的高技术产品进口占其进口总额的比例总体呈现下降的变化态势，2001 年英国的高技术产品进口占比为 33. 24%，到 2008 年下降为 15. 81%。2009—2017 年，英国的高技术产品进口占比的变化趋势相对平稳，介于 17. 22%~20. 66%。

对韩国而言，2001—2008 年，韩国的高技术产品进口占其进口总额的比例总体呈现下降的变化态势，2001 年韩国的高技术产品进口占比为 35. 28%，到 2008 年下降为 18. 33%。2009—2017 年，韩国的高技术产品进口占比总体呈现先下降后上升的变化趋势。

总的来看，与 2001 年相比，2018 年美国、日本、英国、韩国的高技术产品进口占其进口总额的比例是下降的，而德国的高技术产品进口占其进口总额的比例是上升的。2001 年，美国高技术产品进口占其进口总额的比例为 36. 51%，到 2017 年下降为 26. 84%，下降幅度为 9. 67 个百分点；2001 年，日本高技术产品进口占其进口总额的比例为 32. 81%，到 2017 年下降为 24. 32%，下降幅度为 8. 49 个百分点；2001 年，英国高技术产品进口占其进口总额的比例为 33. 24%，到 2017 年下降为 19. 91%，下降幅度为 13. 33 个百分点；2001 年，韩国高技术产品进口占其进口总额的比例为 35. 28%，到 2017 年下降为 24. 61%，下降幅度为 10. 67 个百分点。2001 年，德国高技术产品进口占其进口总额的比例为 20. 39%，到 2017 年上升为 23. 64%，上升幅度为 3. 25 个百分点。

表 7-7　世界主要国家高技术产品进口占其进口总额比例

（%）

年份	美国	德国	日本	英国	韩国
2001	36. 51	20. 39	32. 81	33. 24	35. 28
2002	25. 81	24. 46	24. 14	24. 95	27. 35
2003	25. 00	24. 01	23. 62	23. 46	26. 60
2004	24. 43	24. 93	23. 72	23. 71	26. 01
2005	23. 31	24. 10	22. 34	23. 22	24. 47
2006	23. 03	23. 82	21. 61	23. 43	22. 93
2007	21. 68	21. 10	19. 83	18. 43	21. 23
2008	20. 66	19. 87	18. 57	15. 81	18. 33
2009	26. 14	23. 29	20. 08	20. 39	20. 98

续表

年份	美国	德国	日本	英国	韩国
2010	24. 42	22. 78	19. 87	19. 05	19. 78
2011	22. 45	20. 87	17. 39	17. 22	17. 59
2012	23. 13	21. 34	18. 10	18. 18	17. 86
2013	23. 59	20. 84	19. 65	18. 71	18. 20
2014	24. 08	21. 90	19. 37	20. 16	19. 16
2015	26. 18	23. 45	24. 36	21. 12	23. 77
2016	27. 21	23. 86	25. 40	20. 66	25. 43
2017	26. 84	23. 64	24. 32	19. 91	24. 61

数据来源：CEPII BACI 数据库。

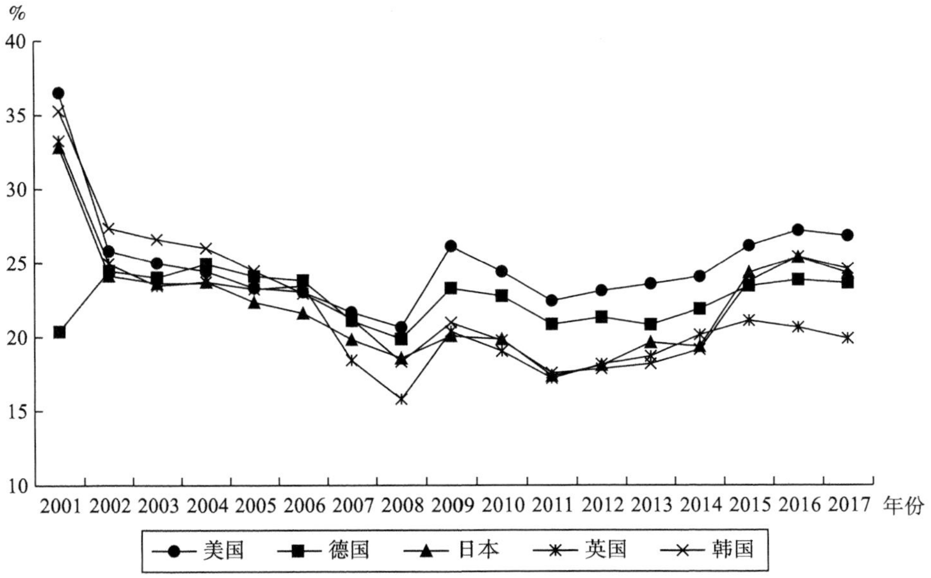

图 7-1　世界主要国家高技术产品进口占其进口总额比例

（二）世界主要国家高技术产品进口的产品结构

表 7-8 是 2001 年和 2017 年世界主要国家高技术产品进口的最终用途结构情况。从表 7-8 可以看出，2001 年和 2017 年，美国的高技术资本品进口占其高技术产品进口总额的比例均高于高技术中间品和消费品，并且美国的高技术资本品进口占比从 2001 年的 48. 75%增长至 2017 年的 61. 47%。美国的高技术消费品进口占比从 2001 年的 6. 96%到增长至 2017 年的 14. 83%；美国的高技术中间品进口占比呈现下降的趋势，从 2001 年的 44. 22%下降到 2017 年的 23. 65%。

德国的高技术消费品进口占比从 2001 年的 13. 80%增长至 2017 年的 14. 58%，高技术中间品进口占比从 2001 年的 38. 83%增长至 2017 年的 41. 82%，高技术资本品进口占比从 2001 年的 47. 36%下降为 2017 年的 43. 59%。

日本的高技术消费品进口占比从 2001 年的 5. 25%增长至 2017 年的 12. 91%，高技术中间品进口占比从 2001 年的 47. 94%下降为 2017 年的 40. 44%，高技术资本品进口占比从 2001 年的 46. 81%下降为 2017 年的 46. 61%。可以看出，日本的高技术产品进口的最终用途结构调整主要体现在增加了高技术消费品进口占比，降低了高技术中间品进口占比，高技术资本品进口占比则相对稳定。

英国的高技术消费品进口占比从 2001 年的 15. 37%增长至 2017 年的 19. 28%，可以看出，英国的高技术消费品进口占比相对于其他国家要高很多。英国的高技术中间品进口占比从 2001 年的 38. 82%下降为 2017 年的 29. 40%，高技术资本品进口占比从 2001 年的 45. 69%增长至 2017 年的 51. 27%。

韩国的高技术消费品进口占比则相对较低，从 2001 年的 2. 8%增长至 2017 年的 4. 57%，高技术中间品进口占比从 2001 年的 43. 23%增长为 2017 年的 60. 11%，高技术资本品进口占比从 2001 年的 53. 96%下降为 2017 年的 35. 31%。

表 7-8 世界主要国家高技术产品进口的最终用途结构

年份	国家	进口额/亿美元			占该国高技术产品进口总额的比例/%		
		消费品	中间品	资本品	消费品	中间品	资本品
2001	美国	183	1164	1283	6. 96	44. 22	48. 75
	德国	153	429	524	13. 80	38. 83	47. 36
	日本	72	661	646	5. 25	47. 94	46. 81
	英国	130	328	386	15. 37	38. 82	45. 69
	韩国	16	245	305	2. 80	43. 23	53. 96
2017	美国	861	1372	3567	14. 83	23. 65	61. 47
	德国	373	1069	1115	14. 58	41. 82	43. 59
	日本	199	622	717	12. 91	40. 44	46. 61
	英国	237	362	631	19. 28	29. 40	51. 27
	韩国	53	698	410	4. 57	60. 11	35. 31

数据来源：CEPII BACI 数据库。

（三）世界主要国家高技术产品进口的来源地结构

表 7-9 和表 7-10 分别是 2001 年和 2017 年世界主要国家高技术产品的进口来源地结构情况。对于美国而言，2001 年，美国的高技术产品进口来源地主要是墨西哥、加

拿大、英国、日本、德国，美国从这 5 个国家进口的高技术产品占其高技术产品进口总额的 43.22%，美国从中国进口的高技术产品占比仅为 3.7%。2017 年，中国已成为美国高技术产品的第一大进口来源地，美国从中国进口的高技术产品占比高达 32.63%，墨西哥、爱尔兰、德国、日本分别是美国高技术产品的第二大至第五大进口来源地。

对德国而言，2001 年，德国的高技术产品进口来源地主要为美国、法国、英国、意大利、瑞士，进口占比分别为 13.90%、11.60%、8.86%、6.54%、5.05%；2017 年，德国的高技术产品进口来源地主要为中国、美国、瑞士、荷兰、法国，进口占比分别为 17.57%、9.35%、7.42%、7.24%、6.89%。

对日本而言，2001 年，日本的高技术产品进口来源地主要为美国、中国、韩国、德国、中国香港，进口占比分别为 27.95%、7.29%、6.92%、6.87%、6.57%；2017 年，日本的高技术产品进口来源地主要为中国、美国、中国台湾、新加坡、德国，进口占比分别为 36.52%、13.49%、8.69%、5.14%、4.98%。

对英国而言，2001 年，英国的高技术产品进口来源地主要为美国、德国、法国、爱尔兰、荷兰，进口占比分别为 16.43%、12.30%、9.26%、9.00%、7.38%；2017 年，英国的高技术产品进口来源地主要为中国、德国、美国、荷兰、爱尔兰，进口占比分别为 14.61%、13.62%、13.55%、12.53%、5.54%。

对韩国而言，2001 年，韩国的高技术产品进口来源地主要为美国、日本、中国、中国香港、中国台湾，进口占比分别为 27.27%、10.23%、7.68%、7.08%、6.17%；2017 年，韩国的高技术产品进口来源地主要为中国、美国、中国台湾、日本、新加坡，进口占比分别为 33.49%、11.68%、11.12%、10.50%、7.55%。

从以上分析来看，相较于 2001 年，2017 年，中国在世界主要国家高技术产品进口中的地位均得到了很大幅度的提升，尤其是美国、日本和韩国对中国高技术产品的进口依赖程度较高。这反映了自加入 WTO 以来，中国的科技水平得到了极大的提升，中国的高技术产品在国际社会上的比较优势也越来越明显。

表 7-9　2001 年世界主要国家高技术产品进口的进口来源地结构

（%）

排名	美国		德国		日本		英国		韩国	
	进口来源地	占比	进口来源地	占比	进口来源地	占比	进口来源地	占比	进口来源地	占比
1	墨西哥	10.40	美国	13.90	美国	27.95	美国	16.43	美国	27.27

续表

排名	美国		德国		日本		英国		韩国	
	进口来源地	占比	进口来源地	占比	进口来源地	占比	进口来源地	占比	进口来源地	占比
2	加拿大	9.18	法国	11.60	中国	7.29	德国	12.30	日本	10.23
3	英国	8.12	英国	8.86	韩国	6.92	法国	9.26	中国	7.68
4	日本	7.85	意大利	6.54	德国	6.87	爱尔兰	9.00	中国香港	7.08
5	德国	7.67	瑞士	5.05	中国香港	6.57	荷兰	7.38	中国台湾	6.17
6	法国	5.38	荷兰	4.44	新加坡	5.31	意大利	4.49	英国	4.39
7	新加坡	4.31	比利时—卢森堡	4.04	中国台湾	4.65	西班牙	3.39	新加坡	4.20
8	韩国	4.06	西班牙	3.68	英国	3.34	比利时—卢森堡	2.93	德国	4.06
9	中国	3.70	澳大利亚	3.58	荷兰	3.25	日本	2.67	墨西哥	3.02
10	荷兰	3.44	日本	2.90	法国	3.05	瑞士	2.17	马来西亚	2.53

数据来源：CEPII BACI 数据库。

表 7-10 2017 年世界主要国家高技术产品进口的进口来源地结构

（%）

排名	美国		德国		日本		英国		韩国	
	进口来源地	占比	进口来源地	占比	进口来源地	占比	进口来源地	占比	进口来源地	占比
1	中国	32.63	中国	17.57	中国	36.52	中国	14.61	中国	33.49
2	墨西哥	12.73	美国	9.35	美国	13.49	德国	13.62	美国	11.68
3	爱尔兰	5.81	瑞士	7.42	中国台湾	8.69	美国	13.55	中国台湾	11.12
4	德国	5.74	荷兰	7.24	新加坡	5.14	荷兰	12.53	日本	10.50
5	日本	3.92	法国	6.89	德国	4.98	爱尔兰	5.54	新加坡	7.55
6	马来西亚	3.89	英国	4.27	韩国	3.60	比利时—卢森堡	5.20	越南	5.96
7	加拿大	3.47	爱尔兰	4.03	泰国	3.46	法国	5.14	德国	3.82
8	韩国	3.30	捷克	3.45	马来西亚	2.88	瑞士	3.48	马来西亚	2.09
9	瑞士	3.08	日本	3.38	瑞士	2.58	意大利	2.52	菲律宾	1.87
10	中国台湾	2.73	新加坡	2.89	菲律宾	2.55	波兰	2.02	法国	1.78

数据来源：CEPII BACI 数据库。

三、中国高技术产品进口发展的基本情况

（一）中国高技术产品进口规模

自 2001 年加入 WTO 以来，中国高技术产品进口规模总体呈现快速增长的发展态势（见表 7-11）。中国高技术产品整体进口规模从 2001 年的 736 亿美元增长至 2017 年的 6219 亿美元，增长了 7.5 倍，年均增长率为 14.27%，高于同时期中国总进口规模的年均增长率（12.99%）。其中，2001—2008 年，中国高技术产品进口一直保持着超高速的增长趋势，年均增长率高达 25.87%；受金融危机影响，2009 年，高技术产品进口规模出现一定幅度的下滑；2010—2013 年，高技术产品进口规模恢复了增长态势，年均增长率为 10.23%；2014—2016 年，高技术产品进口规模又出现一定幅度下滑，但是 2017 年以较快的增长速度，达到历史最高进口规模。

从中国高技术产品进口占中国进口总额的份额来看，2001—2017 年中国高技术产品进口份额基本维持在 28.20%～38.57%。其中，2006 年，中国高技术产品进口份额达到历史最高，为 38.57%，2017 年，中国高技术产品进口份额为 33.73%。

从中国高技术产品进口占世界高技术产品进口总额的份额来看，2001—2017 年，中国高技术产品进口占世界高技术产品进口的份额总体呈现大幅度上升的趋势。2001 年，中国高技术产品进口仅占世界高技术产品进口总额的 5%，到 2017 年，这一份额已提升至 16.15%。

表 7-11　2001—2017 年中国高技术产品进口规模

年份	进口额/亿美元	中国进口总额/亿美元	世界高技术产品进口总额/亿美元	占中国进口总额比例/%	占世界高技术产品进口总额比例/%
2001	736	2251	14719	30.23	5.00
2002	993	2436	15206	33.66	6.53
2003	1467	2952	17573	35.53	8.35
2004	2014	4128	21329	35.88	9.44
2005	2475	5612	23509	37.50	10.53
2006	3053	6600	26643	38.57	11.46
2007	3514	7915	26430	36.75	13.30
2008	3685	9561	28556	32.53	12.90
2009	3349	11326	25514	33.30	13.13

续表

年份	进口额/亿美元	中国进口总额/亿美元	世界高技术产品进口总额/亿美元	占中国进口总额比例/%	占世界高技术产品进口总额比例/%
2010	4394	10056	30242	31.47	14.53
2011	4917	13960	32714	28.20	15.03
2012	5328	17434	32730	29.30	16.28
2013	5885	18182	35680	30.18	16.49
2014	5826	19500	36336	29.74	16.03
2015	5793	19592	35953	34.49	16.11
2016	5538	16796	36037	34.88	15.37
2017	6219	15879	38513	33.73	16.15

数据来源：中国数据来源于 UN Comtrade，世界进口数据来源于 CEPII BACI 数据库。

（二）中国高技术产品进口的产品结构

从高技术产品进口的最终用途来看，2001—2017 年，中国高技术产品进口以中间品和资本品为主，两者之和占中国高技术产品进口规模的 95%以上，高技术消费品进口占高技术产品进口的份额不足 5%（见表 7-12）。具体来看，2001—2017 年，中国高技术消费品进口规模从 16 亿美元增长至 266 亿美元，年均增长率为 19.20%，但是其占中国高技术产品进口的份额仅维持在 1.84%~4.28%；中国高技术中间品进口规模从 464 亿美元增长至 4216 亿美元，年均增长率为 14.79%，其占中国高技术产品进口的份额高达 62.80%~67.79%；中国高技术资本品进口规模从 257 亿美元增长至 1734 亿美元，年均增长率为 12.67%，其占中国高技术产品进口的份额为 27.88%~35.02%。与前文世界主要国家高技术产品进口的最终用途结构相比，中国与韩国的情况较为相似。

总的来看，中国高技术消费品进口虽然正在以超高速增长的态势发展，但总体进口规模依然较低，随着中国国内消费升级需求不断增加，未来中国扩大高技术消费品进口的潜力巨大。高技术中间品一直是中国高技术产品进口的主要产品，表现出较强的进口依赖性，这与中国关键零部件技术缺失、依赖国外进口密切相关。中国高技术资本品进口规模虽然也在不断增加，但其占中国高技术产品进口的份额总体上呈下降的态势，2001 年，中国高技术资本品进口占中国高技术产品进口的份额为 34.92%，到 2017 年下降为 27.88%。

表 7-12　2001—2017 年中国高技术进口产品按最终用途分类情况

年份	消费品		中间品		资本品	
	进口额/亿美元	占中国高技术产品进口总额的比例/%	进口额/亿美元	占中国高技术产品进口总额的比例/%	进口额/亿美元	占中国高技术产品进口总额的比例/%
2001	16	2.17	464	63.04	257	34.92
2002	20	2.01	650	65.46	323	32.53
2003	28	1.91	929	63.33	509	34.70
2004	37	1.84	1275	63.31	700	34.76
2005	50	2.02	1603	64.77	821	33.17
2006	64	2.10	1981	64.89	1007	32.98
2007	88	2.50	2251	64.06	1174	33.41
2008	99	2.69	2314	62.80	1270	34.46
2009	100	2.99	2127	63.51	1121	33.47
2010	116	2.64	2768	62.99	1508	34.32
2011	152	3.09	3041	61.85	1722	35.02
2012	170	3.19	3367	63.19	1790	33.60
2013	174	2.96	3859	65.57	1851	31.45
2014	202	3.47	3763	64.59	1859	31.91
2015	210	3.63	3850	66.46	1731	29.88
2016	215	3.88	3744	67.61	1577	28.48
2017	266	4.28	4216	67.79	1734	27.88

数据来源：UN Comtrade。

（三）中国高技术产品进口的来源地结构

2001 年，中国高技术产品进口来源地为 116 个，2017 年，中国高技术产品进口来源地为 181 个。从中国高技术产品的进口来源地结构来看，中国台湾和韩国是中国高技术产品的主要进口来源地，两者之和占中国高技术产品进口总额的 42.03%（见表 7-13）。2017 年，中国高技术产品的第一大进口来源地是中国台湾，进口规模为 1112 亿美元，占中国高技术产品进口总额的 24.38%，占中国进口总额的 7.23%。2001—2017 年，中国从中国台湾进口的高技术产品规模得到大幅度提升，中国台湾从 2001 年中国的第四大高技术产品进口来源地上升为 2017 年的第一大高技术产品进口来源地，2017 年的进口规模是 2001 年的 20.22 倍，年均增长率为 20.67%。与此同时，中国从韩国进口的高技术产品规模也得到了大幅度增长，2001—2017 年，韩国从中国的第五大高技术产品进口来源地上升为第二大高技术产品进口来源地，高技术产品进口规模从2001年的43亿美元增长到2017年的805亿美元，2017年是2001年的18.72倍，年均增长率为20.09%；从韩国的高技术产品进口占中国高技术产品进口的份额从7.84%增长到17.65%，占中国进口总额的份额从2.14%增长到5.23%。

此外，美国、日本等发达国家长期对高技术产品进行出口管制，使得中国2001—2017年从美国、日本进口的高技术产品规模增长幅度较低，占中国高技术产品进口额和占中国进口总额的份额出现明显下跌的趋势。具体来看，2017年，中国从美国进口的高技术产品规模为411亿美元，仅比2001年增长了3.24倍。2001—2017年，中国从美国进口的高技术产品的年均增长率为9.44%，高技术产品进口占中国高技术产品进口总额的比例从17.58%下降到9.01%，占中国进口总额的比例从4.79%下降到2.67%。

与美国的情况相似，2001—2017年，日本从中国的第一大高技术产品进口来源地降为第四大，高技术产品进口占中国高技术产品进口份额从18.15%大幅度下降为8.46%，占中国进口总额的份额从4.95%下降为2.51%。虽然中国从日本进口的高技术产品规模从101亿美元增加至了386亿美元，但仅增长了2.82倍，年均增长率为8.74%。

表7-13 中国前二十大高技术产品进口来源地

排名	2001年				2017年			
	进口来源地	进口额/亿美元	占中国高技术产品进口总额比例/%	占中国进口总额比例/%	进口来源地	进口额/亿美元	占中国高技术产品进口总额比例/%	占中国进口总额比例/%
1	日本	101	18.15	4.95	中国台湾	1112	24.38	7.23
2	美国	97	17.58	4.79	韩国	805	17.65	5.23
3	中国香港	61	10.97	2.99	美国	411	9.01	2.67
4	中国台湾	55	9.90	2.70	日本	386	8.46	2.51
5	韩国	43	7.84	2.14	新加坡	268	5.86	1.74
6	德国	27	4.92	1.34	越南	239	5.23	1.55
7	马来西亚	24	4.34	1.18	马来西亚	235	5.14	1.53
8	新加坡	23	4.14	1.13	德国	224	4.91	1.46
9	俄罗斯	15	2.72	0.74	泰国	153	3.36	1.00
10	英国	13	2.29	0.62	菲律宾	148	3.25	0.96
11	法国	11	2.05	0.56	法国	102	2.24	0.66

续表

排名	2001 年				2017 年			
	进口来源地	进口额/亿美元	占中国高技术产品进口总额比例/%	占中国进口总额比例/%	进口来源地	进口额/亿美元	占中国高技术产品进口总额比例/%	占中国进口总额比例/%
12	泰国	11	1.91	0.52	爱尔兰	60	1.32	0.39
13	加拿大	10	1.72	0.47	瑞士	53	1.17	0.35
14	菲律宾	9	1.70	0.46	英国	40	0.87	0.26
15	芬兰	7	1.21	0.33	中国香港	38	0.82	0.24
16	瑞典	6	1.15	0.31	墨西哥	29	0.63	0.19
17	意大利	5	0.98	0.27	以色列	25	0.55	0.16
18	爱尔兰	4.24	0.76	0.21	意大利	21	0.46	0.14
19	印度尼西亚	3.90	0.70	0.19	比利时—卢森堡	21	0.46	0.14
20	墨西哥	3.87	0.70	0.19	俄罗斯	20	0.44	0.13

数据来源：CEPII BACI 数据库。

（四）中国高技术产品进口的行业结构

1. 基于六大行业进口的分析

从六大行业视角来看（见表 7-14），2017 年，中国高技术产品进口规模最大的大类行业是电子及通信设备制造业，进口总额为 3932 亿美元，是 2001 年的 10.32 倍，占中国高技术产品进口总额的 63.23%，占中国进口总额的 21.32%，2001—2017 年年均增长率为 15.71%。医疗仪器设备及仪器仪表制造业次之，进口总额为 1155 亿美元，是 2001 年的 9.96 倍，占中国高技术产品进口总额的 18.57%，占中国进口总额的 6.27%，2001—2017 年年均增长率为 15.45%。2017 年，计算机及办公设备制造业进口规模为 428 亿美元，是 2001 年的 2.76 倍，占中国高技术产品进口总额的 6.88%，占中国进口总额的 2.32%，2001—2017 年年均增长率为 6.55%。2017 年，医药制造业进口规模为 335 亿美元，是 2001 年的 12.88 倍，占中国高技术产品进口总额的 5.39%，占中国进口总额的 1.82%，2001—2017 年年均增长率为 17.32%。2017 年，航空、航天器及设备制造业进口规模为 286 亿美元，是 2001 年的 5.84 倍，占中国高技术产品进口总额的 4.60%，占中国进口总额的 1.55%，2001—2017 年年均增长率为 11.66%。2017 年，信息化学品制造业进口规模为 82 亿美元，是 2001 年的 8.2 倍，占中国高技术产品进口总额的 1.32%，占中国进口总额的 0.45%，2001—2017 年年均增长率为 14.05%。

总的来看，电子及通信设备制造业的进口增长幅度最大，信息化学品制造业进口增长幅度最小。此外，医药制造业进口的年均增长率最大，计算机及办公设备制造业进口的年均增长率最小。

表 7-14 基于六大类行业中国高技术产品进口情况

行业名称	2001 年			2017 年		
	进口额/亿美元	占中国高技术产品进口总额比例/%	占中国进口总额比例/%	进口额/亿美元	占中国高技术产品进口总额比例/%	占中国进口总额比例/%
电子及通信设备制造业	381	51.77	15.66	3932	63.23	21.32
医疗仪器设备及仪器仪表制造业	116	15.76	4.74	1155	18.57	6.27
计算机及办公设备制造业	155	21.06	6.35	428	6.88	2.32
医药制造业	26	3.53	1.06	335	5.39	1.82
航空、航天器及设备制造业	49	6.66	2.01	286	4.60	1.55
信息化学品制造业	10	1.36	0.40	82	1.32	0.45

数据来源：UN Comtrade。

2. 基于 85 个四分位国民经济行业进口的分析

根据国家统计局划定的高技术行业标准，中国有 85 个四分位国民经济行业属于高技术行业。从 85 个四分位国民经济行业分类视角来看（见表 7-15、表 7-16），2017 年，中国高技术产品进口规模最大的行业是集成电路制造，进口规模为 2612 亿美元，是 2001 年的 17.77 倍，占中国高技术产品进口总额的 42%，占中国进口总额的 14.16%，2001—2017 年年均增长率为 19.7%。2017 年，进口排名第二至第五的行业分别为光学仪器制造、通信终端设备制造、其他专用仪器制造、计算机零部件制造，进口规模分别为 453 亿美元、414 亿美元、196 亿美元、194 亿美元，分别占中国高技术产品进口总额的 7.28%、6.66%、3.15%、3.12%，分别占中国进口总额的 2.46%、2.25%、1.06%、1.05%。

除此之外，值得说明的是，通过数据统计发现，中国高技术产品进口行业结构相对集中。2017 年，前五大高技术行业进口占中国进口总额的 20.98%，占中国高技术产品进口的 62.21%；前十大高技术行业进口占中国进口总额的 25.15%，占中国高技术产品进口的 74.63%；前二十大高技术行业进口占中国进口总额的 29.64%，占中国高技术产品进口的 87.94%。

表 7-15　2001 年基于四分位国民经济行业中国前二十大进口高技术产品

排名	行业名称	进口额/亿美元	占中国高技术产品进口总额比例/%	占中国进口总额比例/%
1	集成电路制造	147	19.97	6.05
2	计算机零部件制造	49	6.66	1.99
3	计算机外围设备制造	49	6.66	1.99
4	雷达及配套设备制造	35	4.76	1.43
5	其他专用仪器制造	31	4.21	1.26
6	电子真空器件制造	29	3.94	1.18
7	半导体分立器件制造	27	3.67	1.11
8	光学仪器制造	26	3.53	1.08
9	通信终端设备制造	24	3.26	1.01
10	飞机制造	24	3.26	0.98
11	航空航天器修理	24	3.26	0.98
12	音响设备制造	20	2.72	0.84
13	电子电路制造	19	2.58	0.79
14	通信系统设备制造	19	2.58	0.77
15	计算机整机制造	18	2.45	0.73
16	锂离子电池制造	17	2.31	0.69
17	化学药品原料药制造	15	2.04	0.62
18	医疗诊断、监护及治疗设备制造	14	1.90	0.56
19	工业控制计算机及系统制造	10	1.36	0.40
20	信息安全设备制造	10	1.36	0.40

数据来源：UN Comtrade。

表 7-16　2017 年基于四分位国民经济行业中国前二十大进口高技术产品

排名	行业名称	进口额/亿美元	占中国高技术产品进口总额比例/%	占中国进口总额比例/%
1	集成电路制造	2612	42.00	14.16
2	光学仪器制造	453	7.28	2.46
3	通信终端设备制造	414	6.66	2.25
4	其他专用仪器制造	196	3.15	1.06
5	计算机零部件制造	194	3.12	1.05

续表

排名	行业名称	进口额/亿美元	占中国高技术产品进口总额比例/%	占中国进口总额比例/%
6	计算机外围设备制造	194	3.12	1.05
7	半导体分立器件制造	153	2.46	0.83
8	飞机制造	143	2.30	0.77
9	航空航天器修理	143	2.30	0.77
10	锂离子电池制造	139	2.24	0.75
11	雷达及配套设备制造	129	2.07	0.70
12	中药饮片加工	119	1.91	0.64
13	电子电路制造	115	1.85	0.63
14	医疗诊断、监护及治疗设备制造	85	1.37	0.46
15	实验分析仪器制造	80	1.29	0.44
16	电子测量仪器制造	70	1.13	0.38
17	通信系统设备制造	67	1.08	0.36
18	化学药品原料药制造	65	1.05	0.35
19	工业自动控制系统装置制造	50	0.80	0.27
20	广播电视节目制作及发射设备制造	47	0.76	0.26

数据来源：UN Comtrade。

第八章　中国品质生活消费品进口发展

本章重点分析了世界品质生活消费品进口和中国品质生活消费品进口的发展情况。以 CEPII BACI 数据库中 HS1992 六位码数据作为统计基础，本章界定的品质生活消费品包括 14 大类，分别是服装服饰及配件、家具及家居用品、鞋、美妆日化、体育用品、玩具、珠宝首饰、箱包、文创用品、钟表、宠物食品、母婴用品、艺术品、饰品（见表 8-1）。此外，近年来，美妆日化和服装服饰及配件占中国品质生活消费品进口总额的比例较高，本章进一步详细分析了这两类产品进口的基本情况。

表 8-1　品质生活消费品分类及其对应的 HS1992 编码

品质生活消费品分类	HS1992 编码
服装服饰及配件	401519、401590、420310、420321、420329、420330、420340、430310、430390、610333、610339、610341、610342、610343、610349、610411、610412、610413、610419、610421、610422、610423、610429、610431、610432、610433、610439、610441、610442、610443、610444、610449、610451、610452、610453、610459、610461、610462、610463、610469、610510、610520、610590、610610、610620、610690、610711、610712、610719、610721、610722、610729、610791、610792、610799、610811、610819、610821、610822、610829、610831、610832、610839、610891、610892、610899、610910、610990、611010、611020、611030、611090、611110、611120、611130、611190、611211、611212、611219、611220、611231、611239、611241、611249、611300、611410、611420、611430、611490、611511、611512、611519、611520、611591、611592、611593、611599、611610、611691、611692、611693、611699、611710、611720、611780、611790、620111、620112、620113、620119、620191、620192、620193、620199、620211、620212、620213、620219、620291、620292、620293、620299、620311、620312、620319、620321、620322、620323、620329、620331、620332、620333、620339、620341、620342、620343、620349、620411、620412、620413、620419、620421、620422、620423、620429、620431、620432、620433、620439、620441、620442、620443、620444、620449、620451、620452、620453、620459、620461、620462、620463、620469、620510、620520、620530、620590、620610、620620、620630、620640、620690、620711、620719、620721、620722、620729、620791、620792、620799、620811、620819、620821、620822、620829、620891、620892、620899、620910、620920、620930、620990、621010、621020、621030、621040、621050、621111、621112、621120、621131、621132、621133、621139、621141、621142、621143、621149、621210、621220、621230、621290、621310、621320、621390、621410、621420、621430、621440、621490、621510、621520、621590、621600、621710、621790、630900、650100、650200、650300、650400、650510、650590、650610、650691、650692、650699、650700

续表

品质生活消费品分类	HS1992 编码
家具及家居用品	340600、392210、392220、392290、392410、392490、441900、442110、442190、480300、481410、481420、481430、481490、481810、481820、481830、481840、481850、481890、570110、570190、570210、570220、570231、570232、570239、570241、570242、570249、570251、570252、570259、570291、570292、570299、570310、570320、570330、570390、570410、570490、570500、581100、630110、630120、630130、630140、630190、630210、630221、630222、630229、630231、630232、630239、630240、630251、630252、630253、630259、630260、630291、630292、630293、630299、630311、630312、630319、630391、630392、630399、630411、630419、630491、630492、630493、630499、630710、630800、660110、660191、660199、691010、691090、691110、691190、691200、691390、691410、691490、701310、701321、701329、701331、701332、701339、701391、701399、732181、732182、732183、732391、732392、732393、732394、732399、732410、732421、732429、732490、741810、741820、761510、761520、821410、821420、821490、821510、821520、821591、821599、830110、830120、830130、830140、830150、830160、830170、830250、830260、830300、830630、830810、830820、830890、842310、330749、340111、340211、340212、340213、340219、340220、340290、961610
鞋	640110、640191、640192、640199、640211、640219、640220、640230、640291、640299、640311、640319、640320、640330、640340、640351、640359、640391、640399、640411、640419、640420、640510、640520、640590
美妆日化	330300、330410、330420、330430、330491、330499、330510、330520、330530、330590、330710、330720、330730、330790、340119、340120、630790、670300、670411、670419、670420、670490、900130、960329、961511、961519、961590、961620、821210、821290、821420
体育用品	950611、950612、950619、950621、950629、950631、950632、950639、950640、950651、950659、950661、950662、950669、950670、950691、950699、420321、640319、640212、640312、640411、843280、890391、890399、950410、950420、950430、950440、950450、950710、950720、950730、950790、950490、611211、611212、611219、611220、611231、611239、611241、611249、621111、621112、621120
玩具	950100、950210、950291、950299、950310、950320、950330、950341、950349、950350、950360、950370、950380、950390、950440、950490、950410、950420、950430
珠宝首饰	711311、711319、711320、711411、711419
箱包	420211、420212、420219、420221、420222、420229、420231、420232、420239、420291、420292、420299
文创用品	920110、920120、920190、920210、920290、920510、920590、920600、920710、920790、920810、920890、920910、920920、920930、920991、920992、920993、920994、920999、960810、960820、960831、960839、960840、960850、960860、960891、960899、960910、960920、960990、961000、961100、961210、961220、480100、480210、480220、480230、480240、480251、480252、480253、480260、480510、480521、480522、480523、480529、480530、480540、480550、480560、480570、480580、480620、480630、480910、480920、480990、481610、481620、481630、481690、481710、481720、481730、481960、482010、482020、482030、482040、482050、482090、490110、490191、490199、490210、490290、490300、490400、490510、490591、490599、490600、490700、490810、490890、490900、491000、830510、830520、830590

续表

品质生活消费品分类	HS1992 编码
钟表	910111、910112、910119、910121、910129、910191、910199、910211、910212、910219、910221、910229、910291、910299、910310、910390、910400、910511、910519、910521、910529、910591、910599
宠物食品	230910、230990
母婴用品	190110、871500、611110、611120、611130、611190、620910、620920、620930、620990
艺术品	970110、970190、970200、970300、970400、970500、970600
饰品	442010、442090、691310、830621、830629、960110、960190、711719、711790

一、世界品质生活消费品进口发展的基本情况

(一) 世界品质生活消费品进口规模

表 8-2 为 2001—2017 年世界品质生活消费品进口的基本情况。世界品质生活消费品进口总额由 2001 年的 5030.07 亿美元增长至 2017 年的 12287.6 亿美元，2017 年大约是 2001 年的 2.44 倍，年均增长率为 5.74%。具体来看，世界品质生活消费品进口发展可以分为两个阶段。第一阶段是 2001—2008 年，这个时期世界品质生活消费品进口总额持续稳定增长，由 2001 年的 5030.07 亿美元增长至 2008 年的 10101.94 亿美元，2008 年大约是 2001 年的 2 倍，年均增长率为 10.47%。第二阶段是 2009—2017 年，这个时期世界品质生活消费品进口总额在波动中小幅度增长，由 2009 年的 8928.15 亿美元增长至 2017 年的 12287.6 亿美元，2017 年大约是 2009 年的 1.38 倍，年均增长率为 4.07%。此外，从世界品质生活消费品进口占世界进口总额的比例来看，世界品质生活消费品进口占比由 2001 年的 8.44%下降至 2017 年的 7.53%，下降了大约 1 个百分点，这说明世界品质生活消费品进口在世界进口贸易中的地位有所下降。

表 8-2　2001—2017 年世界品质生活消费品进口规模

年份	进口总额/亿美元	进口总额增长率/%	占世界进口总额的比例/%
2001	5030.07	—	8.44
2002	5319.26	5.75	8.50
2003	5997.12	12.74	8.25
2004	6804.06	13.46	7.63
2005	7369.93	8.32	7.28
2006	8097.24	9.87	6.97

续表

年份	进口总额/亿美元	进口总额增长率/%	占世界进口总额的比例/%
2007	9265.62	14.43	6.98
2008	10101.94	9.03	6.52
2009	8928.15	-11.62	7.54
2010	9867.62	10.52	6.79
2011	11298.59	14.50	6.47
2012	11242.65	-0.50	6.53
2013	11827.83	5.20	6.62
2014	12486.49	5.57	7.09
2015	12047.03	-3.52	7.69
2016	11878.13	-1.40	7.78
2017	12287.60	3.45	7.53

数据来源：2001—2017 年 CEPII BACI 数据库。

（二）世界品质生活消费品进口的国别结构

表 8-3 和表 8-4 分别为 2001 年和 2017 年世界前十大品质生活消费品进出口国。具体来看，2001—2017 年，世界前十大品质生活消费品进出口国具有以下特征：

第一，发达国家是世界品质生活消费品的主要进口国，发展中国家尤其是中国成为世界品质生活消费品的主要出口国。从世界前十大品质生活消费品进口国来看，2001 年，前十大进口国均为发达国家，其中，美国为世界第一大品质生活消费品进口国，进口总额高达 1324.39 亿美元；2017 年，除中国外，其余进口国均为发达国家，世界第一大品质生活消费品进口国美国的进口额高达 2224.69 亿美元。从世界前十大品质生活消费品出口国来看，2001 年，中国为世界第一大品质生活消费品出口国，出口额高达 1195.57 亿美元，出口份额为 23.77%。此外，2001 年，墨西哥和印度居于世界前十大品质生活消费品出口国之列，分别居于第七位和第九位，出口额分别是 128.88 亿美元和 114.87 亿美元。2017 年，中国仍然为世界第一大品质生活消费品出口国，出口额增长至 3935.60 亿美元，出口份额为 32.03%。此外，越南、印度、孟加拉国、土耳其等发展中国家也位居世界前十大品质生活消费品出口国之列。可以看出，发展中国家成为世界品质生活消费品的主要出口国。

第二，世界品质生活消费品的进口国家集中度有所降低，出口国家集中度进一步提高。从世界前十大品质生活消费品进口国来看，2001 年，世界第一大品质生活消费品进口国美国的品质生活消费品进口份额为 26.33%；2017 年，进口份额下降为

18.11%。2001 年，世界前十大品质生活消费品进口国的品质生活消费品合计进口份额为 67.53%；2017 年，这一比例下降为 57.43%。总的来看，世界品质生活消费品的进口国家集中度有所降低。从世界前十大品质生活消费品出口国来看，2001 年，世界第一大品质生活消费品出口国中国的品质生活消费品出口份额为 23.77%；2017 年，这一份额提高至 32.03%。2001 年，世界前十大品质生活消费品出口国的品质生活消费品合计出口份额为 58.01%；2017 年，这一比例提高至 65.88%。可见，世界品质生活消费品的出口国家集中度大幅提升。

表 8-3　2001 年世界前十大品质生活消费品进出口国

排名	进口			出口		
	国家	进口额/亿美元	占世界品质生活消费品进口总额的比例/%	国家	出口额/亿美元	占世界品质生活消费品出口总额的比例/%
1	美国	1324.39	26.33	中国	1195.57	23.77
2	德国	419.54	8.34	意大利	335.93	6.68
3	日本	350.14	6.96	美国	287.64	5.72
4	英国	343.75	6.83	法国	242.10	4.81
5	法国	272.15	5.41	德国	235.46	4.68
6	意大利	161.60	3.21	英国	161.89	3.22
7	加拿大	148.11	2.94	墨西哥	128.88	2.56
8	荷兰	135.69	2.70	日本	114.96	2.29
9	比利时	128.16	2.55	印度	114.87	2.28
10	西班牙	113.84	2.26	瑞士	100.76	2.00

数据来源：2001 年 CEPII BACI 数据库。

表 8-4　2017 年世界前十大品质生活消费品进出口国

排名	进口			出口		
	国家	进口额/亿美元	占世界品质生活消费品进口总额的比例/%	国家	出口额/亿美元	占世界品质生活消费品出口总额的比例/%
1	美国	2224.69	18.11	中国	3935.60	32.03
2	德国	947.42	7.71	德国	606.21	4.93
3	英国	695.64	5.66	意大利	601.04	4.89
4	法国	639.31	5.20	法国	577.96	4.7
5	日本	598.11	4.87	越南	548.76	4.47

续表

排名	进口			出口		
	国家	进口额/亿美元	占世界品质生活消费品进口总额的比例/%	国家	出口额/亿美元	占世界品质生活消费品出口总额的比例/%
6	意大利	539.82	4.39	印度	419.99	3.42
7	西班牙	383.33	3.12	美国	384.07	3.13
8	荷兰	370.68	3.02	瑞士	358.34	2.92
9	瑞士	342.42	2.79	孟加拉国	357.84	2.91
10	中国	314.23	2.56	土耳其	304.78	2.48

数据来源：2017 年 CEPII BACI 数据库。

（三）世界各类品质生活消费品进口的情况

1. 世界各类品质生活消费品进口规模

表 8-5 是 2001—2017 年世界各类品质生活消费品进口的基本情况。可以看出，服装服饰及配件、家具及家居用品、鞋是世界进口的主要品质生活消费品。2017 年，服装服饰及配件的进口总额为 4277.07 亿美元，是世界进口的第一大品质生活消费品；家具及家居用品次之，进口额为 1795.39 亿美元；鞋再次之，进口额为 1278.26 亿美元。2017 年，美妆日化的进口额也超过 1000 亿美元，为 1123.56 亿美元，是世界进口的第四大品质生活消费品。此外，2017 年，体育用品、玩具、珠宝首饰、箱包等品质生活消费品的进口总额处于 500 亿～1000 亿美元；其他品质生活消费品的进口总额不足 500 亿美元。

表 8-5 2001—2017 年世界各类品质生活消费品进口规模

单位：亿美元

品质生活消费品种类	2001 年	2005 年	2010 年	2011 年	2012 年	2013 年	2014 年	2015 年	2016 年	2017 年
服装服饰及配件	2092.84	2874.23	3539.28	4093.48	3933.87	4180.50	4416.70	4254.42	4167.68	4277.07
家具及家居用品	725.40	1138.26	1517.39	1684.41	1659.47	1779.77	1896.21	1775.06	1755.16	1795.39
鞋	464.61	628.46	923.80	1041.73	1051.48	1151.91	1245.76	1226.16	1218.76	1278.26
美妆日化	319.46	539.28	811.00	915.14	909.83	998.99	1033.22	1016.40	1058.09	1123.56
体育用品	366.54	565.94	767.49	794.19	716.05	702.03	757.46	754.27	756.44	887.08
玩具	309.74	444.88	621.60	623.18	560.75	538.77	580.38	591.25	592.71	782.47
珠宝首饰	126.54	293.17	531.37	708.38	832.82	769.72	811.76	734.72	724.48	610.17
箱包	154.06	232.29	355.81	444.23	482.14	516.80	542.29	546.50	521.10	568.57

续表

品质生活消费品种类	2001 年	2005 年	2010 年	2011 年	2012 年	2013 年	2014 年	2015 年	2016 年	2017 年
文创用品	325.97	444.08	507.49	533.84	509.77	504.45	503.66	468.84	465.55	456.96
钟表	131.46	190.82	279.18	363.17	382.73	404.24	431.09	421.61	384.44	398.58
宠物食品	81.47	118.52	188.97	222.58	232.86	257.18	264.79	241.02	246.56	267.41
母婴用品	75.99	108.49	161.44	185.00	178.20	197.58	208.73	208.23	213.98	222.69
艺术品	82.34	126.70	153.51	192.65	206.24	211.63	213.01	234.09	209.70	189.26
饰品	44.73	74.56	90.38	98.11	100.40	109.83	122.64	121.82	111.87	91.05

数据来源：2001—2017 年 CEPII BACI 数据库。

2. 世界各类品质生活消费品进口规模的变化情况

表 8-6 是以 2001 年为基期，世界各类品质生活消费品进口规模的变化情况。可以看出：第一，2001—2017 年，珠宝首饰进口总额的增长速度最快，2017 年大约是 2001 年的 4.82 倍；箱包、美妆日化、宠物食品、钟表等品质生活消费品进口规模的增长速度次之，2017 年是 2001 年的 3~4 倍；母婴用品、鞋、玩具、家具及家居用品、体育用品、艺术品、服装服饰及配件、饰品等品质生活消费品进口规模的增长速度再次之，2017 年是 2001 年的 2~3 倍；文创用品进口规模的增长速度最慢，2017 年大约是 2001 年的 1.4 倍。第二，珠宝首饰进口规模呈现先上升后下降的增长态势，而其他品质生活消费品进口规模呈现稳步上升的发展态势。对珠宝首饰而言，2012 年珠宝首饰进口规模达到历史峰值，2012 年大约是 2001 年的 6.58 倍；2017 年大约是 2001 年的 4.82 倍。

表 8-6　世界各类品质生活消费品进口规模相对变化情况

品质生活消费品种类	2001 年	2005 年	2010 年	2011 年	2012 年	2013 年	2014 年	2015 年	2016 年	2017 年
珠宝首饰	1	2.32	4.20	5.60	6.58	6.08	6.42	5.81	5.73	4.82
箱包	1	1.51	2.31	2.88	3.13	3.35	3.52	3.55	3.38	3.69
美妆日化	1	1.69	2.54	2.86	2.85	3.13	3.23	3.18	3.31	3.52
宠物食品	1	1.45	2.32	2.73	2.86	3.16	3.25	2.96	3.03	3.28
钟表	1	1.45	2.12	2.76	2.91	3.08	3.28	3.21	2.92	3.03
母婴用品	1	1.43	2.12	2.43	2.35	2.60	2.75	2.74	2.82	2.93
鞋	1	1.35	1.99	2.24	2.26	2.48	2.68	2.64	2.62	2.75
玩具	1	1.44	2.01	2.01	1.81	1.74	1.87	1.91	1.91	2.53

续表

品质生活消费品种类	2001 年	2005 年	2010 年	2011 年	2012 年	2013 年	2014 年	2015 年	2016 年	2017 年
家具及家居用品	1	1. 57	2. 09	2. 32	2. 29	2. 45	2. 61	2. 45	2. 42	2. 48
体育用品	1	1. 54	2. 09	2. 17	1. 95	1. 92	2. 07	2. 06	2. 06	2. 42
艺术品	1	1. 54	1. 86	2. 34	2. 50	2. 57	2. 59	2. 84	2. 55	2. 30
服装服饰及配件	1	1. 37	1. 69	1. 96	1. 88	2. 00	2. 11	2. 03	1. 99	2. 04
饰品	1	1. 67	2. 02	2. 19	2. 24	2. 46	2. 74	2. 72	2. 50	2. 04
文创用品	1	1. 36	1. 56	1. 64	1. 56	1. 55	1. 55	1. 44	1. 43	1. 40

数据来源：2001—2017 年 CEPII BACI 数据库。

3. 世界品质生活消费品进口的产品结构

表 8-7 是世界品质生活消费品进口的产品结构。可以看出：第一，服装服饰及配件是世界进口的第一大品质生活消费品。从各类品质生活消费品进口占世界品质生活消费品进口总额的比例来看，2017 年，服装服饰及配件进口占比高达 34. 81%，是第一大品质生活进口消费品；家具及家居用品、鞋次之，进口占比均处于 10%～20%；美妆日化、体育用品、玩具再次之，进口占比均处于 5%～10%；其余均不足 5%。第二，世界品质生活消费品进口的产品集中度有所下降。2001 年，世界进口的第一大品质生活消费品占比为 41. 61%；世界进口的前两大品质生活消费品合计占比为 56. 03%；世界进口的前三大品质生活消费品合计占比为 65. 27%。2017 年，以上数据变化为 34. 81%、49. 42%、59. 82%，说明世界品质生活消费品进口的产品集中度进一步下降。

表 8-7　世界品质生活消费品进口的产品结构

（%）

品质生活消费品种类	2001 年	2005 年	2010 年	2011 年	2012 年	2013 年	2014 年	2015 年	2016 年	2017 年
服装服饰及配件	41. 61	39. 00	35. 87	36. 23	34. 99	35. 34	35. 37	35. 32	35. 09	34. 81
家具及家居用品	14. 42	15. 44	15. 38	14. 91	14. 76	15. 05	15. 19	14. 73	14. 78	14. 61
鞋	9. 24	8. 53	9. 36	9. 22	9. 35	9. 74	9. 98	10. 18	10. 26	10. 40
美妆日化	6. 35	7. 32	8. 22	8. 10	8. 09	8. 45	8. 27	8. 44	8. 91	9. 14
体育用品	7. 29	7. 68	7. 78	7. 03	6. 37	5. 94	6. 07	6. 26	6. 37	7. 22
玩具	6. 16	6. 04	6. 30	5. 52	4. 99	4. 56	4. 65	4. 91	4. 99	6. 37
珠宝首饰	2. 52	3. 98	5. 38	6. 27	7. 41	6. 51	6. 50	6. 10	6. 10	4. 97
箱包	3. 06	3. 15	3. 61	3. 93	4. 29	4. 37	4. 34	4. 54	4. 39	4. 63

续表

品质生活消费品种类	2001 年	2005 年	2010 年	2011 年	2012 年	2013 年	2014 年	2015 年	2016 年	2017 年
文创用品	6.48	6.03	5.14	4.72	4.53	4.26	4.03	3.89	3.92	3.72
钟表	2.61	2.59	2.83	3.21	3.40	3.42	3.45	3.50	3.24	3.24
宠物食品	1.62	1.61	1.92	1.97	2.07	2.17	2.12	2.00	2.08	2.18
母婴用品	1.51	1.47	1.64	1.64	1.59	1.67	1.67	1.73	1.80	1.81
艺术品	1.64	1.72	1.56	1.71	1.83	1.79	1.71	1.94	1.77	1.54
饰品	0.89	1.01	0.92	0.87	0.89	0.93	0.98	1.01	0.94	0.74

数据来源：2001—2017 年 CEPII BACI 数据库。

二、中国品质生活消费品进口发展的基本情况

(一) 中国品质生活消费品进口规模

中国品质生活消费品进口总额整体表现为日益增长的发展态势。如表 8-8 所示，从中国品质生活消费品进口总额来看，进口总额由 2001 年的 26.5 亿美元增长至 2017 年的 300.83 亿美元，2017 年大约是 2001 年的 11.35 倍，年均增长率为 16.4%。从中国品质生活消费品进口总额的变化趋势来看，进口总额总体表现为稳步上升的发展态势，特别是 2001 年加入 WTO 后，中国品质生活消费品进口总额持续高速增长；虽然受金融危机影响，2009 年中国品质生活消费品进口总额小幅下降，但 2009 年之后稳步持续增长。2017 年，中国品质生活消费品进口总额增长率高达 22.25%，较 2016 年增长了 54.75 亿美元。

与其他国家相比，中国品质生活消费品进口处于较低水平。虽然中国品质生活消费品进口总额有所增长，但是，品质生活消费品在中国进口贸易中的地位和在世界品质生活消费品进口贸易中的地位均处于较低水平。具体而言，从品质生活消费品在中国进口贸易中的地位来看，中国品质生活消费品进口占中国进口总额的比例总体保持不变，2001—2017 年始终维持在 2%以下的较低水平，与世界总体水平（6%以上）相比存在较大差距。从国际比较来看，如图 8-1 所示，中国品质生活消费进口占比明显低于 G7；如图 8-2 所示，与金砖国家相比，虽然中国品质生活消费品进口占比略高于印度，但与其他金砖国家相比仍然存在一定差距。从中国品质生活消费品进口在世界上的地位来看，中国进口占世界品质生活消费品进口总额的比例仅由 2001 年的 0.53%增长至 2017 年的 2.45%。

表 8-8 2001—2017 年中国品质生活消费品进口的基本情况

年份	进口额/亿美元	进口额增长率/%	占中国进口总额的比例/%	占世界品质生活消费品进口总额的比例/%
2001	26. 50	—	1. 30	0. 53
2002	29. 29	10. 53	1. 19	0. 55
2003	33. 36	13. 89	0. 96	0. 56
2004	40. 44	21. 22	0. 88	0. 59
2005	47. 31	17. 00	0. 88	0. 64
2006	55. 14	16. 54	0. 86	0. 68
2007	68. 33	23. 93	0. 95	0. 74
2008	84. 12	23. 11	0. 98	0. 83
2009	83. 38	-0. 89	1. 06	0. 93
2010	106. 81	28. 10	0. 96	1. 08
2011	153. 02	43. 27	1. 10	1. 35
2012	153. 29	0. 18	1. 08	1. 36
2013	171. 87	12. 12	1. 09	1. 45
2014	194. 53	13. 18	1. 27	1. 56
2015	225. 36	15. 85	1. 77	1. 87
2016	246. 08	9. 19	1. 99	2. 07
2017	300. 83	22. 25	1. 96	2. 45

数据来源：2001—2017 年 CEPII BACI 数据库。

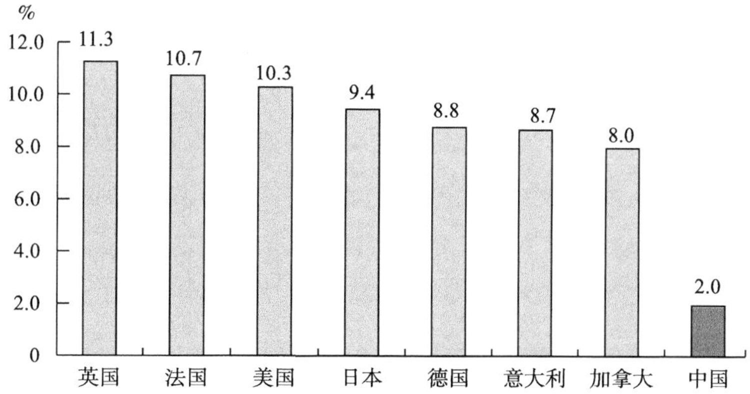

图 8-1 2017 年中国与 G7 品质生活消费品的进口份额比较

数据来源：2017 年 CEPII BACI 数据库。

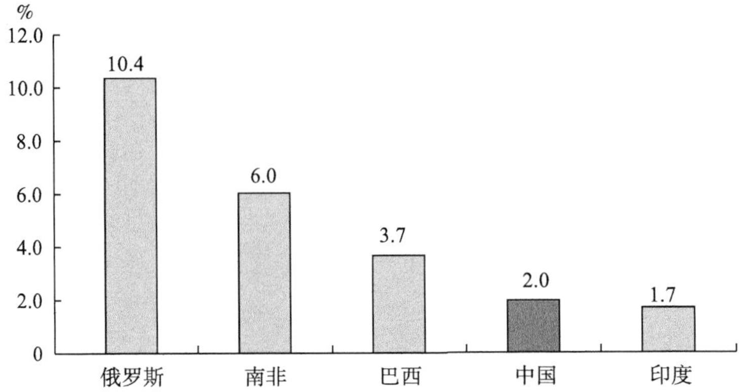

图 8-2 2017 年中国与其他金砖国家品质生活消费品的进口份额比较

数据来源：2017 年 CEPII BACI 数据库。

（二）中国品质生活消费品进口的来源地结构

中国主要从发达国家进口品质生活消费品。由表 8-9 可知，2001 年，中国从发达国家、高收入国家进口的品质生活消费品占中国同类产品进口总额的比例均处于 50%以上；2017 年，中国从发达国家、高收入国家、OECD 国家进口的品质生活消费品占中国同类产品进口总额的比例分别为 68.32%、67.93%、67.14%。其中，中国从发达国家进口的品质生活消费品总额由 2001 年的 13.36 亿美元增长至 2017 年的 205.53 亿美元，2017 年大约是 2001 年的 15.38 倍；占中国品质生活消费品进口总额的比例由 2001 年的 50.42%提高至 2017 年的 68.32%，提高了近 20 个百分点。

中国与品质生活消费品进口来源地之间的相互依赖程度均有所增加。如表 8-9 所示，与 2001 年相比，除金砖国家和低收入国家外，2017 年中国从不同类型国家进口的品质生活消费品占中国品质生活消费品进口总额的比例均有所上升。与此同时，中国从不同类型国家进口的品质生活消费品占其同类产品出口总额的比例整体提升。值得注意的是，中国与“一带一路”沿线国家之间的相互依赖程度迅速增加，中国从“一带一路”沿线国家进口的品质生活消费品占中国同类产品进口总额的比例由 2001 年的 10.82%增长为 2017 年的 25.81%，占“一带一路”沿线国家品质生活消费品出口总额的比例由 2001 年的 0.27%增长为 2017 年的 2.29%。

表 8-9 2001 年和 2017 年中国从各类国家品质生活消费品进口情况

进口来源地	2001 年			2017 年		
	进口额/亿美元	占中国品质生活消费品进口总额的比例/%	占进口来源地品质生活消费品出口总额的比例/%	进口额/亿美元	占中国品质生活消费品进口总额的比例/%	占进口来源地品质生活消费品出口总额的比例/%
G7	7.85	29.63	0.54	108.59	36.10	4.02
金砖国家	1.07	4.02	0.65	3.99	1.33	0.80
“一带一路”沿线国家	2.87	10.82	0.27	77.64	25.81	2.29
非“一带一路”沿线国家	14.85	56.05	0.58	216.51	71.97	4.49
OECD 国家	13.02	49.12	0.55	201.96	67.14	4.23
非 OECD 国家	4.70	17.74	0.38	92.19	30.65	2.69
发达国家	13.36	50.42	0.58	205.53	68.32	4.36
发展中国家	4.36	16.44	0.33	88.62	29.46	2.54
高收入国家	13.35	50.38	0.60	204.35	67.93	4.54
中等收入国家	2.40	9.07	0.20	70.22	23.34	2.19
低收入国家	1.96	7.41	0.94	19.57	6.51	3.92

数据来源：2001 年和 2017 年 CEPII BACI 数据库。

注：本章所定义的“一带一路”沿线国家共计 64 个①；为了保证前后年份的可比性，本章将2000 年之前加入 OECD 的国家定义为 OECD 国家，共计 28 个。“一带一路”沿线国家、非“一带一路”沿线国家占中国进口总额的比例之和小于 1，主要原因在于部分国家没有同时报告 2001 年、2017 年的中国进口额数据和出口总额数据，这些国家没有被统计在内。OECD 国家、非 OECD 国家，高收入国家、中等收入国家及低收入国家的情况类似。此外，高收入国家、中等收入国家及低收入国家的划分标准来源于世界银行，具体可参见：https://data.worldbank.org.cn/country。

中国品质生活消费品进口占各类进口来源地同类产品出口总额的份额仍然较小。以 G7 为例（见表 8-9），2001 年，中国自 G7 进口的品质生活消费品总额占中国进口总额和 G7 出口的比例分别为 29.63%和 0.54%；2017 年，上述比重分别为 36.1%、4.02%。相比之下，中国品质生活消费品进口占 G7 出口的份额较小。具体来看（见表 8-10），2017 年，除日本外，中国品质生活消费品进口占其他 G7 出口的份额均不足 5%。2017 年，中国从日本进口的品质生活消费品总额占中国品质生活消费品进口总额的比例由 2001 年的 11.44%增长为 11.65%，占日本出口的比例由 2001 年的 2.64%增长为 2017 年的 22.32%。

① 魏浩，巫俊．中国从“一带一路”沿线国家进口贸易发展的现状与对策［J］．人民论坛·学术前沿，2017（9）：67-73.

表 8-10　2001 年和 2017 年中国从 G7 和金砖国家品质生活消费品进口情况

国家类型	国家	2001 年			2017 年		
		进口额/亿美元	占中国品质生活消费品进口总额的比例/%	占进口来源地品质生活消费品出口总额的比例/%	进口额/亿美元	占中国品质生活消费品进口总额的比例/%	占进口来源地品质生活消费品出口总额的比例/%
G7	加拿大	0.09	0.35	0.14	0.95	0.31	1.23
	法国	0.62	2.33	0.26	20.79	6.91	3.60
	德国	0.57	2.15	0.24	12.12	4.03	2.00
	意大利	1.25	4.74	0.37	19.21	6.39	3.20
	日本	3.03	11.44	2.64	35.04	11.65	22.32
	英国	0.37	1.40	0.23	4.51	1.50	1.52
	美国	1.91	7.22	0.66	15.97	5.31	4.16
金砖国家	巴西	0.02	0.06	0.06	0.32	0.10	1.07
	俄罗斯	0.86	3.26	7.65	0.31	0.10	1.00
	印度	0.17	0.65	0.15	3.01	1.00	0.72
	南非	0.01	0.04	0.11	0.35	0.12	2.08

数据来源：2001 年和 2017 年 CEPII BACI 数据库。

（三）中国品质生活消费品进口的产品结构

中国主要进口的品质生活消费品是服装服饰及配件和美妆日化。如表 8-11 所示，2017 年，服装服饰及配件进口额占中国品质生活消费品进口总额的比例高达 20.76%，是品质生活消费品中第一大进口产品；美妆日化次之，进口占比为 20.15%；母婴用品、家具及家居用品的进口占比均处于 10%以上，分别为 12.92%、11.79%；鞋、钟表的进口占比处于 5%~10%；其余品质生活消费品进口占比均不足 5%。从变化趋势来看，我国服装服饰及配件的进口占比有所下降，由 2001 年的 41.84%下降为 2017 年的 20.76%，而美妆日化进口占比则呈现上升态势。

表 8-11　2001—2017 年中国品质生活消费品进口的主要产品构成

（%）

品质生活消费品种类	2001 年	2005 年	2010 年	2011 年	2012 年	2013 年	2014 年	2015 年	2016 年	2017 年
服装服饰及配件	41.84	32.50	18.92	20.38	23.33	24.68	25.37	23.85	22.32	20.76
美妆日化	6.48	9.55	12.49	10.52	10.93	11.54	12.31	15.69	17.62	20.15
母婴用品	1.96	2.13	6.45	5.42	6.33	8.42	8.12	9.75	11.60	12.92
家具及家居用品	9.73	11.05	13.83	11.65	11.79	12.19	13.07	13.72	12.77	11.79

续表

品质生活消费品种类	2001 年	2005 年	2010 年	2011 年	2012 年	2013 年	2014 年	2015 年	2016 年	2017 年
鞋	1.50	3.10	5.21	5.79	7.06	7.04	7.87	8.89	9.62	9.34
钟表	1.43	7.85	12.29	14.23	13.47	10.65	8.92	7.17	6.46	6.23
文创用品	15.80	11.82	11.60	8.57	8.27	6.81	6.48	5.45	5.23	4.68
箱包	1.41	1.49	3.29	3.95	4.47	4.78	4.77	4.54	4.72	4.64
体育用品	7.39	10.41	7.85	11.56	6.26	5.00	5.00	3.90	3.43	3.75
珠宝首饰	4.48	5.28	4.27	4.36	4.98	5.05	4.24	4.32	3.45	3.50
玩具	5.79	5.82	4.28	8.72	2.99	2.09	2.00	2.01	1.52	1.71
宠物食品	3.65	2.12	1.86	1.78	1.82	1.56	1.45	1.15	1.35	1.39
饰品	1.34	1.27	0.86	0.64	0.62	0.64	0.59	0.51	0.60	0.73
艺术品	0.73	0.66	1.13	1.29	1.02	1.81	2.00	1.02	1.15	0.46

数据来源：2001—2017 年 CEPII BACI 数据库。

中国各类品质生活消费品在世界进口贸易中的地位日益提升。如表 8-12 所示，2001—2017 年，中国各类品质生活消费品进口额占世界此类产品进口总额的比例均有所增加。其中，中国母婴用品进口占比由 2001 年的 0.69%提高至 2017 年的 17.45%，提高了 16.76 个百分点；中国美妆日化和钟表的进口占比分别由 2001 年的 0.56%、0.27%提高至 2017 年的 5.39%、4.7%，分别提高了 4.83 个百分点、4.43 个百分点；中国箱包和鞋的进口占比分别由 2001 年的 0.24%、0.08%提高至 2017 年的 2.45%、2.2%，分别提高了 2.31 个百分点、2.12 个百分点；中国其他品质生活消费品进口占比的变化幅度均低于 2 个百分点。

表 8-12　2001—2017 年中国各类品质生活消费品在世界进口贸易中占比

（%）

品质生活消费品种类	2001 年	2005 年	2010 年	2011 年	2012 年	2013 年	2014 年	2015 年	2016 年	2017 年
母婴用品	0.69	0.93	4.27	4.48	5.45	7.32	7.56	10.55	13.34	17.45
美妆日化	0.56	0.84	1.65	1.76	1.84	1.99	2.32	3.48	4.10	5.39
钟表	0.27	1.95	4.70	6.00	5.40	4.53	4.03	3.83	4.13	4.70
文创用品	1.22	1.26	2.44	2.46	2.49	2.32	2.50	2.62	2.76	3.08
箱包	0.24	0.30	0.99	1.36	1.42	1.59	1.71	1.87	2.23	2.45
饰品	0.72	0.80	1.02	1.00	0.94	1.00	0.94	0.95	1.32	2.41

续表

品质生活消费品种类	2001 年	2005 年	2010 年	2011 年	2012 年	2013 年	2014 年	2015 年	2016 年	2017 年
鞋	0.08	0.23	0.60	0.85	1.03	1.05	1.23	1.63	1.94	2.20
家具及家居用品	0.35	0.46	0.97	1.06	1.09	1.18	1.34	1.74	1.79	1.98
珠宝首饰	0.90	0.85	0.86	0.94	0.92	1.13	1.02	1.33	1.17	1.73
宠物食品	1.23	0.85	1.05	1.23	1.20	1.04	1.06	1.07	1.35	1.56
服装服饰及配件	0.51	0.54	0.57	0.76	0.91	1.01	1.12	1.26	1.32	1.46
体育用品	0.55	0.87	1.09	2.23	1.34	1.23	1.28	1.17	1.11	1.27
艺术品	0.21	0.25	0.79	1.02	0.76	1.47	1.83	0.99	1.35	0.74
玩具	0.49	0.62	0.74	2.14	0.82	0.67	0.67	0.76	0.63	0.66

数据来源：2001—2017 年 CEPII BACI 数据库。

“一带一路”沿线国家在中国品质生活消费品进口贸易中的地位日益提升。如表 8-13 所示，除文创用品、美妆日化、宠物食品和钟表外，自“一带一路”沿线国家进口占中国各类品质生活消费品进口总额的比重均有所增加。其中，鞋、饰品、服装服饰及配件的进口占比增长迅速，分别由 2001 年的 26.55%、8.69%、5.49%增长至 2017 年的 75.51%、62.6%、51%，分别提高了 48.96 个百分点、53.91 个百分点、45.51 个百分点，增长幅度十分明显。但是，中国从“一带一路”沿线国家进口的文创用品和美妆日化的占比明显下降，分别由 2001 年的 32.91%、14.94%下降为 2017 年的 15.6%、7.45%。

表 8-13　2001—2017 年“一带一路”沿线国家在中国各类品质生活消费品进口总额中的占比

(%)

品质生活消费品种类	2001 年	2005 年	2010 年	2011 年	2012 年	2013 年	2014 年	2015 年	2016 年	2017 年
鞋	26.55	49.81	56.14	55.75	57.93	56.62	61.78	68.57	73.56	75.51
饰品	8.69	16.51	35.44	37.87	40.45	46.74	44.35	52.53	54.99	62.60
服装服饰及配件	5.49	6.56	23.26	30.06	33.03	37.16	38.61	44.43	49.92	51.00
玩具	3.84	16.18	24.05	6.69	15.84	28.36	41.03	50.42	46.67	34.91
箱包	4.61	15.67	12.29	12.46	13.60	15.99	21.04	27.22	30.13	29.03
体育用品	6.24	10.87	16.07	7.11	11.96	13.21	18.42	22.33	30.39	26.74
珠宝首饰	1.77	9.98	3.87	2.45	2.65	2.61	7.19	9.91	14.49	18.38
文创用品	32.91	9.49	8.12	9.99	10.43	15.80	14.66	18.10	17.87	15.60

续表

品质生活消费品种类	2001 年	2005 年	2010 年	2011 年	2012 年	2013 年	2014 年	2015 年	2016 年	2017 年
家具及家居用品	12.06	16.19	28.73	24.80	19.47	21.49	19.96	14.02	13.33	14.69
宠物食品	17.93	6.52	4.31	5.30	8.29	10.79	11.89	15.25	14.33	13.76
美妆日化	14.94	13.69	8.45	9.01	8.48	10.50	9.11	8.56	7.15	7.45
钟表	8.71	7.59	5.78	4.35	2.60	4.58	4.74	7.01	5.90	7.19
艺术品	3.49	10.27	9.83	2.23	5.99	4.24	27.76	3.51	31.23	5.17
母婴用品	0.88	44.88	52.20	38.65	27.07	21.25	16.02	11.01	6.19	4.13

数据来源：2001—2017 年 CEPII BACI 数据库。

三、中国服装服饰及配件产品的进口结构

（一）中国服装服饰及配件产品进口的来源地结构

越南跃升为中国第一大服装服饰及配件进口来源地。如表 8-14 所示，从前十大进口来源地来看，2001 年，除朝鲜外，中国前十大服装服饰及配件进口来源地均为发达国家。其中，日本是中国服装服饰及配件第一大进口来源地，中国从日本进口的服装服饰及配件在中国同类产品进口的占比为 10.62%；韩国为第二大进口来源地，其进口占比为 9.9%。到 2017 年，中国前十大服装服饰及配件进口来源地中包括 6 个发展中国家，而越南跃升为第一大进口来源地，中国进口的服装服饰及配件中约有 16.48%来自越南。

从进口来源地集中度来看，2001 年，中国从前三大进口来源地进口的服装服饰及配件合计占比为 22.81%，而到 2017 年，这一占比增长为 38.61%，表明中国服装服饰及配件进口来源地集中度明显提升。从中国服装服饰及配件进口对来源国出口贸易的贡献来看，2001 年，中国自第一大进口来源地日本进口的服装服饰及配件占其服装服饰及配件出口的比例为 17.47%，明显高于其占中国同类产品进口额的比例，而到 2017 年，中国自第一大进口来源地越南进口的服装服饰及配件占其服装服饰及配件出口的比例为 3.87%，明显低于其占中国同类产品进口额的比例。这说明我国服装服饰及配件进口对第一大进口来源地的依赖程度进一步增强。

表 8-14　2001 年和 2017 年中国前十大服装服饰及配件进口来源地

排名	2001 年				2017 年			
	国家	进口额/亿美元	占中国服装服饰及配件进口总额的比例/%	占进口来源地服装服饰及配件出口总额的比例/%	国家	进口额/亿美元	占中国服装服饰及配件进口总额的比例/%	占进口来源地服装服饰及配件出口总额的比例/%
1	日本	1.24	10.62	17.47	越南	10.29	16.48	3.87
2	韩国	1.16	9.90	2.52	意大利	8.16	13.07	4.18
3	朝鲜	0.27	2.29	24.05	朝鲜	5.66	9.06	99.59
4	意大利	0.23	1.95	0.18	孟加拉国	4.59	7.36	1.36
5	美国	0.22	1.91	0.41	西班牙	3.19	5.11	3.82
6	以色列	0.17	1.47	2.07	韩国	2.85	4.56	16.07
7	英国	0.11	0.93	0.36	柬埔寨	2.82	4.52	2.67
8	澳大利亚	0.11	0.92	2.73	印度尼西亚	2.80	4.48	2.73
9	比利时	0.09	0.77	0.39	法国	2.41	3.87	2.83
10	法国	0.08	0.67	0.17	泰国	1.98	3.18	5.29

数据来源：2001 年和 2017 年 CEPII BACI 数据库。

我国进口的服装服饰及配件主要来源于“一带一路”沿线国家，且进口来源地分布具有多元化的特点。如表 8-15 所示，从进口来源地国家类型来看，中国服装服饰及配件的主要进口来源地由发达国家转向“一带一路”沿线国家。2001 年，中国从发达国家进口的服装服饰及配件为 3.62 亿美元，占中国服装服饰及配件进口总额的 30.89%；2017 年，中国从“一带一路”沿线国家进口的服装服饰及配件为 31.85 亿美元，占中国服装服饰及配件进口总额的 51%。从“一带一路”沿线具体国家来看，如表 8-16 所示，2017 年，在“一带一路”沿线国家中，越南和孟加拉国成为中国服装服饰及配件的前两大进口来源地，中国从上述两个国家进口的服装服饰及配件占中国同类产品进口总额的比重分别为 16.48%和 7.36%，而其余国家这一占比均低于 5%，表明中国服装服饰及配件进口来源地分布呈现多元化特征。

表 8-15 2001 年和 2017 年中国从各类型国家进口服装服饰及配件情况

进口来源地	2001 年			2017 年		
	进口额/亿美元	占中国服装服饰及配件进口总额的比例/%	占进口来源地服装服饰及配件出口总额的比例/%	进口额/亿美元	占中国服装服饰及配件进口总额的比例/%	占进口来源地服装服饰及配件出口总额的比例/%
G7	1.99	16.97	0.57	13.63	21.83	2.59
金砖国家	0.11	0.92	0.14	1.50	2.40	0.73
“一带一路”沿线国家	0.68	5.84	0.11	31.85	51.00	1.88
非“一带一路”沿线国家	4.11	35.10	0.51	29.77	47.68	2.70
OECD 国家	3.44	29.36	0.52	21.73	34.80	2.32
非 OECD 国家	1.35	11.57	0.18	39.89	63.88	2.14
发达国家	3.62	30.89	0.61	21.79	34.90	2.42
发展中国家	1.18	10.04	0.15	39.83	63.78	2.10
高收入国家	3.62	30.93	0.66	21.68	34.72	2.52
中等收入国家	0.44	3.79	0.06	29.73	47.61	1.75
低收入国家	0.73	6.22	0.62	10.21	16.34	4.23

数据来源：2001 年和 2017 年 CEPII BACI 数据库。

表 8-16 2001 年和 2017 年中国从“一带一路”沿线国家进口服装服饰及配件情况

排名	2001 年				2017 年			
	国家	进口额/亿美元	占中国服装服饰及配件进口总额的比例/%	占进口来源地服装服饰及配件出口总额的比例/%	国家	进口额/亿美元	占中国服装服饰及配件进口总额的比例/%	占进口来源地服装服饰及配件出口总额的比例/%
1	以色列	0.17	1.47	2.07	越南	10.29	16.48	3.87
2	印度尼西亚	0.08	0.64	0.13	孟加拉国	4.59	7.36	1.36
3	蒙古	0.06	0.55	3.44	柬埔寨	2.82	4.52	2.67
4	越南	0.06	0.54	0.30	印度尼西亚	2.80	4.48	2.73
5	印度	0.06	0.53	0.10	泰国	1.98	3.18	5.29
6	菲律宾	0.06	0.51	0.22	印度	1.48	2.36	0.75
7	俄罗斯	0.04	0.38	0.93	马来西亚	1.36	2.18	2.95
8	马来西亚	0.04	0.34	0.17	土耳其	1.31	2.09	0.73

续表

排名	2001 年				2017 年			
	国家	进口额/亿美元	占中国服装服饰及配件进口总额的比例/%	占进口来源地服装服饰及配件出口总额的比例/%	国家	进口额/亿美元	占中国服装服饰及配件进口总额的比例/%	占进口来源地服装服饰及配件出口总额的比例/%
9	巴基斯坦	0.03	0.27	0.15	巴基斯坦	0.86	1.38	1.31
10	泰国	0.02	0.18	0.06	罗马尼亚	0.81	1.30	2.22

数据来源：2001 年和 2017 年 CEPII BACI 数据库。

（二）中国服装服饰及配件产品进口的产品结构

中国服装服饰及配件进口的产品集中度有所下降。如表 8-17、表 8-18 所示，从进口总额来看，中国各类服装服饰及配件的进口额均有所增加。2001 年，成衣零件（621790）和针织开衫（611020）是中国进口的前两大类服装服饰及配件，进口额分别为 1.57 亿美元、1.09 亿美元，占中国服装服饰进口总额的比例分别为 13.39%、9.34%。2017 年，棉质 T 恤（610910）和男裤（620342）成为中国进口的前两大服装服饰及配件。2017 年棉质 T 恤和男裤的进口额分别为 3.96 亿美元和 3.24 亿美元，这两种产品占中国服装服饰及配件进口总额的比例分别为 6.34%和 5.19%。从进口产品集中度来看，中国第一大、前两大、前三大进口服装服饰及配件的占比分别由 2001 年的 13.39%、22.73%、30.6%下降为 2017 年的 6.34%、11.53%、16.31%，分别下降了 7.05 个百分点、11.2 个百分点、14.29 个百分点，表明中国服装服饰及配件的进口产品集中度明显下降。

表 8-17 2001 年中国前十大服装服饰及配件的进口情况

排名	HS1992 编码	产品名称	进口额/亿美元	占中国服装服饰及配件进口总额的比例/%
1	621790	成衣零件	1.57	13.39
2	611020	针织开衫	1.09	9.34
3	611030	人造纤维开衫	0.92	7.87
4	620520	男式棉质衬衫	0.72	6.18
5	620462	女裤	0.67	5.74
6	611790	衣服配件	0.51	4.38
7	611010	羊毛衫	0.43	3.69
8	611090	针织羊毛衫	0.42	3.59

续表

排名	HS1992 编码	产品名称	进口额/亿美元	占中国服装服饰及配件进口总额的比例/%
9	620342	男式裤子	0. 39	3. 33
10	621710	纺织辅料	0. 32	2. 77

数据来源：2001 年 CEPII BACI 数据库。

表 8-18　2017 年中国前十大服装服饰及配件的进口情况

排名	HS1992 编码	产品名称	进口额/亿美元	占中国服装服饰及配件进口总额的比例/%
1	610910	棉质 T 恤	3. 96	6. 34
2	620342	男裤	3. 24	5. 19
3	620193	男式夹克	2. 99	4. 78
4	611020	针织开衫	2. 79	4. 47
5	610990	其他材质 T 恤	2. 06	3. 30
6	620462	女裤	2. 03	3. 24
7	611030	人造纤维开衫	1. 91	3. 05
8	620520	男式棉质衬衫	1. 83	2. 92
9	620293	女式夹克	1. 79	2. 86
10	401519	橡胶手套（非医用）	1. 67	2. 68

数据来源：2017 年 CEPII BACI 数据库。

四、中国美妆日化产品的进口结构

（一）中国美妆日化产品进口的来源地结构

中国美妆日化的主要进口来源地是韩国、日本和法国。如表 8-19 所示，从美妆日化进口额来看，2017 年，韩国、日本和法国是中国美妆日化的主要进口来源地，中国从上述三个国家进口的美妆日化占中国同类产品进口总额的比例分别为 28. 14%、19. 89%和 15. 27%。从进口来源地类型来看（见表 8-20），中国从 G7 进口的美妆日化占中国同类产品进口总额的比例高达 51. 37%，且除意大利外，其他 G7 均为中国前十大美妆日化进口来源地。从变化趋势来看，2001—2017 年，中国从前十大美妆日化进口来源地进口的美妆日化总额有所增加，其中，中国从韩国、日本和法国进口的美妆日化分别由 2001 年的 0. 39 亿美元、0. 19 亿美元和 0. 14 亿美元增长至 2017 年的 17. 05

亿美元、12.06 亿美元和 9.26 亿美元。此外，中国从“一带一路”沿线国家进口的美妆日化由 2001 年的 0.35 亿美元增长至 2017 年的 4.52 亿美元，但是，中国从“一带一路”沿线国家进口的美妆日化占中国美妆日化进口总额的比例由 2001 年的 18.85%下降为 2017 年的 7.45%，说明“一带一路”沿线国家在中国美妆日化进口中的地位有所下降。

部分进口来源地对中国美妆日化进口的依赖程度较高。如表 8-19 所示，2017 年，中国从韩国和日本进口的美妆日化占中国美妆日化进口总额的比例分别为 28.14%和 19.89%，而占两国美妆日化出口总额的比例分别为 34.9%和 33.77%，表明中国是韩国和日本美妆日化类消费品的主要出口市场，中国主要进口来源地对中国的依赖程度较高。此外，中国从法国和美国进口的美妆日化占中国此类产品进口总额的比重分别为 15.27%和 9.55%，而占两国此类产品出口总额的比例分别为 5.63%和 6.39%，相比之下，中国对法国和美国美妆日化类消费品出口贸易的依赖程度较高。

表 8-19　2001 年和 2017 年中国前十大美妆日化进口来源地

排名	2001 年				2017 年			
	国家	进口额/亿美元	占中国美妆日化进口总额的比例/%	占进口来源地美妆日化出口总额的比例/%	国家	进口额/亿美元	占中国美妆日化进口总额的比例/%	占进口来源地美妆日化出口总额的比例/%
1	韩国	0.39	20.57	9.40	韩国	17.05	28.14	34.90
2	美国	0.32	17.02	0.71	日本	12.06	19.89	33.77
3	日本	0.19	9.89	2.93	法国	9.26	15.27	5.63
4	马来西亚	0.15	7.90	8.70	美国	5.79	9.55	6.39
5	法国	0.14	7.74	0.23	新加坡	2.16	3.56	9.75
6	越南	0.06	3.28	10.58	英国	1.61	2.65	2.65
7	德国	0.06	3.26	0.22	德国	1.46	2.40	1.67
8	印度	0.06	3.02	2.24	瑞士	1.26	2.08	6.74
9	爱尔兰	0.05	2.69	0.74	澳大利亚	0.95	1.57	18.16
10	印度尼西亚	0.04	2.16	1.29	比利时	0.94	1.54	3.18

数据来源：2001 年和 2017 年 CEPII BACI 数据库。

表 8-20　2001 年和 2017 年中国从不同类型国家进口美妆日化情况

进口来源地	2001 年			2017 年		
	进口额/亿美元	占中国美妆日化进口总额的比例/%	占进口来源地美妆日化出口总额的比例/%	进口额/亿美元	占中国美妆日化进口总额的比例/%	占进口来源地美妆日化出口总额的比例/%
G7	0.76	40.65	0.40	31.13	51.37	6.09
金砖国家	0.06	3.15	1.24	0.24	0.39	1.02
“一带一路”沿线国家	0.35	18.85	1.49	4.52	7.45	2.50
非“一带一路”沿线国家	1.35	72.26	0.53	55.80	92.07	7.25
OECD 国家	1.26	67.11	0.50	53.82	88.81	6.81
非 OECD 国家	0.45	24.00	1.55	6.49	10.71	4.06
发达国家	1.27	67.95	0.52	56.04	92.46	7.08
发展中国家	0.43	23.15	1.33	4.28	7.06	2.69
高收入国家	1.27	67.95	0.52	55.83	92.12	7.38
中等收入国家	0.34	18.08	1.32	2.26	3.73	1.34
低收入国家	0.09	5.07	1.52	2.23	3.67	8.62

数据来源：2001 年和 2017 年 CEPII BACI 数据库。

（二）中国美妆日化产品进口的产品结构

防晒用品（330499）是中国主要进口的美妆日化类产品，而且，进口产品集中度明显提升。如表 8-21、表 8-22 所示，从进口总额来看，2017 年中国各种美妆日化类消费品进口总额较 2001 年均有所增加，但除防晒用品外，其他美妆日化类消费品的增长幅度较小。防晒用品进口额由 2001 年的 0.5 亿美元增长至 2017 年的 41.13 亿美元，且始终保持第一大进口产品地位。2001—2017 年，防晒用品进口额占中国美妆日化进口总额的比重由 2001 年的 26.72%增长至 2017 年的 67.86%，表明防晒用品的进口产品集中度增长显著。

表 8-21　2001 年中国前十大美妆日化产品进口情况

排名	HS1992 编码	产品名称	进口额/亿美元	占中国美妆日化进口总额的比例/%
1	330499	防晒用品	0.50	26.72
2	630790	纺织类化妆品	0.30	15.87
3	340120	肥皂	0.14	7.47

续表

排名	HS1992 编码	产品名称	进口额/亿美元	占中国美妆日化进口总额的比例/%
4	821210	剃须刀	0.10	5.60
5	900130	隐形眼镜	0.10	5.25
6	330300	香水	0.08	4.15
7	340119	其他肥皂	0.07	3.63
8	330510	洗发水	0.07	3.56
9	670420	假发	0.06	3.32
10	330410	唇用化妆品	0.06	3.20

数据来源：CEPII BACI 数据库。

表 8-22　2017 年中国前十大美妆日化产品进口情况

排名	HS1992 编码	产品名称	进口额/亿美元	占中国美妆日化进口总额的比例/%
1	330499	防晒用品	41.13	67.86
2	900130	隐形眼镜	2.80	4.62
3	330410	唇用化妆品	2.70	4.45
4	330790	未标明的香水化妆品	1.90	3.14
5	330300	香水	1.85	3.06
6	330510	洗发水	1.79	2.95
7	630790	纺织类化妆品	1.50	2.48
8	330590	头发妆前准备用品	1.46	2.41
9	330491	粉饼	1.04	1.72
10	330420	眼用化妆品	0.99	1.64

数据来源：CEPII BACI 数据库。

第九章　中国农产品进口发展

农产品进口在调剂国内市场余缺、保障农产品有效供给、促进农业结构调整以及缓解国内资源和环境压力等方面都起到了积极作用。本章将全面分析世界农产品进口发展情况以及我国农产品进口发展情况。本章涉及的农产品范围是在乌拉圭回合农产品协议以及《2016 中国农产品贸易发展报告》① 的基础上界定的，具体包括谷物、棉麻丝、油籽、植物油、糖料及糖类、饮品类、蔬菜、水果、坚果、花卉等 20 大类，与 HS2012 编码的对应关系具体见表 9-1。

表 9-1　农产品分类及对应的 HS2012 编码

产品类型	HS2012 编码
谷物	1001、1002、1003、1004、1005、1006、1007、1008、1101、1102、1103、1104
棉麻丝	5001、5002、5003、5201、5202、5203、5301、5302、5303、5304、5305
油籽	1201、1202、1204、1205、1206、1207、1208
植物油	1507、1508、1509、1510、1511、1512、1513、1514、1515
糖料及糖类	1701、1702、1703、1704
饮品类	0901、0902、0903、1801、1802、1803、1804、1805、1806、2101、2202、2203、2204、2205、2206、2208、2209
蔬菜	0701、0702、0703、0704、0705、0706、0707、0708、0709、0710、0711、0712、0904、1212、2001、2002、2003、2004、2005、2103
水果	0803、0804、0805、0806、0807、0808、0809、0810、0812、0813、0814、1203、2006、2007、2008、2009
坚果	0801、0802、0811
花卉	0811、0601、0602、0603、0604
饼粕	2304、2305、2306
干豆（不含大豆）	0713、1106

① 农业部农产品贸易办公室，农业部农业贸易促进中心 . 2016 中国农产品贸易发展报告［M］. 北京：中国农业出版社，2016.

续表

产品类型	HS2012 编码
水产品	0301、0302、0303、0304、0305、0306、0307、0308、0508、1504、1603、1604、1605、2801、7101
畜产品	0101、0102、0103、0104、0105、0106、0201、0202、0203、0204、0205、0206、0207、0208、0209、0210、0401、0402、0403、0404、0405、0406、0407、0408、0409、0410、0502、0503、0504、0505、0506、0507、0510、0511、1501、1502、1503、1505、1506、1601、1602、2301、4101、4102、4103、4301、5101、5102、5103
调味香料	0905、0906、0907、0908、0909、0910
精油	3301
粮食制品	1107、1108、1109、1902、1903、1904、1905
粮食（薯类）	0714、1105
药材	1211
其他农产品	0509、1209、1210、1213、1214、1301、1302、1401、1402、1403、1404、1516、1517、1518、1519、1520、1521、1522、1901、2102、2104、2105、2106、2207、2302、2303、2307、2308、2309、2401、2402、2403、2905、3501、3502、3503、3504、3505、3809、3823、3913

一、世界农产品进口发展的基本情况

（一）世界农产品进口总体变动情况

1. 世界农产品进口规模

2001—2017 年，世界农产品进口规模总体表现为稳步上升的发展态势。如表 9-2 所示，可以看出：

首先，从进口总额来看，世界农产品进口总额由 2001 年的 5317.36 亿美元增长至 2017 年的 16199.24 亿美元，2017 年大约是 2001 年的 3.05 倍。从增长率来看，进口总额增长率波动较大，2009 年、2012 年和 2015 年农产品进口总额均呈现负增长态势，其中，2009 年进口总额下降幅度最大，较 2008 年下降了 12.64%。

其次，从进口总量来看，世界农产品进口总量除 2009 年略有下降之外，其他年份均呈稳步上升的发展态势，从 2001 年的 9.2 亿吨增加至 2017 年的 16.76 亿吨，2017 年大约是 2001 年的 1.82 倍。此外，进口总量的增长率趋于稳定，在 2011 年之后始终保持在 2.26%~4.04%。

最后，从农产品进口额占世界进口总额的比例来看，农产品进口占比相对稳定，2011—2017 年保持在 9.14%~10.04%，说明从世界范围来看，农产品进口是相对稳定的。

表 9-2 2001—2017 年世界农产品进口规模

年份	进口额/亿美元	进口额增长率/%	进口量/亿吨	进口量增长率/%	农产品进口额占世界进口总额的比例/%
2001	5317. 36	3. 04	9. 20	2. 61	8. 92
2002	5631. 15	5. 90	9. 65	4. 91	9. 00
2003	6532. 03	16. 00	9. 76	1. 21	8. 99
2004	7530. 08	15. 28	10. 15	3. 91	8. 44
2005	8161. 91	8. 39	11. 09	9. 28	8. 07
2006	8947. 62	9. 63	11. 40	2. 78	7. 70
2007	10766. 67	20. 33	11. 96	4. 92	8. 11
2008	13056. 03	21. 26	12. 53	4. 83	8. 42
2009	11406. 31	-12. 64	12. 36	-1. 41	9. 63
2010	13045. 89	14. 37	13. 60	10. 05	8. 97
2011	15958. 05	22. 32	14. 06	3. 37	9. 14
2012	15797. 85	-1. 00	14. 46	2. 86	9. 18
2013	16598. 68	5. 07	15. 04	4. 04	9. 30
2014	16824. 28	1. 36	15. 51	3. 09	9. 55
2015	15128. 26	-10. 08	15. 94	2. 78	9. 65
2016	15330. 97	1. 34	16. 39	2. 83	10. 04
2017	16199. 24	5. 66	16. 76	2. 26	9. 93

数据来源：2001—2017 年 CEPII BACI 数据库。

2. 世界农产品平均进口价格

价格是影响进出口贸易的重要因素之一。图 9-1 是 2001—2017 年世界农产品的平均进口价格。世界农产品平均进口价格的发展趋势可以分成两个阶段：上升阶段和下降阶段。第一阶段为 2001—2011 年，这一阶段农产品平均进口价格整体表现为上升的发展态势，除受金融危机影响，平均进口价格于 2009 年有所下降外，其他年份均保持持续上涨的发展态势，在 2011 年达到历史峰值，为 1135 美元/吨。第二阶段为 2011—2016 年，这一阶段农产品平均进口价格整体表现为下降的发展态势，由 2011 年的 1135 美元/吨下降到 2016 年的 935 美元/吨，降幅达 17. 62%。但在 2017 年，平均进口价格又有所回升，为 967 美元/吨。

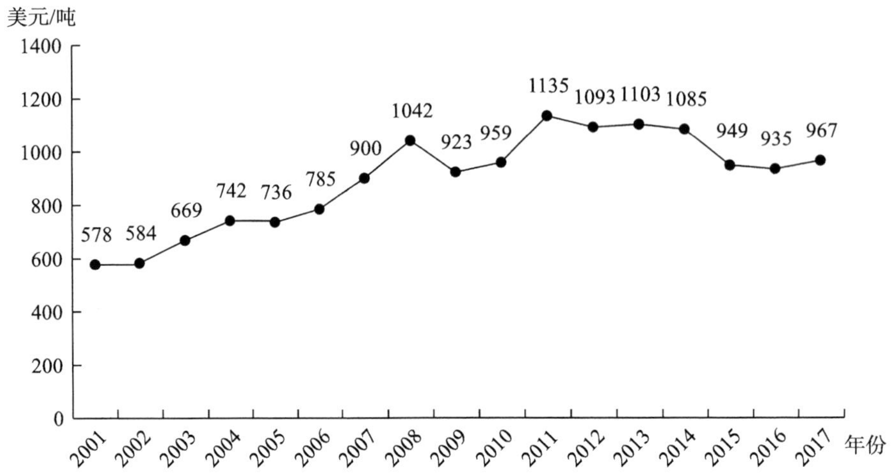

图 9-1　2001—2017 年世界农产品平均进口价格

数据来源：2001—2017 年 CEPII BACI 数据库。

（二）世界各细分农产品进口变化情况

1. 世界各细分农产品进口规模

表 9-3 统计了世界各类农产品进口额的变化情况。可以看出，2017 年，世界进口的前十大农产品主要包括畜产品、饮品类、水产品、谷物、水果、蔬菜、油籽、植物油、粮食制品、糖料及糖类。从世界各细分农产品的进口额来看，2001 年和 2017 年进口额最大的五类农产品均为畜产品、饮品类、水产品、水果和谷物。其中，畜产品的进口额由 2001 年的 1029.65 亿美元增加至 2017 年的 2732.82 亿美元，2017 年大约是 2001 年的 2.65 倍；饮品类的进口额由 2001 年的 595.41 亿美元增加至 2017 年的 1937.26 亿美元，2017 年大约是 2001 年的 3.25 倍；水产品的进口额由 2001 年的 588.84 亿美元增加至 2017 年的 1477.66 亿美元，2017 年大约是 2001 年的 2.51 倍；水果和谷物 2017 年的进口额大约分别是 2001 年的 3.26 倍和 2.91 倍。此外，2001—2017 年，进口额增长最快的三类农产品为油籽、坚果和植物油，2017 年大约分别是 2001 年的 5.19 倍、5.19 倍和 5.08 倍；增长最慢的三类农产品为水产品、花卉和棉麻丝，2017 年大约分别是 2001 年的 2.51 倍、2.10 倍和 1.82 倍。

表 9-3　2001—2017 年世界各类农产品进口额的变化

产品类型	2001 年/亿美元	2010 年/亿美元	2017 年/亿美元	2017 年与 2001 年之比
油籽	157.34	566.69	816.64	5.19
坚果	56.7	177.64	294.29	5.19

续表

产品类型	2001 年/亿美元	2010 年/亿美元	2017 年/亿美元	2017 年与 2001 年之比
植物油	157. 63	671. 05	800. 45	5. 08
干豆（不含大豆）	30. 7	85. 07	128. 06	4. 17
调味香料	17. 36	37. 52	64. 81	3. 73
粮食制品	159. 06	425. 26	558. 89	3. 51
精油	15. 47	31. 41	54. 38	3. 51
水果	374. 25	885. 84	1221. 62	3. 26
饮品类	595. 41	1537	1937. 26	3. 25
粮食（薯类）	9. 14	22. 67	28. 9	3. 16
其他农产品	949. 27	2354. 43	2866. 67	3. 02
饼粕	96. 33	271. 57	285. 37	2. 96
蔬菜	332. 58	792. 2	977. 33	2. 94
谷物	381. 18	966. 81	1108. 82	2. 91
药材	11. 02	22. 33	32. 06	2. 91
畜产品	1029. 65	2294. 17	2732. 82	2. 65
糖料及糖类	176. 38	465. 29	461. 59	2. 62
水产品	588. 84	1086. 27	1477. 66	2. 51
花卉	91. 03	172. 26	191. 3	2. 10
棉麻丝	88. 03	180. 43	160. 33	1. 82

数据来源：2001—2017 年 CEPII BACI 数据库。

表 9-4 统计了世界各类农产品进口量的变化情况。可以看出，2001 年和 2017 年进口量最大的五类农产品均为谷物、油籽、畜产品、水果和饼粕。其中，谷物的进口量由 2001 年的 27936 万吨增加至 2017 年的 47638 万吨，2017 年大约是 2001 年的 1. 71 倍；油籽的进口量由 2001 年的 7562 万吨增加至 2017 年的 15734 万吨，2017 年大约是 2001 年的 2. 52 倍；畜产品的进口量由 2001 年的 6854 万吨增加至 2017 年的 11655 万吨，2017 年大约是 2001 年的 1. 70 倍；水果和饼粕 2017 年的进口量大约分别是 2001 年的 1. 69 倍和 1. 66 倍。此外，2001—2017 年，进口量增长最快的前三类农产品为油籽、坚果和调味香料，2017 年大约分别是 2001 年的 2. 52 倍、2. 46 倍和 2. 17 倍；增长最慢的三类农产品为棉麻丝、精油和药材，2017 年大约分别是 2001 年的 1. 33 倍、1. 23 倍和 1. 20 倍。

表 9-4　2001—2017 年世界各类农产品进口量的变化

产品类型	2001 年/万吨	2010 年/万吨	2017 年/万吨	2017 年与 2001 年之比
油籽	7562	12610	15734	2. 52
坚果	339	6. 5	831	2. 46
调味香料	091	143	197	2. 17
植物油	3992	7419	8377	2. 1
干豆（不含大豆）	926	1310	1937	2. 09
粮食制品	1778	2906	3623	2. 04
其他农产品	11623	19408	23366	2. 01
饮品类	3966	6114	7869	1. 98
花卉	341	477	676	1. 98
蔬菜	5027	7584	8717	1. 73
谷物	27936	36425	47638	1. 71
畜产品	6854	9917	11655	1. 70
水果	6031	8863	10222	1. 69
饼粕	5810	8804	9660	1. 66
粮食（薯类）	646	720	1018	1. 58
糖料及糖类	5710	8234	8284	1. 45
水产品	2487	3239	3326	1. 34
棉麻丝	775	1084	1033	1. 33
精油	19	22	24	1. 23
药材	53	61	63	1. 20

数据来源：2001—2017 年 CEPII BACI 数据库。

2. 世界各细分农产品平均进口价格

表 9-5 统计了世界各类农产品平均进口价格的情况。2001—2017 年，平均进口价格较高的前十大类农产品包括精油、药材、水产品、坚果、调味香料、花卉、饮品类、畜产品、棉麻丝和粮食制品。在这十类产品中，精油的平均进口价格最高，从 2001 年的 7944 美元/吨上涨至 2017 年的 22614 美元/吨，上涨了 14670 美元/吨，2017 年大约是 2001 年的 2. 85 倍。2001—2017 年，平均进口价格涨幅最高的前十类农产品依次为精油、植物油、药材、坚果、油籽、粮食（薯类）、干豆（不含大豆）、水果、水产品、糖料及糖类。其中，涨幅位居前三的农产品为精油、植物油和药材，平均进口价

格分别上涨了 184.67%、141.77%和 141.75%；涨幅最小的农产品为花卉，平均进口价格仅上涨了 6.15%。

表 9-5 2001—2017 年世界各类农产品平均进口价格

单位：美元/吨

产品类型	2001 年	2003 年	2005 年	2007 年	2009 年	2011 年	2013 年	2015 年	2017 年
精油	7944	9545	10101	12284	12525	18728	17078	18927	22614
药材	2096	2466	2623	3249	3380	4262	4391	4830	5067
水产品	2368	2538	3002	3271	3337	3983	4117	3899	4442
坚果	1675	1874	2522	2571	2551	3164	3103	3431	3539
调味香料	1910	1963	1722	1813	2246	2891	2641	2851	3288
花卉	2666	3009	3290	3643	3894	3884	3562	3283	2830
饮品类	1501	1791	1906	2209	2367	2821	2611	2442	2462
畜产品	1502	1679	1925	2251	2201	2658	2743	2344	2345
棉麻丝	1136	1134	1116	1216	1202	2377	1794	1431	1553
粮食制品	894	1062	1155	1365	1539	1745	1630	1503	1543
其他农产品	817	954	1074	1211	1194	1399	1381	1210	1227
水果	621	724	793	939	944	1095	1097	1081	1195
蔬菜	662	755	830	990	1012	1091	1106	1069	1121
植物油	395	575	616	830	830	1272	1003	845	955
干豆（不含大豆）	332	364	381	527	609	684	708	680	661
糖料及糖类	309	323	396	477	520	714	625	502	557
油籽	208	260	212	355	444	565	549	436	428
饼粕	166	178	184	226	324	341	432	333	295
粮食（薯类）	142	195	271	290	247	390	396	317	284
谷物	136	154	167	251	258	348	338	255	233

数据来源：2001—2017 年 CEPII BACI 数据库。

（三）世界农产品进口的国别结构

表 9-6 汇报了 2001 年和 2017 年世界前十大农产品进口国的进口情况。可以发现，第一，2001 年和 2017 年，美国均为世界第一大农产品进口国，但相比 2001 年，2017 年美国农产品进口占世界农产品进口的份额有所下降，由 2001 年的 10.72%下降到 2017 年的 9.53%。第二，2001 年前十大进口国合计占到世界农产品进口总额的 56.15%，2017 年这一比例下降到 49.89%，总体而言，世界农产品的进口集中度有所

下降。值得注意的是，2001年，中国未步入世界前十大农产品进口国行列；2017年，中国跃升为第二大农产品进口国，且进口份额高达8.41%，仅次于美国的9.53%。

表9-6　2001年和2017年世界前十大农产品进口国进口额及份额

排名	2001年			2017年		
	国家	进口额/亿美元	占世界农产品进口总额的比例/%	国家	进口额/亿美元	占世界农产品进口总额的比例/%
1	美国	570.10	10.72	美国	1543.29	9.53
2	日本	466.23	8.77	中国	1362.90	8.41
3	德国	413.94	7.78	德国	1036.64	6.40
4	英国	297.23	5.59	荷兰	717.64	4.43
5	法国	272.52	5.13	日本	695.35	4.29
6	意大利	255.56	4.81	英国	666.27	4.11
7	荷兰	222.48	4.18	法国	644.59	3.98
8	卢森堡	175.54	3.30	意大利	530.67	3.28
9	西班牙	170.59	3.21	卢森堡	459.77	2.84
10	加拿大	141.26	2.66	西班牙	425.19	2.62
	合计	2985.45	56.15	合计	8082.30	49.89

数据来源：2001年和2017年CEPII BACI数据库。

（四）世界农产品进口的产品结构

表9-7统计了2001年和2017年世界前十大农产品进口额及份额。总体而言，2001—2017年，世界前十大进口农产品的种类没有发生变化，但各自的进口份额有所差异。这十大农产品分别为畜产品、饮品类、水产品、水果、谷物、蔬菜、油籽、植物油、粮食制品、糖料及糖类。其中，畜产品、饮品类和水产品在2001年和2017年均为世界前三大进口农产品。具体来看，2001年畜产品进口额占农产品进口总额的19.36%，2017年这一进口份额减少为16.87%；饮品类所占份额在2001年和2017年保持稳定，均处于11%~12%；水产品进口份额由2001年的11.07%下降到2017年的9.12%。

此外，在世界前十大进口农产品中，水果、植物油、油籽和粮食制品的进口份额有所增加。水果的进口份额由2001年的7.04%增加至2017年的7.54%，植物油的进口份额由2001年的2.96%增加至2017年的4.94%，油籽的进口份额由2001年的2.96%增加至2017年的5.04%，粮食制品的进口份额由2001年的2.99%增加至2017

年的 3. 45%。谷物、蔬菜、糖料及糖类的进口份额有所下降。谷物的进口份额由 2001 年的 7. 17%下降到 2017 年的 6. 84%，蔬菜的进口份额由 2001 年的 6. 25%下降到 2017 年的 6. 03%，糖料及糖类的进口份额由 2001 年的 3. 32%下降到 2017 年的 2. 85%。

表 9-7　2001 年和 2017 年世界前十大农产品进口额及份额

排名	2001 年			2017 年		
	产品类型	进口额/亿美元	进口份额/%	产品类型	进口额/亿美元	进口份额/%
1	畜产品	1029. 65	19. 36	畜产品	2732. 82	16. 87
2	饮品类	595. 41	11. 2	饮品类	1937. 26	11. 96
3	水产品	588. 84	11. 07	水产品	1477. 66	9. 12
4	谷物	381. 18	7. 17	水果	1221. 62	7. 54
5	水果	374. 25	7. 04	谷物	1108. 82	6. 84
6	蔬菜	332. 58	6. 25	蔬菜	977. 33	6. 03
7	糖料及糖类	176. 38	3. 32	油籽	816. 64	5. 04
8	粮食制品	159. 06	2. 99	植物油	800. 45	4. 94
9	植物油	157. 63	2. 96	粮食制品	558. 89	3. 45
10	油籽	157. 34	2. 96	糖料及糖类	461. 59	2. 85
	合计	3952. 32	74. 32	合计	12093. 08	74. 64

数据来源：2001 年和 2017 年 CEPII BACI 数据库。

二、中国农产品进口发展的基本情况

（一）中国农产品进口总体变动情况

1. 中国农产品进口规模

首先，中国农产品进口总额与进口总量总体上表现为上升的态势。如表 9-8 所示，从进口总额来看，中国农产品进口总额由 2001 年的 136. 85 亿美元上升至 2018 年①的 1529. 45 亿美元，2018 年大约是 2001 年的 11. 18 倍。从进口总量来看，中国农产品进口总量由 2001 年的 0. 37 亿吨上升至 2018 年的 1. 94 亿吨，2018 年大约是 2001 年的 5. 24 倍。相比 2001 年，2018 年中国农产品进口量的增长速度要小于进口额的增长速度，从侧面说明我国农产品平均进口价格有所上涨。

① 本章使用了 2018 年的数据，而其他章仅使用 2001—2017 年的数据，因为其他章使用的 CEPII BACI 数据库的商品分类版本为 HS1992 或 HS2012，而中国海关统计数据在线查询平台提供的 2018 年数据的商品分类版本为 HS2017，匹配后误差较大，2001—2017 年数据与 2018 年数据不具有可比性。

其次，从贸易差额来看，中国农产品贸易自 2004 年开始出现逆差，且贸易逆差不断扩大。贸易逆差由 2004 年的 48. 38 亿美元扩大到 2018 年的 736. 25 亿美元，2018 年的贸易逆差大约是 2004 年的 15. 22 倍。这种较大的贸易逆差可能不利于我国农产品贸易的健康发展。

再次，中国在世界农产品进口贸易中的地位不断提升。主要表现在两个方面：第一，中国占世界农产品进口总额的份额有所增加。中国农产品进口所占份额由 2001 年的 2. 57%上升到 2017 年的 8. 41%，2017 年大约是 2001 的 3. 27 倍。第二，中国在世界农产品进口总额的排名不断提升。中国农产品进口的排名大致经历了两个阶段。第一阶段为 2001—2011 年，进口排名持续上升，到 2011 年进口排名位居世界第二；第二阶段为 2012—2017 年，这期间我国一直稳定保持世界第二大农产品进口国的地位。可见，作为农产品进口大国，我国为世界农产品贸易作出了重要贡献。

最后，从农产品在中国进口贸易中的地位来看，农产品进口占中国进口总额的比例较为稳定。2001—2018 年，农产品进口在中国进口总额中的占比基本维持在 6%~9%，其中，2006 年中国农产品进口份额最低，为 5. 87%，2016 年中国农产品进口份额最高，达到了 9. 69%。

表 9-8　2001—2018 年中国农产品进口变化情况

年份	进口额/亿美元	进口量/亿吨	占世界农产品进口总额比例/%	占中国进口总额比例/%	贸易差额/亿美元	中国农产品进口的世界排名
2001	136. 85	0. 37	2. 57	6. 73	48. 47	11
2002	155. 15	0. 36	2. 76	6. 28	49. 88	10
2003	228. 58	0. 48	3. 50	6. 55	12. 32	9
2004	309. 17	0. 58	4. 11	6. 71	-48. 38	8
2005	339. 97	0. 64	4. 17	6. 35	-35. 40	8
2006	376. 36	0. 68	4. 21	5. 87	-26. 49	8
2007	490. 26	0. 71	4. 55	6. 83	-77. 82	6
2008	620. 17	0. 77	4. 75	7. 21	-173. 68	5
2009	615. 79	1. 01	5. 40	7. 85	-199. 17	3
2010	850. 48	1. 22	6. 52	7. 63	-347. 22	3
2011	1107. 65	1. 23	6. 94	7. 93	-490. 68	2
2012	1245. 79	1. 43	7. 89	8. 76	-619. 02	2
2013	1335. 46	1. 57	8. 05	8. 48	-689. 36	2
2014	1304. 08	1. 68	7. 75	8. 50	-630. 42	2
2015	1212. 42	1. 95	8. 01	9. 53	-578. 45	2

续表

年份	进口额/亿美元	进口量/亿吨	占世界农产品进口总额比例/%	占中国进口总额比例/%	贸易差额/亿美元	中国农产品进口的世界排名
2016	1195.62	1.87	7.80	9.69	-531.34	2
2017	1362.90	2.05	8.41	8.86	-626.77	2
2018	1529.45	1.94	—	7.16	-736.25	—

数据来源：2001—2017 年数据来源于 CEPII BACI 数据库，2018 年数据来源于中国海关统计数据在线查询平台。

2. 中国农产品平均进口价格

图 9-2 描绘了 2001—2018 年中国农产品的平均进口价格。中国农产品平均进口价格变化大致可以划分为三个阶段：第一阶段（2001—2009 年）为第一个驼峰期，第二阶段（2010—2015 年）为第二个驼峰期，第三阶段（2016—2018 年）为持续上涨期。在第一阶段，进口价格先上涨后下降，中国农产品平均进口价格由 2001 年的 370 美元/吨上涨至 2008 年的 806 美元/吨，此后受到金融危机影响，于 2009 年直线下降到 612 美元/吨。在第二阶段，中国农产品平均进口价格于 2011 年达到历史最高水平，为 898 美元/吨，此后，中国农产品平均进口价格连续 4 年下降，与 2011 年相比，2015 年平均进口价格降幅达 30.62%。在第三阶段，中国农产品平均进口价格又面临持续上涨的局面。从 2001 年和 2018 年的情况来看，中国农产品平均进口价格从 2001 年的 370 美元/吨上涨至 2018 年的 788 美元/吨，2018 年中国农产品平均进口价格大约是 2001 年的 2.13 倍。

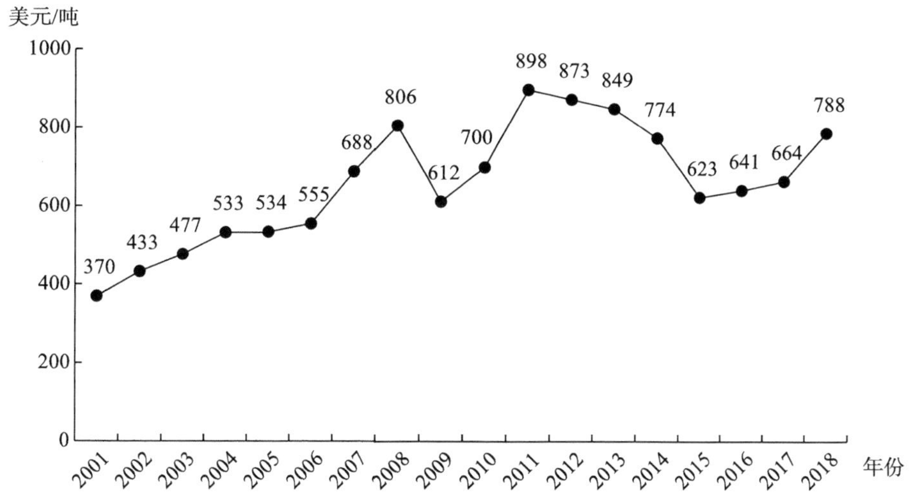

图 9-2 2001—2018 年中国农产品平均进口价格

数据来源：2001—2017 年数据来源于 CEPII BACI 数据库，2018 年数据来源于中国海关统计数据在线查询平台。

（二）中国各细分农产品进口变化情况

1. 中国各细分农产品进口规模

表 9-9 和表 9-10 列出了 2001—2018 年中国各类农产品进口额的变化情况。根据 2001—2018 年各类农产品的进口总额，中国进口规模前十大农产品包括畜产品、油籽、水产品、植物油、棉麻丝、饮品类、谷物、水果、糖料及糖类、粮食（薯类）。中国各类农产品进口总额的变化呈现出以下特点：首先，从中国农产品进口总额来看，2001 年和 2018 年，中国进口总额最大的三类农产品均为油籽、其他农产品和畜产品。其次，从 2001—2018 年进口总额的变化来看，中国进口总额增长速度最快的前三类农产品为饼粕、饮品类和粮食制品，这三类农产品 2018 年的进口总额分别是 2001 年的 35.32 倍、26.05 倍和 25.37 倍，而增长速度最慢的三类农产品为糖料及糖类、药材、调味香料，这三类农产品 2018 年的进口总额仅为 2001 年进口总额的 3.87 倍、3.76 倍、1.15 倍。

表 9-9　2001—2018 年中国各类农产品进口规模

单位：亿美元

产品类型	2001 年	2010 年	2017 年	2018 年
油籽	27.76	238.33	397.63	417.94
其他农产品	30.02	191.38	280.66	304.32
畜产品	34.81	116.03	221.65	258.92
水产品	12.46	50.05	88.07	124.58
水果	4.73	19.84	71.57	83.21
饮品类	2.8	25.58	65.94	72.93
植物油	5.75	80.67	65.55	72.68
谷物	5.99	14.03	60.84	59.4
棉麻丝	2.24	61.46	26.23	39.44
粮食制品	0.9	6.69	20.1	22.83
坚果	0.9	8.18	11.91	15.04
糖料及糖类	3.67	10.53	14.62	14.21
粮食（薯类）	1.36	10.84	13.88	11.44
蔬菜	1.71	4.57	5.47	11.16
干豆（不含大豆）	0.34	2.93	4.89	7.84
饼粕	0.19	5.98	3.88	6.71
花卉	0.35	1.18	2.89	2.93

续表

产品类型	2001 年	2010 年	2017 年	2018 年
精油	0.42	1.28	2.56	2.5
药材	0.33	0.8	1.14	1.24
调味香料	0.13	0.14	0.4	0.15

数据来源：2001—2017 年数据来源于 CEPII BACI 数据库，2018 年数据来源于中国海关统计数据在线查询平台。

表 9-10　中国各细分农产品进口额相对变化情况

产品类型	2001 年	2010 年	2017 年	2018 年
饼粕	1	31.47	20.42	35.32
饮品类	1	9.14	23.55	26.05
粮食制品	1	7.43	22.33	25.37
干豆（不含大豆）	1	8.62	14.38	23.06
棉麻丝	1	27.44	11.71	17.61
水果	1	4.19	15.13	17.59
坚果	1	9.09	13.23	16.71
油籽	1	8.59	14.32	15.06
植物油	1	14.03	11.4	12.64
其他农产品	1	6.38	9.35	10.14
水产品	1	4.02	7.07	10
谷物	1	2.34	10.16	9.92
粮食（薯类）	1	7.97	10.21	8.41
花卉	1	3.37	8.26	8.37
畜产品	1	3.33	6.37	7.44
蔬菜	1	2.67	3.2	6.53
精油	1	3.05	6.1	5.95
糖料及糖类	1	2.87	3.98	3.87
药材	1	2.42	3.45	3.76
调味香料	1	1.08	3.08	1.15

数据来源：2001—2017 年数据来源于 CEPII BACI 数据库，2018 年数据来源于中国海关统计数据在线查询平台。

表 9-11 和表 9-12 列出了 2001—2018 年中国各类农产品进口量的变化情况。中国

各类农产品进口总量的变化呈现出以下特点：首先，从中国农产品进口量来看，2001年和2018年，进口总量最大的三类农产品均为油籽、其他农产品和谷物。其次，从2001—2018年进口总量的变化来看，中国进口总量增长速度最快的前三类农产品为花卉、干豆（不含大豆）和饮品类，这三类农产品2018年的进口量分别为2001年进口量的47.97倍、15.39倍和13.90倍；而增长速度最慢的三类农产品为糖料及糖类、精油、调味香料，这三类农产品2018年的进口量分别为2001年进口量的1.79倍、1.53倍、0.44倍。

表9-11　2001—2018年中国各类农产品进口量

单位：万吨

产品类型	2001年	2010年	2017年	2018年
油籽	1546.1	5707.81	10240.7	9451.17
其他农产品	524.03	2089.16	2637.11	2757.71
谷物	369.17	562.69	2612.06	2050.45
畜产品	335.99	555.88	929.71	1015.3
植物油	207.98	908.46	743.59	926.36
水果	86.26	272.5	547.33	543.01
粮食（薯类）	193.64	547.59	813.52	480.81
水产品	104.12	272.14	316.42	354.65
糖料及糖类	168.18	204.62	454.32	300.95
饼粕	22.75	260.3	164.58	246.84
粮食制品	25.16	97.89	278.38	241.47
棉麻丝	27.89	377.4	211.61	240.97
饮品类	16.95	67.6	236.7	235.62
干豆（不含大豆）	14.83	78.86	138.15	228.3
蔬菜	45.2	102.98	78.31	197.64
花卉	1.52	8.53	22	72.91
坚果	10.52	32.96	57.76	70.45
药材	2.03	3.38	3.4	4.05
精油	0.58	0.8	1.3	0.89
调味香料	0.77	0.71	1.26	0.34

数据来源：2001—2017年数据来源于CEPII BACI数据库，2018年数据来源于中国海关统计数据在线查询平台。

表 9-12 中国各细分农产品进口量相对变化情况

产品类型	2001 年	2010 年	2017 年	2018 年
花卉	1	5.61	14.47	47.97
干豆（不含大豆）	1	5.32	9.32	15.39
饮品类	1	3.99	13.96	13.9
饼粕	1	11.44	7.23	10.85
粮食制品	1	3.89	11.06	9.6
棉麻丝	1	13.53	7.59	8.64
坚果	1	3.13	5.49	6.7
水果	1	3.16	6.35	6.3
油籽	1	3.69	6.62	6.11
谷物	1	1.52	7.08	5.55
其他农产品	1	3.99	5.03	5.26
植物油	1	4.37	3.58	4.45
蔬菜	1	2.28	1.73	4.37
水产品	1	2.61	3.04	3.41
畜产品	1	1.65	2.77	3.02
粮食（薯类）	1	2.83	4.2	2.48
药材	1	1.67	1.67	2
糖料及糖类	1	1.22	2.7	1.79
精油	1	1.38	2.24	1.53
调味香料	1	0.92	1.64	0.44

数据来源：2001—2017 年数据来源于 CEPII BACI 数据库，2018 年数据来源于中国海关统计数据在线查询平台。

2. 中国各细分农产品平均进口价格

表 9-13 统计了 2001—2018 年中国各细分农产品平均进口价格。为了更加直观地展示中国农产品相对进口价格的变化，表 9-14 计算了以 2001 年为基期，其后各年各细分农产品相对进口价格。通过分析可以看出，不同类型农产品的平均进口价格及其变化具有显著的差异性。

从 2018 年进口价格的均值来看，中国进口价格较高的前十大农产品包括精油、调味香料、水产品、饮品类、药材、畜产品、坚果、棉麻丝、水果、粮食制品。其中，

2001—2018 年，精油的平均进口价格最高且涨幅最大，从 2001 年的 7295 美元/吨上涨至 2018 年的 27914 美元/吨，2018 年精油的平均进口价格较 2001 年提高了 20619 美元/吨。从相对进口价格来看，2001—2018 年，平均进口价格涨幅最高的前十类农产品依次为精油、粮食（薯类）、饼粕、水产品、植物油、水果、粮食制品、坚果、油籽、畜产品，其中，2001—2018 年，精油、粮食（薯类）和饼粕的涨幅位居前三，2018 年的平均进口价格分别为 2001 年的 3.83 倍、3.4 倍和 3.32 倍。

表 9-13　2001—2018 年中国各类农产品平均进口价格

单位：美元/吨

产品类型	2001 年	2003 年	2005 年	2007 年	2009 年	2011 年	2013 年	2015 年	2017 年	2018 年
精油	7295	7608	6401	10875	14229	19596	17759	20034	19595	27914
调味香料	1760	947	1242	2541	1616	1875	3626	3062	3129	4336
水产品	1197	1400	1560	1603	1687	2183	2309	2412	2783	3513
饮品类	1651	1652	2539	3309	3639	4376	3660	2697	2786	3095
药材	1609	2370	1255	2496	1947	2934	1853	3102	3353	3064
畜产品	1036	1247	1347	1704	1555	2524	2822	2544	2384	2550
坚果	852	991	1468	2051	1780	2260	2977	2105	2061	2135
棉麻丝	803	1169	1102	1171	1070	2282	1768	1303	1239	1637
水果	548	483	545	703	681	847	1173	1446	1308	1532
其他农产品	573	750	1025	1220	764	1172	1066	814	1064	1104
粮食制品	358	351	414	463	506	815	761	834	722	945
植物油	277	459	436	713	688	1176	919	727	882	785
蔬菜	378	640	1030	438	375	486	502	470	699	565
糖料及糖类	218	252	269	373	402	633	486	385	322	472
油籽	180	237	245	320	411	509	554	394	388	442
花卉	2278	2162	2353	2695	2523	1144	2240	2353	1313	402
干豆（不含大豆）	230	270	237	363	327	509	438	464	354	343
谷物	162	202	198	342	274	344	331	259	233	290
饼粕	82	136	191	187	175	248	204	186	236	272
粮食（薯类）	70	92	126	174	141	267	268	225	171	238

数据来源：2001—2017 年数据来源于 CEPII BACI 数据库，2018 年数据来源于中国海关统计数据在线查询平台。

表 9-14 2001—2018 年中国各类农产品相对进口价格

产品类型	2001 年	2003 年	2005 年	2007 年	2009 年	2011 年	2013 年	2015 年	2017 年	2018 年
精油	1	1.04	0.88	1.49	1.95	2.69	2.43	2.75	2.69	3.83
粮食（薯类）	1	1.31	1.8	2.49	2.01	3.81	3.83	3.21	2.44	3.40
饼粕	1	1.66	2.33	2.28	2.13	3.02	2.49	2.27	2.88	3.32
水产品	1	1.17	1.3	1.34	1.41	1.82	1.93	2.02	2.32	2.93
植物油	1	1.66	1.57	2.57	2.48	4.25	3.32	2.62	3.18	2.83
水果	1	0.88	0.99	1.28	1.24	1.55	2.14	2.64	2.39	2.8
粮食制品	1	0.98	1.16	1.29	1.41	2.28	2.13	2.33	2.02	2.64
坚果	1	1.16	1.72	2.41	2.09	2.65	3.49	2.47	2.42	2.51
油籽	1	1.32	1.36	1.78	2.28	2.83	3.08	2.19	2.16	2.46
畜产品	1	1.2	1.3	1.64	1.5	2.44	2.72	2.46	2.3	2.46
调味香料	1	0.54	0.71	1.44	0.92	1.07	2.06	1.74	1.78	2.46
糖料及糖类	1	1.16	1.23	1.71	1.84	2.9	2.23	1.77	1.48	2.17
棉麻丝	1	1.46	1.37	1.46	1.33	2.84	2.2	1.62	1.54	2.04
其他农产品	1	1.31	1.79	2.13	1.33	2.05	1.86	1.42	1.86	1.93
药材	1	1.47	0.78	1.55	1.21	1.82	1.15	1.93	2.08	1.9
饮品类	1	1	1.54	2	2.2	2.65	2.22	1.63	1.69	1.87
谷物	1	1.25	1.22	2.11	1.69	2.12	2.04	1.6	1.44	1.79
蔬菜	1	1.69	2.72	1.16	0.99	1.29	1.33	1.24	1.85	1.49
干豆（不含大豆）	1	1.17	1.03	1.58	1.42	2.21	1.9	2.02	1.54	1.49
花卉	1	0.95	1.03	1.18	1.11	0.5	0.98	1.03	0.58	0.18

数据来源：2001—2017 年数据来源于 CEPII BACI 数据库，2018 年数据来源于中国海关统计数据在线查询平台。

3. 中国各细分农产品占世界同类农产品进口份额

表 9-15 统计了 2001—2017 年中国各类农产品在世界该类农产品进口总额中的占比。可以看出，我国油籽和粮食（薯类）两类产品的进口总额占世界该类农产品进口总额的比重都非常高，2017 年中国上述两种农产品进口约占世界该类农产品进口总额的一半。具体而言，中国油籽进口占世界油籽进口总额的比重由 2001 年的 17.64%上升至 2017 年的 48.96%；中国粮食（薯类）进口占世界粮食（薯类）进口总额的比重由 2001 年的 14.83%上升至 2017 年的 48.05%。

此外，中国棉麻丝的进口份额呈现先上升后下降的趋势，由 2001 年的 2.54%上升至 2013 年的 41.05%，之后迅速下降，并于 2017 年下降到 16.36%；中国畜产品、水产品、水果、饮品类和粮食制品的进口份额总体呈现上升的发展趋势；花卉的进口份额除 2009 年略有下降外，其他年份逐年上升。可见，我国各细分农产品在世界该类农产品进口贸易中的地位越来越重要。

表 9-15　2001—2017 年中国各类农产品进口占世界该类农产品进口比例

（%）

产品类型	2001 年	2003 年	2005 年	2007 年	2009 年	2011 年	2013 年	2015 年	2017 年
油籽	17.64	23.79	25.84	29.7	38.67	40.26	46.07	46.98	48.69
粮食（薯类）	14.83	18.4	31.41	30.66	43.63	50.26	48.74	49.54	48.05
棉麻丝	2.54	14.3	27.79	26.85	23.83	37.64	41.05	21.37	16.36
其他农产品	3.16	4.32	5.66	6.2	6.31	8.54	8.87	8.47	9.79
植物油	3.65	10.18	8.68	12.5	13.12	10.53	10.96	9.69	8.19
畜产品	3.38	3.48	3.84	4.06	4.47	5.87	7.38	7.75	8.11
水产品	2.12	2.83	3.25	3.24	3.92	4.89	5.22	5.53	5.96
水果	1.26	1.23	1.25	1.35	2.08	2.90	3.17	5.00	5.86
谷物	1.57	0.99	2.46	0.59	1.06	1.74	3.92	7.27	5.49
精油	2.75	2.63	3.02	3.73	4.64	4.83	7.55	5.69	4.7
坚果	1.58	1.75	1.90	2.35	3.62	3.47	3.38	3.38	4.05
干豆（不含大豆）	1.11	0.59	1.70	2.29	1.77	4.18	4.81	3.96	3.82
粮食制品	0.57	0.98	0.95	1.01	1.3	1.87	2.91	3.45	3.6
药材	2.96	3.96	2.91	2.32	2.44	4.75	5.51	4.48	3.56
饮品类	0.47	0.45	0.7	1.09	1.28	1.93	2.21	2.65	3.4
糖料及糖类	2.08	1.01	1.47	1.47	1.33	3.79	4.72	4.9	3.17
花卉	0.38	0.48	0.59	0.68	0.62	0.71	0.93	1.21	1.51
饼粕	0.19	0.07	0.55	0.51	0.72	1.5	0.49	0.43	1.36
调味香料	0.78	0.59	0.46	0.31	0.36	0.39	0.62	0.38	0.61
蔬菜	0.51	0.43	0.42	0.4	0.45	0.6	0.78	0.81	0.56

数据来源：CEPII BACI 数据库。

三、中国农产品进口结构的变化

（一）中国农产品进口的来源地结构

1. 中国前十大农产品进口来源地

表 9-16 是 2001 年和 2018 年中国前十大农产品进口来源地及其进口份额。可以看出，首先，中国前十大农产品进口来源地相对稳定。对比 2001 年和 2018 年的情况，美国、澳大利亚、巴西、加拿大、泰国和越南六国均位列我国前十大农产品进口来源地，且相比 2001 年，2018 年新西兰、印度尼西亚、法国、沙特阿拉伯替代阿根廷、日本、马来西亚和韩国步入我国前十大农产品进口来源地行列。其次，我国对前十大农产品进口来源地的依赖程度较高。2001 年，美国是我国第一大农产品进口来源地，我国从美国进口的农产品占到我国农产品进口总额的 18.35%；2001 年我国从前十大进口来源地进口的农产品的合计份额高达 61.11%。2018 年，我国第一大农产品进口来源地变为巴西，从巴西进口的农产品占到我国农产品进口总额的 21.63%；2018 年我国前十大农产品进口来源地的合计进口份额高达 65.81%。总体而言，前十大农产品进口来源地占据了我国农产品进口总额的 60%以上。

表 9-16　2001 年和 2018 年中国前十大农产品进口来源地进口额及份额

排名	2001 年			2018 年		
	国家	进口额/亿美元	进口份额/%	国家	进口额/亿美元	进口份额/%
1	美国	25.11	18.35	巴西	331.00	21.63
2	澳大利亚	11.83	8.64	美国	167.00	10.93
3	阿根廷	8.86	6.47	澳大利亚	104.00	6.83
4	加拿大	8.73	6.38	加拿大	87.67	5.73
5	巴西	6.56	4.79	新西兰	77.44	5.06
6	日本	5.08	3.71	印度尼西亚	63.02	4.12
7	马来西亚	5.04	3.68	泰国	58.63	3.83
8	泰国	4.67	3.41	法国	42.64	2.79
9	韩国	3.94	2.88	沙特阿拉伯	41.90	2.74
10	越南	3.84	2.80	越南	32.84	2.15
	合计	83.66	61.11	合计	1006.13	65.81

数据来源：2001 年数据来源于 CEPII BACI 数据库，2018 年数据来源于中国海关统计数据在线查询平台。

2. 中国各细分农产品前三大进口来源地

表 9-17 统计了 2001 年和 2018 年中国各类农产品前三大进口来源地及其在该类农产品进口中所占份额。结果表明，2018 年各类农产品的进口集中程度较 2001 年均有所提高，且进口集中程度最高的前三类农产品依次为粮食（薯类）、油籽和干豆（不含大豆）。具体来看：

第一，从中国粮食（薯类）进口来源地的集中程度来看，2001 年，中国从第一大进口来源地泰国进口的粮食（薯类）份额为 34.37%，而到 2018 年，这一份额增长为 86.79%；2001 年，中国从前三大进口来源地进口粮食（薯类）的合计占比为 49.49%，而到 2018 年，这一份额增长为 98.69%，说明中国粮食（薯类）进口来源地的集中程度明显提高。

第二，从中国油籽进口来源地的集中程度来看，2001 年，中国从第一大进口来源地美国进口的油籽份额为 37.85%，而到 2018 年，中国油籽的第一大进口来源地变为巴西，从巴西进口的油籽份额提高至 69.01%；2001 年，中国从前三大进口来源地进口油籽的合计占比为 64.64%，而到 2018 年，这一份额提高至 97.27%。

第三，从中国干豆（不含大豆）进口来源地的集中程度来看，2001 年，中国从第一大进口来源地加拿大进口的干豆（不含大豆）份额为 23.07%，而到 2018 年，这一份额提高至 75.43%；2001 年，中国从前三大进口来源地进口干豆（不含大豆）的合计占比为 41.51%，而到 2018 年，这一份额提高至 86.84%。从上述分析可以看出，我国一些农产品对特定进口来源地具有很强的依赖性。

表 9-17　2001 年和 2018 年中国各类农产品前三大进口来源地及其进口份额

（%）

产品类型	年份	第一大进口来源地	份额	第二大进口来源地	份额	第三大进口来源地	份额
畜产品	2001	美国	12.63	荷兰	8.85	德国	8.44
	2018	澳大利亚	19.22	新西兰	19.19	巴西	10.72
油籽	2001	美国	37.85	巴西	17.79	阿根廷	9.03
	2018	巴西	69.01	美国	17.03	加拿大	7.23
水产品	2001	泰国	7.25	挪威	5.83	美国	5.66
	2018	俄罗斯	16.95	美国	10.40	加拿大	8.13
谷物	2001	美国	27.38	法国	9.81	加拿大	8.81
	2018	澳大利亚	22.82	美国	15.31	加拿大	14.55
植物油	2001	马来西亚	17.99	印度尼西亚	10.43	阿根廷	10.29
	2018	印度尼西亚	41.18	马来西亚	17.60	加拿大	13.00

续表

产品类型	年份	第一大进口来源地	份额	第二大进口来源地	份额	第三大进口来源地	份额
水果	2001	美国	10.29	西班牙	9.75	意大利	6.22
	2018	泰国	22.91	智利	20.57	越南	10.00
糖料及糖类	2001	巴西	14.44	法国	10.44	德国	6.10
	2018	巴西	15.61	古巴	10.79	泰国	10.33
饮品类	2001	法国	13.69	英国	9.31	意大利	6.48
	2018	法国	30.38	澳大利亚	11.45	智利	5.17
棉麻丝	2001	美国	25.73	澳大利亚	13.88	乌兹别克斯坦	8.25
	2018	美国	26.97	澳大利亚	22.86	印度	10.58
蔬菜	2001	荷兰	12.5	西班牙	11.26	美国	9.48
	2018	印度尼西亚	17.72	越南	14.61	美国	13.18
粮食（薯类）	2001	泰国	34.37	荷兰	8.85	哥斯达黎加	6.27
	2018	泰国	86.79	越南	10.93	柬埔寨	0.97
粮食制品	2001	意大利	11.11	德国	10.84	法国	8.98
	2018	泰国	35.34	印度尼西亚	9.19	越南	8.57
坚果	2001	美国	20.94	土耳其	10.49	印度	8.57
	2018	美国	34.27	泰国	15.61	澳大利亚	9.27
精油	2001	美国	19.57	法国	10.29	印度	7.16
	2018	美国	36.26	印度	16.82	巴西	5.84
花卉	2001	荷兰	48.95	哥伦比亚	6.89	意大利	4.14
	2018	荷兰	42.25	日本	20.32	厄瓜多尔	6.34
干豆（不含大豆）	2001	加拿大	23.07	美国	10.37	缅甸	8.07
	2018	加拿大	75.43	印度	6.78	澳大利亚	4.63
药材	2001	美国	8.25	印度	7.18	加拿大	5.27
	2018	加拿大	15.89	韩国	13.81	印度	12.08
饼粕	2001	阿根廷	26.51	巴西	23.14	美国	15.94
	2018	加拿大	61.34	乌克兰	16.04	印度尼西亚	8.66
调味香料	2001	马达加斯加	13.66	印度	8.24	印度尼西亚	7.33
	2018	伊朗	24.31	印度尼西亚	14.52	马达加斯加	11.77
其他农产品	2001	美国	17.45	德国	10.49	荷兰	9.31
	2018	沙特阿拉伯	13.76	美国	8.58	荷兰	6.37

数据来源：2001 年数据来源于 CEPII BACI 数据库，2018 年数据来源于中国海关统计数据在线查询平台。

3. 中国农产品的进口来源地集中度

（1）中国农产品总体进口来源地集中度

本章采用赫芬达尔指数计算了 2001—2018 年中国农产品总体进口来源地集中度。具体计算公式为 $HHI=\sum_{c=1}^{n}\left(\frac{x_c}{X}\right)^2$，其中，$x_c$ 为来自 c 国的农产品进口总额（或进口总量），X 为中国农产品进口总额（或进口总量）。图 9-3 是从进口总额和进口总量两个维度计算的历年中国农产品进口来源地集中度。可以看出，从进口总额维度来看，中国农产品进口来源地集中度在 2001—2018 年的变化范围很小，在 0.066~0.088 波动。其中，2002 年中国农产品进口来源地集中度最低，2009 年中国农产品进口来源地集中度最高。从进口总量维度来看，2001—2018 年，中国农产品进口来源地集中度在 0.080~0.158波动。值得注意的是，基于进口总量计算的中国农产品进口来源地集中度普遍高于基于进口总额维度的计算结果。

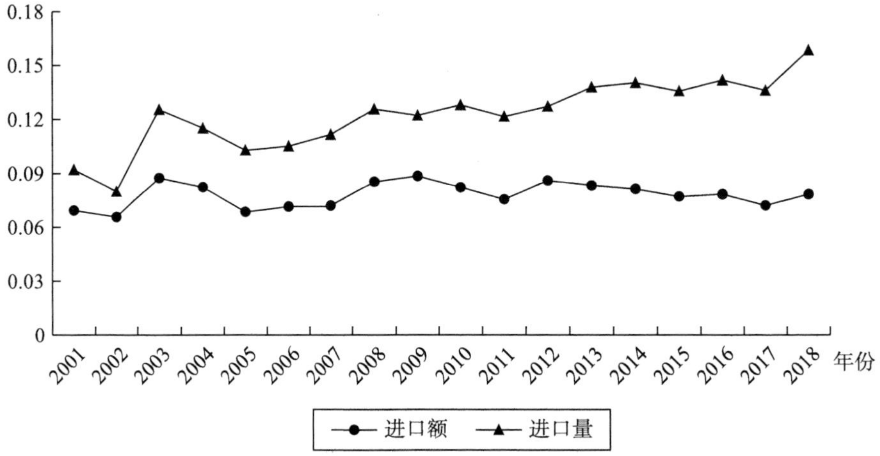

图 9-3　2001—2018 年中国农产品进口来源地集中度

数据来源：2001—2017 年数据来源于 CEPII BACI 数据库，2018 年数据来源于中国海关统计数据在线查询平台。

（2）中国各细分农产品进口来源地集中度

表 9-18 是基于中国各类农产品进口额，采用赫芬达尔指数计算的细分农产品进口来源地集中度指数。可以看出，进口集中程度最高的前三类农产品依次为粮食（薯类）、干豆（不含大豆）和油籽。具体来看，从中国粮食（薯类）进口来源地的集中程度来看，2001 年，中国粮食（薯类）的进口来源地集中度指数为 0.616，而到 2018 年，这一指数提高至 0.765；从中国干豆（不含大豆）进口来源地的集中程度来看，中国干豆（不含大豆）的进口来源地集中度指数由 2001 年的 0.367 提高至 2018 年的

0.584；从中国油籽进口来源地的集中程度来看，中国油籽的进口来源地集中度指数由2001年的0.275提高至2018年的0.511。值得注意的是，2018年，水产品、糖料及糖类、蔬菜、药材和其他农产品的进口来源地集中度指数均低于0.1，说明这些农产品的进口来源地多元化程度较高。

表9-18 2001年和2018年中国各细分农产品进口来源地集中度

产品类型	2001年	2003年	2005年	2007年	2009年	2011年	2013年	2015年	2017年	2018年
粮食（薯类）	0.616	0.602	0.647	0.507	0.527	0.553	0.638	0.656	0.689	0.765
干豆（不含大豆）	0.367	0.235	0.428	0.359	0.491	0.528	0.648	0.333	0.543	0.584
油籽	0.275	0.356	0.318	0.313	0.372	0.328	0.339	0.331	0.37	0.511
饼粕	0.244	0.554	0.794	0.766	0.361	0.348	0.19	0.182	0.55	0.413
花卉	0.228	0.25	0.241	0.208	0.225	0.264	0.253	0.32	0.249	0.232
植物油	0.405	0.256	0.266	0.263	0.249	0.263	0.174	0.214	0.237	0.229
精油	0.203	0.198	0.177	0.148	0.142	0.121	0.211	0.132	0.139	0.174
坚果	0.226	0.112	0.115	0.096	0.169	0.159	0.166	0.102	0.112	0.166
粮食制品	0.105	0.105	0.111	0.174	0.165	0.173	0.187	0.141	0.121	0.161
棉麻丝	0.136	0.258	0.197	0.222	0.167	0.182	0.187	0.156	0.185	0.158
谷物	0.254	0.19	0.275	0.282	0.199	0.25	0.257	0.172	0.161	0.14
水果	0.177	0.16	0.16	0.154	0.167	0.145	0.129	0.115	0.11	0.125
饮品类	0.109	0.077	0.086	0.121	0.117	0.153	0.119	0.082	0.095	0.121
调味香料	0.302	0.18	0.084	0.106	0.091	0.079	0.086	0.088	0.207	0.116
畜产品	0.166	0.153	0.138	0.153	0.123	0.114	0.129	0.092	0.095	0.103
药材	0.193	0.138	0.069	0.125	0.085	0.133	0.083	0.077	0.104	0.092
蔬菜	0.139	0.149	0.13	0.114	0.094	0.107	0.115	0.106	0.09	0.086
糖料及糖类	0.15	0.189	0.126	0.125	0.159	0.359	0.352	0.196	0.11	0.072
水产品	0.053	0.055	0.054	0.056	0.08	0.077	0.069	0.066	0.061	0.067
其他农产品	0.065	0.07	0.077	0.079	0.068	0.074	0.072	0.069	0.053	0.054

数据来源：2001—2017年数据来源于CEPII BACI数据库，2018年数据来源于中国海关统计数据在线查询平台。

（二）中国农产品进口的产品结构

1. 中国农产品进口商品集中度

与前文方法相似，本章采用赫芬达尔指数测算了2001—2018年中国农产品进口商品集中度。图 9-4 分别描绘了从进口总额和进口总量两个维度衡量的中国农产品进口商品集中度。可以看出，从中国农产品进口总额的角度来看，中国农产品进口商品集中度的波动范围相对较小。从中国农产品进口总量的角度来看，中国农产品进口商品集中度的波动范围相对较大，其中 2008 年中国农产品进口商品集中度最高，为 0. 297，2002 年中国农产品进口商品集中度最低，为 0. 179。

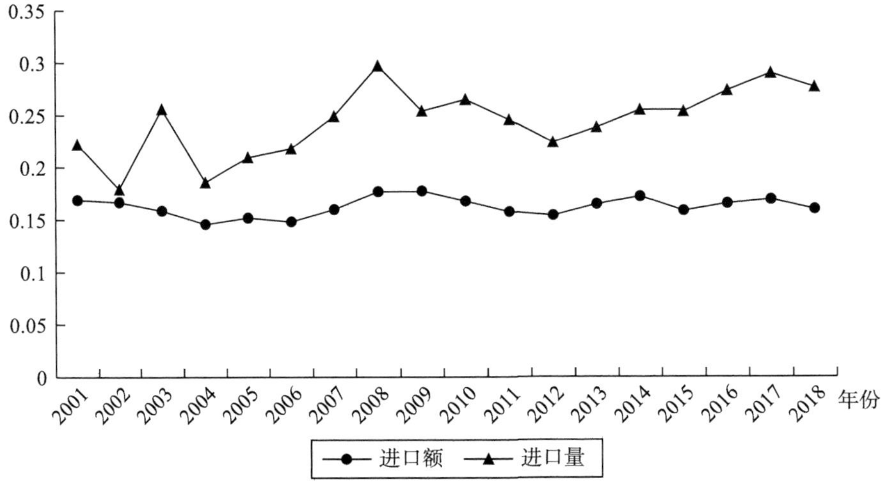

图 9-4　2001—2018 年中国农产品进口商品集中度

数据来源：2001—2017 年数据来源于 CEPII BACI 数据库，2018 年数据来源于中国海关统计数据在线查询平台。

2. 中国各细分农产品在中国全部农产品进口中的占比情况

表 9-19 报告了中国各类农产品在中国全部农产品进口中的占比情况。从各细分农产品进口额所占份额的角度来看，2001—2018 年，油籽、其他农产品和畜产品是我国主要进口农产品，此外，中国对水产品、水果、饮品类、植物油、谷物和棉麻丝的进口需求也相对较大。具体而言，油籽的进口份额由 2001 年的 20. 28%扩大至 2018 年的 27. 33%，而其他农产品的进口份额由 2001 年的 21. 94%下降为 2018 年的 19. 9%，畜产品的进口份额则由 2001 年的 25. 44%下降到 2018 年的 16. 93%。与此同时，水产品和植物油的进口份额也相对较大，其中，水产品的进口份额在 5. 26%~9. 10%波动，而植物油的进口份额基本呈先增加后减少的变化趋势，2007 年植物油的进口份额达到最大值，为 12. 84%，此后逐年下降，到 2018 年植物油进口份额下降到 4. 75%。

此外，水果和饮品类进口份额近年来基本呈持续增长的变化趋势。其中，水果进口份额由 2001 年的 3. 45%上升至 2018 年的 5. 44%，饮品类的进口份额也由 2001 年的 2. 04%上升至 2018 年的 4. 77%。作为我国进口的重要农产品之一，谷物的进口份额呈现出相对较大的波动幅度，其波动范围在 1. 01%~6. 86%，其中，进口份额在 2015 年最大，在 2007 年最小。相比谷物，棉麻丝的进口份额的波动幅度更大，2001 年达到最小值 1.64%，2005 年达到最大值 10.02%。糖料及糖类的进口份额在 2001 年最大，为 2.68%，此后年份的进口份额均未超过 2%。粮食（薯类）和粮食制品的进口份额分别在 0.75%~1.63%和 0.66%~1.50%的范围内变化。其他类型农产品的进口份额均未超过 1%，调味香料的进口份额最小，从 2005 年开始基本保持在 0.01%~0.03%。

表 9-19　2001—2018 年中国各类农产品进口占中国全部农产品的进口份额

（%）

产品类型	2001 年	2003 年	2005 年	2007 年	2009 年	2011 年	2013 年	2015 年	2017 年	2018 年
油籽（含大豆）	20.28	22.86	18.43	20.95	30.38	25.34	28.46	28.13	29.24	27.33
其他农产品	21.94	21.61	24.96	24.83	20.67	22.60	20.34	18.79	20.64	19.90
畜产品	25.44	18.31	17.34	16.11	14.57	14.48	16.34	16.68	16.30	16.93
水产品	9.10	8.24	7.78	6.40	6.25	5.65	5.26	5.81	6.48	8.15
水果	3.45	2.62	2.19	2.14	2.73	2.66	2.58	4.48	5.26	5.44
饮品类	2.04	1.56	2.03	2.88	2.84	3.25	3.06	4.02	4.85	4.77
植物油	4.20	11.67	8.23	12.84	11.62	8.78	6.80	5.51	4.82	4.75
谷物	4.38	1.91	3.75	1.01	1.52	2.08	3.92	6.86	4.47	3.88
棉麻丝	1.64	6.44	10.02	7.75	3.99	8.69	6.69	2.44	1.93	2.58
粮食制品	0.66	0.91	0.75	0.73	0.85	0.89	1.20	1.50	1.48	1.49
坚果	0.65	0.61	0.66	0.68	0.86	0.71	0.63	0.84	0.88	0.98
糖料及糖类	2.68	0.85	1.11	0.95	0.78	1.93	1.87	1.65	1.08	0.93
粮食（薯类）	0.99	0.79	1.14	1.21	1.45	1.26	1.28	1.63	1.02	0.75
蔬菜	1.25	0.78	0.63	0.54	0.51	0.47	0.56	0.62	0.40	0.73
干豆（不含大豆）	0.25	0.08	0.20	0.26	0.22	0.35	0.36	0.38	0.36	0.51
饼粕	0.14	0.03	0.22	0.19	0.29	0.43	0.15	0.12	0.29	0.44
花卉	0.25	0.25	0.24	0.23	0.17	0.13	0.14	0.18	0.21	0.19
精油	0.31	0.21	0.18	0.21	0.20	0.17	0.23	0.22	0.19	0.16
药材	0.24	0.22	0.12	0.09	0.08	0.11	0.13	0.12	0.08	0.08
调味香料	0.10	0.05	0.03	0.02	0.02	0.02	0.02	0.02	0.03	0.01

数据来源：2001—2017 年数据来源于 CEPII BACI 数据库，2018 年数据来源于中国海关统计数据在线查询平台。

（三）中国农产品进口的国内地区结构

1. 中国农产品进口的国内地区分布情况

表 9-20 统计了中国农产品进口的国内地区分布情况。可以看出，从省际分布来看，上海、广东、江苏、北京和山东是我国前五大农产品进口地区，合计进口份额约占中国农产品进口总额的一半。从区域分布来看，东部地区农产品进口份额远远高于中西部省份，东部地区进口份额在 2001—2018 年基本维持在 70%以上。可见，中国农产品进口的国内地区分布不平衡特征比较明显。

表 9-20　2001—2018 年各省份农产品进口占全国农产品进口份额

（%）

地区	省份	2001 年	2003 年	2005 年	2007 年	2009 年	2011 年	2013 年	2015 年	2018 年
东部地区	上海	10.14	7.6	7.51	10.51	10.43	8.14	8.18	7.08	15.27
	广东	13.1	12.57	10.53	10.27	8	11.09	8.51	8.41	15.21
	江苏	10.87	10.03	13.35	12.5	7.97	9.75	7.71	10.58	11.31
	北京	20.73	13.9	15.46	11.38	11.07	12.6	14.64	17.57	11.23
	山东	7.2	11.91	9.2	9.67	8.38	7.14	6.61	7.41	11.05
	福建	1.84	3.25	3.91	4.43	3.41	4.02	5	5.23	5.68
	浙江	6.92	6.09	6.11	7.82	6.16	5.58	5.61	5.14	4.89
	辽宁	5.59	4.47	4.83	4.57	2.87	4.99	5.02	6.33	3.88
	天津	5.74	6.49	5.35	5.72	7.98	5.92	7.18	6.44	3.74
	河北	5.19	7.92	4.65	5.84	4.03	3.18	4.88	4.56	2.54
	海南	1.09	0.46	0.3	0.3	0.35	0.39	0.25	0.32	0.21
	合计	88.41	84.69	81.2	83.01	70.65	72.8	73.59	79.07	85.01
中部地区	安徽	0.7	0.58	0.79	1.22	1.95	1.93	1.9	3.25	2.72
	湖南	0.81	2.14	1.02	1.35	1.19	0.83	1.17	0.65	1.37
	黑龙江	0.93	0.97	1.52	1.46	7.01	5.67	1.86	1.38	1
	河南	2.29	2.98	1.27	2.01	2.8	2.9	2.91	3.46	0.91
	吉林	1.1	0.6	2.72	2.54	2.37	0.67	1.37	1.03	0.63
	湖北	0.8	0.89	0.78	0.81	1.21	0.71	0.95	1.13	0.32
	江西	0.25	0.13	0.22	0.14	0.06	0.19	0.64	0.44	0.1
	山西	0.21	0.13	0.01	0.07	0.05	0.03	0.42	0.48	0.02
	合计	7.09	8.42	8.33	9.6	16.64	12.93	11.22	11.82	7.07

续表

地区	省份	2001年	2003年	2005年	2007年	2009年	2011年	2013年	2015年	2018年
西部地区	广西	1.05	2.52	6.69	2.48	6.08	3.87	3.17	2.23	4.18
	云南	0.35	0.29	0.32	0.44	1.84	4.21	4.58	1.07	1.22
	重庆	0.25	0.19	1.53	1.85	2.1	1.46	3.72	1.9	0.84
	内蒙古	0.39	0.14	0.48	0.44	0.29	0.55	1.01	0.59	0.53
	四川	0.66	2.3	0.83	1.23	1.58	1.83	1.49	1.31	0.52
	新疆	0.96	0.62	0.21	0.69	0.52	1.7	0.57	0.6	0.3
	陕西	0.11	0.47	0.3	0.2	0.18	0.6	0.36	0.85	0.25
	甘肃	0.5	0.3	0.05	0.07	0.09	0.08	0.26	0.23	0.04
	宁夏	0	0.02	0.05	0	0.01	0	0.01	0.02	0.03
	贵州	0.19	0.04	0.01	0	0	0	0.02	0.26	0.03
	青海	0.01	0	0	0	0	0	0.01	0.05	0
	西藏	0.01	0.01	0	0	0.01	0	0	0.01	0
	合计	4.48	6.9	10.47	7.4	12.7	14.3	15.2	9.12	7.94

数据来源：2001年数据来源于中国海关数据库，2018年数据来源于中国海关统计数据在线查询平台。

2. 中国各细分农产品的前三大进口省份

表9-21为中国各细分农产品前三大进口省份。通过分析得出以下结论：第一，各细分农产品前三大进口省份主要集中广东、北京、江苏、浙江和上海等东部省（市）。第二，精油、粮食（薯类）、水果、调味香料等农产品的进口国内地区集中程度较高。具体来看，2001年和2018年，前三大精油进口省份的合计进口份额均超过80%，分别达82.88%和88.15%，2018年仅上海的精油进口份额就高达54.78%；前三大粮食（薯类）进口省份的合计进口份额由2001年的49.81%提高至2018年的80.50%；2001年和2018年，前三大水果进口省份的合计进口份额均超过70%；前三大调味香料进口省份的合计进口份额由2001年的69.01%提高至2018年的71.35%。

表9-21　2001年和2018年中国各类农产品前三大进口省份分布

（%）

产品类型	年份	第一大进口省份	份额	第二大进口省份	份额	第三大进口省份	份额	前三大进口省份累计份额
畜产品	2001	山东	16.72	上海	12.48	广东	11.84	41.04
	2018	上海	13.82	广东	13.18	江苏	11.07	38.07
油籽	2001	江苏	23.37	北京	15.58	河北	10.82	49.76
	2018	江苏	18.28	北京	13.75	山东	12.18	44.20
水产品	2001	山东	22.85	辽宁	13.37	广东	12.72	48.94
	2018	山东	24.71	辽宁	16.54	上海	14.49	55.74
谷物	2001	北京	50.60	广东	17.82	上海	6.81	75.23
	2018	广东	27.35	北京	17.31	福建	15.80	60.46

续表

产品类型	年份	第一大进口省份	份额	第二大进口省份	份额	第三大进口省份	份额	前三大进口省份累计份额
植物油	2001	广东	17.03	天津	16.40	北京	12.35	45.79
	2018	江苏	24.44	上海	17.12	北京	16.46	58.02
水果	2001	北京	33.20	辽宁	24.40	河北	12.42	70.02
	2018	广东	36.38	上海	26.43	广西	9.97	72.78
糖料及糖类	2001	北京	74.36	广东	17.11	上海	1.44	92.91
	2018	北京	25.51	广东	19.62	山东	14.05	59.18
饮品类	2001	北京	30.18	广东	21.28	海南	16.87	68.33
	2018	上海	37.17	广东	16.42	浙江	10.33	63.92
棉麻丝	2001	广东	40.33	江苏	10.92	上海	8.09	59.34
	2018	—	—	—	—	—	—	—
蔬菜	2001	广东	25.60	天津	13.79	上海	11.55	50.93
	2018	山东	22.18	福建	21.42	云南	14.11	57.71
粮食（薯类）	2001	山东	19.90	江苏	15.25	天津	14.66	49.81
	2018	山东	46.77	江苏	25.57	安徽	8.16	80.50
粮食制品	2001	广东	25.27	江苏	20.08	上海	8.07	53.41
	2018	广东	26.53	上海	23.66	浙江	9.49	59.68
坚果	2001	山东	33.54	广东	14.00	吉林	11.12	58.66
	2018	广东	37.94	浙江	11.06	上海	9.62	58.62
精油	2001	江苏	36.15	广东	24.23	上海	22.49	82.88
	2018	上海	54.78	广东	18.10	江苏	15.27	88.15
花卉	2001	广东	20.57	北京	19.58	山东	13.27	53.42
	2018	云南	25.20	浙江	22.46	广东	20.14	67.80
干豆（不含大豆）	2001	北京	26.69	广东	20.65	上海	19.44	66.78
	2018	山东	35.90	广东	19.83	北京	11.20	66.92
药材	2001	广东	27.49	浙江	14.01	上海	12.12	53.62
	2018	上海	20.61	广东	17.65	北京	9.95	48.21
饼粕	2001	北京	38.01	广东	27.65	河北	13.60	79.25
	2018	—	—	—	—	—	—	—
调味香料	2001	广东	36.00	江西	22.00	江苏	11.01	69.01
	2018	北京	31.70	上海	25.00	山东	14.65	71.35
其他农产品	2001	广东	17.00	上海	14.35	北京	11.09	42.44
	2018	广东	35.47	上海	25.90	北京	7.20	68.57

数据来源：2001 年数据来源于中国海关数据库，2018 年数据来源于中国海关统计数据在线查询平台。

四、中国从不同类型国家进口农产品的情况

（一）中国从“一带一路”沿线国家进口农产品的情况

从进口贸易额来看，如图 9-5 所示，我国从 64 个“一带一路”沿线国家的农产品进口贸易发展大致可分为三个阶段：第一阶段（2001—2012 年）为快速增长阶段，第二阶段（2013—2016 年）为缓慢下降阶段，第三阶段（2017—2018 年）为恢复增长阶段。具体来看，在第一阶段，除 2009 年受金融危机影响有所下降外，其他年份中国农产品进口整体呈现持续上升的态势，2001 年来自“一带一路”沿线国家的农产品进口总额为 27.74 亿美元，2012 年达到 319.96 亿美元，2012 年大约是 2001 年的 11.53 倍。在第二阶段，国际需求疲软，加上我国国内经济发展方式的转变，经济发展速度放缓，导致我国自“一带一路”沿线国家的农产品进口额也有所下降，从 2013 年的 318.00 亿美元下降到 2016 年的 254.43 亿美元。在第三阶段，我国自“一带一路”沿线国家进口的农产品总额增势强劲，2018 年从“一带一路”沿线国家农产品进口额达 381.45 亿美元，大约是 2001 年的 14 倍。与此同时，如图 9-6 所示，我国从“一带一路”沿线国家农产品进口总额占中国农产品进口总额的比重由 2001 年的 20.27%增加到 2018 年的 24.94%，其中，2003 年进口份额最低，仅为 19.67%，2011 年进口份额最高，为 28.0%。

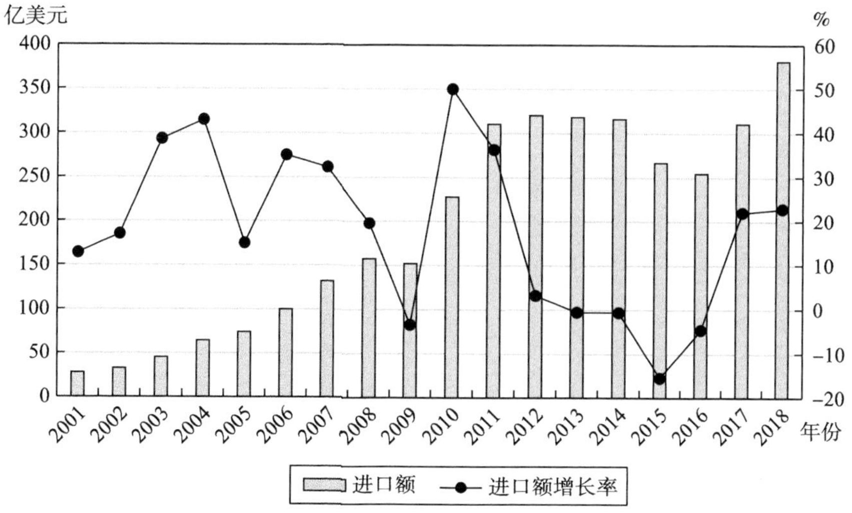

图 9-5　2001—2018 年中国从“一带一路”沿线国家农产品进口额及其增长率的变化

数据来源：2001—2017 年数据来源于 CEPII BACI 数据库，2018 年数据来源于中国海关统计数据在线查询平台。

从进口贸易量来看，如图 9-7 所示，2001—2018 年，除个别年份略有下降外，我国从“一带一路”沿线国家进口的农产品总量整体呈现上升态势。其中，2001 年我国

从“一带一路”沿线国家进口的农产品总量为 967 万吨，2018 年进口量为 5223 万吨，大约是 2001 年的 5.4 倍。从进口总量增长率来看，2010 年之前，进口量增长率的波动幅度较大，2010 年之后波动幅度相对减小。此外，如图 9-6 所示，我国从“一带一路”沿线国家农产品进口量占中国农产品进口总量的比重的变化幅度较小，在 23.10%～30.27%波动。其中，2003 年进口份额最低，为 23.10%，2011 年的进口份额最高，达 30.27%。此外，2016—2018 年，我国自“一带一路”沿线国家进口的农产品总额与进口总量所占份额一直稳定增长。

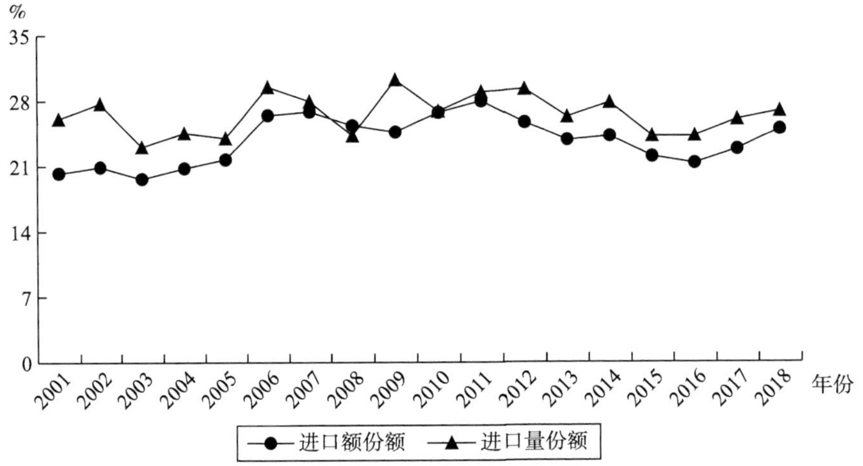

图 9-6 2001—2018 年中国从“一带一路”沿线国家农产品进口占中国农产品总进口份额的变化

数据来源：2001—2017 年数据来源于 CEPII BACI 数据库，2018 年数据来源于中国海关统计数据在线查询平台。

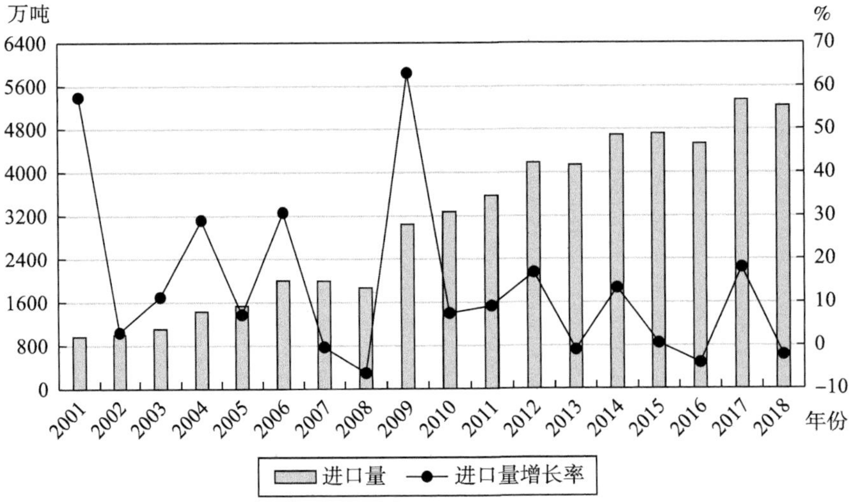

图 9-7 2001—2018 年中国从“一带一路”沿线国家农产品进口量及其增长率的变化

数据来源：2001—2017 年数据来源于 CEPII BACI 数据库，2018 年数据来源于中国海关统计数据在线查询平台。

（二）中国从 OECD 国家进口农产品的情况

图 9-8 为 2001—2018 年我国从 OECD 国家①进口农产品总额的基本情况。从图 9-8 来看，我国从 OECD 国家的进口总额除 2013—2015 年略有下降外，整体呈现增长态势，大致可以划分为三个阶段。第一阶段为 2001—2013 年，中国从 OECD 国家的农产品进口总额由 2001 年的 71.66 亿美元开始持续增加，2013 年达到 662.35 亿美元，2013 年大约是 2001 年的 9.24 倍；第二阶段为 2014—2015 年，中国从 OECD 国家的农产品进口总额出现小幅下降；第三阶段为 2016—2018 年，中国从 OECD 国家的农产品进口总额恢复增长的态势，由 2016 年的 624.23 亿美元增加至 2018 年的 684.70 亿美元。整体而言，对比 2001 年和 2018 年的情况，2018 年中国从 OECD 国家进口的农产品额大约是 2001 年的 9.56 倍。

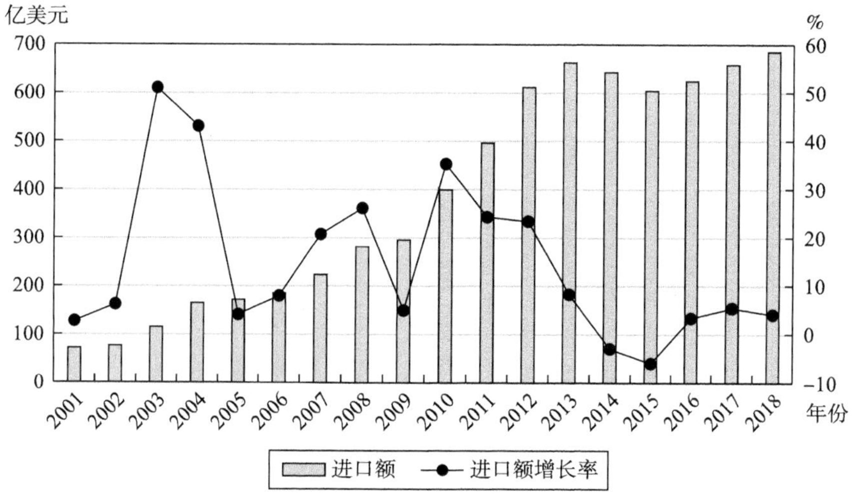

图 9-8 2001—2018 年中国从 OECD 国家农产品进口额及其增长率的基本情况

数据来源：2001—2017 年数据来源于 CEPII BACI 数据库，2018 年数据来源于中国海关统计数据在线查询平台。

图 9-9 为 2001—2018 年我国从 36 个 OECD 国家农产品进口总量的基本情况。可以看出，中国从 OECD 国家农产品进口总量的变化大致可以分为两个阶段：第一阶段是 2001—2015 年，中国从 OECD 国家的农产品进口量呈波动中增加的态势，由 2001 年的 1633.06 万吨增加至 2015 年的 8394.54 万吨，2015 年大约是 2001 年的 5.14 倍。第二阶段是 2016—2018 年，进口量呈现持续下降的态势，由 8245.59 万吨下降至 5797.35

① 本章 OECD 国家包括 36 个国家，分别是澳大利亚、奥地利、爱尔兰、爱沙尼亚、比利时、冰岛、波兰、德国、丹麦、芬兰、法国、荷兰、韩国、捷克、加拿大、拉脱维亚、立陶宛、卢森堡、墨西哥、美国、挪威、葡萄牙、日本、瑞典、瑞士、斯洛伐克、斯洛文尼亚、土耳其、希腊、匈牙利、西班牙、新西兰、英国、以色列、意大利、智利。

万吨，2018 年大约是 2016 年的 70%。

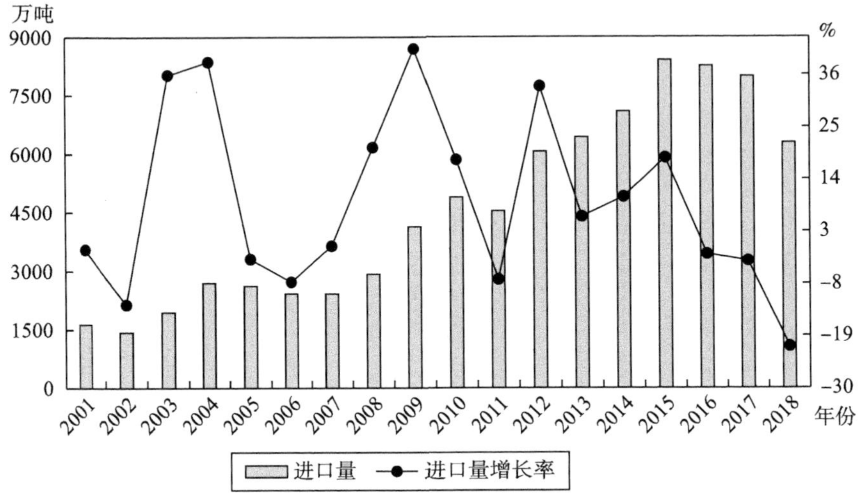

图 9-9　2001—2018 年中国从 OECD 国家农产品进口量及其增长率的基本情况

数据来源：2001—2017 年数据来源于 CEPII BACI 数据库，2018 年数据来源于中国海关统计数据在线查询平台。

从中国自 OECD 国家的农产品进口额占我国农产品进口总额的比例来看，2001—2018 年，来自 OECD 国家的农产品进口份额维持在 50%左右。具体来看，如图 9-10 所示，我国从 OECD 国家农产品进口总额占中国农产品进口总额的比重由 2001 年的 52. 36%下降到 2018 年的 44. 77%，其中，2018 年进口份额最低，为 44. 77%，2004 年进口份额最高，达 53. 16%。另外，从中国自 OECD 国家的农产品进口量占我国农产品进口总量的比例来看，2018 年我国从 OECD 国家的农产品进口量占中国农产品进口总量的比重最低，为 32. 37%，2004 年的比重最高，达 46. 45%。

（三）中国从不同收入水平国家进口农产品的情况

图 9-11 描绘了 2001—2018 年中国从不同收入水平国家进口的农产品总额所占份额的变化。可以看出，我国从低收入国家进口的农产品所占份额最低，2004—2006 年，中国从低收入国家的农产品进口份额略高，分别为 2. 12%、2. 39%和 2. 51%，而其他年份均不超过 2%。我国从中等收入水平国家的农产品进口总额份额基本逐年增加，从 2001 年的 24. 17%增加到 2018 年的 44. 94%。相比之下，我国从高收入国家进口农产品总额的份额始终高于 50%，但总体上呈现明显下降的趋势，由 2001 年的 74. 32%下降到 2018 年的 53. 82%。由此可以看出，我国农产品进口的来源地结构已经发生了较大变化，逐步由高收入国家转移到中等收入国家。

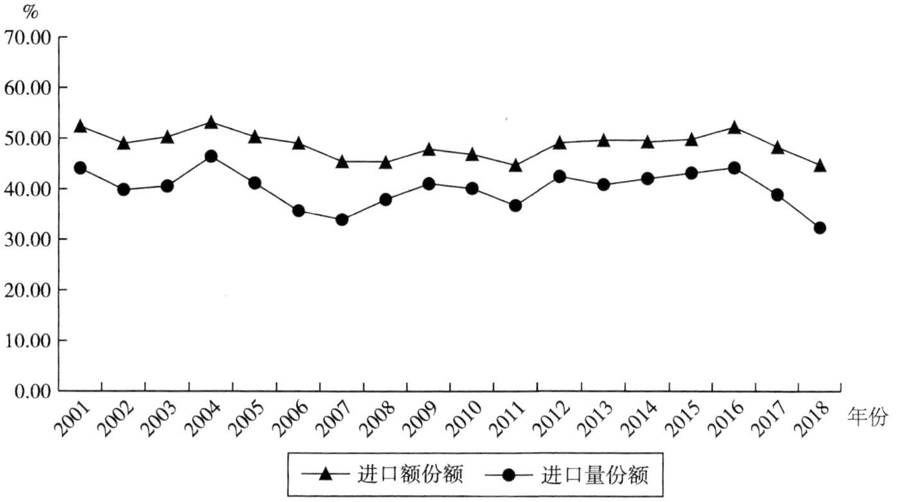

图 9-10 2001—2018 年中国从 OECD 国家农产品进口占中国农产品总进口份额的变化

数据来源：2001—2017 年数据来源于 CEPII BACI 数据库，2018 年数据来源于中国海关统计数据在线查询平台。

图 9-12 描绘了 2001—2018 年中国从不同收入水平国家的农产品进口总量所占份额的变化。从中国自不同收入水平国家农产品进口总量所占份额来看，中国从低收入国家的农产品进口总量所占份额最少，2001—2018 年，中国从低收入国家的农产品进口总量所占份额在 0.62%～1.53%波动；中国从中等收入国家的农产品进口总量所占份额总体呈上升趋势，由 2001 年的 33.49%上升至 2018 年的 59.27%；而中国从高收入国家的进口份额则不断缩小，由 2001 年的 65.51%下降到 2018 年的 40.05%。2017 年，来自中等收入水平国家的农产品进口份额首次超过来自高收入水平国家的农产品进口份额，且这一差距在 2018 年进一步扩大。

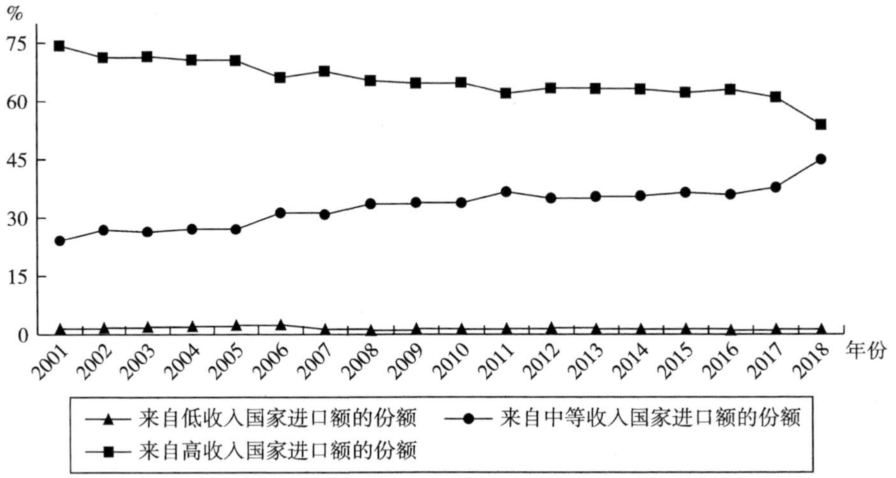

图 9-11　2001—2018 年中国从不同收入水平国家农产品进口额占中国农产品进口总额份额

数据来源：2001—2017 年数据来源于 CEPII BACI 数据库，2018 年数据来源于中国海关统计数据在线查询平台。

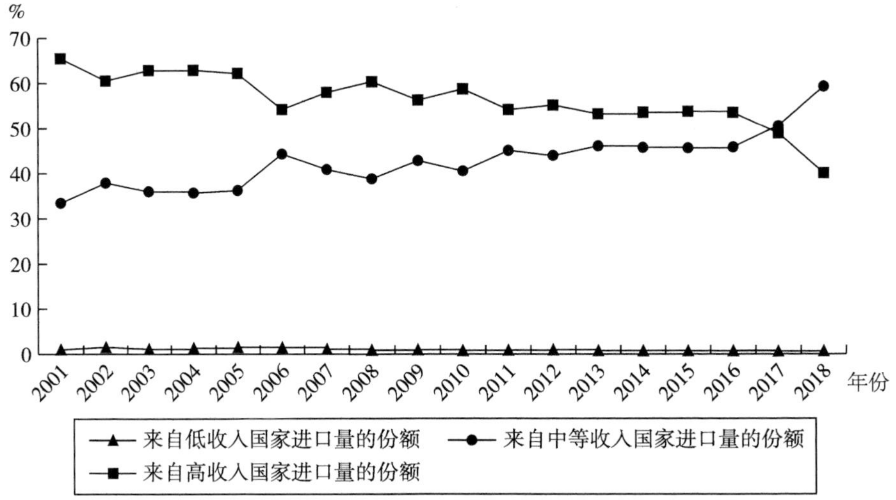

图 9-12　2001—2018 年中国从不同收入水平国家农产品进口量占中国农产品进口总量份额

数据来源：2001—2017 年数据来源于 CEPII BACI 数据库，2018 年数据来源于中国海关统计数据在线查询平台。

第十章　中国从美国的进口发展

中国是世界上最大的发展中国家，美国是世界上最大的发达国家。中美经贸关系既对两国意义重大，也对全球经济稳定和发展有着举足轻重的影响。长期以来，两国政府本着平等、理性、相向而行的原则，先后建立了中美商贸联委会、战略经济对话、战略与经济对话、全面经济对话等沟通协调机制。双方为此付出了不懈努力，保障了中美经贸关系在近40年时间里克服各种障碍，不断向前发展，成为中美关系的压舱石和推进器。本章将全面分析中国从美国进口贸易的发展情况。

一、中国从美国进口的基本情况

（一）中国从美国的进口规模

1992—2018年，中国从美国的进口规模整体表现为稳步上升的发展态势（见图10-1）。具体来看，中国从美国进口的发展历程可分为三个阶段：①1992—2001年为缓慢增长阶段。1992年，中国从美国的进口规模仅为89.01亿美元，2001年增长到262.17亿美元，2001年大约是1992年的3倍，年均增长率为12.75%。②2002—2014年为高速增长阶段。在此期间，中国从美国的进口规模以年均15.89%的速度迅速扩张，在2010年首次突破千亿美元，2014年达到历史峰值1600.65亿美元，2014年大约是1992年的18倍、2002年的6倍。③2015—2018年为回调阶段。中国从美国的进口规模在2015—2016年逐年下降，并于2017年和2018年恢复增长态势，但均未超过2014年的历史峰值。总体而言，1992—2018年，中国从美国的进口规模以年均11.62%的速度快速增长，从1992年的89.01亿美元上升至2018年的1550.96亿美元，2018年的进口规模大约是1992年的18倍。

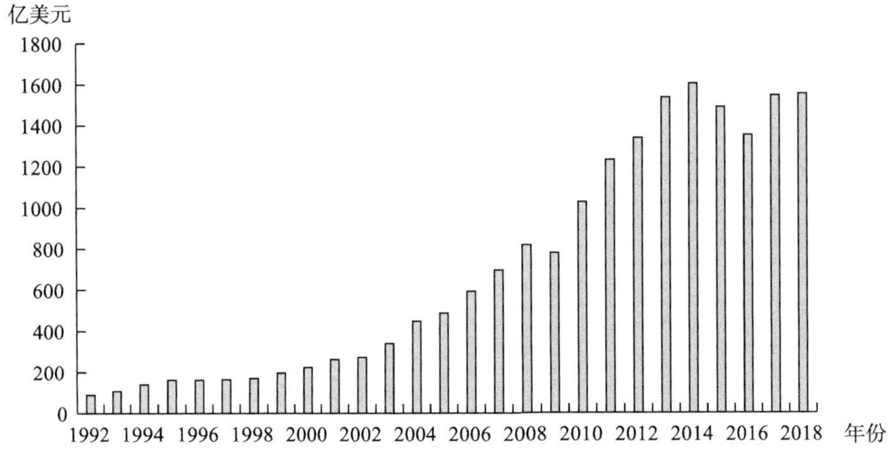

图 10-1　1992—2018 年中国从美国的进口规模

数据来源：UN Comtrade 和中国海关总署数据。

（二）美国在中国进口中的地位

1992—2018 年，美国始终位居中国前三大进口来源地（见表 10-1）。从美国进口额在中国进口总额中的排名来看，美国于 1992 年居于中国第三大进口来源地，于 1993 年超越中国香港上升到第 2 位，此后一直在第 2、第 3 位波动。此外，中国从美国的进口份额与中国从第一大进口来源地的进口份额不断缩小，从 1992 年的 14 个百分点降至 2018 年的 2.32 个百分点。

从美国进口占中国进口总额的比例来看，1992—2018 年，中国从美国进口占比从 1992 年的 11.05%下降到 2018 年的 7.26%，尤其是在 2001 年中国加入 WTO 后，中国从美国进口占比开始快速下降（见图 10-2）。具体来看，1992—1999 年，中国从美国的进口份额一直处于 10%以上，并于 1995 年达到 12.20%的最高值；2001—2011 年，中国从美国的进口份额快速下降，并于 2011 年降至最小值（7.06%）；2012 年开始，中国从美国的进口占比逐渐增加，并于 2017 年增加到 8.38%，但在 2018 年有所下降。

表 10-1　1992—2018 年中国前五大进口来源地及其比重

（%）

排名	1992 年		1997 年		2000 年		2002 年		2012 年		2015 年		2018 年	
	进口来源地	占比	进口来源地	占比	进口来源地	占比	进口来源地	占比	进口来源地	占比	进口来源地	占比	进口来源地	占比
1	中国香港	25.48	日本	19.86	日本	18.44	日本	18.11	日本	9.78	韩国	10.39	韩国	9.58
2	日本	16.98	美国	11.86	韩国	10.31	韩国	9.68	韩国	9.28	美国	8.85	日本	8.46

续表

排名	1992年		1997年		2000年		2002年		2012年		2015年		2018年	
	进口来源地	占比	进口来源地	占比	进口来源地	占比	进口来源地	占比	进口来源地	占比	进口来源地	占比	进口来源地	占比
3	美国	11.05	韩国	10.55	美国	9.94	美国	9.24	美国	7.36	日本	8.51	美国	7.26
4	德国	4.98	中国香港	4.68	德国	4.62	德国	5.56	德国	5.06	德国	5.22	澳大利亚	7.04
5	俄罗斯	4.38	德国	4.93	中国香港	4.19	中国香港	3.63	澳大利亚	4.65	澳大利亚	4.38	德国	4.98
	合计	62.86	合计	51.87	合计	47.50	合计	46.22	合计	36.13	合计	37.35	合计	37.32

数据来源：UN Comtrade。

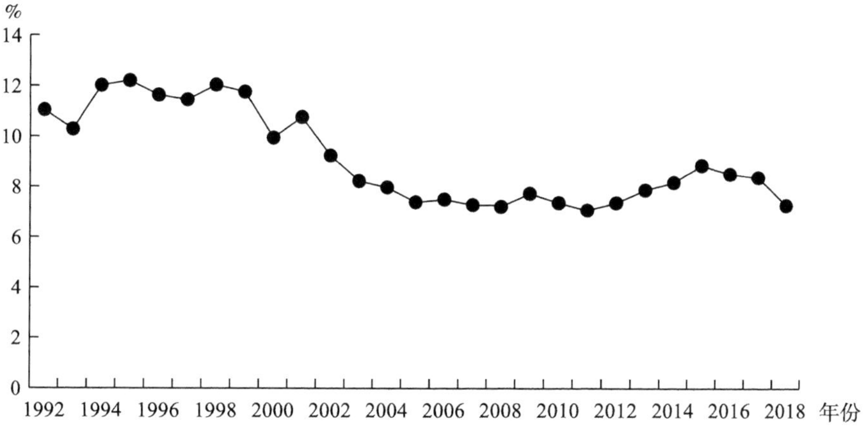

图10-2 1992—2018年中国从美国进口额占中国进口总额的比重

数据来源：UN Comtrade。

（三）中国进口在美国出口中的地位

1992—2018年，美国对中国出口额占美国出口总额的比重呈逐年上升的态势（见图10-3），其中，1992—2000年表现为缓慢上升的态势，2001—2018年表现为快速上升的态势。具体来看，在缓慢增长阶段，美国对中国出口额占美国出口总额的比重由1992年的1.67%上升至2000年的2.07%，2000年大约是1992年的1.24倍；在快速增长阶段，美国对中国出口额占美国出口总额的比重从2001年的2.63%上升到2018年的7.21%，2018年大约是1992年的4.32倍、2001年的2.74倍。值得注意的是，1992—2018年，由于美国对日本出口额占美国出口总额的比重逐年下降，美国对中国出口额占美国出口总额的比重（5.61%）于2007年首次超越美国对日本出口所占比重（5.39%），并且这一差距逐年扩大，中国逐渐成为美国重要的出口目的地。

从中国在美国出口目的地中的排名来看（见图 10-4、表 10-2），1992—2018 年，中国在美国出口目的地中的排名大幅度上升。中国在 1992—1996 年仅居于美国出口目的地的第 11~13 位；此后中国的排名逐年上升，于 2001 年超越新加坡居于第 9 位，排名首次突破前十，并于 2007 年超越日本后，始终位居美国的第三大出口市场，仅次于加拿大和墨西哥。

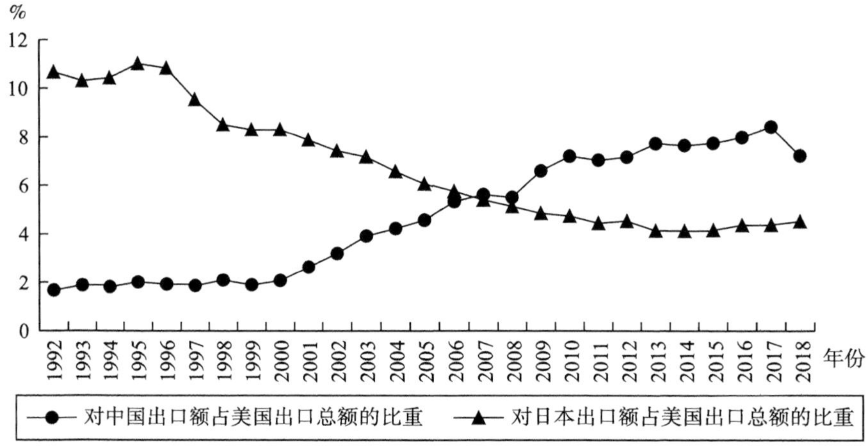

图 10-3　1992—2018 年中国和日本占美国出口的比重

数据来源：UN Comtrade。

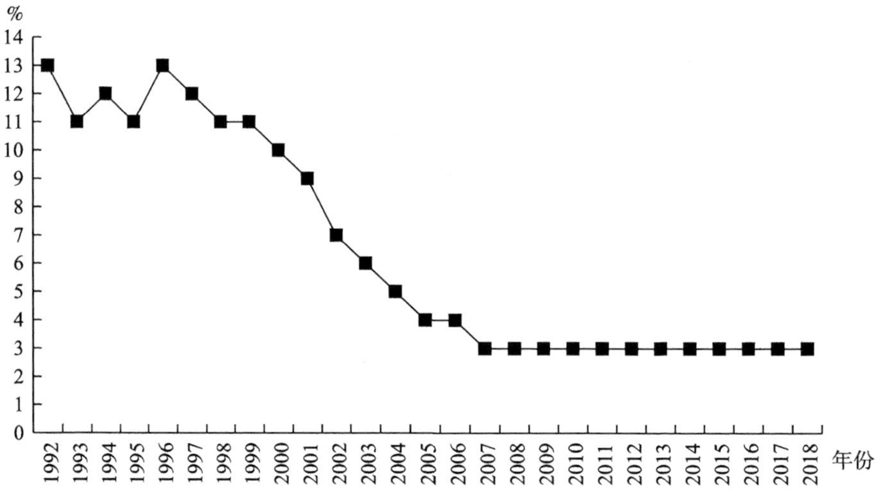

图 10-4　1992—2018 年中国在美国出口目的地中的排名

数据来源：UN Comtrade。

表 10-2 1992—2018 年美国前十大出口目的地及其比重

(%)

排名	1992 年		1997 年		2002 年		2007 年		2012 年		2018 年	
1	加拿大	20. 15	加拿大	21. 83	加拿大	23. 22	加拿大	21. 37	加拿大	18. 94	加拿大	18. 00
2	日本	10. 67	墨西哥	10. 38	墨西哥	14. 06	墨西哥	11. 74	墨西哥	13. 97	墨西哥	15. 94
3	墨西哥	9. 06	日本	9. 55	日本	7. 42	中国	5. 61	中国	7. 15	中国	7. 21
4	英国	5. 10	英国	5. 30	英国	4. 79	日本	5. 39	日本	4. 53	日本	4. 52
5	德国	4. 75	韩国	3. 65	德国	3. 84	英国	4. 33	英国	3. 55	英国	3. 98
6	韩国	3. 27	德国	3. 56	韩国	3. 26	德国	4. 27	德国	3. 13	德国	3. 44
7	法国	3. 26	荷兰	2. 88	中国	3. 19	韩国	2. 99	巴西	2. 83	韩国	3. 39
8	荷兰	3. 07	新加坡	2. 58	法国	2. 79	荷兰	2. 84	韩国	2. 74	荷兰	2. 92
9	新加坡	2. 15	法国	2. 41	荷兰	2. 64	法国	2. 39	荷兰	2. 63	巴西	2. 38
10	中国香港	2. 03	巴西	2. 31	新加坡	2. 34	新加坡	2. 26	中国香港	2. 42	法国	2. 26
	合计	63. 51	合计	64. 45	合计	67. 56	合计	63. 18	合计	61. 90	合计	64. 05

数据来源：UN Comtrade。

二、中国从美国进口产品结构的基本情况

（一）中国从美国进口的大类产品结构

目前，中国主要从美国进口高技术产品、农业型初级产品和特高技术产品。2017 年，高技术产品是中国从美国进口的第一大类产品，占中国从美国进口总额的比重高达 37. 11%；农业型初级产品是中国从美国进口的第二大类产品，占比为 22. 93%；特高技术产品是中国从美国进口的第三大类产品，占中国从美国进口总额的比重为 9. 56%。中国从美国进口的前两大类产品合计占比为 60%左右，中国从美国进口的前三大类产品合计占比为 70%左右。此外，中高技术产品是中国从美国进口的第四大类产品，占中国从美国进口总额的比重为 8. 37%，中国从美国进口最少的产品是低技术产品和中低技术产品，所占份额均不足 1%。

与 1992 年相比，2017 年中国从美国进口的产品结构发生了一定的变化。中国从美国进口的农业型初级产品、非农业型初级产品、金属类制成品、其他资源类制成品、高技术产品和特高技术产品所占份额有所增加，农业资源型制成品、低技术产品、中低技术产品、中等技术产品和中高技术产品所占份额有所减少。具体来看，与 1992 年相比，2017 年中国从美国进口的农业型初级产品所占份额增幅最大，为 8 个百分点，

高技术产品，为7.35个百分点，非农业型初级产品再次之，为3.32个百分点，金属类制成品、其他资源类制成品以及特高技术产品所占份额增幅均低于2个百分点。与1992年相比，2017年中国从美国进口的中低技术产品所占份额降幅最大，为12.17个百分点，中高技术产品次之，为3.68个百分点，中等技术产品再次之，为3.19个百分点，农业资源型制成品和低技术产品所占份额降幅均不足2个百分点。

中国从美国进口的产品结构不断优化，主要表现为低技术产品、中低技术产品进口所占份额的减少，高技术产品、特高技术产品进口所占份额的增加。具体来看，中国从美国进口的低技术产品占比从1992年的1.64%下降到2017年的0.14%，中低技术产品占比从1992年的13.11%下降到2017年的0.94%，下降幅度高达12.17个百分点，与此同时，中国从美国进口的高技术产品所占份额增幅显著，由1992年的29.76%增加至2017年的37.11%，中国从美国进口的特高技术产品所占份额基本稳定，1992年是9%，2017年是9.56%。

表 10-3　1992—2017 年中国从美国进口的产品占比

（%）

产品类型		1992年	1997年	2001年	2005年	2010年	2013年	2014年	2015年	2016年	2017年
初级产品	农业型初级产品	14.93	17.47	14.32	19.03	26.00	24.52	24.34	22.66	23.96	22.93
	非农业型初级产品	4.59	3.09	2.94	5.24	7.04	7.06	5.23	4.92	4.13	7.91
	合计	19.52	20.57	17.25	24.26	33.04	31.58	29.57	27.57	28.09	30.84
制成品	金属类制成品	3.45	1.88	1.17	1.92	2.25	1.37	1.30	5.37	2.98	4.64
	农业资源型制成品	2.97	5.21	2.15	1.77	1.45	1.23	1.19	1.24	1.23	1.80
	其他资源类制成品	2.47	2.18	3.52	4.61	5.65	4.12	3.76	3.39	3.64	3.75
	低技术产品	1.64	2.99	7.28	10.23	0.06	0.06	0.03	0.03	0.06	0.14
	中低技术产品	13.11	10.30	6.67	2.49	0.85	0.74	0.66	0.73	0.83	0.94
	中等技术产品	6.03	9.53	17.80	8.08	4.17	3.31	3.59	3.61	3.42	2.84
	中高技术产品	12.05	14.89	12.69	11.64	9.93	8.74	9.20	8.43	8.45	8.37
	高技术产品	29.76	25.34	23.65	25.80	30.59	38.54	40.02	37.39	37.77	37.11
	特高技术产品	9.00	7.12	7.81	9.21	12.01	10.32	10.68	12.24	13.55	9.56
	合计	80.48	79.43	82.75	75.74	66.96	68.42	70.43	72.43	71.91	69.16

数据来源：UN Comtrade。

从各类产品进口规模来看，1992—2017年，中国从美国进口的各类产品总额全部增加（见表10-4）。其中，中国从美国进口的高技术产品和农业型初级产品在1992—2005年小幅度增长，2006—2017年快速增长。高技术产品进口总额增加最多，从1992年的26.42亿美元增加至2005年的124.55亿美元，2017年增加至501.53亿美元，

2017年比1992年增加了475.11亿美元；农业型初级产品进口额从1992年的13.25亿美元增加至2005年的91.87亿美元，2017年增加至309.87亿美元，2017年比1992年增加了296.62亿美元。低技术产品进口额增加最少，从1992年的1.46亿美元增加至2017年的1.93亿美元，增加了0.47亿美元。

从各类产品进口规模相对变化情况来看（见表10-5），1992—2017年，农业资源型制成品、低技术产品、中低技术产品和中等技术产品增长较慢，2017年是1992年的1~10倍，其余7类产品增长较快，2017年是1992年的10倍以上。具体来看，与1992年相比，2017年中国从美国进口的中低技术产品增长最慢，为1.1倍，其次是低技术产品，为1.32倍，再次是中等技术产品，为7.18倍，最后是农业资源型制成品，为9.2倍。与1992年相比，2017年中国从美国进口的非农业型初级产品总额大约是1992年的26.25倍，增长最快；其次是农业型初级产品，2017年大约是1992年的23.38倍；再次是其他资源类制成品，2017年大约是1992年的23.18倍；最后是金属类制成品，2017年大约是1992年的20.51倍。2017年中国从美国进口的中高技术产品、高技术产品和特高技术产品总额是2001年的10~20倍。

表10-4　1992—2017年中国从美国进口各类产品的规模

单位：亿美元

产品类型		1992年	1997年	2001年	2005年	2010年	2013年	2014年	2015年	2016年	2017年
初级产品	农业型初级产品	13.25	28.42	37.24	91.87	237.40	330.61	352.11	302.60	294.55	309.87
	非农业型初级产品	4.07	5.03	7.65	25.28	64.25	95.15	75.72	65.65	50.75	106.89
	合计	17.33	33.45	44.89	117.15	301.65	425.75	427.84	368.26	345.31	416.76
制成品	金属类制成品	3.06	3.06	3.04	9.27	20.56	18.42	18.75	71.76	36.60	62.71
	农业资源型制成品	2.64	8.47	5.60	8.54	13.20	16.56	17.20	16.51	15.15	24.28
	其他资源类制成品	2.19	3.55	9.16	22.25	51.56	55.52	54.43	45.33	44.75	50.71
	低技术产品	1.46	4.86	18.93	49.37	0.57	0.75	0.48	0.46	0.70	1.93
	中低技术产品	11.64	16.75	17.35	12.01	7.80	10.03	9.58	9.74	10.16	12.75
	中等技术产品	5.35	15.50	46.32	39.02	38.08	44.69	51.90	48.18	42.04	38.44
	中高技术产品	10.70	24.22	33.02	56.18	90.63	117.80	133.15	112.55	103.84	113.18
	高技术产品	26.42	41.21	61.54	124.55	279.27	519.60	579.00	499.41	464.33	501.53
	特高技术产品	7.99	11.58	20.31	44.47	109.67	139.10	154.46	163.41	166.63	129.23
	合计	71.44	129.21	215.27	365.65	611.35	922.48	1018.95	967.34	884.20	934.76

数据来源：UN Comtrade。

表 10-5　1992—2017 年中国从美国进口各类产品的规模相对变化情况

产品类型	1992 年	1997 年	2001 年	2005 年	2010 年	2013 年	2014 年	2015 年	2016 年	2017 年
农业型初级产品	1	2.14	2.81	6.93	17.91	24.94	26.57	22.83	22.22	23.38
非农业型初级产品	1	1.24	1.88	6.21	15.78	23.37	18.60	16.12	12.46	26.25
金属类制成品	1	1.00	1.00	3.03	6.72	6.02	6.13	23.46	11.97	20.51
农业资源型制成品	1	3.21	2.12	3.24	5.01	6.28	6.52	6.26	5.74	9.20
其他资源类制成品	1	1.62	4.19	10.17	23.57	25.38	24.88	20.72	20.45	23.18
低技术产品	1	3.34	13.00	33.89	0.39	0.51	0.33	0.32	0.48	1.32
中低技术产品	1	1.44	1.49	1.03	0.67	0.86	0.82	0.84	0.87	1.10
中等技术产品	1	2.90	8.65	7.29	7.11	8.35	9.69	9.00	7.85	7.18
中高技术产品	1	2.26	3.09	5.25	8.47	11.01	12.44	10.52	9.71	10.58
高技术产品	1	1.56	2.33	4.71	10.57	19.67	21.92	18.91	17.58	18.99
特高技术产品	1	1.45	2.54	5.57	13.73	17.41	19.34	20.46	20.86	16.18

数据来源：UN Comtrade。

从中国自美国进口各类产品占中国各类产品进口总额的比例来看，1992—2017 年，中国从美国进口的农业型初级产品、金属类制成品、农业资源型制成品和高技术产品占中国同类产品进口总额的比例有所上升，其余 7 类产品占比都呈不同幅度的下降（见表 10-6）。其中，农业资源型制成品所占比例增长幅度最大，从 1992 年的 7.87% 增加至 2017 年的 15.78%，大约增加了 8 个百分点；中低技术产品下降幅度最大，从 1992 年的 14.29%下降到 2017 年的 1.98%，大约下降了 12 个百分点。

与中国从世界进口产品结构相比，2017 年，中国从美国进口了较多的高技术产品、农业型初级产品、特高技术产品和农业资源型制成品，所占份额分别为 20.41%、17.52%、16.43%和 15.78%。1992 年，中国从美国进口各类产品按所占份额排名依次是特高技术产品、高技术产品、农业型初级产品、中低技术产品、其他资源类制成品、农业资源型制成品、非农业型初级产品、中高技术产品、中等技术产品、金属类制成品和低技术产品，但在 2017 年这一排名有所变化，排名依次是高技术产品、农业型初级产品、特高技术产品、农业资源型制成品、其他资源类制成品、中高技术产品、金属类制成品、低技术产品、中等技术产品、非农业型初级产品和中低技术产品。这表明在 2017 年中国从美国市场上进口的产品更加集中于高技术产品，而中低技术产品则更多从美国之外的其他地区进口。

1992—2017 年，美国对中国各类产品出口占美国各类产品出口总额的比例都呈一定幅度的上升（见表 10-7）。具体来看，农业型初级产品所占比例增长幅度最大，从

1992年的1.37%增加至2017年的15.43%，增加了近14个百分点；金属类制成品所占比例增长幅度最小，从1992年的2%增加至2017年的3.89%，增加了近2个百分点。总之，美国各类产品尤其是农业型初级产品出口对中国的依赖程度均有所增加。

整体而言，中国对美国的依赖程度高于美国对中国的依赖程度。结合表10-6和表10-7来看，中国从美国进口各类产品占中国从世界进口各类产品的比例，普遍高于美国对中国出口各类产品占美国对世界出口各类产品总额的比例。以高技术产品为例，2017年，中国从美国进口的高技术产品占中国高技术产品进口总额的比例高达20.41%，而其占美国高技术产品出口总额的比例仅为9.9%，也就是说，中国的高技术产品进口高度依赖美国的高技术产品出口。

表10-6 1992—2017年从美国进口占中国各类产品进口总额的比例

(%)

产品类型	1992年	1997年	2001年	2005年	2010年	2013年	2014年	2015年	2016年	2017年
农业型初级产品	16.91	19.24	18.04	19.78	21.62	19.79	20.48	18.90	18.88	17.52
非农业型初级产品	7.64	3.66	3.62	2.81	2.15	2.09	1.69	2.24	1.87	2.83
金属类制成品	4.74	4.42	2.19	2.67	2.88	2.64	2.70	5.14	3.06	5.30
农业资源型制成品	7.87	13.23	8.01	9.12	8.80	9.15	9.49	10.64	11.55	15.78
其他资源类制成品	10.65	9.55	11.78	10.70	11.92	7.90	5.77	7.56	7.90	7.91
低技术产品	4.50	7.78	9.02	5.38	3.46	3.62	2.22	2.04	3.04	3.35
中低技术产品	14.29	14.05	11.12	2.56	1.17	1.24	1.28	1.36	1.67	1.98
中等技术产品	5.51	7.83	11.68	3.95	2.77	3.02	3.51	3.58	3.38	3.11
中高技术产品	7.22	9.79	8.61	6.51	5.93	6.41	7.02	6.56	6.44	6.54
高技术产品	17.24	17.38	15.94	14.70	13.37	15.32	16.80	21.63	20.15	20.41
特高技术产品	18.96	15.88	16.31	15.84	17.67	18.12	17.93	19.57	19.14	16.43

数据来源：UN Comtrade。

表10-7 1992—2017年对中国出口占美国各类产品出口总额的比例

(%)

产品类型	1992年	1997年	2001年	2005年	2010年	2013年	2014年	2015年	2016年	2017年
农业型初级产品	1.37	2.59	3.84	9.00	16.21	18.55	17.16	16.23	17.00	15.43
非农业型初级产品	2.27	2.36	8.68	15.38	15.49	15.62	10.44	12.31	12.43	15.63
金属类制成品	2.00	1.26	1.20	5.20	3.86	3.72	4.45	2.69	3.14	3.89
农业资源型制成品	1.28	1.80	2.44	4.00	4.72	5.62	5.84	5.36	5.70	9.34
其他资源类制成品	0.94	0.94	1.79	3.23	5.92	4.72	4.31	4.59	4.64	4.67

续表

产品类型	1992年	1997年	2001年	2005年	2010年	2013年	2014年	2015年	2016年	2017年
低技术产品	0.38	0.63	2.18	6.48	1.89	1.73	1.24	1.67	2.07	4.87
中低技术产品	1.05	1.54	2.09	2.79	2.99	5.63	4.58	5.36	5.69	4.01
中等技术产品	0.79	1.07	3.04	3.68	4.67	3.55	3.41	3.76	3.78	3.95
中高技术产品	1.85	2.40	1.94	2.98	4.39	4.27	4.35	4.36	4.36	4.86
高技术产品	2.39	2.13	2.79	4.12	6.66	8.56	9.05	9.03	8.90	9.90
特高技术产品	1.86	2.02	2.19	3.41	5.64	6.59	7.00	7.26	7.93	8.12

数据来源：UN Comtrade。

（二）中国从美国进口的细分产品结构

1. 中国从美国进口的前十大产品

本章进一步分析中国从美国进口的SITC五位码①细分产品情况。表10-8列出了2001年和2017年中国从美国进口的前十大产品。总的来看，中国从美国进口的前十大产品呈现出以下特征：

从产品种类来看，中国主要从美国进口高技术产品。2001年，在中国从美国进口的前十大产品中，高技术产品有2种，分别是飞机等航空器（7924）、光纤（88419）；农业型初级产品有1种，是大豆（2222）。2017年，中国从美国进口的前十大产品中，高技术产品有4种，分别是飞机等航空器（7924）、载人机动车（7812）、涡轮喷气发动机（71441）、涡轮喷气发动机或涡轮螺桨发动机的零件（71491）；农业型初级产品有3种，分别是大豆（2222）、回收的未漂白牛皮纸（25111）、非针叶木木材（2484）；金属类制成品有1种，是金粉及非货币用黄金（97101）；非农业型初级产品有2种，分别是石油原油及从沥青矿物提取的原油（3330）、液化丙烷（3421）。

表10-8　2001年和2017年中国从美国进口的前十大产品及占比情况

（%）

排名	2001年			2017年		
	SITC码	产品名称	占中国从美国进口总额的比例	SITC码	产品名称	占中国从美国进口总额的比例
1	7924	空载重量大于15000千克的飞机等航空器	5.94	2222★	大豆	9.03

① 在联合国贸易商品统计数据库SITC第三版产品目录中，有些产品只细分至四位码，缺少五位码，所以，本章将此类产品的四位码保留，替代五位码，以保证产品种类的完整度。

续表

排名	2001 年			2017 年		
	SITC 码	产品名称	占中国从美国进口总额的比例	SITC 码	产品名称	占中国从美国进口总额的比例
2	76417	载流线系统的其他设备	5.08	7924★	空载重量大于 15000 千克的飞机等航空器	8.50
3	2222	大豆	4.56	7812	载人机动车	8.28
4	77641	数字集成电路	3.12	97101	金粉及非货币用黄金	3.09
5	7523	数据处理单元	3.11	3330	石油原油及从沥青矿物提取的原油	2.07
6	75997	自动数据处理设备的零件及附件	2.35	3421	液化丙烷	1.14
7	76491	电话机等通信设备的零件	1.92	71441	涡轮喷气发动机	1.11
8	56293	磷酸氢二铵	1.89	25111	回收（废碎）的未漂白牛皮纸或瓦楞纸及纸板	1.10
9	76493	无线电广播、电视发送或接收设备、雷达设备的天线及其反射器及零件	1.89	71491	涡轮喷气发动机或涡轮螺桨发动机的零件	1.10
10	88419	光纤、光纤束及光缆；光学元件	1.83	2484	厚度大于 6 毫米的纵锯、切刨或旋切的非针叶木木材	1.03

数据来源：UN Comtrade。

注：标注★的产品在 2001 年和 2017 年都为中国从美国进口的前十大产品。

飞机等航空器（7924）一直是中国从美国进口的重要产品。1992 年和 2001 年，飞机等航空器都是中国从美国进口的第一大产品，于 2017 年成为中国从美国进口的第二大产品。中国从美国进口的飞机等航空器占中国从美国进口总额的比例变化不大，从 1992 年的 8.17%下降到 2001 年的 5.94%，之后上升至 2017 年的 8.5%。

大豆（2222）逐渐成为中国从美国进口的第一大产品。从 1996 年开始，大豆进入中国从美国进口的前十大产品行列，位列第 7，此后中国从美国进口的大豆总额激增；除 2015 年之外，2008—2017 年，大豆一直是中国从美国进口的第一大产品，中国已经成为美国大豆最大的出口市场。具体而言，如图 10-5 所示，1992 年中国从美国进口的大豆总额仅为 0.16 亿美元，1992—2002 年增长相对平稳，从 2003 年开始美国大豆进口额高速增长，2007—2012 年中国从美国的大豆进口额几乎保持指数式增长，2014 年增长至最大值 163.29 亿美元，2015 年稍有下降，2016 年实现恢复性增长，2017 年美国大豆进口额为 139.41 亿美元，未超过 2014 年的最大值。此外，大豆进口额占中国从美国进口总额的比例也是呈逐年增加的态势，1992 年，大豆占中国从美国进口总额的比例仅为 0.18%，1996 年增加至 1.57%，此后高速增长，2017 年增加至 9.03%，1992—2017 年增加了 8.85 个百分点。

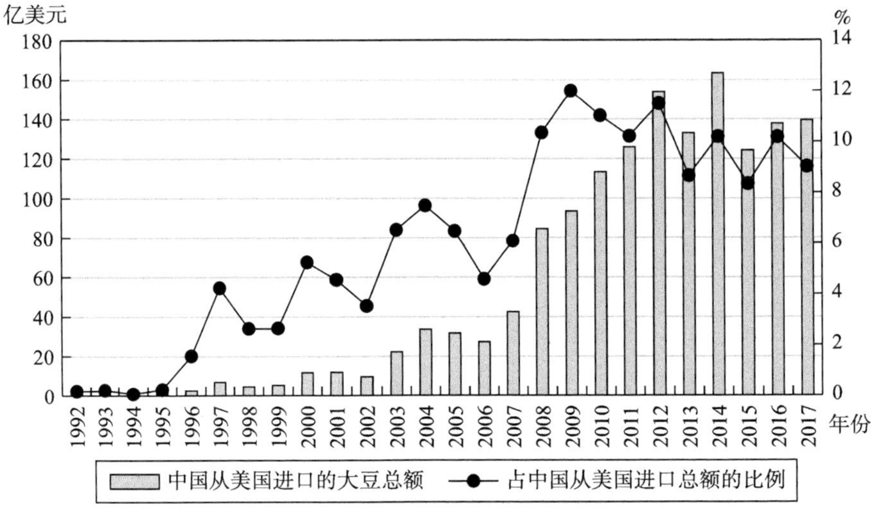

图 10-5　1992—2017 年中国从美国进口的大豆

数据来源：UN Comtrade。

2. 中国和美国的相互依赖程度比较

表 10-9 列出了 2017 年中国从美国进口的前二十大产品占比情况。在中国从美国进口的前二十大产品中，中国进口对美国的依赖程度低于美国出口对中国的依赖程度的产品有 7 种。其中，美国铜废碎料（28821）出口对中国的依赖程度最高，中国从美国进口的该产品占中国该产品进口总额的 15.32%，而其占美国该产品出口总额的比例高达 62.11%；非针叶木木材（2484）次之，中国从美国进口的该产品占中国该产品进口总额的比例及其占美国该产品出口总额的比例分别为 30.55%、56.64%；大豆（2222）再次之，以上比例变更为 35.17%、56.78%；其他 4 种产品分别为石油原油及从沥青矿物提取的原油（3330）、其他牛皮和马皮（61141）、药物（54293）以及具有单独功能的机械和机械设备（72849）。

中国进口对美国的依赖程度高于美国出口对中国的依赖程度的产品有 12 种。其中，涡轮喷气发动机（71441）对美国的依赖程度最高，中国从美国进口的该产品占中国该产品进口总额的比例为 61.22%，而其占美国该产品出口总额的比例仅为 0.61%；回收的未漂白牛皮纸（25111）次之，中国从美国进口的该产品占中国该产品进口总额的比例及其占美国该产品出口总额的比例分别为 46.17%、0.49%；未梳的棉花（2631）再次之，以上比例变更为 44.96%、16.69%。

从中国自美国进口的前二十大产品的变动情况来看，中国进口对美国的依赖程度不断减弱。大豆（2222）、测量或检验仪器（87425）均位列2001年和2017年中国从美国进口的前二十大产品，与2001年相比，2017年中国自美国进口的以上产品占中国相应产品进口总额的比例都有所下降，大豆（2222）占比下降了7个百分点，测量或检验仪器（87425）下降了近14个百分点。1992年和2017年，铜废碎料（28821）和未梳的棉花（2631）均位列中国从美国进口的前二十大产品，与1992年相比，2017年中国从美国进口的铜废碎料所占比例下降了24.20个百分点，未梳的棉花所占比例下降了16.95个百分点。此外，1992—2017年飞机等航天器（7924）一直排在中国从美国进口的前20位，占中国该产品进口总额的比例从1992年的83.35%减少到2001年的66.53%，2017年进一步下降到58.96%，25年间下降了24.39个百分点，中国对美国飞机等航天器出口的依赖度在逐渐减弱。

表10-9 2017年中国从美国进口的前二十大产品占比

（%）

排名	SITC码	产品名称	从美国进口占中国相应产品进口总额的比例	美国对中国出口占美国相应产品出口总额的比例
1	2222	大豆	35.17	56.78
2	7924	空载重量大于15000千克的飞机等航空器	58.96	—
3	7812	载人机动车	25.62	19.39
4	97101	金粉及非货币用黄金	9.29	3.09
5	3330	石油原油及从沥青矿物提取的原油	1.95	19.46
6	3421	液化丙烷	26.44	13.59
7	71441	涡轮喷气发动机	61.22	0.61
8	25111	回收（废碎）的未漂白牛皮纸或瓦楞纸及纸板	46.17	0.49
9	71491	涡轮喷气发动机或涡轮螺桨发动机的零件	64.55	57.37
10	2484	厚度大于6毫米的纵锯、切刨或旋切的非针叶木木材	30.55	56.64
11	28821	铜废碎料	15.32	62.11
12	87425	测量或检验仪器、器械及机器和轮廓投影仪	14.57	12.64
13	61141	其他牛皮和马皮	40.56	49.23

续表

排名	SITC 码	产品名称	从美国进口占中国相应产品进口总额的比例	美国对中国出口占美国相应产品出口总额的比例
14	54293	配制成标准剂量或零售包装形式的药物	9.47	28.09
15	25151	半漂白或漂白的针叶木烧碱木浆或硫酸盐木浆	20.46	5.70
16	2631	未梳的棉花	44.96	16.69
17	0453	未磨碎的谷物高粱	93.26	78.07
18	59899	其他化学产品及其制品	14.27	9.54
19	72849	具有单独功能的机械和机械设备	8.12	8.82
20	01254	冻藏的食用猪内脏	41.35	31.03

数据来源：UN Comtrade。

注：UN Comtrade 中缺少美国的飞机等航空器（7924）出口到中国的数据，所以无法计算美国此产品对中国出口占美国相应产品出口总额的比例。

表 10-10、表 10-11、表 10-12 分别列出了 1992 年、2001 年和 2017 年中国进口对美国依赖程度最高的前二十大产品。可以看出，第一，中国从美国进口的部分产品占中国相应产品进口总额的比例等于 100%或接近 100%，意味着这些产品几乎完全从美国进口。第二，1992 年、2001 年、2017 年贫化铀、钍及其化合物（52515）一直排在前 20 位。第三，从产品类型来看，1992 年、2001 年和 2017 年，在前二十大产品中，一半左右属于农业型初级产品；在这三年所有产品中，特高技术产品有 3 种，分别是发射药（59311），供居住或野营用厢式挂车及半挂车（7861），贫化铀、钍及其化合物（52515）；高技术产品有 2 种，分别是起落架及其零件（79293）、武器望远瞄准具（87191）。

表 10-10　1992 年中国进口对美国依赖程度最高的前二十大产品

（%）

排名	SITC 码	产品名称	占比
1	59311	发射药	100
2	59312	配制炸药（但发射药除外）	100
3	79355	浮动或潜水式钻探或生产平台	100
4	25191	用机械与化学联合制浆法制得的木浆	99.95
5	28929	贵金属废碎料	99.47
6	01221	新鲜或冷藏的猪肉	99.30

续表

排名	SITC 码	产品名称	占比
7	01236	冷冻的家禽肝脏	99.05
8	63533	木瓦及木制盖屋板	97.93
9	0541	新鲜或冷藏的土豆（不包括红薯）	97.32
10	72344	非自推进的钻探或凿井机械	94.00
11	79293	起落架及其零件	93.87
12	56293	磷酸氢二铵	93.80
13	05661	非醋方法制作或保藏的冷冻马铃薯	93.63
14	05461	冷冻甜玉米	93.58
15	52515	贫化铀、钍及其化合物	93.29
16	24615	非针叶木的木片或木粒	92.67
17	05429	其他脱荚干豆	91.70
18	77871	粒子加速器	90.57
19	59897	水泥、灰泥及混凝土用添加剂	90.44
20	03413	新鲜或冷藏的比目鱼	89.84

数据来源：UN Comtrade。

表 10-11　2001 年中国进口对美国依赖程度最高的前二十大产品

（%）

排名	SITC 码	产品名称	占比
1	79121	柴油电力铁道机车	100
2	00149	活重大于 185 克的家禽	100
3	00152	活的马、驴、骡	100
4	7861	供居住或野营用厢式挂车及半挂车	100
5	52515	贫化铀、钍及其化合物	100
6	27231	未碾磨天然磷酸（铝）钙及磷酸盐白垩	100
7	08129	其他谷物的糠、麸及其他残渣	100
8	56229	其他矿物磷肥及化学磷肥	100
9	54145	其他茶碱和氨茶碱及其衍生物以及它们的盐	99.98
10	33522	粗苯	99.96
11	09812	均化蔬菜	99.93
12	3450	煤气、水煤气、炉煤气及类似气体	99.51
13	87191	武器望远瞄准具；潜望望远镜；机仪器望远镜	99.25

续表

排名	SITC 码	产品名称	占比
14	07521	香子兰豆	98.84
15	0172	肉、杂碎或动物血制香肠等产品；香肠制食品	98.79
16	04721	玉米粗粒、粗粉	97.52
17	0176	其他制作或保藏的牛肉及杂碎	96.34
18	21224	完整的麝香鼠生毛皮	96.19
19	42169	其他玉米油及其分离品	95.59
20	01232	未切成块的冻藏家禽肉	95

数据来源：UN Comtrade。

表 10-12　2017 年中国进口对美国依赖程度最高的前二十大产品

（%）

排名	SITC 码	产品名称	占比
1	22211	其他未去壳花生（种用除外）	100
2	59331	烟花、爆竹	100
3	51132	三氯乙烯	100
4	78622	罐式挂车及半挂车	100
5	05454	新鲜或冷藏的生菜和莴苣	100
6	05487	新鲜或干燥的甜菜	100
7	01612	干、熏、盐腌或盐渍猪腹肉	100
8	54132	链霉素及其衍生物以及它们的盐	100
9	32222	已结块的褐煤	100
10	56222	过磷酸钙	100
11	28921	铂及包铂的废碎料（含有其他贵金属的除外）	100
12	33523	粗甲苯	100
13	51126	乙苯	100
14	05455	新鲜的或冷藏的胡萝卜及食用根茎	99.92
15	06121	加香料或着色剂的甘蔗糖、甜菜糖及化学纯蔗糖	99.33
16	42121	初榨的棉籽油	99.14
17	08153	酿造及蒸馏过程中的糟粕及残渣	98.75
18	52515	贫化铀、钍及其化合物	98.32
19	05461	冷冻甜玉米	97.53
20	51134	其他无环烃的不饱和氯化衍生物	97.42

数据来源：UN Comtrade。

（三）中国从美国进口的产品变化动态

1. 中国从美国持续进口产品①的分布及其变化

1992—2017 年，中国从美国持续进口的产品一共 1768 种，占全部 3116 种产品种类②的 56.74%。从持续进口产品总数占比来看，中国从美国进口的高技术产品、中高技术产品、中等技术产品和特高技术产品种类比较稳定，持续进口产品占比在 69%以上，而中国从美国进口的低技术产品和非农业型初级产品种类数量变化较大，持续进口产品占比为 19.08%和 21.59%。

1992—2017 年，中国从美国持续进口产品占中国从美国进口各类产品总额的比例变化不大，1992 年占比为 85.24%，2001 年小幅下降到 72.54%，2017 年中国从美国进口的产品中有 87.05%持续进口。分产品类型来看，2017 年低技术产品和金属类制成品占比最少，分别为 13.78%、21.81%；中国持续进口的农业型初级产品、农业资源型制成品、其他资源类制成品和中等技术产品占比在 2001 年下降，2017 年有所上升；而中高技术产品占比稳步上升。

从持续进口产品进口额的减少情况来看，中国从美国持续进口的产品中，与 1992 年相比，2017 年有 242 种产品进口额减少。其中，非农业型初级产品中有 2 种，分别是液化气态烃（3442）、不锈钢废碎料（28221），进口额分别减少了 123.33 万美元和 111.68 万美元；中等技术产品中有 38 种，未另列明的多元羧酸及其衍生物（51389）的进口额减少幅度最大，减少了 0.79 亿美元，未列明无线电广播接收设备（76289）减少幅度最小，减少了 723 美元。

从持续进口产品进口额的增加情况来看，在中国从美国持续进口的产品中，大豆（2222）的进口额增加最多，从 1992 年的 0.16 亿美元增加至 2017 年的 139.41 亿美元，增加了 139.25 亿美元；其他依次是载人机动车（7812）、飞机等航空器（7924）、液化丙烷（3421）、涡轮喷气发动机或涡轮螺桨发动机的零件（71491）、回收的未漂白牛皮纸（25111）、涡轮喷气发动机（71441）、非针叶木木材（2484）、测量或检验仪器（87425）、铜废碎料（28821）。值得注意的是，1992—2017 年中国从美国持续进口的产品进口增加额排名前 10 的产品均包括在 2017 年中国从美国进口的前二十大产品中。

---

① 持续进口产品指 1992—2017 年中国每一年都从美国进口的产品。

② 产品种类指 SITC5 位编码下的产品种类数，共计 3116 种，包括 1772 种技术类商品和 1344 种非技术类商品。详见：魏浩，赵春明，李晓庆．中国进口商品结构变化的估算：2000—2014 年［J］．世界经济，2016，39（4）：70-94.

表 10-13 1992—2017 年中国从美国持续进口的产品分布及其变化

产品类型	产品总数/种	持续进口产品总数/种	持续进口产品总数占比/%	进口额减少的持续进口产品数量/种	持续进口产品占中国从美国各类产品进口总额的比例/%		
					1992 年	2001 年	2017 年
农业型初级产品	627	205	32.70	21	86.83	70.92	88.70
非农业型初级产品	88	19	21.59	2	27.96	88.62	40.01
金属类制成品	239	103	43.10	12	90.99	93.82	21.81
农业资源型制成品	127	80	62.99	19	84.40	75.85	99.78
其他资源类制成品	263	175	66.54	21	96.29	85.29	89.15
低技术产品	152	29	19.08	9	1.86	0.58	13.78
中低技术产品	268	144	53.73	35	73.22	70.62	76.55
中等技术产品	332	233	70.18	38	81.90	42.38	98.46
中高技术产品	409	312	76.28	35	90.61	96.00	98.12
高技术产品	427	341	79.86	36	96.57	93.69	97.83
特高技术产品	184	127	69.02	14	97.16	94.84	97.69
合计	3116	1768	56.74	242	85.24	72.54	87.05

数据来源：UN Comtrade。

2. 中国从美国进口的退出产品分布

1992 年中国从美国进口但 2017 年中国没有从美国进口的产品，即进口退出产品的数量共计 321 种，其中，农业型初级产品退出的产品数最多，为 89 种，1992 年农业型初级产品进口额为 0.86 亿美元。此外，在退出产品中，1992 年，中国从美国进口额最大的产品是柴油（3343），进口额为 2.24 亿美元，进口额最小的产品是硅锰铁（67152），进口额为 641 美元。与 1992 年相比，表 10-14 列出了 2017 年前二十大退出产品。

表 10-14 2017 年中国从美国进口的前二十大退出产品情况

单位：万美元

排名	SITC 码	产品名称	1992 年中国从美国进口额
1	3343	柴油	22434.95
2	76493	无线电广播、电视发送或接收设备、雷达设备的天线及其反射器及零件	4393.56
3	3345	润滑矿物油	3499.43
4	76491	电话机等通信设备的零件	3132.96
5	03619	其他冻藏的甲壳动物	2913.24

续表

排名	SITC 码	产品名称	1992 年中国从美国进口额
6	76415	电话或电报交换设备	2519.99
7	7521	模拟或混合数据处理机器	2251.51
8	76481	无线电话或无线电报的接收设备	2220.73
9	29242	人参	2070.58
10	7523	数据处理单元	2003.89
11	6411	成卷或成张的新闻纸	1419.82
12	67421	宽度为 600 毫米或以上的铁或非合金钢的平轧产品	1330.57
13	00141	重量小于等于 185 克的活家禽	1064.35
14	21111	新鲜或湿盐腌制的牛皮	1055.30
15	76417	载流线系统的其他设备	1039.12
16	87473	示波器和录波器	841.97
17	89879	磁盘	827.78
18	77643	非数字集成电路	787.17
19	7916	其他铁道及电车道机动客车、货车、敞车	755.35
20	6113	单位面积不超过 28 平方英尺的无毛全牛皮革	729.43

数据来源：UN Comtrade。

3. 中国从美国进口的新产品分布

与 1992 年相比，2017 年中国从美国进口的新产品有 396 种，新产品的进口总额为 105.81 亿美元。其中，金属类制成品中新产品的进口总额最多，为 48.38 亿美元，农业资源型制成品中新产品的进口总额最少，为 0.0028 亿美元。进一步从细分产品来看，在 2017 年中国从美国新进口的产品中，金粉及非货币用黄金（97101）、未磨碎的谷物高粱（0453）、冻藏的食用猪内脏（01254）的进口额较大，分别为 47.74 亿美元、9.57 亿美元、8.74 亿美元；冻鲭鱼（03426）进口额最小，为 28 美元。与 1992 年相比，表 10-15 列出了 2017 年中国从美国进口的前二十大新产品。

表 10-15　2017 年中国从美国进口的前二十大新产品情况

单位：亿美元

排名	SITC 码	产品名称	2017 年中国从美国进口额
1	97101	金粉及非货币用黄金	47.74
2	0453	未磨碎的谷物高粱	9.57

续表

排名	SITC 码	产品名称	2017 年中国从美国进口额
3	01254	冻藏的食用猪内脏	8.74
4	32121	沥青	4.47
5	33542	石油焦	4.14
6	08113	其他草饲料	3.99
7	2874	铅矿砂及其精矿	3.10
8	01222	冷冻猪肉	2.86
9	89283	承认国流通发行未用邮票等票证；钞票，股票等	2.38
10	33525	萘、杂酚油、其他芳烃混合物、其他蒸馏高温煤焦油所得油类等产品及类似品	2.27
11	28919	其他贵金属矿砂及其精矿	1.95
12	71489	其他燃气轮机	1.85
13	71877	未辐照燃料元件（释热元件）	1.57
14	51126	乙苯	1.35
15	2816	已烧结的铁矿砂及其精矿	0.94
16	79211	空载重量小于等于 2000 千克的直升机	0.93
17	51483	丙烯腈	0.81
18	28911	银矿砂及其精矿	0.69
19	08153	酿造及蒸馏过程中的糟粕及残渣	0.66
20	78517	排量大于 800 毫升的往复式内燃机摩托车	0.33

数据来源：UN Comtrade。

三、美国产品在中国市场上的比较优势及其变化

（一）美国产品在中国市场上的整体比较优势

从整体上看，1992 年、2001 年和 2017 年，美国的农业型初级产品、高技术产品和特高技术产品的显示性比较优势指数（RCA）均大于 1（见表 10-16），说明这 3 类产品在中国市场上整体上一直具有比较优势；非农业型初级产品、金属类制成品、低技术产品和中高技术产品的比较优势指数均小于 1，说明以上 4 类产品在中国市场上整体上一直不具有比较优势。

从美国产品在中国市场上比较优势的变化情况来看，与 1992 年相比，2017 年农业资源型制成品在中国市场拥有比较优势，而中低技术产品不再具有比较优势。与 2001 年相比，2017 年农业资源型制成品在中国市场拥有比较优势，其他资源类制成品、中

低技术产品和中等技术产品不再具有比较优势。与 1992 年和 2001 年相比，2017 年农业型初级产品、金属类制成品、农业资源型制成品、高技术产品和特高技术产品的比较优势指数增加了。

表 10-16　1992—2017 年美国各类产品在中国市场上的比较优势指数

产品类型		1992 年	2001 年	2017 年
初级产品	农业型初级产品	1.531	1.676	2.092
	非农业型初级产品	0.692	0.336	0.338
制成品	金属类制成品	0.429	0.203	0.633
	农业资源型制成品	0.713	0.744	1.883
	其他资源类制成品	0.965	1.094	0.944
	低技术产品	0.408	0.838	0.400
	中低技术产品	1.294	1.033	0.236
	中等技术产品	0.499	1.085	0.372
	中高技术产品	0.654	0.800	0.781
	高技术产品	1.561	1.480	2.437
	特高技术产品	1.716	1.515	1.961

数据来源：UN Comtrade。

（二）美国产品在中国市场上的比较优势分布及其变化

从表 10-17、表 10-18 和表 10-19 可以看出，相对于 1992 年和 2001 年，2017 年美国产品在中国市场上的比较优势分布发生了显著的变化。具有比较优势的产品数量从 1992 年的 813 种增加至 2001 年的 1003 种，又增加至 2017 年的 1040 种。

从全部产品来看，与 1992 年相比，2017 年具有比较优势的产品增加了 227 种，其中，具有一般比较优势（$1<RCA\leqslant 2$）的产品增加了 137 种，具有较强比较优势（$2<RCA\leqslant 3$）的产品增加了 30 种，具有显著比较优势（$RCA>3$）的产品增加了 60 种。与 2001 年相比，2017 年具有比较优势的产品增加了 37 种，其中具有一般比较优势的产品增加了 27 种，具有较强比较优势的产品减少了 5 种，具有显著比较优势的产品增加了 15 种。

从分类产品来看，与 1992 年相比，2017 年农业型初级产品、低技术产品具有比较优势的细分产品减少了，分别减少了 10 种、2 种；非农业型初级产品具有比较优势的细分产品种类没有变化；其余大类具有比较优势的细分产品种类均有所增加，中高技术产品、高技术产品增加得较多，分别为 61 种、58 种，中低技术产品、特高技术产品增加得较少，分别为 10 种、11 种。与 2001 年相比，2017 年非农业型初级产品、农业型初级产品、低技术产品具有比较优势的细分产品减少了，分别减少了 5 种、43 种、16 种；中等技术产品具有比较优势的细分产品种类没有变化；金属类制成品、农业资源型制成品、其他资源类制成品、中低技术产品、中高技术产品、高技术产品、特高技术产品具有比较优势的细分产品种类增加了，分别增加了 33 种、8 种、16 种、1 种、29 种、12 种和 2 种。

表 10-17　1992 年美国产品在中国市场上的比较优势分布情况

产品类型		产品总数/种	RCA>1/种	1<RCA≤2/种	2<RCA≤3/种	RCA>3/种	RCA 平均值
初级产品	农业型初级产品	627	179	53	41	85	1.639
	非农业型初级产品	88	16	6	3	7	1.470
制成品	金属类制成品	239	25	14	4	7	0.534
	农业资源型制成品	127	28	14	2	12	0.970
	其他资源类制成品	263	88	34	23	31	1.362
	低技术产品	152	12	4	5	3	0.501
	中低技术产品	268	34	13	8	13	0.650
	中等技术产品	332	64	32	11	21	0.792
	中高技术产品	409	107	52	27	28	0.983
	高技术产品	427	169	82	35	52	1.336
	特高技术产品	184	91	29	27	35	2.036
合计		3116	813	333	186	294	1.161

数据来源：UN Comtrade。

表 10-18　2001 年美国产品在中国市场上的比较优势分布情况

产品类型		产品总数/种	RCA>1/种	1<RCA≤2/种	2<RCA≤3/种	RCA>3/种	RCA 平均值
初级产品	农业型初级产品	627	212	54	50	108	1.966
	非农业型初级产品	88	21	7	4	10	1.662
制成品	金属类制成品	239	27	15	4	8	0.627
	农业资源型制成品	127	34	19	8	7	0.868
	其他资源类制成品	263	100	43	25	32	1.376
	低技术产品	152	26	13	5	8	0.853
	中低技术产品	268	43	22	10	11	0.590
	中等技术产品	332	86	49	16	21	0.859
	中高技术产品	409	139	77	26	36	1.159
	高技术产品	427	215	113	52	50	1.495
	特高技术产品	184	100	31	21	48	2.162

续表

产品类型		产品总数/种	RCA>1/种	1<RCA≤2/种	2<RCA≤3/种	RCA>3/种	RCA平均值
合计		3116	1003	443	221	339	1.295

数据来源：UN Comtrade。

表 10-19　2017 年美国产品在中国市场上的比较优势分布情况

产品类型		产品总数/种	RCA>1/种	1<RCA≤2/种	2<RCA≤3/种	RCA>3/种	RCA平均值
初级产品	农业型初级产品	627	169	55	31	83	1.883
	非农业型初级产品	88	16	5	1	10	1.639
制成品	金属类制成品	239	60	38	12	10	0.974
	农业资源型制成品	127	42	23	6	13	1.379
	其他资源类制成品	263	116	42	31	43	1.776
	低技术产品	152	10	2	3	5	0.866
	中低技术产品	268	44	19	10	15	0.678
	中等技术产品	332	86	49	16	21	0.955
	中高技术产品	409	168	96	31	41	1.384
	高技术产品	427	227	109	58	60	1.756
	特高技术产品	184	102	32	17	53	2.446
合计		3116	1040	470	216	354	1.471

数据来源：UN Comtrade。

（三）美国产品在中国市场上比较优势的国际比较

2017 年，中国的前四大进口来源地分别是韩国、日本、美国和德国，本章将详细分析这四个国家的产品在中国市场上的比较优势及其变化。如表 10-20 所示，2017 年，日本在中国市场上具有比较优势的产品数量最多，为 1194 种，德国是 1115 种，美国是 1040 种，韩国只有 542 种。

1. 具有比较优势产品数量变化的国际比较

与 2001 年相比，2017 年日本、美国和德国在中国市场上具有比较优势的产品数量均有所增加，德国增加最多，日本次之，美国最少；韩国在中国市场具有比较优势的产品数量有所减少（见表 10-21）。具体来看：

第一，与 2001 年相比，2017 年德国在中国市场上具有比较优势的产品数量增加了 124 种。其中，高技术产品增加最多，为 66 种；中高技术产品次之，为 27 种；其他资源类制成品再次，为 17 种。此外，低技术产品、中低技术产品具有比较优势的产品数量有所减少，分别减少了 18 种、7 种。

第二，与 2001 年相比，2017 年日本在中国市场上具有比较优势的产品数量增加了 89 种。其中，高技术产品增加最多，为 58 种；金属类制成品次之，增加了 21 种。此外，农业型初级产品、农业资源型制成品和低技术产品在中国市场具有比较优势的产品数量有所减少，分别减少了 15 种、4 种和 38 种。

第三，与 2001 年相比，2017 年美国在中国市场上具有比较优势的产品数量增加了 37 种。金属类制成品增加最多，为 33 种；中高技术产品次之，为 29 种。农业型初级产品减少最多，减少了 43 种；低技术产品减少了 16 种。

第四，与 2001 年相比，2017 年韩国在中国市场上具有比较优势的产品数量减少了 174 种。具体来看，只有高技术产品和非农业型初级产品在中国市场上具有比较优势的产品数量增加了，分别增加了 25 种和 4 种，其他产品类型都有所减少。减少最多的是中低技术产品，减少了 46 种；其次是中高技术产品，减少了 42 种；农业资源型制成品和中等技术产品分别减少了 32 和 30 种；金属类制成品和特高技术产品种类的减少幅度最小，均减少了 1 种。

表 10-20　2017 年前四大进口来源地在中国市场上具有比较优势的产品数量

单位：种

产品类型		产品总数	日本	韩国	美国	德国
初级产品	农业型初级产品	627	61	41	169	64
	非农业型初级产品	88	9	11	16	7
制成品	金属类制成品	239	117	72	60	81
	农业资源型制成品	127	36	15	42	38
	其他资源类制成品	263	123	55	116	107
	低技术产品	152	18	14	10	6
	中低技术产品	268	90	50	44	48
	中等技术产品	332	159	71	86	123
	中高技术产品	409	229	96	168	228
	高技术产品	427	262	105	227	305
	特高技术产品	184	90	12	102	108
合计		3116	1194	542	1040	1115

数据来源：UN Comtrade。

表 10-21 2001—2017 年前四大进口来源地在中国市场上具有比较优势产品数量变化

单位：种

产品类型		日本	韩国	美国	德国
初级产品	农业型初级产品	-15	-14	-43	9
	非农业型初级产品	2	4	-5	0
制成品	金属类制成品	21	-1	33	12
	农业资源型制成品	-4	-32	8	7
	其他资源类制成品	11	-14	16	17
	低技术产品	-38	-23	-16	-18
	中低技术产品	15	-46	1	-7
	中等技术产品	14	-30	0	10
	中高技术产品	17	-42	29	27
	高技术产品	58	25	12	66
	特高技术产品	8	-1	2	1
合计		89	-174	37	124

数据来源：UN Comtrade。

2. 比较优势指数和占比变化的国际比较

与 2001 年相比，2017 年中国前四大进口来源地在中国市场上比较优势指数上升的产品种类均超过 1000 种（见表 10-22）。其中，德国增加了 1473 种，高技术产品和中高技术产品分别增加了 295 种和 238 种，且中国从德国进口的 1431 种产品占中国相应产品进口总额的份额均有所增加；美国增加了 1471 种，中高技术产品、高技术产品、农业型初级产品分别增加了 228 种、224 种、203 种，其中，1278 种产品在中国市场的占有率有所提高；日本增加了 1454 种，高技术产品、中高技术产品分别增加了 267 种、236 种，且 711 种产品在中国市场的占有率有所提高；韩国增加了 1035 种，高技术产品、中高技术产品分别增加了 210 种、160 种，且 1035 种产品在中国市场的占有率均有所提高。

总体而言，虽然中国前四大进口来源地在中国市场上比较优势指数上升的产品数量均超过 1000 种，但是，这些产品在中国市场上的占有率变化各异。其中，在中国市场上，比较优势指数上升的韩国产品的占有率均有所提高，在比较优势指数上升的产品中，97. 15%的德国产品在中国市场的占有率有所提高，美国为 86. 88%，而日本只有 48. 9%。

表 10-22　2001—2017 年在中国市场上比较优势指数上升产品数量情况

单位：种

产品类型		比较优势指数上升的产品数量				占中国进口份额增加的产品数量			
		日本	韩国	美国	德国	日本	韩国	美国	德国
初级产品	农业型初级产品	155	128	203	191	68	128	180	188
	非农业型初级产品	20	30	34	20	10	30	31	20
制成品	金属类制成品	120	79	112	99	73	79	108	93
	农业资源型制成品	58	21	60	55	24	21	52	54
	其他资源类制成品	146	94	152	129	76	94	126	126
	低技术产品	36	35	45	30	14	35	41	29
	中低技术产品	140	74	137	125	70	74	132	124
	中等技术产品	181	127	187	185	92	127	166	182
	中高技术产品	236	160	228	238	111	160	196	234
	高技术产品	267	210	224	295	124	210	180	281
	特高技术产品	95	77	89	106	49	77	66	100
合计		1454	1035	1471	1473	711	1035	1278	1431

数据来源：UN Comtrade。

第十一章　中国从欧盟的进口发展

中国是世界上最大的发展中国家、最具增长潜力和最富经济活力的主要新兴经济体，欧盟是最大的发达国家集团，中欧都是世界舞台上的重要一极。经贸合作是中欧关系的“压舱石”和“推进器”，截止到2018年，欧盟连续15年成为中国第一大贸易伙伴和进口来源地，中国连续14年是欧盟第二大贸易伙伴和第一大进口来源地，中国也是欧盟发展最快的主要出口市场。本章将分析中国从欧盟进口贸易的发展情况。

一、中国从欧盟进口的基本情况

（一）中国从欧盟的进口规模

自2001年加入WTO以来，中国从欧盟的货物进口总额整体表现为稳步上升的发展态势。如图11-1所示，2001—2017年，中国从欧盟的进口贸易大致可以分为三个发展阶段：高速增长阶段、缓慢增长阶段以及回调阶段。2001—2011年是高速增长阶段，在这一阶段，中国从欧盟的货物进口总额呈指数式增长，由2001年的357.1亿美元增长至2011年的2111.6亿美元，2011年大约是2001年的5.9倍。2012—2014年是缓慢增长阶段，在这一阶段，中国从欧盟的货物进口总额增速放缓，由2012年的2120.7亿美元增长至2014年的2441.8亿美元，2014年大约是2012年的1.15倍。2015—2017年是回调阶段，在这一阶段，中国从欧盟的货物进口总额呈现先下降后上升的发展态势，由2015年的2087.8亿美元降至2016年的2081.4亿美元，再升至2017年的2449.8亿美元。总的来看，2001—2017年，中国从欧盟进口总额由2001年的357.1亿美元增加到2017年的2449.8亿美元，2017年大约是2001年的7倍。

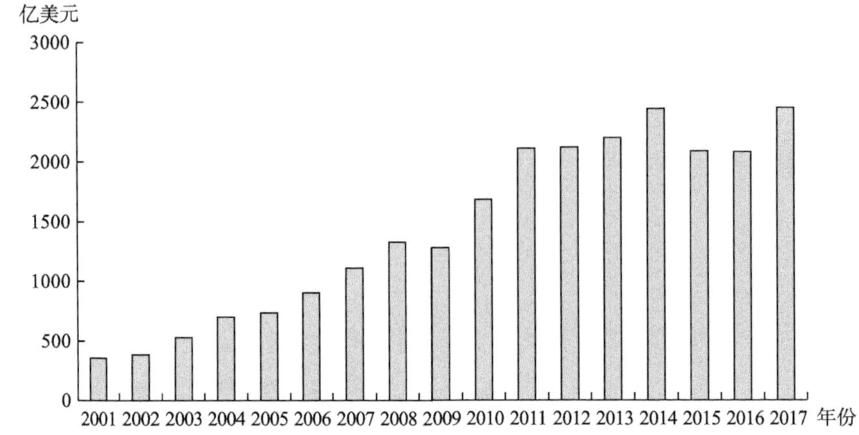

图 11-1　2001—2017 年中国从欧盟进口规模

数据来源：UN Comtrade。

（二）欧盟在中国进口中的地位

图 11-2 是 2001—2017 年中国从欧盟、美国、日本和韩国的进口额在中国进口总额中的占比情况。从中国自欧盟的进口占中国进口总额的比例来看，2001—2017 年，从欧盟的进口占中国进口总额的比重从 2001 年的 14.66%下降到 2005 年的 11.15%，其后，欧盟在中国进口总额中的份额一直在 12%上下波动，说明欧盟在我国进口的份额相对稳定。欧盟于 2011 年超过日本成为中国第一大进口来源地。2017 年，中国的前四大进口来源地分别是欧盟、韩国、日本和美国。可见，欧盟在中国进口中的地位越来越重要。

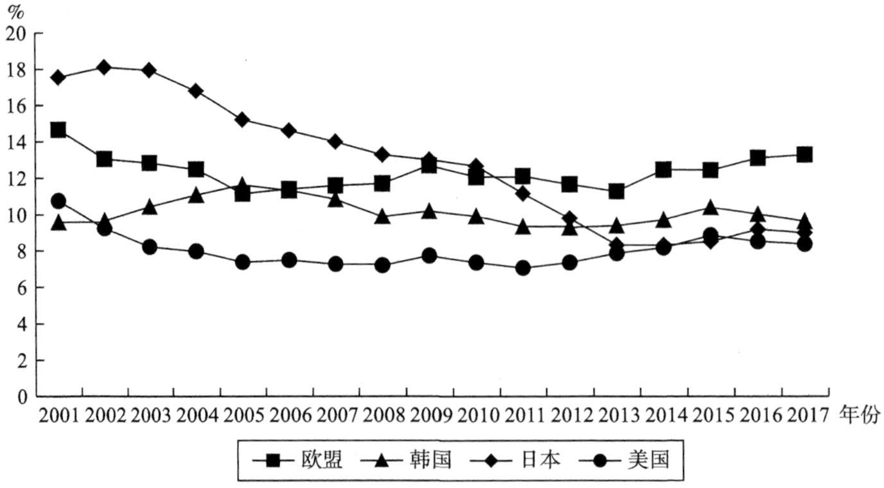

图 11-2　2001—2017 年中国主要进口来源地占比情况

数据来源：UN Comtrade。

(三) 中国进口在欧盟出口中的地位

中国进口对欧盟总出口的贡献整体表现为日益提升的态势。如图 11-3 所示，从中国自欧盟进口总额占欧盟出口总额的比例来看，2001—2017 年，中国在欧盟出口总额中的占比整体上是日益增加的，从 2001 年的 1. 17%增加至 2017 年的 3. 85%，增加了 2. 68 个百分点，2017 年的进口总额是 2001 年的 3 倍多。此外，美国是欧盟的第一大出口目的国，2001—2017 年，美国从欧盟的进口额占欧盟出口总额的比重从 9. 34%下降到 7. 34%，减少了 2 个百分点。总的来看，中国在欧盟出口贸易中的地位逐渐上升，成为欧盟第二大货物出口目的国，与欧盟第一大货物出口目的国美国的差距逐渐缩小。

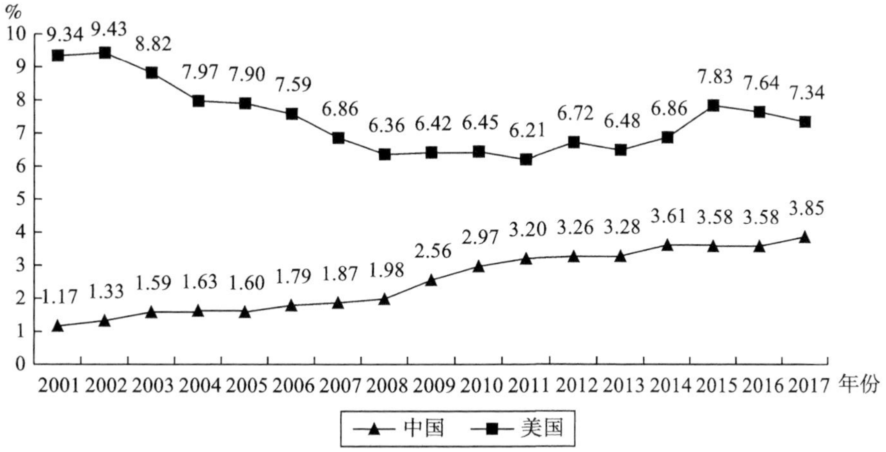

图 11-3　2001—2017 年对中国和美国出口占欧盟出口总额的比重

数据来源：UN Comtrade。

(四) 中国从欧盟进口的国别结构

1. 中国在欧盟的前五大进口来源国

2017 年，中国在欧盟的前五大进口来源国依次是德国、法国、英国、意大利和荷兰。2001—2017 年，中国从这 5 个国家的进口占中国从欧盟进口总额的比重一直在 75%左右，也就是说，中国从欧盟的进口高度集中在这 5 个国家。如图 11-4 所示，从中国在欧盟前五大进口来源地进口额的变化情况来看，中国从这 5 个国家进口总额的变化趋势与中国从欧盟进口总额的变化趋势大致相似，进口额在 2001—2008 年缓慢上升，受金融危机影响于 2009 年小幅下降，2010—2014 年高速上升，于 2015 年和 2016 年再次经历下滑，在 2017 年实现恢复性增长。另外，表 11-1 统计了 2001—2017 年欧盟前五大进口来源国在中国从欧盟进口总额的占比情况。从进口份额变动情况来看，各个国家所占进口份额基本保持稳定。

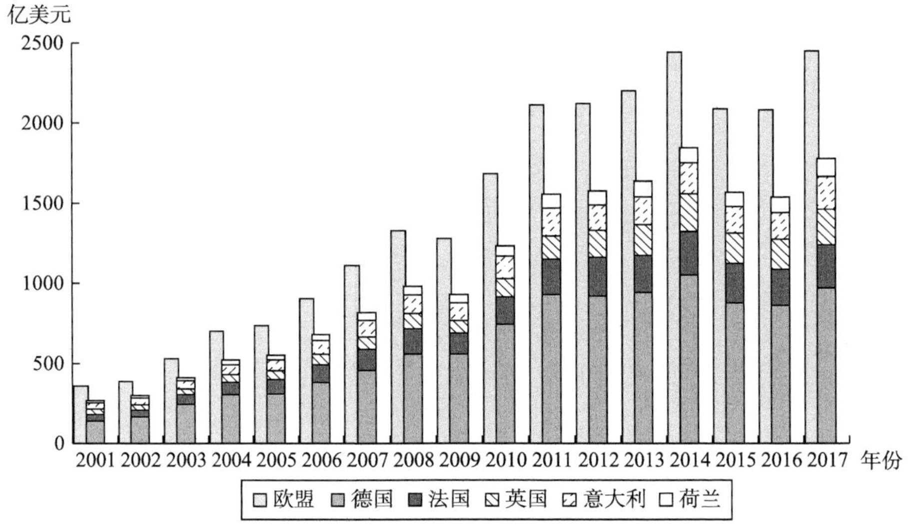

图 11-4　2001—2017 年中国在欧盟前五大进口来源国的进口规模

数据来源：UN Comtrade。

表 11-1　2001—2017 年中国在欧盟前五大进口来源国进口占中国从欧盟进口总额的比重

（%）

年份	德国	法国	英国	意大利	荷兰	五国合计
2001	38. 56	11. 50	9. 88	10. 60	4. 08	74. 61
2002	42. 60	11. 04	8. 66	11. 21	4. 08	77. 60
2003	45. 82	11. 51	6. 73	9. 58	3. 65	77. 29
2004	43. 30	10. 92	6. 79	9. 20	4. 24	74. 45
2005	41. 75	12. 25	7. 51	9. 41	3. 98	74. 90
2006	41. 94	12. 50	7. 20	9. 52	4. 04	75. 20
2007	40. 90	12. 03	7. 01	9. 20	4. 44	73. 58
2008	42. 06	11. 79	7. 19	8. 77	4. 00	73. 82
2009	43. 64	10. 20	6. 17	8. 63	4. 01	72. 64
2010	44. 10	10. 17	6. 71	8. 32	3. 85	73. 15
2011	43. 91	10. 46	6. 89	8. 32	4. 10	73. 69
2012	43. 35	11. 38	7. 92	7. 58	4. 10	74. 33
2013	42. 81	10. 51	8. 67	7. 99	4. 47	74. 45
2014	43. 01	11. 09	9. 72	7. 90	3. 83	75. 53
2015	41. 97	11. 80	9. 07	8. 06	4. 20	75. 10
2016	41. 37	10. 82	8. 98	8. 03	4. 71	73. 90

续表

年份	德国	法国	英国	意大利	荷兰	五国合计
2017	39.57	10.94	9.11	8.37	4.60	72.60

数据来源：UN Comtrade。

2. 中国在欧盟前五大进口来源国出口中的地位

图 11-5 描绘了中国在欧盟前五大进口来源国出口总额的占比情况。中国在欧盟前五大进口来源国出口总额的占比主要表现为以下特点：第一，从整体来看，2001—2017 年，中国占欧盟前五大进口来源国出口总额的比重呈现整体增加的态势，2001—2007 年增长相对缓慢，2008 年增长速度开始加快。第二，从具体国家来看，2017 年，中国进口占德国出口总额的比例最高，达 6.74%，其次依次是英国、法国、意大利、荷兰，占比分别为 4.84%、4.07%、3%、2.49%。从份额变化来看，中国占意大利出口份额的增加幅度较小，2017 年比 2001 年增加了 1.82 个百分点，而中国占德国、英国、法国、荷兰出口总额的比例分别增加了 4.86 个百分点、3.95 个百分点、3.05 个百分点、1.98 个百分点，说明中国在欧盟这五国出口贸易中的地位越来越重要。

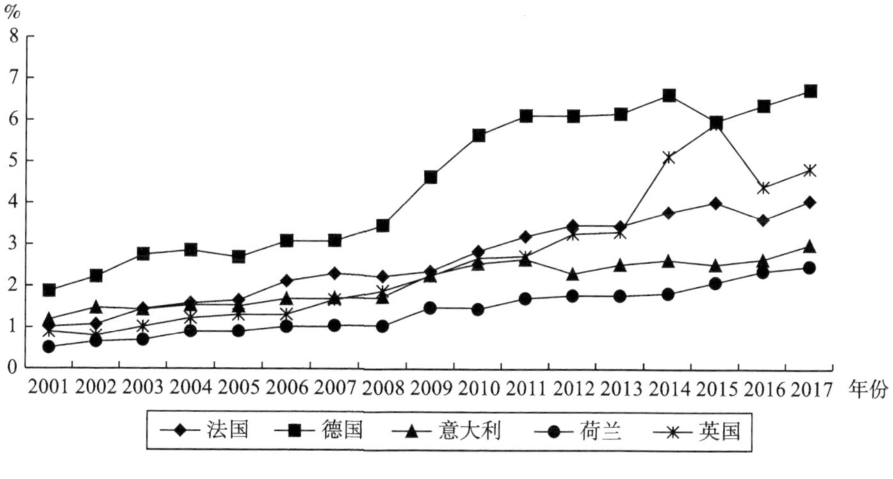

图 11-5　2001—2017 年中国进口占欧盟五大国出口总额的比重

数据来源：UN Comtrade。

二、中国从欧盟进口的产品结构

（一）中国从欧盟进口的大类产品结构

本章借鉴魏浩等①的方法，将中国从欧盟进口的产品分成 11 类，测算了 2001—2017 年中国从欧盟进口产品结构。表 11-2 是 2001—2017 年中国从欧盟进口产品结构的测算结果。具体分析如下：

第一，中国主要从欧盟进口制成品。2001—2017 年，中国从欧盟进口的制成品占中国从欧盟进口总额的比重均处于 85%以上，其中，2001 年最高，达 93.9%，2017 年最低，为 85.97%。此外，中国从欧盟进口的初级产品在 2001—2017 年均处于 15%以下。

第二，从细分产品来看，中国主要从欧盟进口高技术产品、中高技术产品、特高技术产品。2017 年，高技术产品是中国从欧盟进口的第一大产品，所占份额高达 38.01%；中高技术产品次之，所占份额为 16.59%；特高技术产品再次，所占份额为 13.91%；其他产品类型所占份额均不足 10%。

第三，从细分产品占比的变化情况来看，高技术产品所占份额增加幅度较大。高技术产品所占份额从 2001 年的 26.54%增加至 2017 年的 38.01%，增加了 11.47 个百分点；与 2001 年相比，特高技术产品、非农业型初级产品、农业型初级产品所占份额增加幅度都不超过 5 个百分点。中等技术产品所占份额从 2001 年的 13.52%下降到 2017 年的 5.91%，下降了 7.61 个百分点；低技术产品所占份额从 2001 年的 6.74%下降到 2017 年的 0.25%，下降了 6.49 个百分点；农业资源型制成品、其他资源类制成品、中低技术产品、中高技术产品所占份额减少幅度都小于 5 个百分点。此外，金属类制成品所占份额没有发生明显变化。

表 11-2　2001—2017 年中国从欧盟进口产品结构

（%）

产品类型		2001 年	2005 年	2010 年	2012 年	2013 年	2014 年	2015 年	2016 年	2017 年
初级产品	农业型初级产品	4.46	4.88	5.29	6.58	7.24	6.73	8.74	9.20	9.16
	非农业型初级产品	1.64	2.04	5.31	4.54	3.80	3.28	2.91	3.62	4.87
	合计	6.10	6.93	10.60	11.13	11.03	10.01	11.65	12.82	14.03

① 魏浩，赵春明，李晓庆．中国进口商品结构变化的估算：2000—2014 年［J］．世界经济，2016，39（4）：70-94.

续表

产品类型		2001 年	2005 年	2010 年	2012 年	2013 年	2014 年	2015 年	2016 年	2017 年
制成品	金属类制成品	3.44	6.16	4.29	4.32	3.97	3.76	3.29	2.88	3.44
	农业资源型制成品	3.60	2.38	1.94	1.74	1.84	1.74	1.78	1.79	1.85
	其他资源类制成品	4.40	4.76	4.47	4.16	3.92	3.73	4.14	3.63	4.00
	低技术产品	6.74	4.90	0.10	0.11	0.11	0.11	0.12	0.11	0.25
	中低技术产品	5.73	3.09	1.57	1.61	1.70	1.61	1.83	1.78	2.01
	中等技术产品	13.52	8.17	6.53	5.69	5.89	5.86	6.29	6.17	5.91
	中高技术产品	19.94	18.46	17.29	15.83	16.89	16.62	16.54	16.40	16.59
	高技术产品	26.54	32.85	41.22	42.85	41.43	43.53	39.88	38.96	38.01
	特高技术产品	10.00	12.30	11.98	12.55	13.22	13.04	14.48	15.45	13.91
	合计	93.90	93.07	89.40	88.87	88.97	89.99	88.35	87.18	85.97

数据来源：UN Comtrade。

从各类产品进口规模来看，2001—2017 年，除低技术产品之外，中国从欧盟进口的其他各类产品总额全部增加（见表 11-3）。其中，中国从欧盟进口的高技术产品总额增加最多，从 2001 年的 94.28 亿美元增加至 2017 年的 846.37 亿美元，2017 年比 2001 年增加了 752.09 亿美元；中高技术产品次之，进口额从 2001 年的 70.84 亿美元增加至 2017 年的 369.48 亿美元，增加了 298.64 亿美元；再次是特高技术产品，进口额从 2001 年的 35.51 亿美元增加至 2017 年的 309.74 亿美元，增加了 274.23 亿美元；中低技术产品进口额增加最少，2017 年比 2001 年增加了 24.34 亿美元。低技术产品进口额有所减少，从 2001 年的 23.94 亿美元减少到 2017 年的 5.62 亿美元，减少了 18.32 亿美元。

从各类产品进口规模变化情况来看（见表 11-4），2001—2017 年，中国从欧盟进口的农业型初级产品和非农业型初级产品总额增长较快，2017 年的进口额大约是 2001 年的 10 倍以上，其余 9 类产品进口额增长较慢，2017 年大约是 2001 年的 10 倍以下。具体来看，与 2001 年相比，2017 年中国从欧盟进口的非农业型初级产品的增长最快，2017 年进口额大约是 2001 年的 18.62 倍，农业型初级产品次之，2017 年进口额大约是 2001 年的 12.85 倍。与 2001 年相比，2017 年中国从欧盟进口的低技术产品总额大约是 1992 年的 0.23 倍，增长最慢。

表 11-3　2001—2017 年中国从欧盟进口各类产品的规模

单位：亿美元

产品类型		2001 年	2005 年	2010 年	2012 年	2013 年	2014 年	2015 年	2016 年	2017 年
初级产品	农业型初级产品	15.86	35.51	84.62	132.92	151.51	159.00	175.33	183.19	203.85
	非农业型初级产品	5.83	14.87	84.95	91.77	79.45	77.36	58.44	72.10	108.45
	合计	21.69	50.38	169.58	224.69	230.96	236.36	233.77	255.29	312.30
制成品	金属类制成品	12.21	44.81	68.67	87.24	83.03	88.70	66.01	57.38	76.52
	农业资源型制成品	12.78	17.28	31.03	35.07	38.62	41.11	35.74	35.64	41.10
	其他资源类制成品	15.62	34.66	71.54	84.05	82.12	88.04	83.09	72.19	89.04
	低技术产品	23.94	35.64	1.67	2.27	2.30	2.57	2.48	2.27	5.62
	中低技术产品	20.36	22.48	25.16	32.56	35.52	38.13	36.63	35.52	44.69
	中等技术产品	48.03	59.47	104.38	115.00	123.32	138.36	126.15	122.86	131.68
	中高技术产品	70.84	134.25	276.59	319.77	353.56	392.55	331.92	326.51	369.48
	高技术产品	94.28	238.95	659.17	865.38	867.27	1028.02	800.36	775.64	846.37
	特高技术产品	35.51	89.49	191.55	253.55	276.72	308.01	290.58	307.65	309.74
	合计	333.57	677.04	1429.74	1794.89	1862.45	2125.48	1772.95	1735.67	1914.26

数据来源：UN Comtrade。

表 11-4　2001—2017 年中国从欧盟进口各类产品的规模相对变化情况

产品类型	2001 年	2005 年	2010 年	2012 年	2013 年	2014 年	2015 年	2016 年	2017 年
农业型初级产品	1	2.24	5.34	8.38	9.55	10.02	11.05	11.55	12.85
非农业型初级产品	1	2.55	14.58	15.75	13.64	13.28	10.03	12.38	18.62
金属类制成品	1	3.67	5.62	7.14	6.80	7.26	5.41	4.70	6.27
农业资源型制成品	1	1.35	2.43	2.74	3.02	3.22	2.80	2.79	3.22
其他资源类制成品	1	2.22	4.58	5.38	5.26	5.64	5.32	4.62	5.70
低技术产品	1	1.49	0.07	0.09	0.10	0.11	0.10	0.09	0.23
中低技术产品	1	1.10	1.24	1.60	1.74	1.87	1.80	1.75	2.20
中等技术产品	1	1.24	2.17	2.39	2.57	2.88	2.63	2.56	2.74
中高技术产品	1	1.90	3.90	4.51	4.99	5.54	4.69	4.61	5.22
高技术产品	1	2.53	6.99	9.18	9.20	10.90	8.49	8.23	8.98
特高技术产品	1	2.52	5.39	7.14	7.79	8.67	8.18	8.66	8.72

数据来源：UN Comtrade。

（二）中国和欧盟之间大类产品的相互依赖程度比较

1. 从中国对欧盟的依赖程度来看

从中国自欧盟进口占中国同类产品进口总额的比例来看，如表 11-5 所示，2017 年，中国对欧盟依赖程度最高的产品是特高技术产品，其占中国特高技术产品进口总额的比例高达 39.37%；高技术产品次之，占中国高技术产品进口总额的比例为 34.44%。中国从欧盟进口的农业资源型制成品和中高技术产品占中国同类产品进口总额的比例处于 20%~30%；中国从欧盟进口的其他资源类制成品、农业型初级产品以及中等技术产品进口占中国同类产品进口总额的比例处于 10%~20%；中国从欧盟进口的其他种类产品占中国同类产品进口总额的比例不足 10%。可见，与中国的进口产品结构相比，中国从欧盟进口了较多的特高技术产品、高技术产品和中高技术产品。

从中国对欧盟的依赖程度的变化趋势来看（见表 11-5），2001—2017 年，中国从欧盟进口的各大类产品占中国同类产品进口的比重整体有所提高。其中，在中国同类产品进口中占比增加最多的产品是特高技术产品，从 2001 年的 28.51%增加至 2017 年的 39.37%，增加了 10.86 个百分点，其余依次是高技术产品、农业资源型制成品、农业型初级产品、中高技术产品和非农业型初级产品。与此同时，中国从欧盟进口的其他资源类制成品占比下降幅度最大，下降了 6.18 个百分点。中低技术产品次之，占比从 2001 年的 13.04%下降到 2017 年的 6.94%，下降了 6.1 个百分点。此外，其他类型产品在中国同类产品进口中的占比相对稳定。

2. 从欧盟对中国的依赖程度来看

从中国自欧盟进口占欧盟同类产品出口总额的比例来看，如表 11-5 所示，2017 年，中国进口占欧盟同类产品出口总额的比重均在 8%以下。具体来看，2017 年，中国从欧盟进口的非农业型初级产品占欧盟此类产品出口总额的比例最高，为 7.36%；高技术产品和特高技术产品次之，分别为 5.2%、5.11%；其余产品占欧盟同类产品出口总额的比例均不足 5%。从中国自欧盟进口占欧盟同类产品出口总额比例的变动情况来看，除低技术产品以外，2017 年中国其他类别产品进口在欧盟出口中的占比都有所提高，说明欧盟产品对中国市场的依赖度加深。具体来看，2001 年中国进口占欧盟出口比重较大的三类产品依次是特高技术产品、低技术产品和中高技术产品，2017 年变为非农业型初级产品、高技术产品和特高技术产品，占比分别为 7.36%、5.20%和 5.11%。此外，2001—2017 年，欧盟向中国出口的非农业型初级产品占比增长幅度最大，从 2001 年的 1.07%增加至 2017 年的 7.36%，提高了 6.29 个百分点，高技术产品和特高技术产品占比分别提高了 3.87 个和 3.60 个百分点；而低技术产品占比则下降了 0.04 个百分点。

除非农业型初级产品之外，中国进口对欧盟的依赖程度普遍高于欧盟出口对中国的依赖程度。具体来看，2017 年，中国从欧盟进口的特高技术产品占中国特高技术产品进口总额的比例高达 39.37%，但是，中国从欧盟进口的特高技术产品占欧盟同类产品出口总额的比例仅为 5.11%；中国从欧盟进口的高技术产品占中国同类商品进口总额的比例为 34.44%，占欧盟同类产品出口总额的比例仅为 5.2%；中国从欧盟进口的中高技术产品占中国同类商品进口总额的比例为 21.36%，占欧盟同类产品出口总额的比例仅为 3.81%。由此可见，大部分欧盟产品在中国进口中的份额高于中国在欧盟相应产品出口总额中的比重。

表 11-5　2001 年和 2017 年中国从欧盟各类产品进口占比

（%）

产品类型	欧盟在中国进口贸易中的地位		中国在欧盟出口贸易中的地位	
	2001 年	2017 年	2001 年	2017 年
农业型初级产品	7.68	11.53	0.53	3.00
非农业型初级产品	2.76	2.87	1.07	7.36
金属类制成品	8.77	6.47	1.00	2.46
农业资源型制成品	18.28	26.71	1.00	2.51
其他资源类制成品	20.06	13.89	0.95	2.83
低技术产品	11.41	9.76	1.46	1.42
中低技术产品	13.04	6.94	0.92	1.37
中等技术产品	12.11	10.66	1.25	2.38
中高技术产品	18.48	21.36	1.37	3.81
高技术产品	24.42	34.44	1.33	5.20
特高技术产品	28.51	39.37	1.51	5.11

数据来源：UN Comtrade。

（三）中国从欧盟进口的细分产品结构

总体而言，中国从欧盟进口的大多数产品在中国市场的占有率，高于其占欧盟同类产品出口总额的比重，即中国进口对欧盟的依赖度高于欧盟出口对中国的依赖度。从欧盟出口对中国的依赖程度来看，2017 年，欧盟出口到中国的产品种类数为 2754 种。其中，有 2692 种产品对中国的依赖程度低于 20%，3 种产品对中国的依赖度高于 60%。特别地，96%的高技术产品对中国的依赖程度低于 20%，地下专用的连续运送货物的升降机及输送机（74472）对中国的依赖程度最高，为 44.27%。从中国进口对欧盟的依赖程度来看，2017 年，中国从欧盟进口产品种类数为 2628 种[①]。其中，1171 种欧盟产品在中国进口中所占份额低于 20%，408 种产品在中国进口中所占份额高于 60%。在高技术产品领域，大约 25%的欧盟产品在中国进口中所占份额低于 20%，88 种产品在中国进口中所占份额高于 60%。

从中国自欧盟进口的第一大产品来看，2001 年中国从欧盟进口的第一大产品是电话机等通信设备的零件（76491），占中国同类产品进口总额的 48.68%，占欧盟同类产品出口总额的 6.49%；2017 年中国从欧盟进口的第一大产品是载人机动车（7812），占中国同类产品进口总额的 53.1%，占欧盟同类产品出口总额的 6.26%。进一步地，从中国自欧盟进口的第一大产品来源国来看，2017 年，中国从欧盟进口的载人机动车（7812）主要是从德国和英国进口的，进口额分别为 126.97 亿美元、71.07 亿美元，合计占中国从欧盟进口载人机动车总额的 74.7%。

从中国自欧盟进口的第一大产品进口额的变化趋势来看，2001—2017 年，中国从欧盟进口的载人机动车（7812）总额和总量总体表现为先上升、后下降的发展趋势（见图 11-6）。中国从欧盟进口的载人机动车总额在 2001—2009 年增长幅度较小；2010 年首次超过 100 亿美元，为 164.65 亿美元，比 2009 年的进口额增加 92.19 亿美元；2011 年首次超过 200 亿美元，为 243.89 亿美元；2014 年首次超过 300 亿美元，为 344.62 亿美元；之后载人机动车进口总额有所下降，并于 2017 年下降到 265.11 亿美元。总的来说，2001—2017 年，中国从欧盟进口的载人机动车总额增加了 258.74 亿美元，年均增长率高达 26.24%，2017 年大约是 2001 年的 42 倍；中国从欧盟进口的载人机动车总量从 2001 年的 3 万辆增加至 2017 年的 22 万辆，增加了 19 万辆，其中，2014 年进口量达到峰值，为 63 万辆。

---

① UN Comtrade 是由 170 多个报告国/地区向联合国统计司提供的年度国际贸易统计数据，所以，本章统计的中国从欧盟进口产品种类数与欧盟出口到中国的产品种类数不一致，详情见 https://unstats.un.org/unsd/tradekb/Knowledgebase/50075/What-is-UN-Comtrade。

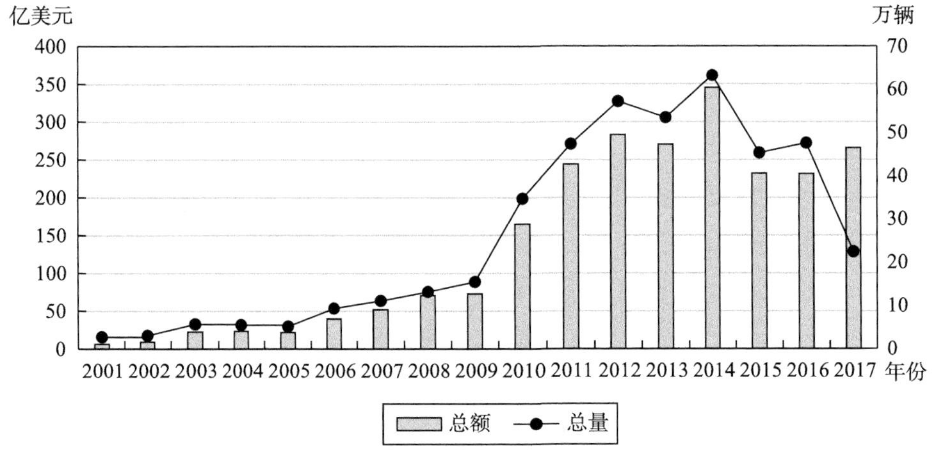

图 11-6　2001—2017 年中国从欧盟进口的载人机动车

数据来源：UN Comtrade。

从中国自欧盟进口的前二十大产品来看，表 11-6 和表 11-7 分别是 2001 年、2017 年中国从欧盟进口的前二十大产品占中国同类产品进口总额的比重以及占欧盟同类产品出口总额的比重。可以发现，第一，中国对欧盟的依赖程度不断增强。2001 年和 2017 年，中国从欧盟进口的前二十大产品中都包括载人机动车（7812）、飞机等航空器（7924）、铜废碎料（28821）。这 3 种产品的进口排名、占中国同类产品进口的比重以及占欧盟同类产品出口的比重均有所提高，且中国对欧盟以上 3 种产品出口的依赖度不断加强。第二，中国从欧盟进口的前二十大产品的技术含量有所提高。具体来看，2001 年，中国从欧盟进口的前二十大产品中，非农业型初级产品、其他资源类制成品和中高技术产品各有 1 种，中低技术产品和特高技术产品各有 2 种，低技术产品有 3 种，中等技术产品有 4 种，高技术产品有 6 种。与 2001 年相比，2017 年，中国从欧盟进口的前二十大产品中，非农业型初级产品增加了 2 种，中高技术产品增加了 3 种，高技术产品和特高技术产品的数量没有变化，中等技术产品减少了 3 种，其他资源类制成品、低技术产品和中低技术产品退出前二十大产品，1 种金属类制成品（精炼铜，68212）进入前 20。

表 11-6　2001 年中国从欧盟进口的前二十大产品占比

（%）

排名	SITC 码	产品名称	占中国同类产品进口总额的比重	占欧盟同类产品出口总额的比重
1	76491	电话机等通信设备的零件	48.68	6.49

续表

排名	SITC 码	产品名称	占中国同类产品进口总额的比重	占欧盟同类产品出口总额的比重
2	78439	拖拉机、乘用汽车、用于运输货物和专用的机动车辆、道路机动车的其他零件及附件	62.11	1.09
3	76493	无线电广播、电视发送或接收设备、雷达设备的天线及其反射器及零件	28.32	8.14
4	77641	数字集成电路	14.26	1.60
5	72849	具有单独功能的未另列明的机械和机械设备	26.10	5.63
6	76417	载流线系统的其他设备	30.37	2.66
7	7812	载人机动车	46.42	0.27
8	72842	未列名的橡胶或塑料及其产品的加工机器	32.13	7.24
9	77643	非数字集成电路	5.78	2.63
10	89879	磁盘	53.44	0.46
11	7924	空载重量大于 15000 千克的飞机等航空器	16.27	2.46
12	54293	配制成合标准的剂量或零售包装形式的药物	65.13	0.45
13	66722	未加工或简单锯开、劈开或粗磨的非工业钻石	75.60	3.56
14	76432	发射和接受设备	23.22	1.71
15	72659	其他胶印机	78.45	7.86
16	28821	铜废碎料	22.22	11.56
17	75997	自动数据处理机器设备的零件及附件	4.15	0.92
18	7523	其他以系统形式包烟的自动数据处理设备	21.06	0.80
19	74527	其他包装或打包机器	60.89	4.41
20	72451	织布机	51.31	28.69

数据来源：UN Comtrade。

表 11-7　2017 年中国从欧盟进口的前二十大产品占比

（%）

排名	SITC 码	产品名称	占中国同类产品进口总额的比重	占欧盟同类产品出口总额的比重
1	7812★	载人机动车	53.10	6.26
2	54293	配制成合标准的剂量或零售包装形式的药物	75.60	3.48
3	7924★	空载重量大于 15000 千克的飞机等航空器	38.31	11.86
4	78439	拖拉机、乘用汽车、用于运输货物和专用的机动车辆、道路机动车的其他零件及附件	52.32	4.28
5	3330	石油原油及从沥青矿物提取的原油	2.19	15.71

续表

排名	SITC 码	产品名称	占中国同类产品进口总额的比重	占欧盟同类产品出口总额的比重
6	78432	车身（包括驾驶室在内）的其他零件及附件	68.06	8.12
7	87425	测量或检验仪器、器械及机器和轮廓投影仪	31.38	15.15
8	09893	供婴幼儿食用的零售包装食品	71.95	40.04
9	72191	制酒、果汁等饮料的压榨机、轧碎机等机器	24.90	8.92
10	33525	萘、杂酚油、其他芳烃混合物、其他蒸馏高温煤焦油所得油类等产品及类似品	24.66	13.65
11	77261	电压不超过 1000 伏的电子控制板	51.10	12.55
12	5532	美容品、化妆品及护肤品（药品除外），包括防晒油或晒黑油；指（趾）甲化妆品	36.72	4.39
13	28821★	铜废碎料	22.89	27.90
14	68212	精炼铜	10.19	17.90
15	77121	静止式变流器	24.85	4.94
16	87465	其他自动调节或控制仪器及装置	36.18	5.58
17	7478	其他阀门、龙头、旋塞及类似装置	43.51	5.45
18	01222	冷冻猪肉	66.82	18.13
19	11217	鲜葡萄酿造的酒	53.41	6.69
20	77282	电路开关、保护或连接用的电气装置的其他零件	35.77	8.81

数据来源：UN Comtrade。

注：标★的 3 种产品也是 2001 年中国从欧盟进口的前二十大产品。

表 11-8 和表 11-9 分别列出了 2001 年、2017 年中国进口对欧盟依赖程度最高的前二十大产品。从中国进口对欧盟依赖程度最高的前二十大产品来看，2001 年和 2017 年，在自欧盟进口占中国同类产品进口比重排名前 20 的产品中，从欧盟进口占中国同类产品进口比重均达到 100%，即以上产品中国全部从欧盟进口。具体来看，在中国进口对欧盟依赖程度最高的前二十大产品中，2001 年，金属类制成品、其他资源类制成品和中低技术产品各有 1 种，非农业型初级产品、中等技术产品、中高技术产品和特高技术产品各有 2 种，高技术产品有 3 种，农业型初级产品有 6 种；2017 年，农业型初级产品有 7 种，特高技术产品、农业资源型制成品各有 1 种，中等技术产品有 2 种，中高技术产品有 6 种，高技术产品有 3 种。

表 11-8　2001 年中国进口对欧盟依赖程度最高的前二十大产品

排名	SITC 码	产品名称
1	54223	含有胰岛素的药品
2	71877	未辐照燃料元件（释热元件）
3	79211	空载重量小于等于 2000 千克的直升机
4	79312	帆船
5	59216	菊粉
6	28781	已焙烧的钼矿砂及其精矿
7	2123	适合加工皮货用的生毛皮（包括头、尾巴、爪子等其他碎屑）
8	79111	由外部电力驱动的直流电机铁道电力机车
9	89122	猎枪子弹
10	01221	新鲜或冷藏的猪肉
11	54144	麻黄碱及其盐
12	89932	火柴
13	0451	未磨碎的黑麦
14	2814	焙烧黄铁矿
15	68991	未锻轧铍；粉末
16	08125	米糠
17	54151	胰岛素及其盐
18	03415	鲜冷鲱鱼（大西洋鲱鱼、太平洋鲱鱼）、沙丁鱼
19	54152	垂体或类似激素，及其衍生物
20	0173	制作或保藏的动物肝

数据来源：UN Comtrade。

表 11-9　2017 年中国进口对欧盟依赖程度最高的前二十大产品

排名	SITC 码	产品名称
1	0243	蓝纹乳酪和娄地青霉生产的带纹理的其他乳酪
2	78223	机动钻探车
3	08194	葡萄酒渣；粗酒石
4	7917	铁道及电车道非机动客车及特殊用途车辆
5	0544	新鲜或冷藏的番茄
6	79111★	由外部电力驱动的直流电机铁道电力机车
7	89122★	猎枪子弹

续表

排名	SITC 码	产品名称
8	7916	其他铁道及电车道机动客车、火车、敞车
9	64155	其他卷烟纸
10	72853	烟草加工及制作机器的零件
11	74351	奶油分离器
12	78221	机动起重车
13	71112	过热水锅炉
14	21222	羔羊的整张毛皮
15	54211	未配定剂量的含有青霉素及链霉素的药品
16	54146	黑麦角生物碱及其衍生物和其盐类
17	26819	其他未梳理含脂羊毛
18	79351	挖泥船
19	26521	生的或经沤制的大麻
20	01611	干、熏、盐腌或盐渍带骨猪腿及肉块

数据来源：UN Comtrade。

注：标★的 2 种产品也是 2001 年中国对欧盟依赖程度最高的前二十大产品。

表 11-10 和表 11-11 分别列出了 2001 年和 2017 年欧盟出口对中国依赖程度最高的前二十大产品。从中国自欧盟进口占欧盟同类产品出口的比重来看，2001 年，在中国进口占欧盟出口比重最大的前 20 种产品中，近一半是技术类产品；2017 年，一半以上是农业型初级产品。具体来看，2001 年，非农业型初级产品有 2 种，农业型初级产品有 6 种，金属类制成品和低技术产品各有 1 种，分别是按重量计算含磷量为 0.5%以上的非合金生铁（67122）、铜弹簧（69942），中高技术产品有 3 种，高技术产品有 5 种，特高技术产品有 2 种，分别是升降台式数控铣床（73151）、制造纤维素纸浆的机器（72511）；2017 年，农业型初级产品有 11 种，包括亚麻（26512）、其他未梳理含脂羊毛（26819）等，非农业型初级产品有 3 种，其他资源类制成品有 2 种，中低技术产品和高技术产品各有 1 种，特高技术产品有 2 种。

此外，2001 年，中国进口占欧盟出口比重最高的产品是按重量计算含磷量为 0.5%以上的非合金生铁（67122），占比为 57.73%；2017 年中国进口占欧盟出口比重最高的产品是钍矿砂及其精矿（2862），占比高达 97.24%。2001 年和 2017 年，有 3 种产品同时处于中国进口占欧盟出口比重前二十的产品中，分别是亚麻（26512）、冷冻的鳕鱼（03425）、回收（废碎）的未漂白牛皮纸或瓦楞纸及纸板（25111）。与 2001 年相比，2017 年以上 3 种产品在中国市场上的占有率都提高了，分别提高了 39.04 个百分点、31.30 个百分点、28.89 个百分点。

表 11-10　2001 年欧盟出口对中国依赖程度最高的前二十大产品

（%）

排名	SITC 码	产品名称	占比
1	67122	按重量计算含磷量为 0.5%以上的非合金生铁	57.73
2	73151	升降台式数控铣床	44.60
3	71878	核反应堆零件	41.03
4	72441	化学纺织纤维挤压、拉伸、变形或切割机器	31.03
5	69942	铜弹簧	28.87
6	72451	织布机	28.69
7	24752	其他非针叶树种的木材	27.21
8	26512	破碎、切碎或经其他加工但未纺制的亚麻	23.46
9	28825	锌废碎料	21.98
10	26513	亚麻短纤及废麻	21.90
11	21221	整只兔或野兔的生毛皮	21.28
12	2821	铸铁废碎料	20.16
13	72442	纺织纤维的预处理机器	19.06
14	72443	纺纱机、并线机或加捻机、络纱机（包括卷纬机）或摇纱机	16.13
15	72511	制造纤维素纸浆的机器	15.19
16	03425	冷冻的鳕鱼	15.12
17	77549	电动剃须刀及电动毛发推剪的零件	14.78
18	72191	制酒、果汁等饮料的压榨机、轧碎机等机器	14.72
19	72454	纺织纱线的其他生产及预处理机器	14.59
20	25111	回收（废碎）的未漂白牛皮纸或瓦楞纸及纸板	14.37

数据来源：UN Comtrade。

表 11-11　2017 年欧盟出口对中国依赖程度最高的前二十大产品

（%）

排名	SITC 码	产品名称	占比
1	2862	钍矿砂及其精矿	97.24
2	2841	镍矿砂及其精矿	72.46
3	26512★	破碎、切碎或经其他加工但未纺制的亚麻	62.50

续表

排名	SITC 码	产品名称	占比
4	27312	表观比重超过 2.5 的大理石、石灰华及其他石灰质碑用或建筑用石、蜡石	56.80
5	26819	其他未梳理含脂羊毛	51.14
6	2116	带毛的绵羊或羔羊生皮	49.87
7	52223	硅	48.77
8	2123	适合加工皮货用的生毛皮（包括头、尾巴、爪子等其他碎屑）	47.18
9	28421	镍锍	47.14
10	03425★	冷冻的鳕鱼	46.42
11	01254	冻藏的食用猪内脏	44.72
12	74472	地下专用的连续运送货物的升降机及输送机	44.27
13	25111★	回收（废碎）的未漂白牛皮纸或瓦楞纸及纸板	43.26
14	21225	整张狐皮	42.82
15	65294	平方米重小于等于 200 克的其他印花棉布	41.38
16	26811	未梳理含脂剪羊毛	40.61
17	09893	供婴幼儿食用的零售包装食品	40.04
18	66412	未加工的玻璃球、棒及管	39.18
19	73175	切齿机、齿轮磨床或齿轮精加工机床	39.07
20	59773	不含矿物油的纺织材料、皮革等材料处理剂	38.53

数据来源：UN Comtrade。
注：标★的 3 种产品也是 2001 年欧盟出口对中国依赖程度最高的前二十大产品。

三、欧盟产品在中国市场上的比较优势及其变化

（一）欧盟产品在中国市场上的整体比较优势

1. 欧盟产品比较优势的变化

基于 SITC 五位码的产品分类，本章利用 RCA 指数分别测算了 2001 年和 2017 年欧盟产品在中国市场上的比较优势。表 11-12 和表 11-13 是测算结果。可以看出，2001 年和 2017 年，欧盟在中国市场上具有最多比较优势（RCA>1）产品数量的大类产品是高技术产品，2001 年，欧盟出口的高技术产品在中国市场上具有比较优势的产品数量为 292 种，占欧盟在中国市场上具有比较优势的产品总数的 20.18%；2017 年，以上数据变更为 342 种、占比 19.77%。其余依次是中高技术产品、中等技术产品、农业型初级产品和其他资源类制成品。

相对于2001年，2017年欧盟产品在中国市场上的比较优势分布发生了显著的变化。分大类产品来看，低技术产品中具有比较优势的细分产品数量有所减少，减少了12种；非农业型初级产品和农业资源型制成品具有比较优势的细分产品数量没有变化；其余8类产品在中国市场具有比较优势的细分产品数量均不同程度地增加，其中，增加最多的是中高技术产品，在中国市场上具有比较优势的产品数量增加了63种，其余依次是中等技术产品、中低技术产品、高技术产品、农业型初级产品，分别增加了56种、54种、50种、43种。

2. 欧盟产品比较优势的分布情况

如表11-13所示，2017年，在中国从欧盟进口的3116种产品中，具有比较优势的产品共计1726种，占全部3116种进口商品的55.39%，即中国从欧盟进口的一半以上的产品在中国市场上具有比较优势。具体来看，15种非农业型初级产品、202种农业型初级产品、97种金属类制成品、68种农业资源型制成品、162种其他资源类制成品、36种低技术产品、153种中低技术产品、215种中等技术产品、303种中高技术产品、342种高技术产品、133种特高技术产品在中国市场上具有比较优势。

表11-12　2001年欧盟产品在中国市场上的比较优势分布情况

产品类型		产品总数/种	RCA>1/种	1<RCA≤2/种	2<RCA≤3/种	RCA>3/种	RCA平均值
初级产品	农业型初级产品	627	159	59	27	73	1.01
	非农业型初级产品	88	15	8	2	5	0.70
制成品	金属类制成品	239	85	43	27	15	1.22
	农业资源型制成品	127	68	30	15	23	1.69
	其他资源类制成品	263	151	64	34	53	1.72
	低技术产品	152	48	17	12	19	1.10
	中低技术产品	268	99	42	17	40	1.19
	中等技术产品	332	159	58	52	49	1.48
	中高技术产品	409	240	88	79	73	1.77
	高技术产品	427	292	118	71	103	2.00
	特高技术产品	184	131	48	39	44	2.09
合计		3116	1447	575	375	497	1.45

数据来源：UN Comtrade。

表 11-13　2017 年欧盟产品在中国市场上的比较优势分布情况

产品类型		产品总数/种	RCA>1/种	1<RCA≤2/种	2<RCA≤3/种	RCA>3/种	RCA 平均值
初级产品	农业型初级产品	627	202	59	42	101	1.49
	非农业型初级产品	88	15	6	2	7	0.83
制成品	金属类制成品	239	97	34	26	37	1.71
	农业资源型制成品	127	68	19	16	33	2.54
	其他资源类制成品	263	162	48	49	65	2.19
	低技术产品	152	36	14	15	7	1.30
	中低技术产品	268	153	68	31	54	1.81
	中等技术产品	332	215	85	33	97	2.23
	中高技术产品	409	303	75	78	150	2.66
	高技术产品	427	342	68	84	190	3.01
	特高技术产品	184	133	25	28	80	2.81
合计		3116	1730	503	406	821	2.16

数据来源：UN Comtrade。

（二）欧盟细分产品在中国市场上的比较优势

1. 中国从欧盟进口规模前十大产品的比较优势

中国从欧盟进口的前十大产品在中国市场几乎全部具有比较优势（见表 11-14、表 11-15）。2001 年，除数字集成电路（77641）和非数字集成电路（77643）之外，其他中国从欧盟进口的前十大产品均具有比较优势。其中，有 1 种产品（拖拉机、乘用汽车、用于运输货物和专用的机动车辆、道路机动车的其他零件及附件，78439）的比较优势指数大于 4；有 3 种产品的比较优势指数处于 3～4；有 2 种产品的比较优势指数处于 2～3；有 2 种产品的比较优势指数处于 1～2。

2017 年，除石油原油及从沥青矿物提取的原油（3330）之外，其他中国从欧盟进口的前十大产品均具有比较优势。其中，有 3 种产品的比较优势指数处于 5～6；有 1 种产品的比较优势指数处于 4～5；有 1 种产品的比较优势指数处于 3～4；有 2 种产品的比较优势指数处于 2～3；有 2 种产品的比较优势指数处于 1～2。

专门来看 2017 年中国从欧盟进口的前十大产品，与 2001 年相比，除拖拉机、乘用汽车、用于运输货物和专用的机动车辆、道路机动车的其他零件及附件（78439）之外，2017 年中国从欧盟进口的前十大产品在中国市场上的比较优势指数均有所增加。其中，车身的其他零件及附件（78432）的比较优势指数增加幅度最大，为 3.06；有 3 种商品的比较优势指数增加幅度处于 1～2；有 4 种商品的比较优势指数增加幅度小于 1。

表 11-14 2001 年中国从欧盟进口前十大产品在中国市场上的比较优势

排名	SITC 码	产品名称	2001 年 RCA
1	76491	电话机等通信设备的零件	3.32
2	78439	拖拉机、乘用汽车、用于运输货物和专用的机动车辆、道路机动车的其他零件及附件	4.24
3	76493	无线电广播、电视发送或接收设备、雷达设备的天线及其反射器及零件	1.93
4	77641	数字集成电路	0.97
5	72849	具有单独功能的未另列明的机械和机械设备	1.78
6	76417	载流线系统的其他设备	2.07
7	7812	载人机动车	3.17
8	72842	未列名的橡胶或塑料及其产品的加工机器	2.19
9	77643	非数字集成电路	0.39
10	89879	磁盘	3.64

数据来源：UN Comtrade。

表 11-15 2017 年中国从欧盟进口前十大产品在中国市场上的比较优势

排名	SITC 码	产品名称	2001 年 RCA	2017 年 RCA
1	7812	载人机动车	3.17	4.00
2	54293	配制成合标准的剂量或零售包装形式的药物	4.44	5.69
3	7924	空载重量大于 15000 千克的飞机等航空器	1.11	2.88
4	78439	拖拉机、乘用汽车、用于运输货物和专用的机动车辆、道路机动车的其他零件及附件	4.24	3.94
5	3330	石油原油及从沥青矿物提取的原油	0.08	0.16
6	78432	车身（包括驾驶室在内）的其他零件及附件	2.06	5.12
7	87425	测量或检验仪器、器械及机器和轮廓投影仪	1.67	2.36
8	09893	供婴幼儿食用的零售包装食品	5.98	5.42
9	72849	具有单独功能的未另列明的机械和机械设备	1.78	1.87
10	33525	萘、杂酚油、其他芳烃混合物、其他蒸馏高温煤焦油所得油类等产品及类似品	0.07	1.86

数据来源：UN Comtrade。

2. 欧盟产品在中国市场上比较优势指数上升的产品分布

总体而言，与 2001 年相比，2017 年欧盟在中国市场上比较优势指数上升的产品共计 1829 种，其中，1728 种产品占中国同类产品进口总额的比重有所增加，1582 种产品占欧盟同类产品出口总额的比重有所增加（见表 11-16），即超过 85%的比较优势指数上升产品占中国同类产品进口的比重以及占欧盟同类产品出口的比重均有所增加。

具体来看，与 2001 年相比，在 2017 年比较优势指数上升的产品中，高技术产品有 311 种，其中，93.89%的高技术产品占中国同类产品进口总额的比重增加，90.03%的高技术产品占欧盟同类产品出口总额的比重增加。此外，在比较优势指数上升的持续进口高技术产品中，比较优势指数增加最多的细分产品是人造纤维短纤纱线（65185），从 2001 年的 0.08 增加至 2017 年的 7.45，且中国从欧盟进口的人造纤维短纤纱线（65185）占中国同类产品进口的比重从 2001 年的 1.19%增加至 2017 年的 98.94%，增加了 97.75 个百分点，占欧盟同类产品出口的比重从 2001 年的 0.37%增加至 2017 年的 1.66%，增加了 1.29 个百分点。非农业型初级产品中比较优势指数上升的产品最少，有 34 种，其中，97.06%的非农业型初级产品占中国同类产品进口总额的比重增加，85.29%的非农业型初级产品占欧盟同类产品出口总额的比重增加。在比较优势指数上升的持续进口非农业型初级产品中，比较优势指数上升最多的细分产品是泥煤（3223），从 2001 年的 0.07 增加至 2017 年的 7.33，且中国从欧盟进口的泥煤（3223）占中国同类产品进口比重从 2001 年的 0.97%增加至 2017 年的 97.41%，增加了 96.44 个百分点，占欧盟同类产品出口比重从 2001 年的 0.03%增加至 2017 年的 4.02%，增加了 3.99 个百分点。

表 11-16　2017 年中国从欧盟进口的比较优势指数和占比增加的产品分布

单位：种

产品类型	RCA 上升的产品数量	占中国从世界进口比重增加的产品数量	对中国出口占欧盟出口总额比重增加的产品数量
农业型初级产品	295	280	267
非农业型初级产品	34	33	29
金属类制成品	108	104	78
农业资源型制成品	67	60	57
其他资源类制成品	144	136	122
低技术产品	53	50	45
中低技术产品	179	173	156
中等技术产品	236	223	201
中高技术产品	284	268	241
高技术产品	311	292	280
特高技术产品	118	109	106

续表

产品类型	RCA 上升的产品数量	占中国从世界进口比重增加的产品数量	对中国出口占欧盟出口总额比重增加的产品数量
合计	1829	1728	1582

数据来源：UN Comtrade。

3. 中国从欧盟持续进口产品①的比较优势变化

2017 年，中国从欧盟持续进口产品在中国市场上具有比较优势的产品共 1618 种（见表 11-17），占 2017 年在中国市场上拥有比较优势的欧盟产品的 93.53%。其中，具有一般比较优势（1<RCA≤2）的产品有 482 种，具有较强比较优势（2<RCA≤3）的产品有 383 种，具有显著比较优势（RCA>3）的产品有 753 种。基于中国从欧盟持续进口的产品而言，欧盟的高技术产品、中高技术产品、中等技术产品、其他资源类制成品、农业型初级产品、中低技术产品和特高技术产品在中国市场上具有比较优势的产品分别有 332 种、291 种、211 种、159 种、154 种、147 种和 127 种。

从中国自欧盟持续进口的产品比较优势的变化情况来看（见表 11-18），与 2001 年相比，2017 年有 1612 种产品的比较优势指数有所增加，其中，高技术产品具有比较优势的产品数量增加最多，高达 299 种；中高技术产品、中等技术产品次之，分别为 271 种、229 种；农业型初级产品、其他资源类制成品、中低技术产品以及特高技术产品再次，增加产品数量处于 100~200 种；其他类型产品具有比较优势的产品数量增加幅度均不超过 100 种。另外，有 497 种产品 2001 年在中国市场上不具有比较优势，但是在 2017 年具有比较优势；529 种产品 2001 年和 2017 年在中国市场上都不具有比较优势；1121 种产品 2001 年和 2017 年在中国市场上都具有比较优势；有 162 种产品 2001 年在中国市场上具有比较优势，但是在 2017 年不具有比较优势。

表 11-17 中国从欧盟持续进口产品在 2017 年的比较优势分布

产品类型	RCA>1/种	1<RCA≤2/种	2<RCA≤3/种	RCA>3/种	RCA 平均值
农业型初级产品	154	53	31	70	2.10
非农业型初级产品	11	5	1	5	1.35
金属类制成品	88	30	24	34	1.89
农业资源型制成品	66	19	16	31	2.55
其他资源类制成品	159	48	48	63	2.29

① 持续进口产品指 2001—2017 年中国每一年都从欧盟进口的产品。

续表

产品类型	RCA>1/种	1<RCA≤2/种	2<RCA≤3/种	RCA>3/种	RCA 平均值
低技术产品	32	14	13	5	1.35
中低技术产品	147	67	31	49	1.80
中等技术产品	211	84	32	95	2.27
中高技术产品	291	74	76	141	2.65
高技术产品	332	66	84	182	3.00
特高技术产品	127	22	27	78	2.90
合计	1618	482	383	753	2.38

数据来源：UN Comtrade。

表 11-18　中国从欧盟持续进口产品的比较优势变化

单位：种

产品类型	比较优势指数上升的产品数量	2001 年 RCA<1，2017 年 RCA>1	2001 年 RCA<1，2017 年 RCA<1	2001 年 RCA>1，2017 年 RCA>1	2001 年 RCA>1，2017 年 RCA<1
农业型初级产品	175	68	93	86	28
非农业型初级产品	19	5	16	6	3
金属类制成品	95	23	44	65	16
农业资源型制成品	63	26	20	40	6
其他资源类制成品	135	45	43	114	27
低技术产品	47	16	34	16	6
中低技术产品	169	70	80	77	13
中等技术产品	229	77	79	134	15
中高技术产品	271	82	60	209	19
高技术产品	299	71	43	261	20
特高技术产品	110	14	17	113	9
合计	1612	497	529	1121	162

数据来源：UN Comtrade。

4. 中国从欧盟五大国进口产品的整体比较优势

如表 11-19 所示，2017 年，在中国市场上，德国的高技术产品和特高技术产品、法国的高技术产品、英国的高技术产品、意大利的农业资源型制成品具有显著比较优势（RCA>3），其他所有产品的 RCA 指数都小于 3。具体来看，德国比较优势最大的产品是特高技术产品，比较优势指数为 3.38，其次是高技术产品，比较优势指数是 3.04，农业资源型制成品和中高技术产品具有一般比较优势（1<RCA≤2）；法国的高技术产品具有显著比较优势，比较优势指数为3.34，特高技术产品具有一般比较优势，农业型初级产品、农业资源型制成品、其他资源类制成品、中高技术产品具有一般比较优势；英国的高技术产品具有显著比较优势，比较优势指数为3.51，特高技术产品具有较强比较优势（2<RCA≤3），农业资源型制成品、低技术产品具有一般比较优势；意大利的农业资源型制成品具有显著比较优势，比较优势指数为4.82，中低技术产品、高技术产品和特高技术产品具有较强比较优势，低技术产品、中等技术产品和中高技术产品具有一般比较优势；荷兰的农业型初级产品具有较强比较优势，非农业型初级产品、农业资源型制成品、其他资源类制成品、中高技术产品、高技术产品和特高技术产品具有一般比较优势。

在中国从欧盟整体进口的前十大高技术产品中，德国、法国、英国和意大利具有比较优势的产品种类比较多，荷兰只有2种产品具有比较优势。具体来看，英国和意大利比较优势最大的产品都是载人机动车（7812），德国比较优势最大的产品是飞机及直升机的其他零件（79295），法国比较优势最大的产品是涡轮喷气发动机（71441），荷兰比较优势最大的产品是电路开关、保护或连接用的电气装置的其他零件（77282）。

表11-19　2017年欧盟五大国产品在中国市场的RCA指数

产品类型	德国	法国	英国	意大利	荷兰
农业型初级产品	0.29	1.67	0.63	0.50	2.25
非农业型初级产品	0.03	0.04	0.99	0.05	1.04
金属类制成品	0.38	0.24	0.26	0.27	0.08
农业资源型制成品	1.34	1.38	1.17	4.82	1.58
其他资源类制成品	0.90	1.20	0.54	0.89	1.12
低技术产品	0.50	0.58	1.07	1.83	0.59
中低技术产品	0.20	0.33	0.18	2.28	0.11
中等技术产品	0.76	0.50	0.38	1.45	0.29
中高技术产品	1.99	1.10	0.68	1.86	1.05
高技术产品	3.04	3.34	3.51	2.45	1.15
特高技术产品	3.38	2.86	2.01	2.57	1.01

数据来源：UN Comtrade。

5. 中国从欧盟五大国进口产品具有比较优势数量变化的比较

表11-20和表11-21分别是2001年、2017年欧盟五大国在中国市场上具有比较优

势的产品数量情况。2001 年，德国在中国市场上具有比较优势的产品数量最多，为 991 种；其余依次是意大利、英国、法国、荷兰，分别有 890 种、823 种、782 种、631 种产品。到 2017 年，意大利在中国市场上具有比较优势的产品数量最多，为 1232 种；其余依次是德国、法国、英国、荷兰，分别有 1115 种、893 种、692 种、575 种产品。2001 年和 2017 年，欧盟五大国在中国市场上具有比较优势的产品数量最多的都是高技术产品，占各国具有比较优势产品总数的 18%~28%；法国、英国、意大利在中国市场上具有比较优势的产品数量最少的均为非农业型初级产品，荷兰在中国市场上具有比较优势的产品数量最少的是低技术产品。

欧盟五大国在中国市场具有比较优势的产品数量发生了不同程度的变化（见表 11-22）。具体来看，与 2001 年相比，2017 年意大利具有比较优势的产品数量增加最多，增加了 342 种，主要来自中高技术产品、中等技术产品、高技术产品、中低技术产品和农业型初级产品；德国和法国次之，分别增加了 124 种、111 种，其中，法国具有比较优势产品数量的增加主要源自中等技术产品、中高技术产品和高技术产品；英国具有比较优势的产品数量减少最多，减少了 131 种，主要来自其他资源类制成品和高技术产品，只有中高技术产品的数量增加了 2 种；荷兰具有比较优势的产品数量减少了 56 种，主要源于其他资源类制成品、高技术产品和农业型初级产品。

表 11-20　2001 年欧盟五大国在中国市场上具有比较优势的产品数量

单位：种

产品类型	产品总数	德国	法国	英国	意大利	荷兰
农业型初级产品	627	55	100	75	55	99
非农业型初级产品	88	7	6	16	4	15
金属类制成品	239	69	37	52	30	16
农业资源型制成品	127	31	28	23	48	26
其他资源类制成品	263	90	71	90	59	85
低技术产品	152	24	32	22	48	14
中低技术产品	268	55	69	53	114	25
中等技术产品	332	113	86	92	137	58
中高技术产品	409	201	134	133	146	89
高技术产品	427	239	155	189	177	143
特高技术产品	184	107	64	78	72	61
合计	3116	991	782	823	890	631

数据来源：UN Comtrade。

表 11-21 2017 年欧盟五大国在中国市场上具有比较优势的产品数量

单位：种

产品类型	产品总数	德国	法国	英国	意大利	荷兰
农业型初级产品	627	64	111	76	102	88
非农业型初级产品	88	7	2	7	5	9
金属类制成品	239	81	48	38	48	16
农业资源型制成品	127	38	39	21	54	21
其他资源类制成品	263	107	82	56	74	57
低技术产品	152	6	19	14	61	7
中低技术产品	268	48	69	38	162	33
中等技术产品	332	123	118	82	195	62
中高技术产品	409	228	156	135	223	96
高技术产品	427	305	178	156	229	129
特高技术产品	184	108	71	69	79	57
合计	3116	1115	893	692	1232	575

数据来源：UN Comtrade。

表 11-22 2001—2017 年欧盟五大国在中国市场上具有比较优势的产品数量变化

单位：种

产品类型	德国	法国	英国	意大利	荷兰
农业型初级产品	9	11	1	47	-11
非农业型初级产品	0	-4	-9	1	-6
金属类制成品	12	11	-14	18	0
农业资源型制成品	7	11	-2	6	-5
其他资源类制成品	17	11	-34	15	-28
低技术产品	-18	-13	-8	13	-7
中低技术产品	-7	0	-15	48	8
中等技术产品	10	32	-10	58	4
中高技术产品	27	22	2	77	7
高技术产品	66	23	-33	52	-14
特高技术产品	1	7	-9	7	-4
合计	124	111	-131	342	-56

数据来源：UN Comtrade。

第十二章　中国从德国的进口发展

在欧盟各成员国中，德国是我国进口规模最大的国家，截止到 2018 年，中国已连续 3 年成为德国最重要的贸易伙伴，是德国第三大出口市场，也是德国增长最快的主要出口市场之一。作为欧亚大陆两端两个最大的经济体，中德加强经贸合作，不仅有利于两国互利共赢、共同发展，对世界经济的增长也将发挥积极的推动作用。本章将全面分析中国从德国进口贸易的发展情况。

一、中国从德国进口的基本情况

（一）中国从德国的进口规模

如图 12-1 所示，2001—2017 年，中国从德国的进口规模在 2001—2011 年快速增长，从 2001 年的 137.72 亿美元增加至 2011 年的 927.26 亿美元，其后在 2012—2017 年基本保持稳定，中国从德国的进口规模一直在 900 亿美元上下波动。总体看来，中国从德国进口规模从 2001 年的 137.72 亿美元增加至 2017 年的 969.40 亿美元，2017 年大约是 2001 年的 7 倍，年均增长 12.97%。此外，2001—2017 年，中国从德国进口在中国从欧盟进口总额中占有很高的比重，一直在 40%左右；中国从德国进口占中国进口总额的比重一直在 5%左右。

（二）中国进口在德国出口中的地位

截至 2017 年，中国已连续 7 年成为德国前五大贸易伙伴（见图 12-2、表 12-1）。2001—2017 年，中国在德国出口目的地中的排名大幅上升，中国逐渐成为德国重要的出口目的地。具体来看，2001 年中国在德国出口目的地中仅排在第 14 位，2008 年之后中国的排名快速上升，于 2011 年升至第 4 位，仅次于法国、美国和荷兰，于 2017 年升至第 3 位，仅次于美国和法国。从出口规模来看，2017 年，德国到中国的出口总额为 977.22 亿美元，仅次于德国到美国（1266.87 亿美元）和法国（1193.38 亿美元）的出口额，比德国到英国的出口额（960.87 亿美元）多 16.35 亿美元。

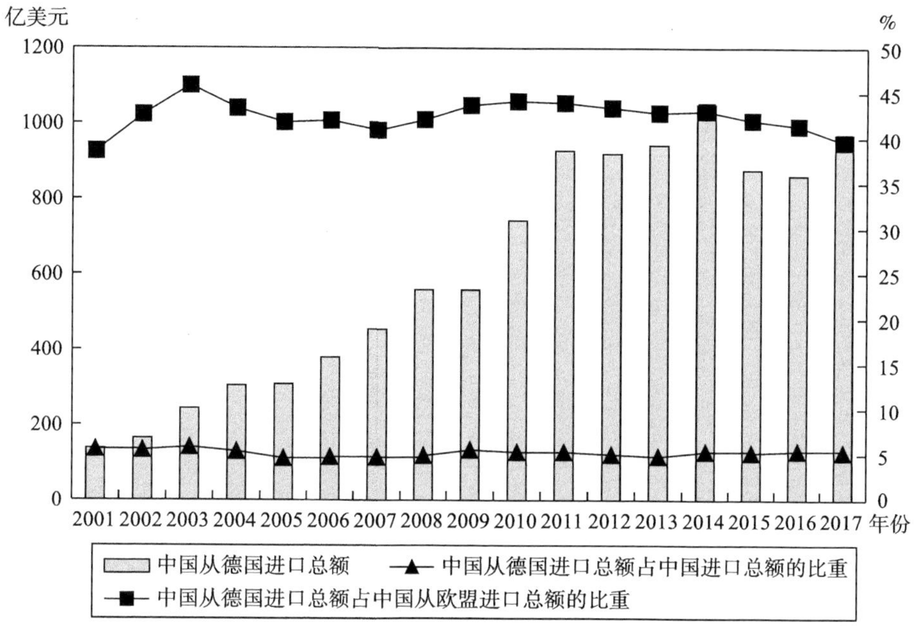

图 12-1 2001—2017 年中国从德国进口的基本情况

数据来源：UN Comtrade。

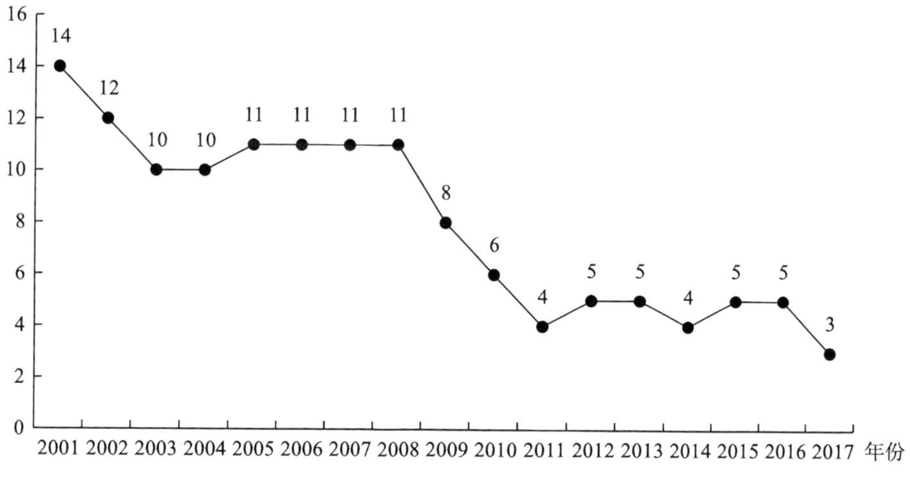

图 12-2 2001—2017 年中国在德国出口目的地中的排名

数据来源：UN Comtrade。

表 12-1　2001—2017 年德国前十大出口目的地及其比重

（%）

排名	2001 年		2005 年		2010 年		2015 年		2016 年		2017 年	
	国家	占比	国家	占比	国家	占比	国家	占比	国家	占比	国家	占比
1	法国	10.72	法国	10.07	法国	9.33	美国	9.53	美国	8.85	美国	8.74
2	美国	10.43	美国	8.81	美国	6.90	法国	8.57	法国	8.25	法国	8.23
3	英国	8.12	英国	7.69	荷兰	6.45	英国	7.40	英国	7.02	中国	6.74
4	意大利	7.24	意大利	6.86	意大利	6.12	荷兰	6.14	荷兰	6.48	英国	6.63
5	荷兰	5.95	荷兰	6.24	英国	6.10	中国	5.98	中国	6.37	荷兰	6.20
6	奥地利	5.12	比利时	5.56	中国	5.64	意大利	4.82	意大利	5.01	意大利	5.08
7	比利时	4.93	奥地利	5.50	奥地利	5.39	奥地利	4.80	奥地利	4.88	奥地利	4.83
8	西班牙	4.29	西班牙	5.10	比利时	4.63	波兰	4.34	波兰	4.39	波兰	4.59
9	瑞士	4.18	瑞士	3.83	瑞士	4.41	瑞士	4.17	瑞士	4.13	瑞士	4.31
10	波兰	2.34	波兰	2.84	波兰	3.91	比利时	3.41	比利时	3.41	比利时	3.44
	合计	63.31	合计	62.48	合计	58.88	合计	59.16	合计	58.78	合计	58.78

数据来源：UN Comtrade。

二、中国从德国进口的产品结构

（一）中国从德国进口的大类产品结构

2001—2017 年，高技术产品、中高技术产品以及特高技术产品是中国从德国进口的主要产品（见表 12-2）。中国从德国进口的第一大产品是高技术产品，其所占份额逐年增加，从 2001 年的 31.77%增加至 2017 年的 45.19%，增加了 13.42 个百分点；中高技术产品是中国从德国进口的第二大产品，其所占份额逐年下降，从 2001 年的 26.45%下降到 2017 年的 20.79%，下降了 5.66 个百分点；特高技术产品是中国从德国进口的第三大产品，其所占份额逐年上升，从 2001 年的 11.09%上升至 2017 年的 16.11%。此外，中国从德国进口的非农业型初级产品、金属类制成品、农业资源型制成品、中低技术产品和中等技术产品所占份额均有不同程度的下降，而其他资源类制成品和农业型初级产品所占份额有所上升。2017 年中国从德国进口占比最低的是低技术产品，所占份额仅为 0.17%。

表 12-2 2001—2017 年中国从德国进口产品结构

(%)

产品类型		2001 年	2005 年	2010 年	2012 年	2013 年	2014 年	2015 年	2016 年	2017 年
初级产品	农业型初级产品	2.33	1.46	1.11	1.61	2.11	1.91	2.69	3.27	3.05
	非农业型初级产品	1.12	0.89	2.39	1.63	1.54	0.92	0.94	0.52	0.72
	合计	3.45	2.35	3.51	3.24	3.65	2.82	3.63	3.79	3.77
制成品	金属类制成品	4.13	5.72	2.99	3.00	2.83	2.78	2.67	2.37	2.73
	农业资源型制成品	2.21	1.16	0.97	1.00	1.09	1.05	1.07	1.15	1.25
	其他资源类制成品	2.73	2.71	2.86	2.57	2.65	2.59	2.89	3.10	3.48
	低技术产品	5.45	4.08	0.06	0.05	0.05	0.04	0.04	0.04	0.17
	中低技术产品	2.88	1.16	0.57	0.53	0.56	0.50	0.60	0.56	0.78
	中等技术产品	9.84	6.91	6.42	5.05	5.45	5.68	6.14	5.69	5.72
	中高技术产品	26.45	22.26	20.04	19.68	21.88	21.32	21.00	20.04	20.79
	高技术产品	31.77	39.43	49.85	51.60	47.45	49.57	46.50	46.26	45.19
	特高技术产品	11.09	14.23	12.72	13.28	14.41	13.65	15.48	17.01	16.11
	合计	96.55	97.65	96.49	96.76	96.35	97.18	96.37	96.21	96.23

数据来源：UN Comtrade。

从各类产品进口规模来看，2001—2017 年，除低技术产品之外，中国从德国进口的其他各类产品总额全部增加（见表 12-3）。其中，中国从德国进口的高技术产品总额增加最多，从 2001 年的 43.53 亿美元增加至 2017 年的 392.4 亿美元，2017 年比 2001 年增加了 348.86 亿美元；中高技术产品次之，进口额从 2001 年的 36.25 亿美元增加至 2017 年的 180.55 亿美元，2017 年比 2001 年增加了 144.3 亿美元；再次是特高技术产品，进口额从 2001 年的 15.19 亿美元增加至 2017 年的 139.87 亿美元，2017 年比 2001 年增加了 124.68 亿美元；中低技术产品进口额增加最少，2017 年比 2001 年增加了 2.82 亿美元。但是低技术产品进口额有所减少，从 2001 年的 7.46 亿美元减少到 2017 年的 1.51 亿美元，减少了 5.95 亿美元。

从各类产品进口规模变化情况来看（见表 12-4），2001—2017 年，中国从德国进口的农业型初级产品、其他资源类制成品、高技术产品和特高技术产品总额增长较快，2017 年是 2001 年的 8~9 倍，其余 7 类产品进口额增长较慢，2017 年是 2001 年的 5 倍以下。具体来看，2017 年中国从德国进口的特高技术产品总额大约是 2001 年的 9.21 倍，2017 年中国从德国进口的高技术产品总额大约是 2001 年的 9.01 倍。此外，2017 年中国从欧盟进口的低技术产品总额是 1992 年的 0.2 倍。

表 12-3　2001—2017 年中国从德国进口各类产品的规模

单位：亿美元

产品类型		2001 年	2005 年	2010 年	2012 年	2013 年	2014 年	2015 年	2016 年	2017 年
初级产品	农业型初级产品	3.19	4.43	8.05	14.29	19.01	19.36	22.59	27.27	26.52
	非农业型初级产品	1.54	2.71	17.32	14.47	13.91	9.31	7.87	4.32	6.23
	合计	4.73	7.14	25.37	28.76	32.92	28.68	30.45	31.59	32.75
制成品	金属类制成品	5.67	17.40	21.65	26.60	25.54	28.21	22.39	19.79	23.72
	农业资源型制成品	3.03	3.51	7.03	8.87	9.85	10.68	8.98	9.62	10.84
	其他资源类制成品	3.75	8.25	20.67	22.80	23.89	26.35	24.24	25.83	30.21
	低技术产品	7.46	12.41	0.47	0.47	0.41	0.42	0.36	0.35	1.51
	中低技术产品	3.95	3.51	4.12	4.66	5.02	5.04	5.05	4.64	6.77
	中等技术产品	13.49	21.00	46.44	44.76	49.24	57.70	51.54	47.42	49.64
	中高技术产品	36.25	67.70	144.92	174.45	197.58	216.63	176.40	167.09	180.55
	高技术产品	43.54	119.90	360.51	457.50	428.51	503.75	390.64	385.76	392.40
	特高技术产品	15.19	43.26	92.01	117.75	130.09	138.72	130.01	141.86	139.87
	合计	132.34	296.94	697.82	857.86	870.14	987.50	809.62	802.36	835.51

数据来源：UN Comtrade。

表 12-4　2001—2017 年中国从德国进口各类产品的相对规模变化情况

产品类型	2001 年	2005 年	2010 年	2012 年	2013 年	2014 年	2015 年	2016 年	2017 年
农业型初级产品	1	1.39	2.52	4.48	5.96	6.07	7.08	8.55	8.31
非农业型初级产品	1	1.76	11.27	9.41	9.05	6.06	5.12	2.81	4.05
金属类制成品	1	3.07	3.82	4.69	4.51	4.98	3.95	3.49	4.19
农业资源型制成品	1	1.16	2.32	2.92	3.25	3.52	2.96	3.17	3.57
其他资源类制成品	1	2.20	5.52	6.09	6.38	7.03	6.47	6.90	8.07
低技术产品	1	1.66	0.06	0.06	0.05	0.06	0.05	0.05	0.20
中低技术产品	1	0.89	1.04	1.18	1.27	1.27	1.28	1.17	1.71
中等技术产品	1	1.56	3.44	3.32	3.65	4.28	3.82	3.52	3.68
中高技术产品	1	1.87	4.00	4.81	5.45	5.98	4.87	4.61	4.98
高技术产品	1	2.75	8.28	10.51	9.84	11.57	8.97	8.86	9.01
特高技术产品	1	2.85	6.06	7.75	8.56	9.13	8.56	9.34	9.21

数据来源：UN Comtrade。

从中国自德国进口占中国从欧盟进口同类产品的比重来看（见表 12-5），2017 年，中国从德国进口的中高技术产品占中国从欧盟进口同类产品的比重最高，高达 48.87%；高技术产品、特高技术产品次之，分别为 46.36%、45.16%；金属类制成品、其他资源类制成品以及中等技术产品再次，处于30%~40%；其余均不足30%。从中国自德国进口占中国从欧盟进口同类产品比重的变化来看，与2001年相比，2017年中国从欧盟进口的高技术产品、特高技术产品、中等技术产品、农业资源型制成品和其他资源类制成品占中国从欧盟进口同类产品的比重均有不同程度的增加，其中，其他资源类制成品占比增加幅度最大，为9.95个百分点；中等技术产品次之，为9.62个百分点；其余均不足5个百分点。

表12-5　2001—2017年中国从德国进口占中国从欧盟进口同类产品的比重

（%）

产品类型	2001年	2005年	2010年	2013年	2014年	2015年	2016年	2017年
农业型初级产品	20.11	12.48	9.52	12.55	12.18	12.88	14.89	13.01
非农业型初级产品	26.39	18.20	20.39	17.50	12.04	13.46	5.99	5.74
金属类制成品	46.41	38.83	31.53	30.76	31.80	33.92	34.49	31.00
农业资源型制成品	23.73	20.34	22.66	25.52	25.99	25.14	26.99	26.36
其他资源类制成品	23.98	23.80	28.90	29.10	29.93	29.17	35.78	33.93
低技术产品	31.18	34.82	28.13	17.75	16.34	14.54	15.45	26.87
中低技术产品	19.41	15.63	16.36	14.14	13.21	13.79	13.05	15.15
中等技术产品	28.08	35.31	44.49	39.93	41.70	40.86	38.60	37.70
中高技术产品	51.17	50.43	52.39	55.88	55.19	53.15	51.18	48.87
高技术产品	46.19	50.18	54.69	49.41	49.00	48.81	49.73	46.36
特高技术产品	42.79	48.34	48.04	47.01	45.04	44.74	46.11	45.16

数据来源：UN Comtrade。

（二）中国和德国之间大类产品的相互依赖程度比较

1. 德国在中国进口贸易中的地位

从中国自德国的进口占中国进口总额的比例来看（见表12-6），2017年，中国从德国进口的特高技术产品占中国同类产品进口总额的比重最大，高达17.78%；高技术产品次之，为15.97%；中高技术产品再次，为10.44%；其余均不足10%。从中国自德国的进口占中国进口总额比例的变动情况来看，与2001年相比，2017年，中国从德国进口的特高技术产品、高技术产品和农业资源型制成品占中国同类产品进口总额比重的增幅较大，分别增加了5.58个百分点、4.69个百分点和2.7个百分点，表明中国进口对德国这3类产品的依赖度有所增加。

2. 中国在德国出口贸易中的地位

从中国自德国的进口占德国出口总额的比例来看（见表12-6），2017年，中国从德国进口的中高技术产品占德国同类产品出口总额的比重最大，高达 8.06%；特高技术产品次之，为 8.04%；高技术产品再次，为 7.86%；非农业型初级产品、其他资源类制成品处于 6%~7%；中等技术产品为 5.3%；其余均不足 5%。从中国自德国的进口占德国出口总额比例的变动情况来看，与 2001 年相比，2017 年中国从德国进口的 11 类产品占德国相应产品出口总额的比重均有不同程度的增加，中国成为德国重要的出口目的地。其中，中国占德国出口总额比重增加最多的产品是特高技术产品，从 2001 年的 2.12%增加至 2017 年的 8.04%，增加了 5.92 个百分点；其次是中高技术产品和高技术产品，分别增加了 5.88 个百分点和 5.68 个百分点。

2001 年、2017 年中国从德国进口的特高技术产品、高技术产品和中高技术产品占中国同类产品进口比重均高于其占德国同类产品出口总额的比重。也就是说，就这三大类产品而言，中国进口对德国的依赖程度高于德国出口对中国市场的依赖程度。到 2017 年，德国的初级产品、金属类制成品、其他资源类制成品、中低技术产品和中等技术产品出口对中国市场的依赖度高于中国进口对德国的依赖度。

表 12-6　2001 年和 2017 年中国从德国进口占比

(%)

产品类型	德国在中国进口贸易中的地位			中国在德国出口贸易中的地位		
	2001 年	2017 年	2017 年与 2001 年之差	2001 年	2017 年	2017 年与 2001 年之差
农业型初级产品	1.55	1.5	-0.05	1.33	2.91	1.58
非农业型初级产品	0.73	0.16	-0.57	3.88	6.58	2.7
金属类制成品	4.07	2.01	-2.06	2.09	3.67	1.58
农业资源型制成品	4.34	7.04	2.7	1.47	3.8	2.33
其他资源类制成品	4.81	4.71	-0.1	1.34	6.4	5.06
低技术产品	3.56	2.62	-0.94	2.17	2.93	0.76
中低技术产品	2.53	1.05	-1.48	1.06	1.96	0.9
中等技术产品	3.4	4.02	0.62	1.95	5.3	3.35
中高技术产品	9.46	10.44	0.98	2.18	8.06	5.88
高技术产品	11.28	15.97	4.69	2.18	7.86	5.68
特高技术产品	12.2	17.78	5.58	2.12	8.04	5.92

数据来源：UN Comtrade。

（三）中国从德国进口的细分产品结构

从全部细分产品来看，中国对德国产品的依赖度高于德国对中国市场的依赖度。

从德国对中国的依赖程度来看，2017 年，德国出口到中国的产品种类数为 2361 种①，其中，有 2253 种产品对中国的依赖度低于 20%，仅有 6 种产品对中国的依赖度高于 60%。在高技术产品领域，大约 93%的高技术产品对中国的依赖程度低于 20%，仅有 1 种产品对中国的依赖度高于 60%。从中国进口对德国的依赖程度来看，2017 年，中国从德国进口的产品种类数为 2330 种，其中，1860 种产品在中国进口中所占份额低于 20%，51 种产品在中国进口中所占份额高于 60%。在高技术产品领域，大约 60%的德国产品在中国进口中所占份额低于 20%，14 种产品在中国进口中所占份额高于 60%。

从中国自德国进口的第一大产品来看，2001 年中国从德国进口的第一大产品是拖拉机、乘用汽车、用于运输货物和专用的机动车辆、道路机动车的其他零件及附件（78439），占中国同类产品进口总额的 57. 04%，占德国同类产品出口总额的 2. 63%；2017 年中国从德国进口的第一大产品是载人机动车（7812），占中国同类产品进口总额的 25. 43%，占德国同类产品出口总额的 8. 72%。这说明，基于中国自德国进口的第一大产品而言，中国进口对德国产品的依赖度高于德国产品对中国市场的依赖度，但中国进口对德国产品的依赖度有所下降。

从中国自德国进口的第一大产品进口额的变化趋势来看，2001—2017 年，中国从德国进口的载人机动车（7812）大幅增加（见图 12-3），其中，2001—2009 年增加相对缓慢，2010—2012 年快速增长，2013 年开始下降，其后进口规模基本保持稳定。2001 年中国从德国进口的载人机动车为 4. 92 亿美元，2010 年突破百亿美元，达 113. 64 亿美元，2012 年进口规模最大，为 170. 1 亿美元，其后开始下降，2017 年进口规模是 126. 97 亿美元，大约是 2001 年的 26 倍。此外，2001—2017 年，中国从德国进口的载人机动车占从德国进口总额的比重大幅增加，从 3. 59%增加至 14. 62%，增加了 11. 03 个百分点，说明载人机动车逐渐成为中国从德国进口的主要产品。

表 12-7 和表 12-8 分别是 2001 年、2017 年中国从德国进口的前二十大产品占中国同类产品进口总额的比重以及占德国同类产品出口总额的比重。可以发现，2001 年和 2017 年中国从德国进口的前二十大产品中，有 9 种产品是相同的。值得注意的是，与 2001 年相比，2017 年中国从德国进口的前二十大产品的技术含量有所提高，主要表现为 2017 年中国从德国进口的前二十大产品中不再包含低技术产品，且其他技术类产品的数量也有所增加。

① UN Comtrade 是由 170 多个报告国/地区向联合国统计司提供的年度国际贸易统计数据，所以，本章统计的中国从德国进口产品种类数与德国出口到中国的产品种类数不一致，详情见 https：//unstats. un. org/unsd/tradekb/Knowledgebase/50075/What-is-UN-Comtrade。

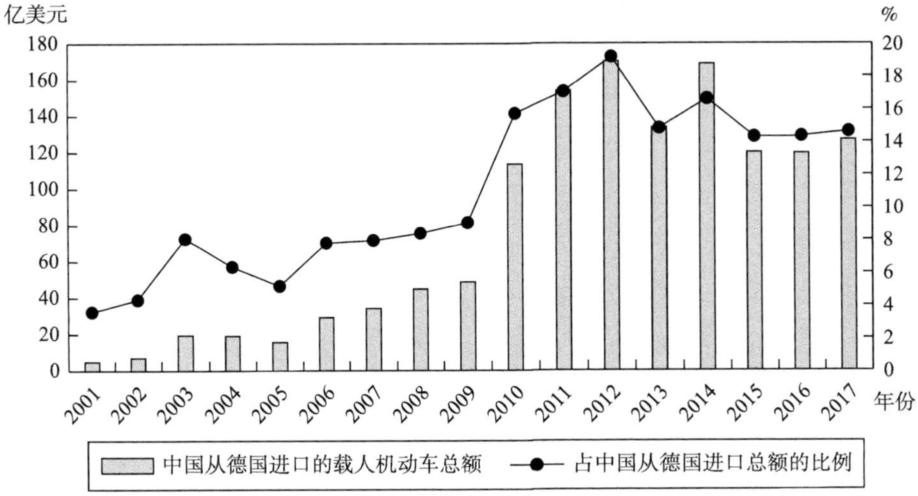

图 12-3　2001—2017 年中国从德国进口的载人机动车

数据来源：UN Comtrade。

为了进一步了解中国进口对德国依赖程度最高的产品，表 12-9 和表 12-10 分别列出了 2001 年、2017 年中国自德国进口占中国同类产品进口比重的前二十大产品。从自德国进口占中国同类产品进口比重的前二十大产品来看，2001 年和 2017 年两年均包含其他铁道及电车道机动客车、火车、敞车（7916）以及混凝土泵（7423），这两种产品占中国同类产品进口的比重均有所增加，分别增加了 8.12%和 21.8%。

进一步来看德国出口对中国市场依赖程度最高的产品，表 12-11 和表 12-12 列出了 2001 年、2017 年中国自德国进口占德国同类产品出口比重的前二十大产品。从中国自德国进口占德国同类产品出口比重前二十大产品来看，2001 年，德国对中国出口占德国出口比重最大的产品是含有青霉素及链霉素的药品（54211），占德国出口的 94.62%；2017 年则为其他未梳理含脂羊毛（26819），占德国出口的 92.83%。

表 12-7　2001 年中国从德国进口的前二十大产品占比

（%）

排名	SITC 码	产品名称	占中国同类产品进口比重	占德国同类产品出口比重
1	78439	拖拉机、乘用汽车、用于运输货物和专用的机动车辆、道路机动车的其他零件及附件	57.04	2.63
2	7812	载人机动车	39.03	0.54
3	72849	具有单独功能的未另列明的机械和机械设备	12.46	5.76
4	72659	其他胶印机	78.09	8.57

续表

排名	SITC 码	产品名称	占中国同类产品进口比重	占德国同类产品出口比重
5	89879	磁盘	36.65	0.65
6	76491	电话机等通信设备的零件	8.96	10.83
7	72842	未列明的橡胶或塑料及其产品的加工机器	13.41	6.45
8	76417	载流线系统的其他设备	6.73	2.69
9	76493	无线电广播、电视发送或接收设备、雷达设备的天线及其反射器及零件	4.78	12.19
10	77643	非数字集成电路	2.24	3.46
11	7923	空载重量大于 2000 千克小于等于 15000 千克的飞机等航空器	13.73	11.72
12	77641	数字集成电路	2.19	2.29
13	75997	自动数据处理机器设备的零件及附件	2.05	2.60
14	77282	电路开关、保护或连接用的电气装置的其他零件	15.25	6.89
15	72651	卷取进料式胶印机	47.28	10.66
16	87425	测量或检验仪器、器械及机器和轮廓投影仪	12.37	3.22
17	77261	电压不超过 1000 伏的电子控制板	21.93	2.98
18	54293	配制成合标准的剂量或零售包装形式的药物	19.70	0.46
19	24752	其他非针叶树种的木材	15.63	52.55
20	78432	车身（包括驾驶室在内）的其他零件及附件	25.97	4.06

数据来源：UN Comtrade。

表 12-8　2017 年中国从德国进口的前二十大产品占比

（%）

排名	SITC 码	产品名称	占中国同类产品进口比重	占德国同类产品出口比重
1	7812★	载人机动车	25.43	8.72
2	54293★	配制成合标准的剂量或零售包装形式的药物	30.72	4.11
3	7924	空载重量大于 15000 千克的飞机等航空器	15.62	14.39
4	78439★	拖拉机、乘用汽车、用于运输货物和专用的机动车辆、道路机动车的其他零件及附件	31.49	9.92
5	78432★	车身（包括驾驶室在内）的其他零件及附件	42.52	19.77
6	72849★	具有单独功能的未另列明的机械和机械设备	15.58	12.70
7	87425★	测量或检验仪器、器械及机器和轮廓投影仪	17.90	18.88

续表

排名	SITC 码	产品名称	占中国同类产品进口比重	占德国同类产品出口比重
8	77261★	电压不超过 1000 伏的电子控制板	26.74	23.57
9	73121	金属加工设备	26.55	28.46
10	77282★	电路开关、保护或连接用的电气装置的其他零件	21.01	14.63
11	77121	静止式变流器	13.09	9.52
12	7478	其他阀门、龙头、旋塞及类似装置	22.74	9.83
13	87465	其他自动调节或控制仪器及装置	18.65	7.45
14	77259	线路电压不超过 1000 伏的其他连接用电气装置	8.01	12.57
15	52223	硅	28.52	62.98
16	71391	其他点燃式活塞内燃发动机的零件	26.11	14.70
17	72842★	未列明的橡胶或塑料及其产品的加工机器	26.21	14.73
18	79295	飞机及直升机的其他零件	33.47	4.56
19	77421	X 射线的应用设备，不论是否用于内科、外科、牙科或兽医	26.09	14.78
20	89399	其他塑料制品	15.46	6.78

数据来源：根据 UN Comtrade 数据整理。

注：标★的 9 种产品也是 2001 年中国从德国进口的前二十大产品。

表 12-9　2001 年中国进口对德国依赖程度最高的前二十大产品

(%)

排名	SITC 码	产品名称	占中国同类产品进口比重
1	0451	未磨碎的黑麦	100
2	0173	制作或保藏的动物肝	100
3	27896	沥青页岩、油页岩及焦油砂	98.79
4	24819	木材浸渍的铁道及电车道枕木	97.46
5	7916	其他铁道及电车道机动客车、火车、敞车	90.40
6	29251	糖甜菜子	88.02
7	72348	公共工程用机器	87.41
8	89131	靠爆炸药发射的其他火器及类似装置	83.23
9	74443	其他液压千斤顶及液压提升机	83.20
10	72659	其他胶印机	78.09
11	3250	煤、褐煤或泥煤制成的焦炭及半焦炭；甑炭	76.59

续表

排名	SITC 码	产品名称	占中国同类产品进口比重
12	69111	钢铁制桥梁及桥梁体段	73.75
13	82112	机动车辆用坐具	72.79
14	67573	宽度为600毫米或以上的合金钢板材	71.86
15	62141	未经加强或未与其他材料合制的无附件管子	71.37
16	72191	制酒、果汁等饮料的压榨机、轧碎机等机器	68.41
17	79191	轨道固定装置和机械交通管理等设备及零附件	68.24
18	7423	混凝土泵	68.16
19	54161	天然或合成再制的苷（配糖物）及其盐、醚、酯和其他衍生物	67.15
20	89195	猎枪或步枪用零件、附件	67.14

数据来源：UN Comtrade。

表12-10　2017年中国进口对德国依赖程度最高的前二十大产品

（%）

排名	SITC 码	产品名称	占中国同类产品进口比重
1	78221	机动起重车	100
2	71112	过热水锅炉	100
3	79111	由外部电力驱动的直流电机铁道电力机车	100
4	56212	硫酸铵和硝酸铵的复盐及混合物	99.91
5	06112	未加香料或着色剂的甜菜原糖	99.83
6	7916★	其他铁道及电车道机动客车、火车、敞车	98.52
7	51473	酰脲及其衍生物以及它们的盐	98.43
8	54231	未配定剂量或制成零售包装形式的药品	97.48
9	78621	农用自装或自卸式挂车及半挂车	94.39
10	54222	含有激素的未列名药品，未配定剂量或制成零售包装形式的药物	93.20
11	72523	制造包、袋或信封的机器	92.42
12	66333	建筑和土木工程用的预制结构件	91.53
13	25162	半漂白或漂白的化学木浆	90.56
14	73141	直线移动式动力头机床	90.25
15	7423★	混凝土泵	89.97
16	52361	次磷酸盐及亚磷酸盐	84.90

续表

排名	SITC 码	产品名称	占中国同类产品进口比重
17	72853	烟草加工及制作机器的零件	84.63
18	63493	木丝；木粉	84.09
19	51133	四氯乙烯（全氯乙烯）	83.99
20	72631	制版用的机器、器具及设备	82.35

数据来源：UN Comtrade。

注：标★的 2 种产品也是 2001 年中国进口对德国依赖程度最高的前二十大产品。

表 12-11　2001 年德国出口对中国依赖程度最高的前二十大产品

（%）

排名	SITC 码	产品名称	占德国同类产品出口比重
1	54211	未配定剂量的含有青霉素及链霉素的药品	94.62
2	2473	用油漆、着色剂、杂酚油或其他防腐剂处理的原木	82.78
3	28782	其他钼矿砂及其精矿	77.38
4	2874	铅矿砂及其精矿	61.17
5	79111	由外部电力驱动的直流电机铁道电力机车	57.29
6	24752	其他非针叶树种的木材	52.55
7	72191	制酒、果汁等饮料的压榨机、轧碎机等机器	47.11
8	74172	煤气发生器及乙炔发生器等的零件	45.96
9	69942	铜弹簧	39.75
10	64147	重量超过 150 克/平方米但少于 225 克/平方米的牛皮纸	35.12
11	72441	化学纺织纤维挤压、拉伸、变形或切割机器	34.99
12	69111	钢铁制桥梁及桥梁体段	30.18
13	51242	甲酚及其盐	28.34
14	71192	集中供暖、蒸汽和过热水锅炉的辅助设备、水蒸气或其他蒸汽动力装置的冷凝器的零件	24.41
15	29116	兽牙、龟壳、鲸须、鲸须毛、角、鹿角、蹄、甲、爪及喙，未经加工，或仅经简单处理而未切成形者；上述产品的粉末与废料	24.31
16	76413	电传打印机	23.81
17	24751	深红色红柳安木、浅红色红柳安木及巴栲红柳安木原木	23.75
18	82112	机动车辆用坐具	22.63
19	7521	模拟或混合数据处理机器	21.68

续表

排名	SITC 码	产品名称	占德国同类产品出口比重
20	74915	金属、硬质合金用其他型模	21.27

数据来源：UN Comtrade。

表 12-12 2017 年德国出口对中国依赖程度最高的前二十大产品

（%）

排名	SITC 码	产品名称	占德国同类产品出口比重
1	26819	其他未梳理含脂羊毛	92.83
2	74472	地下专用的连续运送货物的升降机及输送机	89.69
3	12231	烟草代用品制成的雪茄烟及卷烟	80.66
4	88597	钟壳和第 885 组所列钟表的同类外壳及其零件	70.27
5	67249	其他合金钢锭及初级形状品	65.38
6	52223	硅	62.98
7	77611	彩色阴极射线电视显像管	62.33
8	79326	冷藏船（油轮除外）	61.95
9	27312	表观比重超过 2.5 的大理石、石灰华及其他石灰质碑用或建筑用石、蜡石	60.63
10	59773	不含矿物油的纺织材料、皮革等材料处理剂	53.06
11	66412	未加工的玻璃球、棒及管	52.80
12	72468	沉降片、织针及其他成圈机件；针织机和缝纫机的零件及附件	52.66
13	51133	四氯乙烯（全氯乙烯）	49.72
14	51569	仅含氧杂原子的杂环化合物	48.68
15	26661	尼龙或其他聚酰胺长丝丝束	46.03
16	24752★	其他非针叶树种的木材	45.86
17	59721	抗震剂	45.38
18	27232	已碾磨天然磷酸（铝）钙及磷酸盐白垩	44.22
19	72511	制造纤维素纸浆的机器	44.01
20	73173	拉床	43.05

数据来源：UN Comtrade。

注：标★的 1 种产品也是 2001 年德国出口对中国依赖程度最高的前二十大产品。

三、德国产品在中国市场上的比较优势及其变化

（一）德国产品在中国市场上的整体比较优势

1. 德国产品在中国市场上比较优势的变化

基于 SITC 五位码的产品分类，本章利用比较优势指数测算了德国出口产品在中国市场上的比较优势，表 12-13 和表 12-14 分别是 2001 年和 2017 年的测算结果。可以看出，2001 年和 2017 年，德国在中国市场上具有比较优势（RCA>1）最多的大类产品是高技术产品，2001 年，德国出口的高技术产品在中国市场上具有比较优势的产品数量是 239 种，占德国在中国市场具有比较优势的产品总数的 24.12%；2017 年，以上数据变更为 305 种、占比 27.35%。

相对于 2001 年，2017 年德国产品在中国市场上的比较优势分布发生了显著的变化。从全部产品来看，德国在中国市场上具有比较优势的产品数量从 2001 年的 991 种增加至 2017 年的 1115 种。从分类产品来看，低技术产品和中低技术产品具有比较优势的产品数量都减少了，分别减少了 18 种和 7 种；非农业型初级产品具有比较优势的细分产品数量没有变化；其余 8 类产品在中国市场上具有比较优势的细分产品数量均有不同程度的增加，其中，增加最多的是高技术产品，在中国市场上具有比较优势的产品数量增加了 66 种，而特高技术产品具有比较优势的产品数量仅增加了 1 种。

2. 德国产品在中国市场上的比较优势分布状况

2017 年，在 3116 种进口产品中，德国在中国市场上具有比较优势的产品共计 1115 种，占全部 3116 种产品的 35.79%，这表明我国从德国进口的超过 1/3 的产品在中国市场上具有比较优势。具体而言，64 种农业型初级产品、7 种非农业型初级产品、81 种金属类制成品、38 种农业资源型制成品、107 种其他资源类制成品、6 种低技术产品、48 种中低技术产品、123 种中等技术产品、228 种中高技术产品、305 种高技术产品、108 种特高技术产品在中国市场上具有比较优势。

表 12-13　2001 年德国产品在中国市场的比较优势分布情况

产品类型	产品总数/种	RCA>1/种	1<RCA≤2/种	2<RCA≤3/种	RCA>3/种	RCA 平均值
农业型初级产品	627	55	24	12	19	0.48
非农业型初级产品	88	7	5	1	1	0.36
金属类制成品	239	69	30	13	26	1.27
农业资源型制成品	127	31	12	11	8	0.98

续表

产品类型	产品总数/种	RCA>1/种	1<RCA≤2/种	2<RCA≤3/种	RCA>3/种	RCA 平均值
其他资源类制成品	263	90	32	22	36	1.35
低技术产品	152	24	14	1	9	0.60
中低技术产品	268	55	30	11	14	0.68
中等技术产品	332	113	50	21	42	1.30
中高技术产品	409	201	76	33	92	1.97
高技术产品	427	239	70	77	92	2.06
特高技术产品	184	107	34	24	49	2.07
合计	3116	991	377	226	388	1.19

数据来源：UN Comtrade。

表 12-14 2017 年德国产品在中国市场的比较优势分布情况

产品类型	产品总数/种	RCA>1/种	1<RCA≤2/种	2<RCA≤3/种	RCA>3/种	RCA 平均值
农业型初级产品	627	64	23	13	28	0.60
非农业型初级产品	88	7	1	2	4	0.57
金属类制成品	239	81	20	17	44	2.17
农业资源型制成品	127	38	9	10	19	1.69
其他资源类制成品	263	107	33	26	48	1.96
低技术产品	152	6	3	2	1	0.25
中低技术产品	268	48	14	13	21	0.93
中等技术产品	332	123	44	28	51	1.54
中高技术产品	409	228	55	46	127	2.69
高技术产品	427	305	63	53	189	3.50
特高技术产品	184	108	16	23	69	3.10
合计	3116	1115	281	233	601	1.73

数据来源：UN Comtrade。

（二）德国细分产品在中国市场上的比较优势

1. 中国从德国进口规模前十大产品的比较优势

表 12-15 和表 12-16 分别是 2001 年和 2017 年是中国从德国进口规模前十大产品在中国市场上的比较优势情况。2001 年，除无线电广播、电视发送或接收设备、雷达设备的天线及其反射器及零件（76493）和非数字集成电路（77643）之外，其他 8 种产品均具有比较优势。其中，有 2 种产品的比较优势指数大于 10；有 2 种产品的比较

优势指数处于 6~7；有 2 种产品的比较优势指数处于 2~3；有 2 种产品的比较优势指数处于 1~2。2017 年，中国从欧盟进口规模前十大产品均具有比较优势。其中，有 1 种产品的比较优势指数处于 8~9；有 4 种产品的比较优势指数处于 5~6；有 2 种产品的比较优势指数处于 4~5；有 1 种产品的比较优势指数处于 3~4；有 2 种产品的比较优势指数处于 2~3。

与 2001 年相比，2017 年中国从德国进口规模前十大产品在中国市场上的比较优势指数几乎全部上升。飞机等航空器（7924）从 2001 年的不具有比较优势（RCA≤1）提高到了具有较强优势（2<RCA≤3）；测量或检验仪器、器械及机器和轮廓投影仪（87425），金属加工设备（73121），电路开关、保护或连接用的电气装置的其他零件（77282）从具有一般比较优势（1<RCA≤2）提高到了具有显著比较优势（RCA>3）；德国的载人机动车（7812），药物（54293），车身（包括驾驶室在内）的其他零件及附件（78432），电压不超过 1000 伏的电子控制板（77261）以及拖拉机、乘用汽车、用于运输货物和专用的机动车辆、道路机动车的其他零件及附件（78439）在中国市场上一直具有显著比较优势。

表 12-15　2001 年中国从德国进口规模前十大产品在中国市场上的比较优势

排序	SITC 码	产品名称	RCA
1	78439	拖拉机、乘用汽车、用于运输货物和专用的机动车辆、道路机动车的其他零件及附件	10.09
2	7812	载人机动车	6.9
3	72849	具有单独功能的未另列明的机械和机械设备	2.2
4	72659	其他胶印机	13.81
5	89879	磁盘	6.48
6	76491	电话机等通信设备的零件	1.58
7	72842	未列名的橡胶或塑料及其产品的加工机器	2.37
8	76417	载流线系统的其他设备	1.19
9	76493	无线电广播、电视发送或接收设备、雷达设备的天线及其反射器及零件	0.85
10	77643	非数字集成电路	0.4

数据来源：UN Comtrade。

表 12-16　2017 年中国从德国进口规模前十大产品在中国市场上的比较优势

排序	SITC 码	产品名称	2001 年 RCA	2017 年 RCA
1	7812	载人机动车	6.9	4.84

续表

排序	SITC 码	产品名称	2001 年 RCA	2017 年 RCA
2	54293	配制成合标准的剂量或零售包装形式的药物	3. 48	5. 84
3	7924	空载重量大于 15000 千克的飞机等航空器	0. 67	2. 97
4	78439	拖拉机、乘用汽车、用于运输货物和专用的机动车辆、道路机动车的其他零件及附件	10. 09	5. 99
5	78432	车身（包括驾驶室在内）的其他零件及附件	4. 59	8. 09
6	72849	具有单独功能的未另列明的机械和机械设备	2. 2	2. 96
7	87425	测量或检验仪器、器械及机器和轮廓投影仪	2. 19	3. 4
8	77261	电压不超过 1000 伏的电子控制板	3. 88	5. 09
9	73121	金属加工设备	2. 93	5. 05
10	77282	电路开关、保护或连接用的电气装置的其他零件	2. 7	4

数据来源：UN Comtrade。

2. 中国从德国持续进口产品①的比较优势变化

如表 12-17 所示，2017 年，中国从德国持续进口产品在中国市场上具有比较优势的产品共 994 种，占 2017 年在中国市场上具有比较优势的德国产品数量的 89. 15%。其中，具有一般比较优势（1<RCA≤2）的产品有 255 种，具有较强比较优势（2<RCA≤3）的产品有 211 种，具有显著比较优势（RCA>3）的产品有 528 种。从德国持续进口的高技术产品、中高技术产品、中等技术产品、特高技术产品和其他资源类制成品在中国市场上具有比较优势的产品较多，分别有 282 种、217 种、117 种、97 种和 95 种，从德国持续进口的非农业型初级产品和低技术产品具有比较优势的产品数量较少，都只有 4 种。

表 12-17　中国从德国持续进口的产品在 2017 年的比较优势分布

产品类型		RCA>1/种	1<RCA≤2/种	2<RCA≤3/种	RCA>3/种	RCA 平均值
初级产品	农业型初级产品	34	13	9	12	1. 14
	非农业型初级产品	4	0	1	3	2. 07
制成品	金属类制成品	69	18	14	37	2. 66
	农业资源型制成品	33	9	7	17	1. 87
	其他资源类制成品	95	29	25	41	2. 15
	低技术产品	4	2	2	0	0. 34

① 持续进口产品指 2001—2017 年中国每一年都从德国进口的产品。

续表

产品类型		RCA>1/种	1<RCA≤2/种	2<RCA≤3/种	RCA>3/种	RCA 平均值
制成品	中低技术产品	42	14	11	17	0.95
	中等技术产品	117	42	27	48	1.75
	中高技术产品	217	54	46	117	2.80
	高技术产品	282	60	49	173	3.43
	特高技术产品	97	14	20	63	3.54
合计		994	255	211	528	2.34

数据来源：根据 UN Comtrade 数据整理。

从中国自德国持续进口产品比较优势的变化情况来看（见表 12-18），与 2001 年相比，2017 年有 1147 种产品的比较优势指数有所上升。其中，比较优势指数上升的高技术产品数量较多，高达 271 种；中高技术产品次之，为 213 种；中等技术产品、其他资源类制成品再次，比较优势指数上升的产品数量处于 100~200 种；其他类型产品比较优势指数上升的产品数量均不超过 100 种。另外，322 种产品在 2001 年不具有比较优势，但是，在 2017 年具有比较优势，这些产品主要是高技术产品和中高技术产品，这两类产品合计占 322 种产品的 45.34%；672 种产品在 2001 年和 2017 年在中国市场上都不具有比较优势，主要是中低技术产品和中等技术产品，这两类产品合计占 672 种产品的 35.12%；672 种产品在 2001 年和 2017 年在中国市场上都具有比较优势，主要是高技术产品和中高技术产品，这两类产品合计占 672 种产品的 52.53%。

表 12-18　中国从德国持续进口的产品比较优势分布

单位：种

产品类型	比较优势指数上升的产品数量	2001 年 RCA<1，2017 年 RCA>1	2001 年 RCA<1，2017 年 RCA<1	2001 年 RCA>1，2017 年 RCA>1	2001 年 RCA>1，2017 年 RCA<1
农业型初级产品	74	18	86	16	20
非农业型初级产品	8	3	7	1	5
金属类制成品	75	22	38	47	15
农业资源型制成品	46	16	32	17	6
其他资源类制成品	101	41	73	54	27
低技术产品	16	0	32	4	4
中低技术产品	94	21	124	21	21
中等技术产品	161	42	112	75	31
中高技术产品	213	61	87	156	27
高技术产品	271	85	62	197	19

续表

产品类型	比较优势指数上升的产品数量	2001 年 RCA<1，2017 年 RCA>1	2001 年 RCA<1，2017 年 RCA<1	2001 年 RCA>1，2017 年 RCA>1	2001 年 RCA>1，2017 年 RCA<1
特高技术产品	88	13	19	84	12
合计	1147	322	672	672	187

数据来源：UN Comtrade。

第十三章　中国跨境电商进口发展

跨境电商是指不同国境地域的交易主体之间，以电子商务的方式达成交易，在线订购、支付结算，并通过跨境物流递送产品，清关，最终送达，完成交易的一种国际商业活动。从狭义上说，跨境电商进口模式只涵盖 B2C 模式，从广义上说，跨境电商进口模式涵盖 B2C、B2B 和 C2C。跨境电商进口作为一种贸易新业态、新模式，有利于中国进口规模的扩大。由于拥有世界上最大的跨境网购群体，中国的跨境电商进口拥有很大的发展空间。本章将对全球跨境电商进口发展的基本情况、中国跨境电商进口发展的基本情况进行分析。

一、全球跨境电商进口发展的基本情况

（一）全球 B2C 跨境电商交易规模逐渐增加

如图 13-1 所示，全球 B2C 跨境电商的发展主要表现为以下两个特点。第一，全球

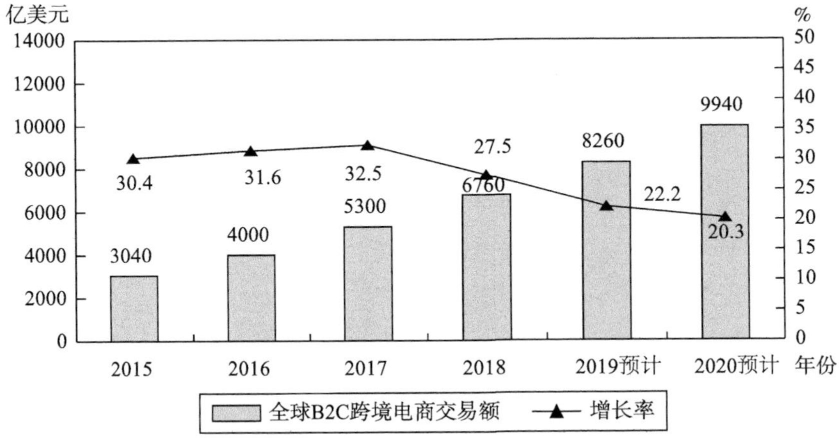

图 13-1　2015—2020 年全球 B2C 跨境电商交易额及其增长率

数据来源：艾媒新零售产业研究中心．2019 全球跨境电商市场与发展趋势研究报告［EB/OL］．艾媒网，［2019-04-04］. https：//www. iimedia. cn/c400/64031. html.

B2C 跨境电商交易额逐渐增加。2015 年，全球 B2C 跨境电商交易额仅为 3040 亿美元；2018 年，全球 B2C 跨境电商交易额增至 6760 亿美元，是 2015 年的 2 倍多；2020 年，预计全球 B2C 跨境电商交易额可增至 9940 亿美元，是 2015 年的 3 倍多。第二，全球 B2C 跨境电商交易额的增长率先上升后下降。2015—2017 年，全球 B2C 跨境电商交易额每年都以高于 30%的增长率上升；2017—2020 年，全球 B2C 跨境电商交易额的增长率开始下降，从 2017 年的 32. 5%下降到 2020 年的 20. 3%。

此外，全球跨境网购用户购买的最多的前 4 类产品分别是服饰、鞋帽，玩具，电子设备，首饰、手表。如图 13-2 所示，2018 年，68%的跨境网购用户购买了服饰、鞋帽，53%的用户购买了玩具，53%的用户购买了电子设备，51%的用户购买了首饰、手表，46%的用户购买了家居、美容产品，42%的用户购买了收藏纪念品、艺术品，40%的用户购买了运动户外品。

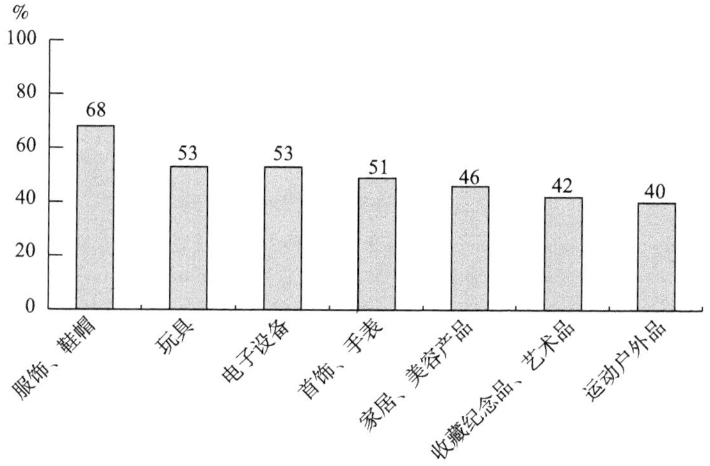

图 13-2 2018 年全球跨境电商销售产品品类热门度

数据来源：PayPal Inc. PayPal Cross-Border Consumer Research 2018 [R/OL]. [2018]. https：//www. paypalobjects. com/digitalassets/c/website/marketing/global/shared/global/media-resources/documents/PayPal_Insights_2018_Global_Report. pdf.

（二）亚洲是全球跨境电商进口发展的新动力

如图 13-3 所示，全球跨境电商进口的发展呈现出以下特点。第一，随着信息通信技术的发展，跨境电商进口在各大地区日益普遍。2018 年，中东地区的跨境消费者占比最高，为 70%；其次是西欧和东欧地区，跨境消费者占比分别为 57%和 56%；南美地区的跨境消费者占比为 52%；亚太和北美地区的跨境消费者占比均为 48%。第二，亚洲、拉丁美洲、非洲等新兴市场兴起，成为全球跨境电商进口发展的新动力。特别是亚洲，由于拥有全球最大数量的网购用户，B2C 电子商务销售额占全球的 28%①，亚洲跨境电商进口市场成为当前角逐的焦点。2018 年，亚太地区使用国内电商购物的用户占比高达 52%，远远超过北美之外的其他地区。可以预见，未来亚太地区使用国内电商平台购物的用户将逐渐转向跨境电商平台消费，成为亚太地区跨境电商进口发展的主力军。

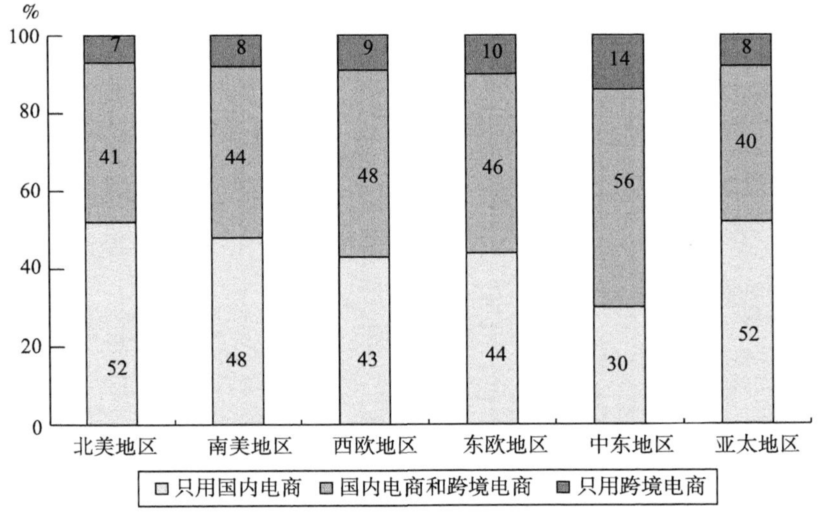

图 13-3　2018 年全球消费者网购使用电商平台类别

数据来源：PayPal Inc. . PayPal Cross-Border Consumer Research 2018［R/OL］，［2018］. https：//www. paypal-objects. com/digitalassets/c/website/marketing/global/shared/global/media-resources/documents/PayPal _ Insights _ 2018 _ Global_Report. pdf.

（三）全球跨境 B2C 进口主要集中于 10 个国家

通过搜集各国官方网站的数据，联合国贸发会议（UNCTAD）整理出了 2015 年跨境 B2C 进口额排名前十的国家，如表 13-1 所示，全球跨境 B2C 进口主要集中于美国、中国、英国、德国、加拿大、法国、韩国、意大利、日本、荷兰。2015 年，这 10 个国家的跨境 B2C 进口额为 1200 亿美元，占全球跨境 B2C 进口总额的 63. 2%，这 10 个国家的跨境网购人数共计 18100 万人，占全球跨境网购总人数的 47. 6%。

此外，基于表 13-1 的统计数据，本章主要对比分析了这 10 个国家跨境 B2C 的发展概况。首先，从跨境 B2C 进口额来看，美国和中国的跨境 B2C 进口额比较接近，远超其他国家。2015 年，美国的跨境 B2C 进口额为 400 亿美元，排名第一；中国的跨境 B2C 进口额为 390 亿美元，排名第二；英国排名第三，但是其跨境 B2C 进口额只有 120 亿美元。其次，从跨境网购人数来看，中国的跨境网购人数最多，远超其他国家。中国的跨境网购人数为

① 中国国际电子商务中心研究院 .2017 年世界电子商务报告［EB/OL］.［2018 - 04］. http：//img. ec. com. cn/article/201804/1523353479115. pdf.

7000万人，美国的跨境网购人数为3400万人，还不到中国跨境网购人数的一半，英国的跨境网购人数只有1400万人。再次，从跨境B2C进口额占总进口额的比例来看，中国的比重远超其他国家，跨境B2C呈爆发式增长。中国占比为2.3%，排名第一；英国为1.9%，排名第二；美国和加拿大均为1.7%，排名第三。最后，从跨境B2C进口额占B2C交易总额的比例来看，意大利和加拿大远远超过其他国家。意大利跨境B2C进口额占B2C交易总额的比例为19%，排名第一；加拿大为16%，排名第二；德国为10%，排名第三。

表13-1　2015年全球跨境B2C进口额前十大国家的发展情况

排名	国家	跨境B2C进口额/亿美元	跨境B2C进口额占总进口额的比例/%	B2C交易总额/亿美元	跨境B2C进口额占B2C交易总额的比例/%	跨境网购人数/万人
1	美国	400	1.7	6120	7	3400
2	中国	390	2.3	6170	6	7000
3	英国	120	1.9	2000	7	1400
4	德国	90	0.8	930	10	1200
5	加拿大	70	1.7	480	16	1100
6	法国	40	0.7	730	6	1200
7	韩国	30	0.6	480	5	1000
8	意大利	30	0.8	170	19	600
9	日本	20	0.3	1140	2	900
10	荷兰	4	0.1	190	2	400
10国合计		1200	1.40	18390	7	18100
全球合计		1890	1.10	29040	7	38000

数据来源：United Nations Conference on Trade and Development. Information Economy Report 2017-Digitalization, Trade and Development [R/OL], [2017-10-03]. https://unctad.org/en/PublicationsLibrary/ier2017_en.pdf.

注：表中数据按照跨境B2C进口额降序排列。

二、中国跨境电商进口发展的基本情况

随着互联网基础设施的完善和全球性物流网络的构建，加之云计算、大数据、人工智能等数字技术的应用，跨境电商正成长为推动中国外贸增长的新动能①。近年来，中国跨境电商发展主要呈现出以下特点：第一，跨境电商进出口规模迅速扩张，占总贸易额的比重逐年增加。2000—2018年，中国的跨境电商进出口总额从500亿元上升

① 裴长洪，刘斌．中国对外贸易的动能转换与国际竞争新优势的形成［J］．经济研究，2019，54（5）：4-15.

至 9 万亿元，跨境电商进出口总额占总贸易额的比重从 1.27%上升至 29.5%。第二，B2B 一直是主导跨境电商的商业模式，B2C 跨境电商平台不断增加。2018 年，在中国跨境电商交易模式中，跨境 B2B 交易占比 83.2%，跨境 B2C 交易占比 16.8%。第三，由于海外市场需求的迅速增加以及外贸企业转型升级速度的加快，出口在跨境电商交易结构中一直占据主导地位。2018 年，在中国的跨境电商总交易额中，跨境电商出口额占比 78.9%，跨境电商进口额占比 21.1%①。

（一）中国跨境电商进口的基本特点

我国跨境电商进口发展分为三个阶段：代购时代、海淘时代和跨境进口时代。2005 年代购时代开始，这也是中国跨境电商进口的发展初期，消费者主要通过海外买手、职业代购购买进口产品，此时的消费群体还比较小众，跨境网购普及度不高，而且这样的消费模式周期长、价格高，产品的质量难以保证。2007 年海淘时代开始，逐渐开始有消费者通过跨境电商平台购买国外产品，跨境进口电商平台的数量开始缓慢增加。2014 年跨境进口时代正式开始。2015 年，国家政策上的支持使得跨境电商的存在有了法律上的依据，更多的消费者开始选择通过跨境进口电商平台购买海外产品，跨境电商进口开始走向常态化。跨境电商进口的发展历程表明我国消费升级的过程逐渐加快，主要表现为消费习惯的转变、消费品质的提升等。

1. 跨境电商进口规模日益提升

虽然跨境电商出口一直处于主导地位，跨境电商进口额远远小于跨境电商出口额（见图 13-4），但是，我国国内消费的日益升级以及积极扩大进口的政策都推动着跨境电商进口的发展，跨境电商的进口规模日益增加。我国跨境电商进口的发展可以划分为以下两个阶段（见图 13-5、表 13-2）：第一，缓慢增长阶段。2000—2011 年，我国跨境电商的进口额从 2 亿元增长到 1500 亿元，跨境电商进口额占总进口额的比重从 0.01%上升为 1.33%，增长较为缓慢。第二，迅速增长阶段。2012 年跨境进口电商平台开始出现，极大地促进了跨境电商进口的发展。2012—2018 年，跨境电商进口额从 2400 亿元增长为 19000 亿元，跨境电商进口额占总进口额的比重从 2.09%上升为 13.49%，增长较为迅速。特别是 2018 年，首届中国国际进口博览会的召开为跨境电商进口释放出更多的政策红利，跨境电商进口额达到 19000 亿元，占总进口额的比重达到 13.49%。

---

① 网经社电子商务研究中心.2018 年度中国电子商务市场数据监测报告［EB/OL］. 网经社，［2019-06-25］.http：//www.100ec.cn/zt/2018dsscbg/.

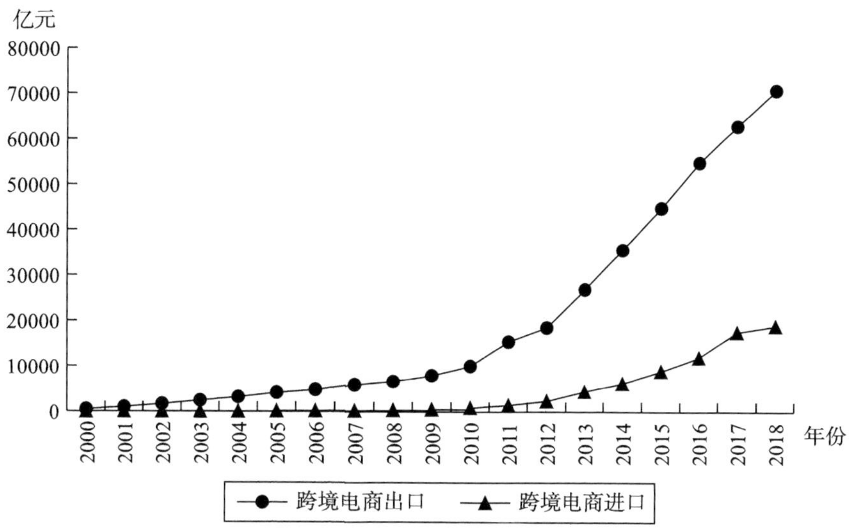

图 13-4 2000—2018 年中国跨境电商进出口规模

数据来源：跨境电商数据库（http：//www.100ec.cn/Index/base_kj.html）。

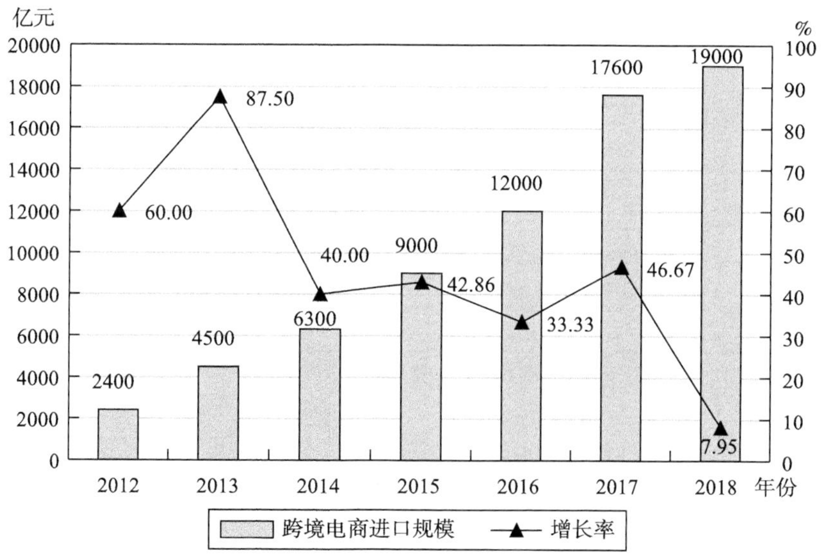

图 13-5 2012—2018 年跨境电商进口规模及其增长率

数据来源：跨境电商数据库。

表 13-2　2000—2018 年中国跨境电商的发展情况

年份	跨境电商进出口额/亿元	跨境电商进出口总额占贸易总额的比重/%	跨境电商出口额/亿元	跨境电商出口额占出口总额的比重/%	跨境电商进口额/亿元	跨境电商进口额占进口总额的比重/%
2000	500	1. 27	498	2. 41	2	0. 01
2001	1000	2. 37	989	4. 49	11	0. 05
2002	1700	3. 31	1666	6. 18	34	0. 14
2003	2500	3. 55	2450	6. 75	50	0. 15
2004	3300	3. 45	3230	6. 58	70	0. 15
2005	4300	3. 68	4171	6. 66	129	0. 24
2006	5000	3. 55	4825	6. 22	175	0. 28
2007	6200	3. 71	5952	6. 36	248	0. 34
2008	7000	3. 89	6650	6. 62	350	0. 44
2009	8500	5. 64	7990	9. 74	510	0. 74
2010	11000	5. 45	10100	9. 44	900	0. 95
2011	17000	7. 19	15500	12. 58	1500	1. 33
2012	21000	8. 60	18600	14. 38	2400	2. 09
2013	31500	12. 20	27000	19. 69	4500	3. 72
2014	42000	15. 89	35700	24. 81	6300	5. 23
2015	54000	22. 00	45000	31. 88	9000	8. 63
2016	67000	27. 53	55000	39. 73	12000	11. 43
2017	80600	28. 98	63000	41. 09	17600	14. 10
2018	90000	29. 50	71000	43. 25	19000	13. 49

数据来源：跨境电商数据来源于跨境电商数据库，贸易额的数据来源于国家统计局。

2. *跨境进口电商平台的寡头效应初步显现*

我国跨境电商进口主要由少数几家跨境进口电商平台主导，寡头效应初步显现。图 13-6 是将跨境进口电商平台的市场份额。总体来看，2016—2017 年，前五大跨境进口电商平台分别是网易考拉海购、天猫国际、唯品国际、京东全球购、聚美极速免税店，这 5 家跨境进口电商平台的进口额占跨境进口电商平台总进口额的 84%。具体来看，2016—2017 年，网易考拉海购排名第一，其市场份额为 21. 40%；天猫国际排名第二，其市场份额为 17. 70%；唯品国际排名第三，其市场份额为 16. 10%；京东全球购排名第四，其市场份额为 15. 20%；聚美极速免税店排名第五，其市场份额为 13. 60%；小红书排名第六，其市场份额为 6. 40%；洋码头排名第七，其市场份额为 5. 30%；其他跨境进口电商平台的市场份额为 4. 30%。

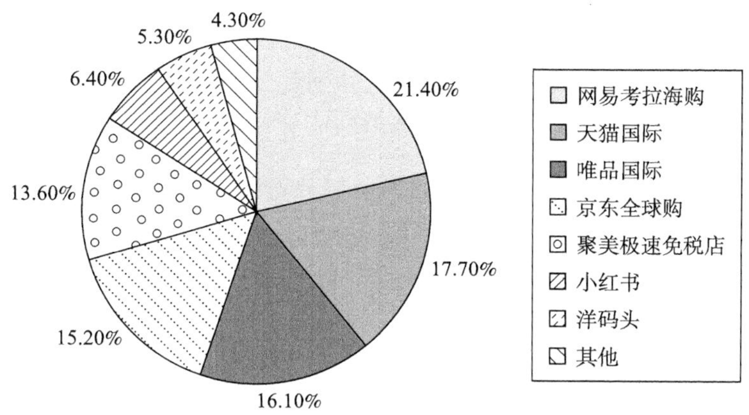

图 13-6　2016—2017 年中国跨境进口电商平台市场份额

数据来源：中国电子商务研究中心 . 2016—2017 年度中国跨境进口电商发展报告［EB/OL］. 网经社，［2017-08-01］. http：//www. 100ec. cn/zt/16kjbg/.

3. B2C 模式平台开始处于主导地位

跨境电商进口是从个人代购时代发展起来的，起初几乎所有跨境电商平台都是 C2C 模式。随着跨境电商进口方面的政策越来越规范，为满足国内消费者多样化的需求，一些规模较大的 B2C 平台逐渐合并了一些 C2C 平台，B2C 模式的平台开始处于主导地位。如图 13-7 所示，2013 年，跨境电商进口中 C2C 模式占比 97. 9%，B2C 模式仅占 2. 1%；2014—2015 年，C2C 模式依然处于主导地位，但其在跨境电商进口中的占比不断下降；2016 年，B2C 模式占比开始超过 C2C 模式并不断增加；2017 年，B2C 模式所占比重为 64. 4%，C2C 模式所占比重下降为 35. 6%。

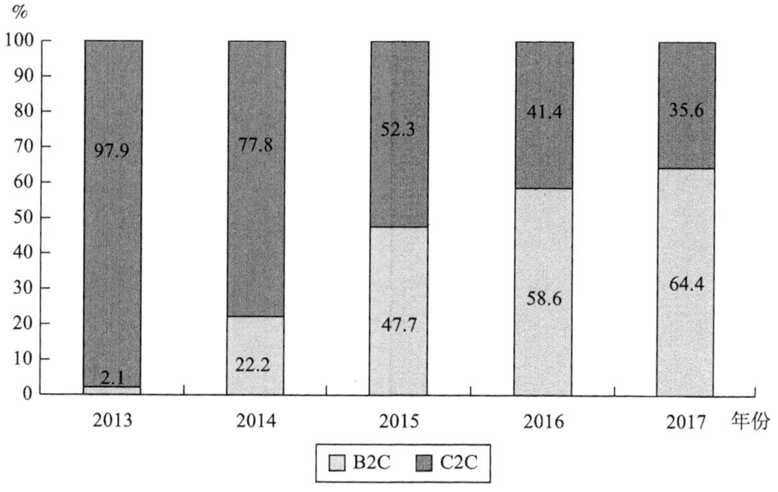

图 13-7　2013—2017 年中国跨境电商进口模式结构

数据来源：中国电子商务研究中心 . 2016—2017 年度中国跨境进口电商发展报告［EB/OL］. 网经社，［2017-08-01］. http：//www. 100ec. cn/zt/16kjbg/.

4. 发达国家和地区是跨境电商进口的主要来源地

2017 年，中国跨境电商主要进口来源地分别是日本、美国、韩国、澳大利亚、德国、新西兰、荷兰、英国和中国香港①。如图 13-8 所示，2018 年，39.9%的中国跨境电商用户会选择购买日本的产品，36.2%的用户会选择购买美国的产品，30.6%的用户会选择从韩国购买产品，28.9%的用户会选择从法国购买产品，25.9%的用户会选择购买澳大利亚的产品。总体来看，目前，日本、美国、韩国等发达国家是我国跨境电商的进口主要来源地。

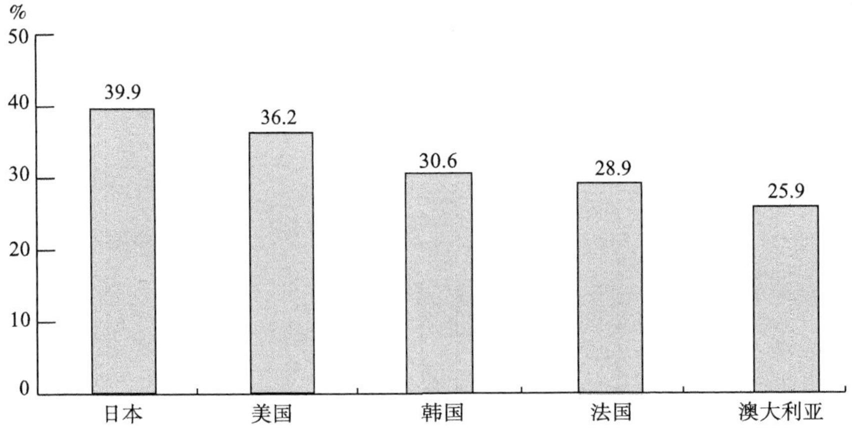

图 13-8　2018 年中国海淘用户购买海外产品的前五大来源地

数据来源：艾媒新零售产业研究中心 . 2019 全球跨境电商市场与发展趋势研究报告［EB/OL］. 艾媒网，［2019-04-04］. https：//www. iimedia. cn/c400/64031. html.

（二）中国跨境电商进口的用户分布

1. 跨境电商进口的用户数量不断增加

首先，从用户规模层面上看，互联网基础设施的发展和完善、国内消费的升级、物流速度的不断提高使我国跨境电商进口的用户数量不断壮大。如图 13-9 所示，截止到 2018 年，我国跨境电商进口的用户规模已经增加到 8850 万人。其次，从用户数量增长率层面上分析，我国跨境电商进口的用户数量增长率整体呈现出一个“先升后降”的过程。2014—2016 年，由于我国跨境电商进口的用户规模基数小，增长较快，增长率不断上升。2016—2018 年，我国跨境电商进口的用户规模已增长到一定程度，虽然整体规模仍然不断壮大，但增长率却开始下降。可以预期，我国未来跨境电商进口的用户人数将低速增长。

① 刘诗萌 . 跨境电商逆势增长 22.3%　预计年底将突破 9 万亿大关［N/OL］. 华夏时报，2018-09-09. https：//www. chinatimes. net. cn/article/80007. html.

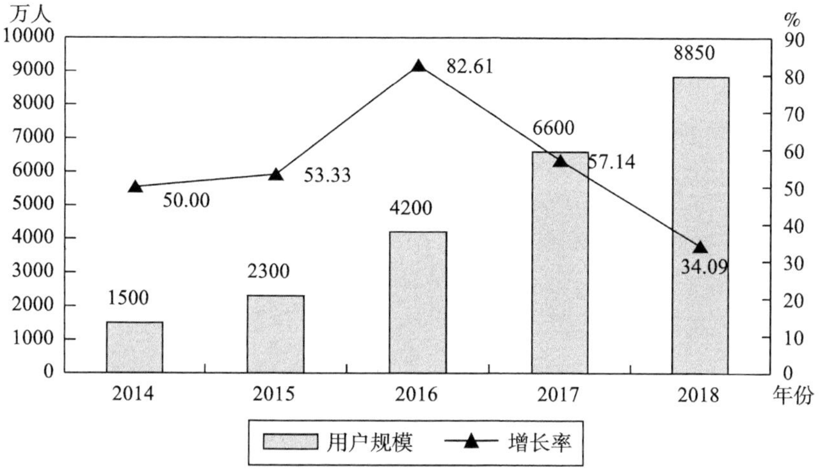

图 13-9　2014—2018 年中国跨境电商进口的用户规模

数据来源：网经社电子商务研究中心 . 2018 年度中国进口跨境电商发展报告［EB/OL］. 网经社，［2019-06-25］. http：//www.100ec.cn/zt/2018jkkjbg/.

2. 25～35 岁用户是跨境电商进口的主力

我国跨境电商进口的用户年龄分布较为年轻化。如图 13-10 所示，25～35 岁的用户是我国跨境电商进口的主流群体，占比为 56.3%。这部分消费者自身有一定的经济基础，对多样化产品有更强的需求，是跨境电商进口的主力。19～24 岁的用户占比为 20.2%，36～40 岁的用户占比为 17.8%，其他年龄段用户占比为 5.7%。此外，电子商务研究中心检测数据显示，2018 年我国跨境电商进口用户中，女性占比约 85.3%，男性占比约 14.7%。

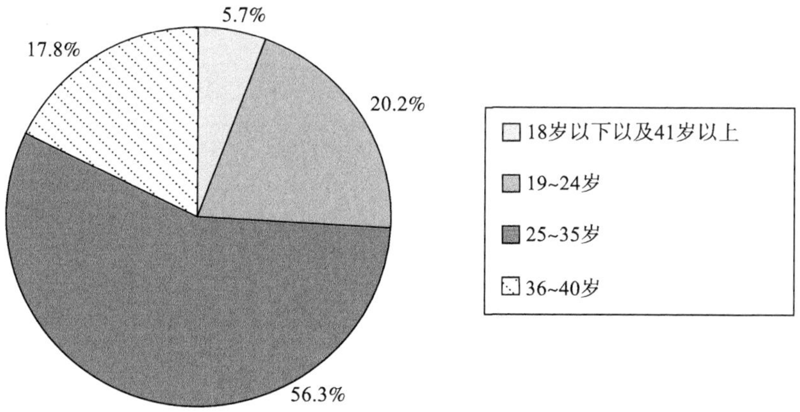

图 13-10　2018 年中国跨境电行进口的用户年龄分布

数据来源：网经社电子商务研究中心 . 2018 年度中国进口跨境电商发展报告［EB/OL］. 网经社，［2019-06-25］. http：//www.100ec.cn/zt/2018jkkjbg/.

3. 跨境电商进口的用户集中于东部沿海地区

如图 13-11 所示，广东跨境电商进口的用户最多，占比 19%；其次是北京，比重为 13.10%；上海、浙江、江苏等东部地区，占比分别为 10.1%、8.5%、7.88%。由此可见，跨境电商进口的用户主要集中在东部沿海地区。可能的原因是，我国东部地区经济较为发达，消费者的收入水平较高，需求趋于多样化，对产品的质量和品质要求更高，而跨境电商进口恰好能够满足东部地区消费者多样化、高质量的需求。此外，中西部地区的用户比重与东部地区的差距正在逐渐减小，可以预期，跨境电商进口的用户分布将会向中西部延伸。

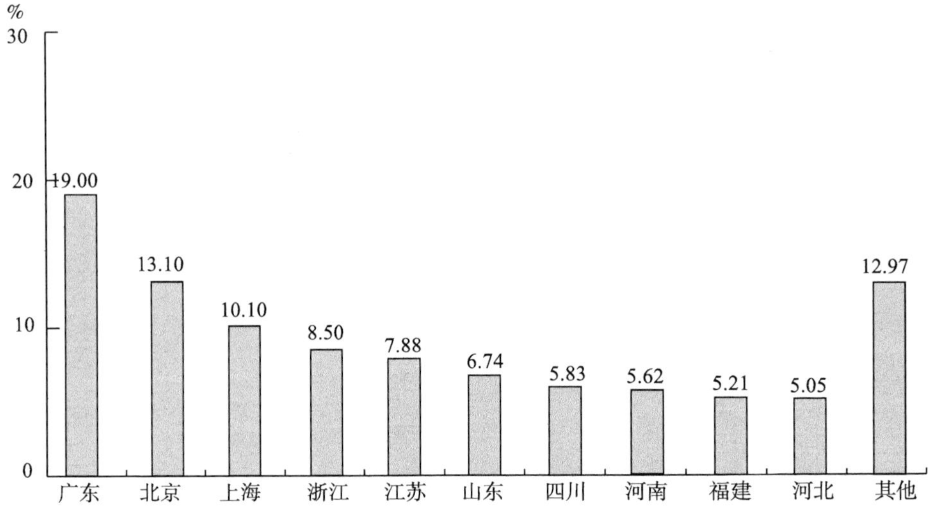

图 13-11　2018 年中国跨境电商进口的用户主要地区分布

数据来源：网经社电子商务研究中心 . 2018 年度中国进口跨境电商发展报告 [EB/OL]. 网经社，[2019-06-25]. http：//www. 100ec. cn/zt/2018jkkjbg/.

政　策　篇

第十四章 中国积极扩大进口的政策建议

积极扩大进口，是以习近平同志为核心的党中央着眼国际国内发展大局，坚定不移推动更高水平对外开放的重要战略部署。按照习近平主席提出的“中国国际进口博览会不仅要年年办下去，而且要办出水平、办出成效、越办越好”的指示，本章提出以下政策建议。

一、持续办好进口博览会，为中国进口发展提供国际公共平台

中国国际进口博览会，既是积极扩大进口战略的具体实践，也是积极扩大进口的新平台。首届进口博览会已于2018年11月5日到10日在上海成功举办，吸引了172个国家、地区和国际组织参会，3600多家企业参展，超过40万名境内外采购商到会洽谈采购，成交额高达578亿美元①。可见，作为中国新时代高水平对外开放的标志性工程，进口博览会为中国扩大进口战略的实施提供了强有力的平台支撑。国家政府应深入贯彻习近平主席关于进博会“不仅要年年办下去，而且要办出水平、办出成效、越办越好”的重要指示，将进口博览会打造成高水平国际公共平台，有效促进中国进口贸易稳中提质。紧扣“稳规模、优结构、提质量、防风险”四大目标，进口博览会应具体采取以下措施：一是大力邀请出口关系民生的产品、有助于转型发展的技术装备、农产品以及资源性产品的企业参加展会，在满足国内居民消费升级需求的同时，充分利用进口博览会推动进口产品结构优化；二是鼓励中西部企业参加进口博览会，为中国优化进口地区结构提供有效的渠道；三是积极发动“一带一路”沿线国家、自由贸易协定伙伴及最不发达国家的企业参加进口博览会，为中国优化国际市场提供有力的保障。

---

① 钟山部长《人民日报》专访：首届进口博览会成果丰硕［EB/OL］. 中国国际贸易促进委员会，［2018-11-21］. http：//www. ccpit. org/Contents/Channel_3521/2018/1121/1090329/content_1090329. htm.

二、大力推动共建“一带一路”，为中国进口发展开辟新局面

自 2013 年“一带一路”倡议提出以来，中国自“一带一路”沿线国家的进口贸易已取得了长足发展，但仍存在一些突出的问题，例如，进口来源地高度集中于亚洲周边国家和地区，进口产品以初级产品为主、技术水平较低，等等。为了进一步提升中国自“一带一路”沿线国家的进口贸易质量，并充分发挥“一带一路”倡议对进口贸易的推动作用，本章提出了如下政策建议：一是围绕“一带一路”沿线国家的出口比较优势，着力挖掘新的进口贸易增长点；二是加快沿线国家的基础设施建设，实现“设施联通”，通过降低进口贸易成本推动进口贸易规模稳步增长，提升“一带一路”沿线国家在中国进口贸易中的地位；三是提高对沿线国家的投资便利化水平，鼓励企业扩大对沿线国家的投资规模，进而带动进口贸易发展；四是积极与更多国家签订共建“一带一路”合作文件，着力改变进口来源地高度集中于亚洲周边国家和地区的基本现状；五是在积极与具备技术优势的沿线国家加强合作的基础上，引导企业扩大自沿线国家进口高技术类产品，从而优化进口产品结构；六是构建“一带一路”沿线国家政治风险预警机制，为从事进口贸易的企业提供全面、及时、准确的预警信息，降低进口来源地政治风险。

三、加快培育贸易新业态新模式，为中国进口发展拓展新路径

目前，跨境电商、加工贸易保税维修等新业态新模式正蓬勃发展，为中国进口贸易拓展了新路径。以跨境电商为例，海关总署提供的数据显示，2019 年通过海关跨境电子商务管理平台零售的进口商品额为 1862. 1 亿元，虽然占 2019 年中国进口总额的比重不足 2%，但是同比增长率高达 38. 3%①。围绕着跨境电商零售进口，国家政府已出台了大量相关政策。自 2015 年起，杭州、天津、上海、重庆以及合肥等 35 个城市先后被批准设立跨境电商综合试验区，在此基础上还将增加第四批试点城市。此外，2018 年年底出台的《关于完善跨境电子商务零售进口监管有关工作的通知》，进一步调整了跨境电商零售进口税收政策与进口商品清单。

事实上，支持跨境电商等新业态新模式发展，不仅是新时代推进高水平对外开放的重要举措，更有利于满足国内消费者多元化需求、优化进口产品结构。围绕着培育贸易新业态新模式，应进一步增加跨境电商综合试验区，扩大跨境电商零售进口政策

① 海关总署 2019 年全年进出口情况新闻发布会 [EB/OL]. 中华人民共和国海关总署，[2020-01-14]. http：//fangtan. customs. gov. cn/tabid/970/Default. aspx.

的适用范围，为进口规模稳步增长提供政策保障；加大日用消费品的降税力度和降税范围，满足人民日益增长的美好生活需要；鼓励高校和培训机构为企业培养跨境电商所需的各类人才，为各级政府工作人员组织专门的跨境电商培训，从而为跨境电商进口持续发展提供坚实的智力保障；在整合现有物流体系的同时，鼓励“海外仓”等新物流模式发展，加快跨境物流基础设施建设；在发展跨境电商进口等新业态新模式的过程中，应加强进口产品检验，确保进口产品质量。

四、不断深化多边双边合作，为中国进口发展创造新的增长点

截至 2020 年 5 月，中国已与 25 个国家和地区签署了 17 个自由贸易协定，自贸伙伴覆盖亚洲、欧洲、美洲、非洲和大洋洲，多双边经贸合作不断深化。事实上，加快实施自由贸易区战略，构建高标准自贸区网络，在世界贸易组织、二十国集团、亚太经合组织、金砖等平台积极发出中国声音①，不仅能为中国进口发展创造新的增长点，更能有效推动经济全球化进程。展望未来，应主要从以下几个方面深化多双边合作：一是着力推进与周边国家、“一带一路”沿线国家、最不发达国家以及主要贸易伙伴签订自由贸易协定和区域贸易协定，加快建设高标准自贸区网络，推动中国降低进口集中度风险；二是不断升级现有的自由贸易协定，进一步扩大双边开放范围与开放力度，促进中国进口规模稳步增长；三是引导企业充分利用已签订的自由贸易协定，积极扩大进口规模，大力拓展多个进口渠道，提升企业在进口市场的话语权和定价权；四是加强中美对话合作，尽快解决贸易摩擦问题。

五、促进贸易自由化和便利化，为中国进口发展提供新动力

中国进口贸易自由化和便利化水平已得到大幅度提升，具体来看，中国加入 WTO 后，关税总水平由 2001 年的 15.3%下降到 2010 年的 9.8%。此后，中国又多次主动下调了进口关税税率，关税总水平由 9.8%下降到 7.5%。② 从具体的产品来看，2015 年以来，中国政府着重降低了日用消费品的进口关税③，这对于满足国内居民多元化的消费需求具有重大的现实意义。除进口关税外，中国还从增值税方面着手降低企业进口

① 钟山部长《人民日报》刊文：开创新时代商务高质量发展新局面［EB/OL］. 中国国际进口博览会，［2019-09-28］. https：//www. ciie. org/zbh/bqgffb/20190928/18573. html.

② 国务院再出稳外贸“组合拳”：将继续降低进口关税　扩大出口信用保险覆盖面［EB/OL］. 中华人民共和国中央人民政府，［2019-07-11］. http：//www. gov. cn/zhengce/2019-07/11/content_5408203. htm.

③ 商务部解读《关于扩大进口促进对外贸易平衡发展的意见》［EB/OL］. 中华人民共和国中央人民政府，［2018-07-11］. http：//www. gov. cn/zhengce/2018-07/11/content_5305724. htm.

成本，2019 年 4 月 1 日，中国再次降低进口环节增值税税率，估计为进口企业减少进口环节增值税税负约 2250 亿元①。从贸易便利化方面来看，海关总署公布的数据显示，2018 年，我国口岸核验的监管证件由 86 种精简到 46 种，进口、出口通关整体通关时间较 2017 年分别压缩 56. 36%、61. 19%②。

深入贯彻落实简政减税降费政策，持续提高贸易自由化和便利化水平，切实降低企业的进口成本，将有利于激发进口市场活力、促进中国进口贸易蓬勃发展。围绕着贸易自由化和便利化，应切实推进跨境基础设施互联互通，建设国际大通道和国际经济合作走廊，促进交通运输便利化；大力简化口岸核验的监管证件、优化进口通关流程、减少口岸收费，切实降低企业进口环节的制度性成本；进一步降低进口关税税率，特别是日用消费品的进口关税，从而在满足国内居民消费多元化的同时，促进进口产品结构优化。

六、推动形成强大国内市场，为中国进口发展提供市场基础

改革开放 40 年以来，中国经济高速发展带动了居民收入和消费水平不断提高。具体来看，国家统计局公布的《中华人民共和国 2019 年国民经济和社会发展统计公报》③显示，2019 年，人均国内生产总值 70892 元，高于中等收入国家平均水平；全国居民人均可支配收入达到 30733 元，比上年实际增长 5. 8%；全国居民人均消费支出为 21559 元，比上年实际增长 5. 5%。中国居民收入和消费水平持续增加，为推动形成强大国内市场奠定了坚实的经济基础。事实上，培育和发展国内市场，不仅有利于中国扩大进口贸易、与世界各国共享中国市场，更有利于拉动中国经济高质量发展。推动形成强大国内市场，应进一步深化收入分配制度改革，切实提高国内居民收入，为中国进口贸易稳步增长提供经济基础；合理降低个人所得税税率，减轻个人所得税负担，增加居民可支配收入；有效促进消费金融健康发展，为国内居民扩大消费需求提供支撑；充分发挥跨境零售进口的积极作用，为国内消费者提供更多便利。

① 国务院再出稳外贸“组合拳”：将继续降低进口关税 扩大出口信用保险覆盖面［EB/OL］. 中华人民共和国中央人民政府，［2019-07-11］. http：//www. gov. cn/zhengce/2019-07/11/content_5408203. htm.

② 海关总署：我国进出口整体通关时间压缩过半［EB/OL］. 新浪财经，［2019 - 01 - 18］. https：//finance. sina. com. cn/roll/2019-01-18/doc-ihrfqziz8784879. shtml.

③ 中华人民共和国 2019 年国民经济和社会发展统计公报［EB/OL］. 国家统计局，［2020-02-28］. http：//www. stats. gov. cn/tjsj/zxfb/202002/t20200228_1728913. html.

七、切实加强知识产权保护，为中国进口发展提供制度保障

过去 20 年，中国的知识产权保护体系经历了较大的变革。加入 WTO 前，中国已修订了专利法；加入 WTO 后，作为 WTO 成员，中国致力于完善知识产权保护法律体系①。近年来，中国深入贯彻落实知识产权战略，出台的系列政策有效提升了知识产权保护水平。《全球竞争力报告》显示，2006 年中国知识产权保护指数仅为 3. 3，全球排名第 74；2018 年中国知识产权保护指数提高到 4. 5，全球排名上升至第 53。为了避免技术外漏和被模仿，发达国家对进口国知识产权保护程度十分重视。中国知识产权保护水平提高，是让国外向中国出口更高技术含量、更高质量产品的“定心丸”。因此，提高知识产权保护水平，将为高技术产品进口提供坚实的制度保障，有利于进一步提升进口产品质量、优化进口产品结构。围绕着加强知识产权保护，中国应建立健全知识产权保护法律制度，切实提高知识产权保护的执法力度，改变有法不依、执法不严的局面；加强中国知识产权保护在国际上的宣传力度，让国外出口企业深入了解中国知识产权保护的新变化，促进国外企业对中国的出口。

八、加快缓解融资难融资贵，为中国进口发展提供金融支持

融资难、融资贵严重制约着小微企业和民营企业的健康发展，中国政府落实了系列政策措施着力缓解融资难融资贵问题，已取得了显著成效。中国人民银行发布的《2018 年中国普惠金融指标分析报告》显示，截至 2018 年年末，普惠口径小微贷款余额 8 万亿元，同比增长 18%，增速比上年年末高 8. 2 个百分点，全年增加 1. 22 万亿元，同比多增 6143 亿元②。推进国内金融改革进程，优化企业外部金融环境，通过提高国家的金融发展水平缓解企业融资约束，特别是民营企业面临的融资约束，将有利于提升民营企业在中国进口贸易发展中的作用、优化进口主体结构。因此，中国应认真总结前期工作经验，着力缓解企业在扩大进口贸易中面临的融资难融资贵问题。具体来看，中国可积极鼓励和引导金融机构加快设立进口企业服务部门等，为不同类型的进口企业提供更好的融资服务；不断扩大金融业开放，丰富市场供给，降低企业融资成本。

---

① Awokuse T O, Yin H. Does Stronger Intellectual Property Rights Protection Induce More Bilateral Trade? Evidence from China's Imports [J]. World Development, 2010, 38 (8): 1094-1104.

② 央行发布 2018 年中国普惠金融报告：普惠口径小微贷款余额同比增 18%至 8 万亿元 [EB/OL]. 和讯网, [2019-10-21]. https: //bank. hexun. com/2019-10-21/198935389. html.

参考文献

[1] 2018年中国进口汽车市场研究报告［R/OL］. 进口汽车专业委员会，［2019-02-01］. http：//www. cada. cn/Data/info_ 87_ 7029. html.

[2] 艾媒新零售产业研究中心 . 2019 全球跨境电商市场与发展趋势研究报告［EB/OL］. 艾媒网，［2019-04-04］. https：//www. iimedia. cn/c400/64031. html.

[3] 陈爱贞，刘志彪 . 进口促进战略有助于中国产业技术进步吗？［J］. 经济学动态，2015（09）：70-80.

[4] 高技术产业（制造业）分类（2017）［EB/OL］. 国家统计局，［2018-01-04］. http：//www. stats. gov. cn/tjsj/tjbz/201812/t20181218_ 1640081. html.

[5] 国六标准下，1.5 L排量成为新一代汽车的黄金排量［EB/OL］. 易车网，［2018-11-19］. http：//news. bitauto. com/hao/wenzhang/1026474.

[6] 国务院再出稳外贸“组合拳”：将继续降低进口关税 扩大出口信用保险覆盖面［EB/OL］. 中华人民共和国中央人民政府，［2019-07-11］. http：//www. gov. cn/zhengce/2019-07/11/content_ 5408203. htm.

[7] 海关总署：我国进出口整体通关时间压缩过半［EB/OL］. 新浪财经，［2019-01-18］. https：//finance. sina. com. cn/roll/2019-01-18/doc-ihrfqziz8784879. shtml.

[8] 海关总署2019年全年进出口情况新闻发布会［EB/OL］. 中华人民共和国海关总署，［2020-01-14］. http：//fangtan. customs. gov. cn/tabid/970/Default. aspx.

[9] 海关总署统计分析司 . 改革开放40年中国对外贸易发展报告［M］. 北京：中国海关出版社，2018.

[10] 黄先海，诸竹君，宋学印 . 中国中间品进口企业“低加成率之谜”［J］. 管理世界，2016（07）：23-35.

[11] 坚定不移对外开放　积极主动扩大进口［EB/OL］. 中国政府网，［2018-05-20］. http：//www. gov. cn/zhengce/2018-05/20/content_ 5292190. htm.

[12] 李翀 . 中国对外货物贸易发展战略的转变——基于动态比较优势和超比较优势的

视角［J］. 学术月刊，2015，47（08）：62-71.
［13］李平，姜丽. 贸易自由化、中间品进口与中国技术创新——1998—2012年省级面板数据的实证研究［J］. 国际贸易问题，2015（07）：3-11，96.
［14］刘诗萌. 跨境电商逆势增长22.3% 年底或将突破9万亿大关［J］. 华夏时报，2018（09）.
［15］隆国强. 着力扩大进口 实现“压顺差”目标［J］. 国际贸易，2007（04）：9-12.
［16］毛其淋. 贸易政策不确定性是否影响了中国企业进口？［J］. 经济研究，2020，55（02）：148-164.
［17］农业部农产品贸易办公室，农业部农业贸易促进中心. 2016中国农产品贸易发展报告［M］. 北京：中国农业出版社，2016.
［18］裴长洪. 进口贸易结构与经济增长：规律与启示［J］. 经济研究，2013（7）.
［19］裴长洪，刘斌. 中国对外贸易的动能转换与国际竞争新优势的形成［J］. 经济研究，2019，54（05）：4-15.
［20］彭波. 新中国70年对外贸易持续发展［N］. 国际商报，2019-09-03（03）.
［21］商务部解读《关于扩大进口促进对外贸易平衡发展的意见》［EB/OL］. 中华人民共和国中央人民政府，［2018-07-11］. http：//www. gov. cn/zhengce/2018-07/11/content_ 5305724. htm.
［22］盛斌，毛其淋. 进口贸易自由化是否影响了中国制造业出口技术复杂度［J］. 世界经济，2017，40（12）：52-75.
［23］施炳展，方杰炜. 知识产权保护如何影响发展中国家进口结构［J］. 世界经济，2020，43（06）：123-145.
［24］宋泓. 中国进口战略的实施与进口管理体制的改革［J］. 国际经济评论，2008（02）：20-23.
［25］王聪，魏浩. 进口产品价格、出口产品价格与中国的进口产品价格波动［J］. 国际贸易问题，2017（07）：38-49.
［26］网经社电子商务研究中心. 2018年度中国进口跨境电商发展报告［EB/OL］. 网经社，［2019-06-25］. http：//www. 100ec. cn/zt/2018jkkjbg/.
［27］魏浩，白明浩，郭也. 融资约束与中国企业的进口行为［J］. 金融研究，2019（02）：98-116.
［28］魏浩，付天. 中国货物进口贸易的消费者福利效应测算研究——基于产品层面大型微观数据的实证分析［J］. 经济学（季刊），2016，15（04）：1683-1714.

[29] 魏浩，耿园，项松林．中国进出口技术结构及其国际比较研究［J］．国际商务（对外经济贸易大学学报），2015（04）：5-16.

[30] 魏浩，耿园．进口商品技术水平与中国工业经济发展方式转变［J］．学术研究，2016（09）：93-103，178.

[31] 魏浩，郭也，李翀．中国进口商品结构及与贸易伙伴的关系研究［J］．经济理论与经济管理，2014（05）：97-112.

[32] 魏浩，郭也，沈融．进口制成品在中国市场上的比较优势及其变迁：2000 年—2011 年［J］．经济经纬，2014，31（05）：43-49.

[33] 魏浩，郭也．中国进口增长的三元边际及其影响因素研究［J］．国际贸易问题，2016（02）：37-49.

[34] 魏浩，郭也，周丽群．中国货物贸易进口的产品结构和比较优势测算［J］．国际贸易，2019（05）：27-37.

[35] 魏浩，李翀，赵春明．中间品进口的来源地结构与中国企业生产率［J］．世界经济，2017（6）．

[36] 魏浩，李晓庆．中国进口贸易的技术结构及其影响因素研究［J］．世界经济，2015，38（08）：56-79.

[37] 魏浩，李晓庆．进口贸易对劳动力市场影响研究进展［J］．经济学动态，2017（04）：133-141.

[38] 魏浩，李晓庆．进口投入品与中国企业的就业变动［J］．统计研究，2018，35（01）：43-52.

[39] 魏浩，李晓庆．知识产权保护与中国企业进口产品质量［J］．世界经济，2019，42（06）：143-168.

[40] 魏浩，连慧君，巫俊．中美贸易摩擦、美国进口冲击与中国企业创新［J］．统计研究，2019，36（08）：46-59.

[41] 魏浩，连慧君．来自美国的进口竞争与中国制造业企业就业［J］．财经研究，2020，46（08）：4-18.

[42] 魏浩，林薛栋．进出口产品质量测度方法的比较与中国事实——基于微观产品和企业数据的实证分析［J］．财经研究，2017，43（05）：89-101.

[43] 魏浩，林薛栋．进口贸易自由化与异质性企业创新——来自中国制造企业的证据［J］．经济经纬，2017，34（06）：44-50.

[44] 魏浩，林薛栋．进口产品质量与中国企业创新［J］．统计研究，2017，34（06）：

16-26.
[45] 魏浩，王超男，李明珝．进口结构与经济增长：来自全球的证据［J］．世界经济与政治论坛，2020（04）：77-103.
[46] 魏浩，王浙鑫，惠巧玲．中国工业部门进出口贸易的就业效应及其差异性研究［J］．国际商务（对外经济贸易大学学报），2013（02）：5-14.
[47] 魏浩，巫俊．中国从“一带一路”沿线国家进口贸易发展的现状与对策［J］．人民论坛·学术前沿，2017（09）：67-73.
[48] 魏浩，巫俊．知识产权保护与中国工业企业进口［J］．经济学动态，2018（03）：80-96.
[49] 魏浩，巫俊．知识产权保护、进口贸易与创新型领军企业创新［J］．金融研究，2018（09）：91-106.
[50] 魏浩，杨穗．对外贸易、进出口商品结构与我国城乡收入差距［J］．经济经纬，2011（05）：56-60.
[51] 魏浩，叶子丹，赵春明．中国进口地区结构及其变化趋势的测算研究［J］．世界经济与政治论坛，2014（9）．
[52] 魏浩，袁然．国际人才流入与中国进口贸易发展［J］．世界经济与政治论坛，2017（01）：112-133.
[53] 魏浩，张二震．对进口在经济发展中作用的重新认识——兼谈调整我国现行外贸政策的思路［J］．北京工商大学学报（社会科学版），2004（02）：58-62，74.
[54] 魏浩，张二震．对我国现行外贸政策的反思与重新定位［J］．国际贸易问题，2004（11）：5-9.
[55] 魏浩，张昊．贸易协定对中国进出口价格波动影响的实证分析［J］．国际贸易问题，2018（08）：1-10.
[56] 魏浩，张瑞，王徽．进口专业化与中国工业行业的经济增长［J］．国际商务（对外经济贸易大学学报），2018（01）：1-11.
[57] 魏浩，赵春明，李晓庆．中国进口商品结构变化的估算：2000—2014 年［J］．世界经济，2016，39（04）：70-94.
[58] 魏浩，赵田园．进口商品价格对国内消费价格的传递效应研究——基于商品分类视角和面板数据的实证分析［J］．国际贸易问题，2019（01）：28-40.
[59] 魏浩．我国未来将成为进口大国［J］．中国国情国力，2005（01）：22-24.
[60] 魏浩．中国进出口地区结构及其对称性问题的实证研究［J］．财贸经济，2007

（05）：11-17，32，128.
[61] 魏浩，陈灵娟．中国进出口商品结构与经济增长关系的实证研究［J］．当代财经，2008（11）：112-117.
[62] 魏浩．中国进口商品的国别结构及相互依赖程度研究［J］．财贸经济，2014（04）：69-81.
[63] 魏浩．中国进口商品技术结构的测算及其国际比较［J］．统计研究，2014，31（12）：54-60.
[64] 魏浩．中国进口贸易发展存在问题与对策探讨［J］．人民论坛，2015（11）：76-78.
[65] 魏浩．进口定价权、进口价格与不同类型商品的进口战略——基于微观产品数据的实证分析［J］．世界经济与政治论坛，2016（01）：80-105.
[66] 魏浩．知识产权保护强度与中国的高新技术产品进口［J］．数量经济技术经济研究，2016，33（12）：23-41.
[67] 魏浩．中国反制美国大豆进口的应对战略与启示［J］．人民论坛·学术前沿，2018（16）：34-39.
[68] 魏浩．积极扩大进口是中国对外开放重大实践突破和理论创新［N］．第一财经日报，2019-03-11（A11）.
[69] 魏浩．借力进博会　把握扩大进口战略机遇［N］．国际商报，2019-09-27（K07）.
[70] 魏浩．中国积极扩大进口　推动全球贸易发展［N］．国际商报，2019-11-05（K09）.
[71] 魏浩．中国对外开放进入新阶段［N］．社会科学报，2019-11-21（002）.
[72] 魏浩．积极扩大进口的战略意义与政策建议［J］．人民论坛，2020（23）：95-97.
[73] 翁润，马野青．中国企业进口频率的影响因素研究［J］．中南财经政法大学学报，2018（05）：132-140.
[74] 翁润，马野青，陈思．通关成本如何影响中国企业进口频率［J］．国际经贸探索，2019，35（01）：21-34.
[75] 习近平．毫不动摇鼓励支持引导非公有制经济发展　支持民营企业发展并走向更加广阔舞台［N］．人民日报，2018-11-02（1）.
[76] 习近平．齐心开创共建“一带一路”美好未来［N］．新华每日电讯，2019-04-26（02）.
[77] 谢建国，周露昭．进口贸易、吸收能力与国际 R&D 技术溢出：中国省区面板数

据的研究［J］. 世界经济，2009，32（09）：68-81.

［78］谢谦．贸易便利化、经贸发展与我国的改革实践［J］. 经济学动态，2018（01）：27-39.

［79］央行发布2018年中国普惠金融报告：普惠口径小微贷款余额同比增18%至8万亿元［EB/OL］. 和讯网，［2019-10-21］. https：//bank. hexun. com/2019-10-21/198935389. html.

［80］余淼杰．扩大进口将增强中国经济的韧性［N］. 社会科学报，2020-04-16（001）.

［81］张杰，郑文平，陈志远．进口与企业生产率——中国的经验证据［J］. 经济学（季刊），2015，14（03）：1029-1052.

［82］中国电子商务研究中心．2016—2017年度中国跨境进口电商发展报告［EB/OL］. 网经社，［2017-08-01］. http：//www. 100ec. cn/zt/16kjbg/.

［83］中国国际电子商务中心研究院．2017年世界电子商务报告［EB/OL］.［2018-04］. http：//img. ec. com. cn/article/201804/1523353479115. pdf.

［84］中国海关总署统计司．中国外贸进出口年度报告2017［M］. 北京：中国海关出版社，2017.

［85］中华人民共和国2019年国民经济和社会发展统计公报［EB/OL］. 国家统计局，［2020-02-28］. http：//www. stats. gov. cn/tjsj/zxfb/202002/t20200228_1728913. html.

［86］钟山部长《人民日报》刊文：开创新时代商务高质量发展新局面［EB/OL］. 中国国际进口博览会，［2019-09-28］. https：//www. ciie. org/zbh/bqgffb/20190928/18573. html.

［87］钟山部长《人民日报》专访：首届进口博览会成果丰硕［EB/OL］. 中国国际贸易促进委员会，［2018-11-21］. http：//www. ccpit. org/Contents/Channel_3521/2018/1121/1090329/content_1090329. htm.

［88］祝树金，奉晓丽．我国进口贸易技术结构的变迁分析与国际比较：1985—2008［J］. 财贸经济，2011（08）：87-93，137.

［89］AWOKUSE T O，YIN H. Does stronger intellectual property rights protection induce more bilateral trade? Evidence from China's imports［J］. World Development，2010，38（8）：1094-1104.

［90］BRANDT L，BIESEBORECK J V，WANG L，et al. WTO Accession and Performance of Chinese Manufacturing Firms [J]. American Economic Review, 2017 (107): 2784-2820.

[91] PayPal Inc.. PayPal Cross-Border Consumer Research 2018 [R/OL], [2018]. https: //www. paypalobjects. com/digitalassets/c/website/marketing/global/shared/global/media-resources/documents/PayPal_ Insights_ 2018_ Global_ Report. pdf.

[92] United Nations Conference on Trade and Development. Information Economy Report 2017 - Digitalization, Trade and Development [R/OL], [2017-10-03]. https: //unctad. org/en/PublicationsLibrary/ier2017_ en. pdf.

附录1 中国进口基本情况

附表1-1 1990—2018年中国货物贸易与服务贸易进口比重变迁

（%）

年份	货物进口	服务进口	年份	货物进口	服务进口
1990	92.86	7.14	2005	88.79	11.21
1991	94.24	5.76	2006	88.75	11.25
1992	89.75	10.25	2007	88.09	11.91
1993	89.96	10.04	2008	87.76	12.24
1994	87.98	12.02	2009	86.42	13.58
1995	84.3	15.7	2010	87.89	12.11
1996	86.11	13.89	2011	87.6	12.4
1997	83.71	16.29	2012	86.64	13.36
1998	84.06	15.94	2013	85.55	14.45
1999	84.24	15.76	2014	81.97	18.03
2000	86.21	13.79	2015	79.5	20.5
2001	86.2	13.8	2016	77.95	22.05
2002	86.49	13.51	2017	79.78	20.22
2003	88.26	11.74	2018	80.27	19.73
2004	88.6	11.4			

附表1-2 1950—2018年中国货物进口总额的基本情况

单位：亿美元

年份	进口总额	年份	进口总额
1950	5.83	1971	22.05
1951	11.98	1972	28.58
1952	11.18	1973	51.57
1953	13.46	1974	76.19

续表

年份	进口总额	年份	进口总额
1954	12. 87	1975	74. 87
1955	17. 33	1976	65. 78
1956	15. 63	1977	72. 14
1957	15. 06	1978	108. 93
1958	18. 9	1979	156. 75
1959	21. 2	1980	200. 2
1960	19. 53	1981	220. 15
1961	14. 45	1982	192. 85
1962	11. 73	1983	213. 9
1963	12. 66	1984	274. 1
1964	15. 47	1985	422. 52
1965	20. 17	1986	429. 04
1966	22. 48	1987	432. 16
1967	20. 2	1988	552. 68
1968	19. 45	1989	591. 4
1969	18. 25	1990	533. 45
1970	23. 26	1991	637. 91
1992	805. 85	2006	7914. 61
1993	1039. 59	2007	9561. 15
1994	1156. 15	2008	11325. 62
1995	1320. 84	2009	10059. 23
1996	1388. 33	2010	13962. 47
1997	1423. 7	2011	17434. 84
1998	1402. 37	2012	18184. 05
1999	1656. 99	2013	19499. 89
2000	2250. 94	2014	19592. 35
2001	2435. 53	2015	16795. 64
2002	2951. 7	2016	15879. 3
2003	4127. 6	2017	18437. 9
2004	5612. 29	2018	21357. 34
2005	6599. 53		

数据来源：中国海关总署统计司．中国外贸进出口年度报告 2017［M］．北京：中国海关出版社，2017.

附表 1-3　1981—2018 年中国不同贸易方式进口的占比

（%）

年份	一般贸易	加工贸易	其他贸易方式
1981	92.53	6.83	0.64
1982	97.90	1.43	0.72
1983	87.74	10.62	1.64
1984	87.01	11.48	1.51
1985	88.22	10.12	1.67
1986	82.07	15.62	2.31
1987	66.59	23.58	9.83
1988	63.69	27.33	8.98
1989	60.22	29.02	10.76
1990	49.11	35.16	15.73
1991	46.31	39.24	14.45
1992	41.72	39.14	19.15
1993	36.60	34.98	28.41
1994	30.72	41.15	28.13
1995	32.84	44.19	22.97
1996	28.35	44.85	26.80
1997	27.41	49.31	23.27
1998	31.11	48.90	19.99
1999	40.46	44.41	15.13
2000	44.46	41.12	14.42
2001	46.58	38.58	14.84
2002	43.74	41.40	14.86
2003	45.47	39.47	15.07
2004	44.21	39.50	16.29
2005	42.37	41.51	16.11
2006	42.10	40.62	17.28
2007	44.84	38.54	16.62
2008	50.51	33.41	16.08
2009	53.13	32.04	14.83
2010	55.00	29.90	15.10

续表

年份	一般贸易	加工贸易	其他贸易方式
2011	57.78	26.95	15.27
2012	56.19	26.46	17.35
2013	56.91	25.49	17.60
2014	56.63	26.76	16.61
2015	54.97	26.61	18.42
2016	53.53	23.62	17.37
2017	58.67	23.50	17.83
2018	59.53	22.02	18.46

数据来源：1981—2016 年数据来源于《中国外贸进出口年度报告 2017》，2017—2018 年数据来源于中国商务部。

附表 1-4　1990—2018 年中国不同类别产品进口比重变迁

（%）

年份	初级产品	工业制品	机电产品	高新技术产品
1990	18.47	81.52	—	—
1991	16.98	83.02	—	—
1992	16.45	83.55	—	—
1993	13.67	86.33	—	—
1994	14.26	85.74	—	—
1995	18.49	81.52	—	—
1996	18.33	81.68	—	—
1997	20.10	79.90	—	—
1998	16.36	83.63	—	—
1999	16.20	83.80	—	—
2000	20.76	79.24	—	—
2001	18.78	81.22	—	—
2002	16.69	83.31	52.72	28.05
2003	17.63	82.37	54.51	28.90
2004	20.89	79.11	53.79	28.76
2005	22.38	77.62	53.09	—
2006	23.64	76.36	54.04	31.25
2007	25.42	74.56	52.19	30.02

续表

年份	初级产品	工业制品	机电产品	高新技术产品
2008	32. 00	68. 00	47. 56	30. 19
2009	28. 81	71. 19	48. 85	30. 80
2010	31. 07	68. 93	47. 29	29. 56
2011	34. 66	65. 34	43. 21	26. 56
2012	34. 92	65. 08	43. 03	27. 87
2013	33. 75	66. 25	43. 08	28. 63
2014	33. 02	66. 98	43. 63	28. 15
2015	28. 11	71. 89	48. 03	32. 66
2016	27. 78	72. 22	48. 57	32. 98
2017	31. 44	68. 56	46. 38	31. 70
2018	32. 86	67. 14	45. 22	31. 45

数据来源：《中国统计年鉴》。

附表 1-5 1981—2018 年中国不同所有制企业进口的基本情况

（%）

年份	国有企业	外商投资企业	其他企业
1981	99. 19	0. 46	0. 35
1982	97. 92	1. 43	0. 65
1983	97. 12	1. 82	1. 06
1984	95. 67	3. 28	1. 04
1985	94. 52	4. 89	0. 60
1986	93. 84	5. 64	0. 52
1987	90. 49	7. 94	1. 57
1988	87. 84	10. 64	1. 52
1989	83. 76	15. 22	1. 02
1990	75. 85	23. 06	1. 09
1991	72. 44	26. 51	1. 05
1992	65. 28	29. 89	4. 83
1993	57. 44	37. 17	5. 40
1994	52. 15	43. 34	4. 51
1995	49. 51	47. 66	2. 84

续表

年份	国有企业	外商投资企业	其他企业
1996	42.62	54.45	2.93
1997	42.83	54.60	2.58
1998	42.73	54.73	2.53
1999	44.77	51.82	3.41
2000	43.94	52.04	4.01
2001	42.51	51.66	5.84
2002	38.78	54.29	6.93
2003	34.51	56.16	9.32
2004	31.43	57.77	10.80
2005	29.87	58.69	11.43
2006	28.46	59.70	11.85
2007	28.27	58.59	13.14
2008	31.24	54.69	14.07
2009	28.69	54.22	17.10
2010	27.76	52.86	19.39
2011	28.30	49.60	22.10
2012	27.24	47.91	24.84
2013	25.59	44.86	29.55
2014	25.06	46.41	28.52
2015	24.28	49.41	26.32
2016	21.48	45.87	27.16
2017	23.76	46.78	29.46
2018	25.65	43.72	30.63

数据来源：1981—2016 年数据来源于《中国外贸进出口年度报告 2017》，2017 年和 2018 年数据来源于中国商务部。

附表 1-6　1979—2018 年中国从发展中国家和发达国家进口情况

年份	从发达国家进口额/亿美元	从发展中国家进口额/亿美元	从发达国家进口占比/%	从发展中国家进口占比/%
1979	125.75	31.00	80.22	19.78
1980	155.28	44.92	77.56	22.44
1981	169.07	51.03	76.81	23.19

续表

年份	从发达国家进口额/亿美元	从发展中国家进口额/亿美元	从发达国家进口占比/%	从发展中国家进口占比/%
1982	140.36	52.54	72.76	27.24
1983	153.49	60.41	71.76	28.24
1984	200.89	73.21	73.29	26.71
1985	378.22	44.28	89.52	10.48
1986	304.52	124.48	70.98	29.02
1987	278.83	153.27	64.53	35.47
1988	322.26	230.44	58.31	41.69
1989	333.85	257.55	56.45	43.55
1990	275.03	258.47	51.55	48.45
1991	319.58	318.32	50.10	49.90
1992	381.95	423.95	47.39	52.61
1993	558.00	481.60	53.67	46.33
1994	647.06	509.04	55.97	44.03
1995	736.51	584.29	55.76	44.24
1996	731.64	656.66	52.70	47.30
1997	715.51	708.19	50.26	49.74
1998	723.84	678.56	51.61	48.39
1999	870.58	786.42	52.54	47.46
2000	1067.93	1183.07	47.44	52.56
2001	1175.77	1260.37	48.26	51.74
2002	1337.27	1614.76	45.30	54.70
2003	1866.15	2262.21	45.20	54.80
2004	2349.43	3264.80	41.85	58.15
2005	2531.88	4069.31	38.35	61.65
2006	2994.11	4920.50	37.83	62.17
2007	3601.89	5957.61	37.68	62.32
2008	4264.22	7061.45	37.65	62.35
2009	4001.55	6057.68	39.78	60.22
2010	5471.03	8477.26	39.22	60.78
2011	6729.18	10705.41	38.60	61.40

续表

年份	从发达国家进口额/亿美元	从发展中国家进口额/亿美元	从发达国家进口占比/%	从发展中国家进口占比/%
2012	6624.23	11554.03	36.44	63.56
2013	7267.56	12232.33	37.27	62.73
2014	7437.71	12154.64	37.96	62.04
2015	6523.81	10271.83	38.84	61.16
2016	6272.40	9601.79	39.51	60.49
2017	7256.65	14099.72	33.98	66.02
2018	7263.22	11174.71	39.39	60.61

数据来源：1979—2016 年数据主要来源于《中国外贸进出口年度报告 2017》，但由于 1979—2016 年少数国家进口数据缺失，根据历年《中国统计年鉴》进行补充。此外，2017 年数据均来源于《中国统计年鉴》，2018 年数据来源于中国海关。

附表 1-7　1995—2018 年中国从“一带一路”沿线国家进口情况

年份	进口额/亿美元	进口比重/%	年份	进口额/亿美元	进口比重/%
1995	332.74	25.19	2007	3071.07	32.12
1996	386.63	27.85	2008	3844.23	33.94
1997	428.08	30.07	2009	3407.3	33.87
1998	387.12	27.6	2010	4836.77	34.64
1999	436.02	26.31	2011	6258.94	35.9
2000	679.17	30.17	2012	6419.6	35.3
2001	696.47	28.6	2013	6779.74	34.77
2002	856.95	29.03	2014	6860.28	35.02
2003	1268.78	30.74	2015	5653.5	33.66
2004	1739.39	30.99	2016	5452.85	34.34
2005	2166.91	32.83	2017	7002.59	37.98
2006	2658.09	33.58	2018	8618.67	40.36

附录 2　2017 年中国进口排行榜

目前，已有关于出口的排行榜比较多，关于进口的排行榜比较缺乏，为了更好地服务“主动扩大进口”，让各级政府、各类行业、各个企业了解中国进口的基本情况，我们对省（区、市）、地级市、行业、企业等层面的数据进行了全面收集、仔细核对和科学测算，基于 2017 年进口规模，形成了 2017 年中国进口排行榜。2017 年中国进口排行榜从省级层面、城市层面、行业层面、企业层面等对中国进口情况进行了全方位、多层次的刻画和评价，涵盖了中国 31 个省（区、市）、293 个地级市、229 个进口来源地、97 个行业的基本情况，充分展现了新时代背景下中国国内进口地区结构、进口来源地结构、进口行业结构的新格局。

一、2017 年中国省份进口排行榜

广东省是 2017 年我国进口规模排名第一的省份。2017 年，我国进口规模最大的省份是广东省，进口规模是 3838 亿美元，占全国进口总额的 20.82%。2017 年，前五大进口省份依次为广东、上海、北京、江苏和山东，这 5 个省（市）的进口占全国进口总额的 69.28%。

附表 2-1　2017 年中国省份进口排行榜

排序	省份	得分	占全国总进口的比重/%
1	广东	100	20.82
2	上海	74	15.32
3	北京	69	14.41
4	江苏	59	12.35
5	山东	31	6.38
6	浙江	24	4.94
7	天津	18	3.76
8	福建	17	3.59

续表

排序	省份	得分	占全国总进口的比重/%
9	辽宁	14	2.97
10	四川	7.97	1.66
11	河南	7.93	1.65
12	广西	7.73	1.61
13	重庆	6.24	1.3
14	安徽	6.10	1.27
15	河北	4.80	1
16	湖北	4.13	0.86
17	陕西	4.08	0.85
18	吉林	3.70	0.77
19	黑龙江	3.55	0.74
20	湖南	3.36	0.7
21	云南	3.12	0.65
22	江西	3.07	0.64
23	内蒙古	2.35	0.49
24	山西	1.83	0.38
25	海南	1.59	0.33
26	甘肃	0.86	0.18
27	新疆	0.77	0.16
28	贵州	0.62	0.13
29	宁夏	0.38	0.08
30	西藏	0.10	0.02
31	青海	0.05	0.01

数据来源：2018 年《中国统计年鉴》。

二、2017 年中国城市进口排行榜

2017 年，我国进口规模最大的城市是深圳市，进口规模是 1698 亿美元，占全国进口总额的 9.20%。2017 年，前五大进口城市依次为深圳市、苏州市、东莞市、广州市和宁波市，这 5 个城市的进口占全国进口总额的 25.43%。

附表 2-2　2017 年中国城市进口排行榜

排序	城市	得分	占全国总进口的比重/%
1	深圳市	100	9.2
2	苏州市	76	6.99
3	东莞市	44	4.05
4	广州市	34	3.09
5	宁波市	23	2.1
6	厦门市	22	2.05
7	大连市	21	1.94
8	无锡市	19	1.72
9	青岛市	17	1.54
10	成都市	16	1.5
11	南京市	16	1.45
12	郑州市	15	1.35
13	杭州市	14	1.31
14	烟台市	12	1.08
15	佛山市	10	0.96
16	惠州市	10	0.95
17	珠海市	9.67	0.89
18	东营市	8.91	0.82
19	西安市	8.70	0.8
20	福州市	7.83	0.72
21	长春市	7.17	0.66
22	武汉市	6.74	0.62
23	合肥市	6.09	0.56
24	嘉兴市	6.09	0.56
25	南通市	5.87	0.54
26	防城港市	5.76	0.53
27	常州市	4.90	0.451
28	日照市	4.87	0.448
29	威海市	4.82	0.443
30	沈阳市	4.79	0.441
31	中山市	4.59	0.422

续表

排序	城市	得分	占全国总进口的比重/%
32	泉州市	4.54	0.418
33	潍坊市	4.49	0.413
34	大庆市	4.22	0.388
35	崇左市	3.89	0.358
36	滨州市	3.52	0.324
37	舟山市	3.48	0.32
38	长沙市	3.05	0.281
39	铜陵市	3.01	0.277
40	太原市	2.99	0.275
41	石家庄市	2.89	0.266
42	南宁市	2.88	0.265
43	昆明市	2.86	0.263
44	淄博市	2.86	0.263
45	泰州市	2.78	0.256
46	江门市	2.70	0.248
47	唐山市	2.63	0.242
48	连云港市	2.53	0.233
49	济南市	2.24	0.206
50	菏泽市	2.16	0.199

三、2017 年中国城市国有企业进口排行榜

2017 年，我国国有企业进口规模最大的城市是厦门市，进口规模是 146 亿美元，占全国国有企业进口总额的 3.34%。2017 年，国有企业进口前五大城市依次为厦门市、大连市、南京市、广州市和深圳市，这 5 个城市的国有企业进口占全国国有企业进口总额的 12.27%。

附表 2-3　2017 年中国城市国有企业进口排行榜

排序	城市	得分	占全国国有企业总进口的比重/%
1	厦门市	100	3.34
2	大连市	75	2.49

续表

排序	城市	得分	占全国国有企业总进口的比重/%
3	南京市	69	2. 31
4	广州市	69	2. 3
5	深圳市	55	1. 83
6	青岛市	46	1. 55
7	杭州市	45	1. 5
8	大庆市	44	1. 48
9	合肥市	36	1. 19
10	宁波市	32	1. 08
11	武汉市	32	1. 07
12	珠海市	29	0. 955
13	昆明市	28	0. 948
14	福州市	26	0. 862
15	石家庄市	24	0. 814
16	成都市	24	0. 802
17	长春市	22	0. 749
18	菏泽市	22	0. 734
19	防城港市	19	0. 634
20	铜陵市	19	0. 62
21	鞍山市	14	0. 461
22	南通市	13	0. 435
23	济南市	12	0. 4
24	舟山市	12	0. 387
25	西安市	12	0. 386
26	柳州市	11	0. 366
27	苏州市	11	0. 358
28	钦州市	9. 88	0. 33
29	南宁市	9. 70	0. 324
30	金昌市	8. 74	0. 292
31	太原市	8. 47	0. 283
32	哈尔滨市	8. 41	0. 281
33	焦作市	8. 20	0. 274

续表

排序	城市	得分	占全国国有企业总进口的比重/%
34	营口市	7.93	0.265
35	本溪市	7.69	0.257
36	湛江市	6.92	0.231
37	乌鲁木齐市	6.89	0.23
38	韶关市	6.74	0.225
39	锦州市	6.62	0.221
40	湘潭市	6.14	0.205
41	莆田市	6.02	0.201
42	滨州市	6.02	0.201
43	三门峡市	5.81	0.194
44	东莞市	5.69	0.19
45	连云港市	5.42	0.181
46	惠州市	5.21	0.174
47	白银市	5.09	0.17
48	运城市	4.91	0.164
49	威海市	4.73	0.158
50	唐山市	4.64	0.155

四、2017 年中国城市民营企业进口排行榜

2017 年，我国民营企业进口规模最大的城市是深圳市，进口规模是 913 亿美元，占全国民营企业进口总额的 17.23%。2017 年，民营企业进口前五大城市依次为深圳市、东莞市、苏州市、宁波市和广州市，这 5 个城市的民营企业进口占全国民营企业进口总额的 35.98%。

附表 2-4　2017 年中国城市民营企业进口排行榜

排序	城市	得分	占全国民营企业总进口的比重/%
1	深圳市	100	17.23
2	东莞市	45	7.82
3	苏州市	24	4.18
4	宁波市	22	3.81

续表

排序	城市	得分	占全国民营企业总进口的比重/%
5	广州市	17	2.94
6	青岛市	15	2.55
7	东营市	14	2.38
8	杭州市	12	2.02
9	大连市	9.87	1.7
10	佛山市	9.69	1.67
11	厦门市	9.46	1.63
12	烟台市	7.89	1.36
13	无锡市	7.78	1.34
14	潍坊市	7.02	1.21
15	福州市	6.33	1.09
16	日照市	6.09	1.05
17	威海市	5.40	0.93
18	嘉兴市	5.39	0.928
19	淄博市	4.68	0.807
20	滨州市	4.61	0.794
21	武汉市	4.29	0.739
22	郑州市	4.06	0.7
23	珠海市	3.87	0.666
24	牡丹江市	3.53	0.608
25	南通市	3.38	0.582
26	常州市	3.36	0.579
27	成都市	3.30	0.569
28	合肥市	3.08	0.531
29	南京市	3.03	0.522
30	唐山市	3.01	0.519
31	聊城市	2.99	0.515
32	舟山市	2.76	0.475
33	巴彦淖尔市	2.59	0.447
34	台州市	2.53	0.436
35	呼伦贝尔市	2.44	0.42

续表

排序	城市	得分	占全国民营企业总进口的比重/%
36	临沂市	2.41	0.416
37	南昌市	2.35	0.405
38	廊坊市	2.33	0.401
39	泉州市	2.29	0.395
40	连云港市	2.16	0.373
41	长沙市	1.92	0.33
42	温州市	1.90	0.327
43	西安市	1.87	0.323
44	郴州市	1.66	0.286
45	济宁市	1.59	0.274
46	龙岩市	1.56	0.269
47	衡阳市	1.56	0.268
48	泰州市	1.56	0.268
49	江门市	1.50	0.259
50	崇左市	1.50	0.259

五、2017 年中国城市外资企业进口排行榜

2017 年，我国外资企业进口规模最大的城市是苏州市，进口规模是 1052 亿美元，占全国外资企业进口总额的 12.21%。2017 年，外资企业进口前五大城市依次为苏州市、深圳市、东莞市、广州市和无锡市，这 5 个城市的外资企业进口占全国外资企业进口总额的 30.46%。

附表 2-5　2017 年中国城市外资企业进口排行榜

排序	城市	得分	占全国外资企业总进口的比重/%
1	苏州市	100	12.21
2	深圳市	67	8.17
3	东莞市	31	3.76
4	广州市	29	3.51
5	无锡市	23	2.81
6	成都市	20	2.45

续表

排序	城市	得分	占全国外资企业总进口的比重/%
7	郑州市	20	2.43
8	大连市	15	1.84
9	惠州市	15	1.78
10	厦门市	14	1.69
11	南京市	13	1.6
12	宁波市	13	1.59
13	烟台市	12	1.41
14	西安市	11	1.32
15	佛山市	8.27	1.01
16	珠海市	8.27	1.01
17	长春市	8.06	0.984
18	青岛市	7.62	0.93
19	沈阳市	6.46	0.789
20	杭州市	6.41	0.783
21	中山市	5.97	0.729
22	泉州市	5.27	0.643
23	常州市	4.83	0.59
24	嘉兴市	4.73	0.577
25	南通市	4.64	0.567
26	福州市	3.51	0.428
27	太原市	3.46	0.422
28	泰州市	3.14	0.384
29	鹰潭市	3.10	0.379
30	防城港市	3.10	0.379
31	江门市	2.97	0.363
32	长沙市	2.84	0.347
33	武汉市	2.74	0.335
34	南宁市	2.43	0.297
35	威海市	2.43	0.297
36	日照市	2.24	0.273
37	合肥市	2.19	0.268

续表

排序	城市	得分	占全国外资企业总进口的比重/%
38	东营市	2.18	0.266
39	铜陵市	2.15	0.263
40	镇江市	2.15	0.262
41	儋州市	2.03	0.248
42	扬州市	1.85	0.226
43	舟山市	1.61	0.196
44	黄石市	1.56	0.19
45	芜湖市	1.54	0.188
46	连云港市	1.45	0.177
47	汕尾市	1.41	0.172
48	盐城市	1.32	0.161
49	海口市	1.29	0.157
50	南昌市	1.20	0.147

六、2017 年中国城市从美国进口排行榜

2017 年，我国从美国进口规模最大的城市是成都市，进口规模是 78 亿美元，占全国从美国进口总额的 5.05%。2017 年，从美国进口前五大城市依次为成都市、苏州市、广州市、深圳市和厦门市，这 5 个城市从美国进口占全国从美国进口总额的 20.88%。

附表 2-6　2017 年中国城市从美国进口排行榜

排序	城市	得分	占全国从美国进口的比重/%
1	成都市	100	5.05
2	苏州市	98	4.93
3	广州市	78	3.94
4	深圳市	74	3.74
5	厦门市	64	3.22
6	宁波市	41	2.08
7	大连市	37	1.86
8	东莞市	34	1.72
9	青岛市	31	1.59

续表

排序	城市	得分	占全国从美国进口的比重/%
10	无锡市	23	1.17
11	南京市	23	1.16
12	杭州市	22	1.12
13	海口市	20	1.02
14	珠海市	18	0.9
15	福州市	15.84	0.8
16	南通市	15.45	0.78
17	烟台市	15.25	0.77
18	廊坊市	13.27	0.67
19	滨州市	13.07	0.66
20	西安市	13.07	0.66
21	佛山市	12.28	0.62
22	合肥市	11.68	0.59
23	武汉市	11.29	0.57
24	惠州市	10.69	0.54
25	防城港市	10.10	0.51
26	嘉兴市	8.91	0.45
27	郑州市	8.32	0.42
28	长沙市	7.92	0.4
29	泰州市	7.72	0.39
30	泉州市	7.33	0.37
31	芜湖市	7.07	0.357
32	常州市	7.07	0.357
33	舟山市	6.93	0.35
34	哈尔滨市	6.69	0.338
35	淄博市	6.63	0.335
36	潍坊市	6.16	0.311
37	沈阳市	5.76	0.291
38	东营市	5.45	0.275
39	镇江市	5.11	0.258
40	日照市	5.09	0.257

续表

排序	城市	得分	占全国从美国进口的比重/%
41	钦州市	4.73	0.239
42	徐州市	4.34	0.219
43	济南市	4.28	0.216
44	中山市	4.10	0.207
45	湖州市	4.04	0.204
46	秦皇岛市	3.90	0.197
47	江门市	3.88	0.196
48	台州市	3.84	0.194
49	连云港市	3.78	0.191
50	肇庆市	3.74	0.189

七、2017 年中国进口来源地排行榜

2017 年，我国第一大进口来源地是韩国，中国从韩国的进口额达 1775 亿美元，占我国总进口的 10.38%。2017 年，我国前五大进口来源地分别为韩国、日本、中国台湾、美国和德国，这五大进口来源地合计进口占中国进口总额的 43.82%。

附表 2-7　2017 年中国进口来源地排行榜

排序	进口来源地	得分	占全国总进口的比重/%
1	韩国	100	10.38
2	日本	93	9.69
3	中国台湾	88	9.09
4	美国	87	9.01
5	德国	54	5.65
6	澳大利亚	54	5.56
7	巴西	33	3.45
8	马来西亚	31	3.18
9	越南	28	2.93
10	泰国	23	2.43
11	俄罗斯	23	2.42
12	新加坡	19	2

续表

排序	进口来源地	得分	占全国总进口的比重/%
13	瑞士	18	1.92
14	沙特阿拉伯	18	1.86
15	印度尼西亚	16	1.67
16	法国	15	1.56
17	南非	14	1.43
18	英国	13	1.3
19	智利	12	1.24
20	安哥拉	12	1.21
21	意大利	12	1.2
22	加拿大	12	1.2
23	菲律宾	11	1.12
24	伊朗	11	1.09
25	印度	9.22	0.957
26	伊拉克	7.79	0.809
27	阿曼	7.56	0.785
28	秘鲁	7.53	0.782
29	阿联酋	6.95	0.721
30	墨西哥	6.65	0.69
31	荷兰	6.35	0.659
32	新西兰	5.29	0.549
33	科威特	5.03	0.522
34	爱尔兰	4.59	0.476
35	西班牙	4.51	0.468
36	瑞典	4.43	0.46
37	比利时	4.25	0.441
38	中国香港	4.12	0.428
39	委内瑞拉	4.08	0.423
40	土库曼斯坦	3.71	0.385
41	卡塔尔	3.59	0.373
42	哈萨克斯坦	3.59	0.373
43	奥地利	3.29	0.342

续表

排序	进口来源地	得分	占全国总进口的比重/%
44	蒙古	2.91	0.302
45	阿根廷	2.67	0.277
46	缅甸	2.55	0.265
47	芬兰	2.40	0.249
48	丹麦	2.37	0.246
49	以色列	2.37	0.246
50	匈牙利	2.29	0.238
51	刚果（布）	2.23	0.231
52	哥伦比亚	2.19	0.227
53	土耳其	2.13	0.221
54	捷克	2.07	0.215
55	波兰	1.89	0.196
56	刚果（金）	1.85	0.192
57	挪威	1.76	0.183
58	赞比亚	1.75	0.182
59	乌拉圭	1.49	0.155
60	斯洛伐克	1.45	0.151

数据来源：UN Comtrade。

八、2017 年中国行业进口排行榜

2017 年，进口规模最大的行业是电机、电气设备及其零件；录音机及放声机、电视图像、声音的录制和重放设备及其零件、附件，进口额达 4580 亿美元，该行业进口占全国总进口的份额达 24.81%。

2017 年，我国前五大进口行业依次为：①电机、电气设备及其零件；录音机及放声机、电视图像、声音的录制和重放设备及其零件、附件；②矿物燃料、矿物油及其蒸馏产品；沥青物质；矿物蜡；③核反应堆、锅炉、机器、机械器具及零件；④矿砂、矿渣及矿灰；⑤光学、照相、电影、计量、检验、医疗或外科用仪器及设备、精密仪器及设备；上述物品的零件、附件。这五大进口行业合计进口额占全国总进口额的 59.71%。

附表2-8　2017年中国行业进口排行榜

排序	HS二位码行业	得分	占全国总进口的比重/%
1	电机、电气设备及其零件；录音机及放声机、电视图像、声音的录制和重放设备及其零件、附件	100	24.81
2	矿物燃料、矿物油及其蒸馏产品；沥青物质；矿物蜡	55	13.55
3	核反应堆、锅炉、机器、机械器具及零件	37	9.19
4	矿砂、矿渣及矿灰	28	6.87
5	光学、照相、电影、计量、检验、医疗或外科用仪器及设备、精密仪器及设备；上述物品的零件、附件	21	5.29
6	车辆及其零件、附件，但铁道及电车道车辆除外	17	4.3
7	塑料及其制品	15	3.74
8	天然或养殖珍珠、宝石或半宝石、贵金属、包贵金属及其制品；仿首饰；硬币	14	3.55
9	有机化学品	12	3.03
10	含油子仁及果实；杂项子仁及果仁；工业用或药用植物；稻草、秸秆及饲料	9.75	2.42
11	铜及其制品	9.03	2.24
12	航空器、航天器及其零件	5.56	1.38
13	药品	5.56	1.38
14	木及木制品；木炭	5.12	1.27
15	钢铁	4.72	1.17
16	木浆及其他纤维状纤维素浆；回收（废碎）纸及纸板	4.64	1.15
17	橡胶及其制品	4.11	1.02
18	杂项化学产品	3.48	0.864
19	特殊交易品及未分类商品	3.20	0.795
20	无机化学品；贵金属、稀土金属、放射性元素及其同位素的有机及无机化合物	2.28	0.565
21	钢铁制品	2.19	0.543
22	肉及食用杂碎	2.08	0.515
23	棉花	1.89	0.468
24	动、植物油、脂及其分解产品；精制的食用油脂；动、植物蜡	1.81	0.449
25	鱼、甲壳动物、软体动物及其他水生无脊椎动物	1.77	0.44
26	精油及香膏；芳香料制品及化妆盥洗品	1.67	0.415

续表

排序	HS 二位码行业	得分	占全国总进口的比重/%
27	玻璃及其制品	1.58	0.391
28	铝及其制品	1.45	0.359
29	谷物	1.40	0.348
30	食用水果及坚果；甜瓜或柑橘属水果的果皮	1.40	0.347
31	盐；硫黄；泥土及石料；石膏料、石灰及水泥	1.39	0.345
32	谷物、粮食粉、淀粉或乳的制品；糕饼点心	1.24	0.307
33	生皮（毛皮除外）及皮革	1.24	0.307
34	饮料、酒及醋	1.15	0.286
35	乳品；蛋品；天然蜂蜜；其他食用动物产品	1.11	0.275
36	纸及纸板；纸浆、纸或纸板制品	1.09	0.27
37	鞣料浸膏及染料浸膏；鞣酸及其衍生物；染料、颜料及其他着色料；油漆及清漆；油灰及其他类似胶粘剂；墨水、油墨	1.02	0.252
38	镍及其制品	1.01	0.251
39	肥皂、有机表面活性剂、洗涤剂、润滑剂、人造蜡、调制蜡、光洁剂、蜡烛及类似品、塑型用膏、“牙科用蜡”及牙科用熟石膏制剂	0.975	0.242
40	非针织或非钩编的服装及衣着附件	0.846	0.21
41	家具；寝具、褥垫、弹簧床垫、软坐垫及类似的填充制品；未列名灯具及照明装置；发光标志、发光铭牌及类似品；活动房屋	0.806	0.2
42	鞋靴、护腿和类似品及其零件	0.798	0.198
43	贱金属工具、器具、利口器、餐匙、餐叉及其零件	0.794	0.197
44	羊毛、动物细毛或粗毛；马毛纱线及其机织物	0.794	0.197
45	食品工业的残渣及废料；配制的动物饲料	0.746	0.185
46	蛋白类物质；改性淀粉；胶；酶	0.734	0.182
47	钟表及其零件	0.726	0.18
48	其他贱金属、金属陶瓷及其制品	0.677	0.168
49	化学纤维长丝；化学纤维纺织材料制扁条及类似品	0.657	0.163
50	针织或钩编的服装及衣着附件	0.613	0.152
51	杂项制品	0.576	0.143
52	皮革制品；鞍具及挽具；旅行用品、手提包及类似容器；动物肠线（蚕胶丝除外）制品	0.576	0.143
53	锌及其制品	0.540	0.134

续表

排序	HS 二位码行业	得分	占全国总进口的比重/%
54	杂项食品	0. 520	0. 129
55	化学纤维短纤	0. 520	0. 129
56	照相及电影用品	0. 520	0. 129
57	肥料	0. 508	0. 126
58	玩具、游戏品、运动用品及其零件、附件	0. 459	0. 114
59	食用蔬菜、根及块茎	0. 439	0. 109
60	贱金属杂项制品	0. 395	0. 098
61	浸渍、涂布、包覆或层压的纺织物；工业用纺织制品	0. 391	0. 097
62	烟草及烟草代用品的制品	0. 387	0. 096
63	船舶及浮动结构体	0. 387	0. 096
64	书籍、报纸、印刷图画及其他印刷品；手稿、打字稿及设计图纸	0. 375	0. 093
65	针织物及钩编织物	0. 371	0. 092
66	石料、石膏、水泥、石棉、云母及类似材料的制品	0. 363	0. 09
67	糖及糖食	0. 310	0. 077
68	絮胎、毡呢及无纺织物；特种纱线；线、绳、索、缆及其制品	0. 282	0. 07
69	毛皮、人造毛皮及其制品	0. 270	0. 067
70	蔬菜、水果、坚果或植物其他部分的制品	0. 238	0. 059
71	陶瓷产品	0. 222	0. 055
72	制粉工业产品；麦芽；淀粉；菊粉；面筋	0. 214	0. 053
73	其他植物纺织纤维；纸纱线及其机织物	0. 177	0. 044
74	铁道及电车道机车、车辆及其零件；铁道及电车轨道固定装置及其零件、附件；各种机械（包括电动机械）交通信号设备	0. 165	0. 041
75	可可及可可制品	0. 145	0. 036
76	其他动物产品	0. 133	0. 033
77	特种机织物；簇绒织物；花边；装饰毯；装饰带；刺绣品	0. 113	0. 028
78	其他纺织制成品；成套物品；旧衣着及旧纺织品；碎织物	0. 109	0. 027
79	咖啡、茶、马黛茶及调味香料	0. 105	0. 026
80	乐器及其零件、附件	0. 089	0. 022
81	活动物	0. 081	0. 02
82	活树及其他活植物；鳞茎、根及类似品；插花及装饰用簇叶	0. 060	0. 015

续表

排序	HS 二位码行业	得分	占全国总进口的比重/%
83	铅及其制品	0. 056	0. 014
84	虫胶；树胶、树脂及其他植物液、汁	0. 056	0. 014
85	肉、鱼、甲壳动物、软体动物及其他水生无脊椎动物的制品	0. 052	0. 013
86	已加工羽毛、羽绒及其制品；人造花；人发制品	0. 048	0. 012
87	锡及其制品	0. 044	0. 011
88	编结用植物材料；其他植物产品	0. 040	0. 01
89	炸药；烟火制品；火柴；引火合金；易燃材料制品	0. 036	0. 0089
90	地毯及纺织材料的其他铺地制品	0. 029	0. 0072
91	帽类及其零件	0. 017	0. 0043
92	艺术品、收藏品及古物	0. 017	0. 0041
93	蚕丝	0. 011	0. 0027
94	软木及软木制品	0. 010	0. 0026
95	稻草、秸秆、针茅或其他编结材料制品；篮筐及柳条编结品	0. 0032	0. 0008
96	雨伞、阳伞、手杖、鞭子、马鞭及其零件	0. 0028	0. 0007
97	武器、弹药及其零件、附件	0. 0016	0. 0004

数据来源：《中国统计年鉴》。

附录3　2018年中国进口排行榜

一、2018年中国省份进口排行榜

2018年，我国进口规模最大的省份是广东省，进口规模是4380亿美元，占全国进口总额的20.51%。2018年，前五大进口省份依次为广东、北京、上海、江苏和山东，这五个省份的进口占全国进口的70%左右。2017年前五大进口省份依次为广东、上海、北京、江苏和山东。

北京是2018年我国进口规模增加最多的省份。从进口规模来看，与2017年相比，2018年河南、宁夏、广西和西藏进口额出现减少，分别减少了约16亿美元、4亿美元、3亿美元、1.1亿美元，其他省份的进口额均有所增加，其中，北京进口额增加最多，增加了约730亿美元。

从进口排名来看，与2017年相比，2018年排名提高的省份是黑龙江、云南、北京、广西和陕西，分别提高了4个、2个、1个、1个、1个位次；排名下降的有吉林、河北、湖北、河南和上海，分别下降了3个、2个、2个、1个、1个位次。

从各省份进口占全国总进口的份额来看，与2017年相比，2018年进口份额增加最多的5个省份为北京、黑龙江、浙江、四川和陕西，分别增加了1.45%、0.29%、0.27%、0.19%和0.17%；进口份额下降最多的5个省份为上海、天津、广东、河南和广西，分别下降了0.87%、0.31%、0.31%、0.30%和0.23%。

附表3-1　2018年中国省份进口排行榜

排序	省份	得分	占全国总进口的比重/%
1	广东	100	20.51
2	北京	77	15.85
3	上海	70	14.45
4	江苏	59	12.17

续表

排序	省份	得分	占全国总进口的比重/%
5	山东	30	6. 19
6	浙江	25	5. 21
7	天津	16. 84	3. 45
8	福建	16. 41	3. 37
9	辽宁	15. 03	3. 08
10	四川	9. 03	1. 85
11	广西	6. 74	1. 38
12	河南	6. 63	1. 36
13	重庆	6. 32	1. 30
14	安徽	6. 08	1. 25
15	黑龙江	5. 02	1. 03
16	陕西	4. 96	1. 02
17	河北	4. 55	0. 93
18	湖北	4. 27	0. 88
19	云南	3. 89	0. 80
20	湖南	3. 64	0. 75
21	吉林	3. 59	0. 74
22	江西	3. 25	0. 67
23	内蒙古	2. 27	0. 47
24	山西	1. 94	0. 40
25	海南	1. 88	0. 39
26	甘肃	0. 87	0. 18
27	新疆	0. 82	0. 17
28	贵州	0. 57	0. 12
29	宁夏	0. 24	0. 05
30	西藏	0. 07	0. 01
31	青海	0. 06	0. 01

数据来源：2019 年《中国统计年鉴》。

二、2018 年中国城市进口排行榜

2018 年，我国进口规模最大的城市仍然是深圳市，进口规模是 2076 亿美元，占全国进口总额的 9.72%。2018 年，前五大进口城市依次为深圳市、苏州市、东莞市、广州市和宁波市。2017 年和 2018 年前五大进口城市的排名并没有发生变化。

深圳市是 2018 年我国进口规模增加最多的城市。与 2017 年相比，2018 年进口规模增加最多的 5 个城市为深圳市、苏州市、东莞市、大连市和宁波市，分别增加了 378 亿美元、184 亿美元、83 亿美元、75 亿美元和 73 亿美元，进口额下降最多的 5 个城市是无锡市、郑州市、佛山市、福州市和威海市，分别下降了 58 亿美元、22 亿美元、16 亿美元、11 亿美元和 9 亿美元。

与 2017 年相比，2018 年城市进口占全国总进口份额增加最多的 5 个城市为深圳市、大庆市、舟山市、昆明市和西安市，进口份额分别增加 051%、0.27%、0.18%、0.17%和 0.16%；进口份额下降最多的 5 个城市为无锡市、郑州市、佛山市、烟台市和东莞市，分别下降 0.51%、0.29%、0.20%、0.172%和 0.168%。

附表 3-2　2018 年中国城市进口排行榜

排序	城市	得分	占全国总进口的比重/%
1	深圳市	100	9.72
2	苏州市	71	6.90
3	东莞市	40	3.88
4	广州市	31	2.98
5	宁波市	22	2.15
6	大连市	21	2.02
7	厦门市	20	1.90
8	成都市	16	1.58
9	青岛市	16	1.52
10	杭州市	13	1.30
11	南京市	13	1.29
12	无锡市	12	1.21
13	郑州市	11	1.07
14	珠海市	9.97	0.969
15	西安市	9.83	0.955

续表

排序	城市	得分	占全国总进口的比重/%
16	烟台市	9. 34	0. 908
17	东营市	9. 16	0. 891
18	惠州市	8. 24	0. 801
19	佛山市	7. 80	0. 759
20	大庆市	6. 79	0. 660
21	长春市	6. 60	0. 641
22	武汉市	6. 36	0. 618
23	南通市	6. 31	0. 613
24	合肥市	6. 07	0. 590
25	嘉兴市	5. 85	0. 569
26	福州市	5. 83	0. 567
27	舟山市	5. 17	0. 503
28	泉州市	4. 81	0. 468
29	沈阳市	4. 70	0. 457
30	昆明市	4. 51	0. 438
31	常州市	4. 49	0. 436
32	防城港市	4. 46	0. 433
33	潍坊市	4. 29	0. 417
34	中山市	3. 94	0. 383
35	淄博市	3. 89	0. 378
36	滨州市	3. 75	0. 364
37	日照市	3. 56	0. 346
38	威海市	3. 49	0. 339
39	长沙市	3. 35	0. 325
40	太原市	3. 10	0. 301
41	崇左市	2. 86	0. 278
42	南宁市	2. 79	0. 272
43	铜陵市	2. 79	0. 271
44	菏泽市	2. 63	0. 255
45	连云港市	2. 60	0. 253
46	江门市	2. 55	0. 248

续表

排序	城市	得分	占全国总进口的比重/%
47	石家庄市	2.51	0.244
48	泰州市	2.50	0.243
49	南昌市	2.45	0.238
50	济南市	2.23	0.217

数据来源：国研网。

三、2018年中国进口来源地排行榜

2018年，我国第一大进口来源地是韩国，中国从韩国的进口额达2046亿美元，占我国总进口的10.29%。2018年，我国前五大进口来源地分别为韩国、日本、中国台湾、美国和德国，这五大进口来源地合计进口占中国总进口的份额为41.45%。2017年，我国前五大进口来源地也是韩国、日本、中国台湾、美国和德国，这五大进口来源地合计进口占中国总进口的份额为43.82%。

韩国是2018年我国进口规模增加最多的国家。从进口规模变化来看，与2017年相比，2018年我国从韩国、中国台湾、巴西、俄罗斯和日本的进口规模增加的较多，分别增加了271亿美元、220亿美元、187亿美元、177亿美元和149亿美元。从占中国进口份额来看，与2017年相比，2018年我国从俄罗斯、巴西、沙特阿拉伯、伊拉克和越南的进口份额增加最多，分别增加了0.55%、0.45%、0.45%、0.32%和0.29%。

附表3-3 2018年中国进口来源地排行榜（前60名）

排序	进口来源地	得分	从该国的进口占全国总进口的比重/%
1	韩国	100	10.29
2	日本	88	9.08
3	中国台湾	87	8.93
4	美国	76	7.80
5	德国	52	5.35
6	澳大利亚	52	5.32
7	巴西	38	3.90
8	越南	31	3.22
9	马来西亚	31	3.18
10	俄罗斯	29	2.97

续表

排序	进口来源地	得分	从该国的进口占全国总进口的比重/%
11	沙特阿拉伯	22	2.31
12	泰国	22	2.24
13	瑞士	19	1.94
14	印度尼西亚	17	1.72
15	新加坡	16	1.70
16	法国	16	1.62
17	加拿大	14	1.43
18	南非	13	1.37
19	智利	13	1.34
20	安哥拉	13	1.30
21	英国	12	1.20
22	伊拉克	11	1.13
23	伊朗	10	1.06
24	意大利	10	1.06
25	菲律宾	10	1.04
26	阿曼	9.23	0.950
27	印度	9.20	0.947
28	阿联酋	7.93	0.816
29	科威特	7.50	0.771
30	秘鲁	7.29	0.750
31	墨西哥	6.85	0.704
32	荷兰	6.03	0.620
33	新西兰	5.42	0.557
34	爱尔兰	5.31	0.546
35	卡塔尔	4.47	0.460
36	瑞典	4.38	0.450
37	西班牙	4.28	0.440
38	哈萨克斯坦	4.17	0.429
39	中国香港	4.15	0.427
40	土库曼斯坦	3.97	0.408
41	委内瑞拉	3.63	0.374
42	比利时	3.40	0.350

续表

排序	进口来源地	得分	从该国的进口占全国总进口的比重/%
43	奥地利	3.38	0.348
44	刚果（布）	3.33	0.343
45	蒙古	3.10	0.319
46	哥伦比亚	2.88	0.296
47	刚果（金）	2.76	0.284
48	斯洛伐克	2.56	0.264
49	芬兰	2.34	0.240
50	利比亚	2.34	0.240
51	缅甸	2.29	0.235
52	以色列	2.27	0.233
53	捷克	2.15	0.221
54	丹麦	2.15	0.221
55	匈牙利	2.12	0.218
56	赞比亚	2.00	0.205
57	土耳其	1.84	0.189
58	波兰	1.78	0.183
59	阿根廷	1.72	0.177
60	挪威	1.67	0.172

数据来源：2019年《中国统计年鉴》。

四、2018年中国行业进口排行榜

2018年，进口规模最大的行业是电机、电气设备及其零件；录音机及放声机、电视图像、声音的录制和重放设备及其零件、附件，进口额达5216亿美元，该行业进口占全国总进口的份额达24.42%。

2018年，我国前五大进口行业依次为：①电机、电气设备及其零件；录音机及放声机、电视图像、声音的录制和重放设备及其零件、附件；②矿物燃料、矿物油及其蒸馏产品；沥青物质；矿物蜡；③核反应堆、锅炉、机器、机械器具及其零件；④矿砂、矿渣及矿灰；⑤光学、照相、电影、计量、检验、医疗或外科用仪器及设备、精密仪器及设备；上述物品的零件、附件。这五大行业合计进口占全国总进口的61.42%。

附表 3-4　2018 年中国行业进口排行榜

排序	HS 二位码行业	进口额/亿美元	得分	该行业进口占全国总进口的比重/%
1	电机、电气设备及其零件；录音机及放声机、电视图像、声音的录制和重放设备及其零件、附件	5216	100	24.42
2	矿物燃料、矿物油及其蒸馏产品；沥青物质；矿物蜡	3494	67	16.36
3	核反应堆、锅炉、机器、机械器具及其零件	2022	39	9.47
4	矿砂、矿渣及矿灰	1359	26	6.36
5	光学、照相、电影、计量、检验、医疗或外科用仪器及设备、精密仪器及设备；上述物品的零件、附件	1026	20	4.81
6	车辆及其零件、附件，但铁道及电车道车辆除外	815	16	3.82
7	天然或养殖珍珠、宝石或半宝石、贵金属、包贵金属及其制品；仿首饰；硬币	780	15	3.65
8	塑料及其制品	749	14	3.51
9	有机化学品	673	13	3.15
10	铜及其制品	475	9.11	2.23
11	含油子仁及果实；杂项子仁及果实；工业用或药用植物；稻草、秸秆及饲料	434	8.32	2.03
12	航空器、航天器及其零件	305	5.86	1.43
13	药品	279	5.35	1.31
14	木及木制品；木炭	249	4.78	1.17
15	木浆及其他纤维状纤维素浆；纸及纸板的废碎品	240	4.60	1.12
16	钢铁	224	4.29	1.05
17	杂项化学产品	181	3.46	0.85
18	橡胶及其制品	169	3.24	0.79
19	特殊交易品及未分类商品	133	2.56	0.62
20	精油及香膏；芳香料制品及化妆盥洗品	124	2.37	0.58
21	鱼、甲壳动物、软体动物及其他水生无脊椎动物	116	2.22	0.54
22	肉及食用杂碎	110	2.11	0.52
23	无机化学品；贵金属、稀土金属、放射性元素及其同位素的有机及无机化合物	108	2.08	0.51
24	钢铁制品	108	2.06	0.50
25	棉花	99	1.90	0.46
26	食用水果及坚果；甜瓜或柑橘属水果的果皮	87	1.66	0.41

续表

排序	HS二位码行业	进口额/亿美元	得分	该行业进口占全国总进口的比重/%
27	动、植物油、脂及其分解产品；精制的食用油脂；动、植物蜡	86	1.65	0.40
28	盐；硫黄；泥土及石料；石膏料、石灰及水泥	80	1.54	0.38
29	玻璃及其制品	78	1.49	0.36
30	谷物、粮食粉、淀粉或乳的制品；糕饼点心	67	1.28	0.31
31	铝及其制品	66	1.27	0.31
32	饮料、酒及醋	64	1.23	0.30
33	纸及纸板；纸浆、纸或纸板制品	62	1.19	0.29
34	谷物	58	1.11	0.27
35	乳品；蛋品；天然蜂蜜；其他食用动物产品	56	1.07	0.26
36	镍及其制品	55	1.05	0.26
37	鞣料浸膏及染料浸膏；鞣酸及其衍生物；染料、颜料及其他着色料；油漆及清漆；油灰及其他类似胶粘剂；墨水、油墨	50	0.97	0.24
38	肥皂、有机表面活性剂、洗涤剂、润滑剂、人造蜡、调制蜡、光洁剂、蜡烛及类似品、塑型用膏、“牙科用蜡”及牙科用熟石膏制剂	49	0.94	0.23
39	其他贱金属、金属陶瓷及其制品	48	0.92	0.22
40	生皮（毛皮除外）及皮革	48	0.92	0.22
41	鞋靴、护腿和类似品及其零件	47	0.89	0.22
42	羊毛、动物细毛或粗毛；马毛纱线及其机织物	42	0.80	0.20
43	非针织或非钩编的服装及衣着附件	42	0.80	0.19
44	家具；寝具、褥垫、弹簧床垫、软坐垫及类似的填充制品；未列名灯具及照明装置；发光标志、发光名牌及类似品；活动房屋	40	0.76	0.19
45	贱金属工具、器具、利口器、餐匙、餐叉及其零件	39	0.74	0.18
46	食品工业的残渣及废料；配制的动物饲料	38	0.73	0.18
47	钟表及其零件	38	0.73	0.18
48	蛋白类物质；改性淀粉；胶；酶	36	0.69	0.17
49	针织或钩编的服装及衣着附件	34	0.65	0.16
50	皮革制品；鞍具及挽具；旅行用品、手提包及类似容器；动物肠线（蚕胶丝除外）制品	33	0.64	0.16
51	杂项食品	33	0.62	0.15

续表

排序	HS 二位码行业	进口额/亿美元	得分	该行业进口占全国总进口的比重/%
52	化学纤维长丝	32	0.60	0.15
53	肥料	27	0.52	0.13
54	照相及电影用品	26	0.50	0.12
55	杂项制品	26	0.50	0.12
56	锌及其制品	26	0.49	0.12
57	化学纤维短纤	25	0.47	0.12
58	玩具、游戏品、运动用品及其零件、附件	21	0.40	0.099
59	书籍、报纸、印刷图画及其他印制品；手稿、打字稿及设计图纸	21	0.40	0.097
60	船舶及浮动结构体	21	0.39	0.096
61	食用蔬菜、根及块茎	20	0.39	0.095
62	贱金属杂项制品	19	0.37	0.091
63	石料、石膏、水泥、石棉、云母及类似材料的制品	18	0.35	0.086
64	浸渍、涂布、包覆或层压的纺织物；工业用纺织制品	18	0.35	0.085
65	烟草及烟草代用品的制品	18	0.34	0.082
66	针织物及钩编织物	16	0.31	0.077
67	糖及糖食	14	0.27	0.067
68	蔬菜、水果、坚果或植物其他部分的制品	14	0.27	0.066
69	絮胎、毡呢及无纺织物；特种纱线；线、绳、索、缆及其制品	13	0.25	0.062
70	陶瓷产品	12	0.23	0.057
71	制粉工业产品；麦芽；淀粉；菊粉；面筋	12	0.23	0.055
72	毛皮、人造毛皮及其制品	10	0.20	0.049
73	其他植物纺织纤维；纸纱线及其机织物	9.17	0.18	0.043
74	铁道及电车道机车、车辆及其零件；铁道及电车轨道固定装置及其零件、附件；各种机械（包括电动机械）交通信号设备	7.93	0.15	0.037
75	可可及可可制品	7.88	0.15	0.037
76	其他动物产品	7.30	0.14	0.034
77	咖啡、茶、马黛茶及调味香料	6.34	0.12	0.030
78	特种机织物；簇绒织物；花边；装饰毯；装饰带；刺绣品	5.13	0.10	0.024

续表

排序	HS 二位码行业	进口额/亿美元	得分	该行业进口占全国总进口的比重/%
79	乐器及其零件、附件	4.88	0.09	0.023
80	其他纺织制成品；成套物品；旧衣着及旧纺织品；碎织物	4.87	0.09	0.023
81	活动物	4.12	0.08	0.019
82	铅及其制品	4.02	0.08	0.019
83	肉、鱼、甲壳动物、软体动物及其他水生无脊椎动物的制品	3.94	0.08	0.018
84	虫胶；树胶、树脂及其他植物液、汁	3.14	0.06	0.015
85	活树及其他活植物；鳞茎、根及类似品；插花及装饰用簇叶	2.93	0.06	0.014
86	已加工羽毛、羽绒及其制品；人造花；人发制品	2.31	0.04	0.011
87	锡及其制品	1.79	0.03	0.0084
88	艺术品、收藏品及古物	1.73	0.03	0.0081
89	编结用植物材料；其他植物产品	1.42	0.03	0.0067
90	炸药；烟火制品；火柴；引火合金；易燃材料制品	1.40	0.03	0.0066
91	地毯及纺织材料的其他铺地制品	1.37	0.03	0.0064
92	帽类及其零件	1.00	0.02	0.0047
93	软木及软木制品	0.56	0.01	0.0026
94	蚕丝	0.53	0.01	0.0025
95	雨伞、阳伞、手杖、鞭子、马鞭及其零件	0.33	0.006	0.0016
96	稻草、秸秆、针茅或其他编结材料制品；篮筐及柳条编结品	0.16	0.003	0.0007
97	武器、弹药及其零件、附件	0.08	0.002	0.0004

数据来源：2019年《中国统计年鉴》。

五、2018年中国直属海关进口排行榜

2018年，上海海关是我国进口规模最大的海关，进口规模达4091亿美元，占全国总进口的19.15%。2018年前五大进口海关分别是上海海关、深圳海关、南京海关、青岛海关和黄埔海关，这五大海关合计进口占全国总进口的56.11%；进口排名前十的海关合计进口占全国总进口的份额达73.66%。

附表 3-5　2018 年中国直属海关进口排行榜

排序	海关	得分	各海关进口占全国总进口的比重/%
1	上海海关	100	19.15
2	深圳海关	71	13.66
3	南京海关	50	9.56
4	青岛海关	41	7.93
5	黄埔海关	30	5.81
6	天津海关	27	5.12
7	宁波海关	18	3.52
8	广州海关	17	3.21
9	大连海关	16	3.13
10	北京海关	13	2.57
11	杭州海关	13	2.47
12	厦门海关	11	2.20
13	成都海关	10	1.99
14	南宁海关	9.79	1.88
15	石家庄海关	9.33	1.79
16	济南海关	7.79	1.49
17	郑州海关	6.90	1.32
18	拱北海关	6.04	1.16
19	湛江海关	5.84	1.12
20	乌鲁木齐海关	5.20	0.997
21	重庆海关	5.13	0.982
22	西安海关	4.88	0.935
23	合肥海关	4.84	0.928
24	哈尔滨海关	4.30	0.824
25	福州海关	4.02	0.770
26	武汉海关	3.92	0.751
27	昆明海关	3.40	0.652
28	海口海关	3.23	0.618
29	沈阳海关	3.21	0.615
30	长沙海关	2.95	0.565

续表

排序	海关	得分	各海关进口占全国总进口的比重/%
31	南昌海关	2. 40	0. 460
32	长春海关	2. 10	0. 403
33	呼和浩特海关	1. 92	0. 368
34	汕头海关	1. 37	0. 262
35	江门海关	1. 30	0. 249
36	满洲里海关	0. 90	0. 172
37	太原海关	0. 67	0. 128
38	兰州海关	0. 65	0. 124
39	贵阳海关	0. 45	0. 087
40	银川海关	0. 16	0. 030
41	拉萨海关	0. 05	0. 010
42	西宁海关	0. 02	0. 004

数据来源：国研网。

六、2018 年中国高新技术产业开发区进口排行榜

2018 年，在统计的 46 个高新技术产业开发区中，成都高新技术产业开发区的进口规模最大，为 278 亿美元，占全国总进口的 1. 30%，占 46 个高新技术产业开发区进口总额的 30%。全国进口最多的 5 个高新技术产业开发区分别是成都高新技术产业开发区、无锡高新技术产业开发区、惠州高新技术产业开发区、苏州高新技术产业开发区和广州高新技术产业开发区，这五大高新技术产业开发区合计进口占全国总进口的 3. 72%，占 46 个高新技术产业开发区进口总额的 86%。成都高新技术产业开发区的进口规模是排名第 5 的广州高新技术产业开发区的 3. 2 倍，是排名第 10 的长沙高新技术产业开发区的 25 倍。

附表 3-6　2018 年中国高新技术产业开发区进口排行榜

排序	高新技术产业开发区	得分	该高新技术产业开发区进口额占 46 个高新技术产业开发区进口额的比重/%	该高新技术产业开发区进口额占全国总进口额的比重/%
1	成都高新技术产业开发区	100	30.05	1.3017
2	无锡高新技术产业开发区	83	25.08	1.0863
3	惠州高新技术产业开发区	39	11.78	0.5104
4	苏州高新技术产业开发区	32	9.55	0.4139
5	广州高新技术产业开发区	31	9.45	0.4092
6	绵阳高新技术产业开发区	7.7	2.32	0.1003
7	昆明高新技术产业开发区	7.4	2.22	0.0962
8	南昌高新技术产业开发区	6.5	1.95	0.0846
9	合肥高新技术产业开发区	4.4	1.32	0.0574
10	长沙高新技术产业开发区	4.0	1.20	0.0519
11	长春高新技术产业开发区	2.8	0.84	0.0364
12	杭州高新技术产业开发区	2.4	0.72	0.0313
13	宁波高新技术产业开发区	2.1	0.62	0.0269
14	沈阳高新技术产业开发区	1.8	0.55	0.0238
15	大庆高新技术产业开发区	1.6	0.49	0.0211
16	常州高新技术产业开发区	1.3	0.38	0.0165
17	襄阳高新技术产业开发区	0.77	0.23	0.0100
18	东莞松山湖高新技术产业开发区	0.71	0.21	0.0092
19	乌鲁木齐高新技术产业开发区	0.62	0.18	0.0080
20	青岛高新技术产业开发区	0.52	0.16	0.0068
21	贵阳高新技术产业开发区	0.41	0.12	0.0054
22	重庆高新技术产业开发区	0.33	0.10	0.0042
23	郑州高新技术产业开发区	0.29	0.087	0.0038
24	株洲高新技术产业开发区	0.18	0.055	0.0024
25	桂林高新技术产业开发区	0.16	0.050	0.0021
26	蚌埠高新技术产业开发区	0.15	0.046	0.0020
27	芜湖高新技术产业开发区	0.14	0.042	0.0018
28	新余高新技术产业开发区	0.12	0.036	0.0016

续表

排序	高新技术产业开发区	得分	该高新技术产业开发区进口额占46个高新技术产业开发区进口额的比重/%	该高新技术产业开发区进口额占全国总进口额的比重/%
29	太原高新技术产业开发区	0.090	0.027	0.0012
30	吉林高新技术产业开发区	0.089	0.027	0.0012
31	南宁高新技术产业开发区	0.077	0.023	0.0010
32	保定高新技术产业开发区	0.064	0.019	0.00083
33	洛阳高新技术产业开发区	0.061	0.018	0.00079
34	石家庄高新技术产业开发区	0.030	0.0092	0.00040
35	鞍山高新技术产业开发区	0.030	0.0090	0.00039
36	鹰潭高新技术产业开发区	0.021	0.0063	0.00027
37	景德镇高新技术产业开发区	0.015	0.0046	0.00020
38	益阳高新技术产业开发区	0.008	0.0026	0.00011
39	湘潭高新技术产业开发区	0.007	0.0022	0.00009
40	泸州高新技术产业开发区	0.003	0.00093	0.00004
41	马鞍山慈湖高新技术产业开发区	0.002	0.00070	0.00003
42	乐山高新技术产业开发区	0.0012	0.00035	0.00002
43	宝鸡高新技术产业开发区	0.0006	0.00018	0.00001
44	福州高新技术产业开发区	0.0003	0.000088	0.000004
45	衡阳高新技术产业开发区	0.0001	0.000030	0.000001
46	包头高新技术产业开发区	0.00003	0.000010	0.0000004

数据来源：国研网。

七、2018年中国经济技术开发区进口排行榜

2018年，在统计的62个经济技术开发区中，天津经济技术开发区的进口规模最大，为191亿美元，占全国总进口的0.89%，占62个经济技术开发区进口总额的17%左右。全国进口规模最大的5个经济技术开发区分别是天津经济技术开发区、北京经济技术开发区、宁波经济技术开发区、大连经济技术开发区和广州经济技术开发区，这五大经济技术开发区合计进口占全国总进口的2.99%，占62个经济技术开发区进口总额的56%左右。天津经济技术开发区的进口规模是排名第10的青岛经济技术开发区的4.5倍，是排名第20的芜湖经济技术开发区的13.8倍。

附表 3-7　2018 年中国经济技术开发区进口排行榜

排序	经济技术开发区	得分	该经济技术开发区进口额占 62 个经济技术开发区进口额的比重/%	该经济技术开发区进口额占全国总进口额的比重/%
1	天津经济技术开发区	100	16.78	0.894
2	北京经济技术开发区	70	11.69	0.623
3	宁波经济技术开发区	56	9.40	0.501
4	大连经济技术开发区	55	9.31	0.496
5	广州经济技术开发区	53	8.96	0.478
6	烟台经济技术开发区	34	5.76	0.307
7	杭州经济技术开发区	23	3.88	0.207
8	合肥经济技术开发区	23	3.83	0.204
9	太原经济技术开发区	22	3.69	0.197
10	青岛经济技术开发区	22	3.69	0.197
11	南通经济技术开发区	15	2.57	0.137
12	连云港经济技术开发区	11	1.92	0.102
13	武汉经济技术开发区	9.8	1.65	0.088
14	武汉吴家山经济技术开发区	9.8	1.65	0.088
15	南昌经济技术开发区	8.7	1.47	0.078
16	沈阳经济技术开发区	8.1	1.36	0.073
17	成都经济技术开发区	8.0	1.34	0.071
18	福州经济技术开发区	7.8	1.30	0.069
19	秦皇岛经济技术开发区	7.5	1.26	0.067
20	芜湖经济技术开发区	7.2	1.21	0.064
21	上海闵行经济技术开发区	6.0	1.01	0.054
22	长春经济技术开发区	5.1	0.86	0.046
23	湛江经济技术开发区	5.0	0.85	0.045
24	长沙经济技术开发区	4.5	0.76	0.041
25	蒙自经济技术开发区	4.2	0.71	0.038
26	乌鲁木齐经济技术开发区	2.9	0.49	0.026
27	滁州经济技术开发区	2.5	0.42	0.023
28	哈尔滨经济技术开发区	2.3	0.38	0.02
29	陕西航天经济技术开发区	1.8	0.31	0.016
30	常德经济技术开发区	1.4	0.24	0.013
31	拉萨经济技术开发区	1.0	0.17	0.0093

续表

排序	经济技术开发区	得分	该经济技术开发区进口额占62个经济技术开发区进口额的比重/%	该经济技术开发区进口额占全国总进口额的比重/%
32	池州经济技术开发区	0.72	0.12	0.0065
33	铜陵经济技术开发区	0.61	0.10	0.0055
34	九江经济技术开发区	0.49	0.082	0.0044
35	昆明经济技术开发区	0.48	0.080	0.0043
36	宜宾临港经济技术开发区	0.46	0.077	0.0041
37	荆州经济技术开发区	0.39	0.065	0.0035
38	大同经济技术开发区	0.39	0.065	0.0035
39	湘潭经济技术开发区	0.38	0.064	0.0034
40	银川经济技术开发区	0.37	0.063	0.0033
41	马鞍山经济技术开发区	0.26	0.044	0.0024
42	温州经济技术开发区	0.25	0.041	0.0022
43	宁国经济技术开发区	0.20	0.033	0.0018
44	黄石经济技术开发区	0.19	0.033	0.0017
45	赣州经济技术开发区	0.165	0.028	0.0015
46	井冈山经济技术开发区	0.157	0.026	0.0014
47	六安经济技术开发区	0.146	0.025	0.0013
48	万州经济技术开发区	0.127	0.021	0.0011
49	石河子经济技术开发区	0.107	0.018	0.001
50	金华经济技术开发区	0.090	0.015	0.00081
51	襄阳经济技术开发区	0.081	0.014	0.00073
52	绵阳经济技术开发区	0.069	0.012	0.00062
53	浏阳经济技术开发区	0.055	0.009	0.0005
54	安庆经济技术开发区	0.039	0.006	0.00035
55	上海经济技术开发区	0.028	0.005	0.00025
56	西宁经济技术开发区	0.0224	0.0038	0.0002
57	宜春经济技术开发区	0.0221	0.0037	0.0002
58	淮南经济技术开发区	0.0065	0.0011	0.00006
59	广元经济技术开发区	0.0045	0.0007	0.00004
60	曲靖经济技术开发区	0.0012	0.0002	0.00001
61	长寿经济技术开发区	0.0003	0.00004	0.000002
62	昆明嵩明杨林经济技术开发区	0.0001	0.00002	0.000001

数据来源：国研网。

后　记

自2004年起，我开始关注进口贸易并逐渐把研究重心转向进口贸易。2018年之前，我一直和多个国家部委的相关部门就进口贸易问题保持比较频繁的联系，在与政府部门和媒体交流的过程中，我发现，大家对进口的认识比较有限，对进口问题相关研究成果的需求比较大，这就使我萌生了撰写进口发展报告的念头。2017年国家主席习近平在“一带一路”国际合作高峰论坛上宣布：中国将从2018年起举办中国国际进口博览会。这最终促使我下决心开始撰写《中国进口发展报告》。在2018年11月首届中国国际进口博览会举办之际，我作为进口专家被有关部门推荐给全国媒体，各种采访和约稿纷至沓来，应接不暇。2020年初，我申请的“中国进口发展报告”被国家高端智库理事会正式批准为“2020年度国家高端智库重点研究课题”。

《中国进口发展报告》是我国进口贸易首部综合性报告。在2018年首届进口博览会举办之际，我撰写了《2018中国进口发展报告》并举办了《2018中国进口发展报告》发布会暨“2018中国进口发展论坛”。此次发布会得到了《人民日报》《经济日报》《中国贸易报》《经济参考报》《中国经济时报》《中国社会科学报》等媒体的大力支持和广泛报道。

2019年，我继续撰写了《2019中国进口发展报告》并举办了《2019中国进口发展报告》发布会暨“2019中国进口发展论坛”。此次发布会由南京大学长江产业经济研究院、光明智库和光明网联合主办，得到了南京大学长江产业经济研究院院长、著名经济学家刘志彪教授，光明日报智库研究与发布中心主任、智库版主编王斯敏女士，中国世界贸易组织研究会副会长、商务部国际贸易经济合作研究院原院长霍建国研究员，对外经济贸易大学国际经济贸易学院院长、长江学者洪俊杰教授，清华大学经济管理学院经济系主任、长江学者陆毅教授，中央财经大学国际经济与贸易学院原院长唐宜红教授，南京大学国际经济贸易系主任马野青教授，南京大学长江产业经济研究院院长助理徐宁博士的大力支持。发布会被《人民日报》《光明日报》《经济日报》、新华网、光明网、人民网等主流媒体报道，进博会官网、官方微信也都转载了报告主体内容，充分显示了报告的影响力和关注度。

在报告的撰写过程中，北京师范大学经济与工商管理学院戚聿东院长、孙志军书记都从不同方面一直给予关心、帮助和支持，多个政府部门和媒体机构的领导、老师和朋友也都给予了各种各样的帮助，在此一并表示感谢。

另外，《2019 中国进口发展报告》得到了北京师范大学经济与工商管理学院、国家高端智库建设培育单位南京大学长江产业经济研究院的大力支持，同时也是国家社会科学基金重大项目“中国主动扩大进口问题研究”（19ZDA068）的阶段性成果。

报告的撰写难度超过了我的想象。统计数据的可获得性、数据的准确性、产品类别的界定和标准问题、产品名字的翻译和准确性问题等都是难题。一遍一遍地校对、调整数据，修改产品名称，数易其稿，使得书稿的完稿时间一拖再拖。

本书由我负责拟定大纲、统稿、修改和定稿。具体分工如下：第一章、第二章初稿由魏浩撰写，第三章初稿由袁然撰写，第四章、第六章、第八章初稿由邓琳琳撰写，第五章初稿由张世铮撰写，第七章初稿由连慧君撰写，第九章初稿由张文倩撰写，第十章、第十一章、第十二章初稿由杨明明撰写，第十三章初稿由王超男撰写，第十四章初稿由魏浩、巫俊、袁然撰写。在全部初稿完成以后，首先由我对初稿进行修改和补充，然后由邓琳琳对书稿进行修改、删减、补充和校对，最后由我对全部书稿进行了统稿和定稿。

由于水平和能力有限，书中难免存在一些不足甚至错误之处，恳请读者批评指正。积极扩大进口已经成为国家重大发展战略，我们将继续撰写《中国进口发展报告》，为国家经济发展贡献自己的力量。

魏 浩

2020 年 3 月于北京师范大学